凝煉知識品味閱讀

呂著中國通史

呂思勉——著

五南圖書出版公司 印行

自　序

我在上海光華大學，講過十幾年的本國史，其初係講通史，後來文學院長錢子泉先生說：講通史易與中學以下的本國史重複，不如講文化史。於是改講文化史。民國二十七年，教育部頒行大學課程；其初以中國文化史爲各院系一年級必修科，後改爲通史，而註明需注重於文化；大約因政治方面，亦不可缺，怕定名爲文化史，則此方面太被忽略之故，用意誠甚周詳，然通史講授，共止一百二十小時，若編制仍與中學以下之書相同，恐終不免於犯複。所以我現在講授，把它分爲兩部分：上冊以文化現象爲題目，下冊乃依時代加以連結，以便兩面兼顧。此意在本書緒論中，業經述及了。此冊係居孤島上所編，參考書籍，十不備一，而時間甚爲匆促，其不能完善，自無待言。但就文化的各方面加以探討，以說明其變遷之故，而推求現狀之所由來；此等書籍，現在似尚不多，或亦足供參考。故上冊寫成，即付排印，以代鈔寫。不完不備之處，當於將來大加訂補。此書之意，欲求中國人於現狀之所由來，多所了解，故敘述力求扼要，行文亦力求淺顯，又多引各種社會科學成說，以資說明，亦頗可作一般讀物。單取上冊，又可供文化史教科或參考之用。其淺陋誤繆之處，務望當代通人，加以教正。

民國二十八年九月二十八日，呂思勉識。

目 次

下冊　政治史

緒　論

歷史，究竟是怎樣一種學問？研究了它，究竟有什麼用處呢？

這個問題，在略知學問的人，都會毫不遲疑地作答道：歷史是前車之鑑。什麼叫做前車之鑑呢？他們又會毫不遲疑地回答道：昔人所爲而得，我可以奉爲模範；如其失策，便當設法避免；這就是所謂「法戒」。這話驟聽似是，細想就知道不然。世界上哪有眞正相同的事情？所謂相同，都是察之不精，誤以不同之事爲同罷了。遠者且勿論。歐人東來以後，我們應付他的方法，何嘗不本於歷史上的經驗？其結果卻是如何呢？然則歷史是無用了麼？而不知往事，一意孤行的人，又未嘗不敗，然則究竟如何是好呢？

歷史雖是記事之書，我們之所探求，則爲理而非事。理是概括衆事的，事則只是一事。天下事既沒有兩件眞正相同的，執應付此事的方法，以應付彼事，自然要失敗。根據於包含衆事之理，以應付事實，就不至於此了。然而理是因事而見的，捨事而求理，無有是處。所以我們求學，不能不顧事實，又不該死記事實。

要應付一件事情，必須明白它的性質。明白之後，應付之術，就不求而自得了，而要明白一件事情的性質，又非先知其既往不可。一個人，爲什麼會成爲這樣子的一個人？譬如久於官場的人，就有些官僚氣；世代經商的人，就有些市儈氣；向來讀書的人，就有些迂腐氣。難道他是生來如此的麼？無疑，是數十年的作官、經商、讀書養成的。然則一個國家，一個社會，亦是如此了。中國的社會，爲什麼不同於歐洲？歐洲的社會，爲什麼不同於日本？習焉不察，則不以爲意；細加推考，自然知其原因極爲深遠複雜了。然則往事如何好不研究呢？然而以往的事情多呢，安能盡記？社會上每天所發生的事情，報紙所記載的，奚啻億兆京垓分之一。一天的報紙，業已不可遍覽，何況積而至於十年、百年、千年、萬年呢？

須知我們要知道一個人，並不要把他已往的事情，通統都知道了，記牢了。我，爲什麼成爲這樣一個我？反躬自省，總是容易明白的，又何嘗能把自己已往的事，通統記牢呢？然則要明白社會的所以然，也正不必把已往的事，全數記得，只要知道「使現社會成爲現社會的事」就夠了，然而這又難了。

任何一事一物，要詢問它的起源，我們現在不知所對的很多。其所能對答的，又十有八九靠不住。然則我們安能本於既往，以說明現在呢？

這正是我們所以愚昧的原因，而史學之所求，亦即在此。史學之所求，不外乎：（一）搜求既往的事實，（二）加以解釋，（三）用以說明現社會，（四）因以推測未來，而指示我們以進行的途徑。

往昔的歷史，是否能肩起這種任務呢？觀於借鑑於歷史以應付事實導致失敗者之多，無疑是不能的。其失敗的原因安在？列舉起來，也可以有多端，其中最重要的，自然是偏重於政治。翻開《二十五史》來一看（說《二十四史》，這是清朝時候，功令上所定為正史的。民國時代，柯劭忞所著的《新元史》業經奉徐世昌總統令，加入正史之中，所以現在該稱《二十五史》了），所記的，全是些戰爭攻伐，在廟堂上的人所發的政令，以及這些人的傳記世系。昔人稱《左氏》爲相斫書；近代的人稱《二十四史》爲帝王的家譜；說雖過當，也不能謂其全無理由了。單看了這些事，能明白社會的所以然麼？從前的歷史，爲什麼會有這種毛病呢？這是由於歷史是文明時代之物，而在文明時代，國家業已出現，並成爲活動的中心，常人只從表面上看，就認爲政治可以概括一切，至少是社會現象中最重要的一項了。其實政治只是表面上的事情。政治的活動，全靠社會做根底。社會，實在政治的背後，做了無數更廣大、更根本的事情。不明白社會，是斷不能明白政治的。所以現在講歷史的人，都不但著重於政治，而要著重於文化。

何謂文化？向來狹義的解釋，只指學術技藝而言，其爲不當，自無待論；說得廣的，又把一切人爲的事都包括於文化之中。然則動物何以沒有文化呢？須知，文化正是人之所以異於其他動物的。其異點安在呢？凡動物，多能對外界的刺激而起反應，亦多能與外界相調適。然其與外界相調適，大抵出於本能，其力量極有限，而且永遠不過如此。人則不然。所以人所處的世界，與動物所處的世界，大不相同。人之所以能如此，（一）由其有特異的腦筋，能想出種種法子。（二）其手和足的作用分開，能製造種種工具，以遂行其計畫。（三）又有語言以互相交通，而其擴大的即爲文字。此人之所知、所能，可以傳之於彼；前人之所知、所能，並可以傳之於後。因而人的工作，不是個個從頭做起的，乃是互相接續著做的。不像賽跑的人，從同一地點出發，卻像驛站上的驛夫，一個個連接著，向目的地進行。其所走的路線自然長，而後人所達到的，自非前人所能知了。然則文化，是因人有特異的稟賦，良好的交通工具而成就的控制環境的共業。動物也有進化，但牠的進化，除非改變其機體，以求與外界相適應，這是要靠遺傳上變異淘汰等作用，才能達到目的的，自然非常遲慢。人則只須改變其所用的工具，和其對付事物的方法。我們身體的構造，絕無以異於野蠻人，而其控制環境的成績，卻大不相同，即由其一爲生物進化，一爲文化進化之故。人類學上，證明自冰期以後，人的體質，無大變化；埃及的屍體解剖，亦證明其身體構造，與現今的人相同。可見人類的進化，全是文化進化。恆人每以文化狀況，與民族能力，並爲一談，實在是一個重大的錯誤。遺傳學家，論社會的進化，過於重視個體的先天能力，也不免爲此等俗見所累。至於有意誇張種族能力的，那更不啻自承其所謂進化，將返於生物進化了。從理論上說，人的行爲，也有許多來自機體，和動物無以異的，然亦無不披上文化的色彩。如飲食男女之事，即其最顯明之例。所以在理論上，雖不能將人類一切行爲，都稱爲文化行爲，在事實上，則人類一切行爲，幾無不與文化有關係，可見文化範圍的廣大。能了解文化，自然就能了解社會了（人類的行為，源於機體的，只是能力。其如何發揮此能力，則全因文化而定其形式）。

全世界的文化，到底是一元的？還是多元的？這個問題，還非今日所能解決。研究歷史的人，即暫把這問題置諸不論不議之列亦得。因爲目前分明放著多種不同的文化，有待於我們的個別研究。話雖如此說，研究一種文化的人，專埋頭於這一種文化，而於其餘的文化，概無所見，也是不對的。因爲（一）個別的文化，其中仍有共同的原理存。（二）而世界上各種文化，交流互織，彼此互有關係，也確是事實。文化本是人類控制環境的工具，環境不同，文化自因之而異。及其興起以後，因其能改造環境之故，愈使環境不同。人類遂在更不相同的環境中進化，其文化，自然也更不相同了。文化有傳播的性質，這是毫無疑義的。此其原理，實因人類生而有求善之性（智），與相愛之情（仁），所以文化優的，常思推行其文化於文化相異之群，以冀改良其生活，共謀人類的幸福（其中固有自以為善而實不然的，強力推行，反致引起糾紛，甚或釀成大禍。宗教之傳布，即其一例。但此自誤於愚昧，不害其本意之善）。而其劣的，亦恆欣然接受（其深閉固拒的，皆別有原因，當視為例外）。這是世界上的文化所以交流互織的原因。而人類的本性，原是相同的。所以在相類的環境中，能有相類的文化。即使環境不同，亦只能改變其形式，而不能改變其原理（正因原理之同，形式不能不異；即因形式之異，可見原理之同，昔人夏葛冬裘之喻最妙）。此又不同的文化，所以有共同原理的原因，以理言之如此。以事實言，則自塞趨通，殆爲進化無疑的軌轍。試觀我國，自古代林立的部族，進而爲較大的國家，再進而爲更大的國家，再進而臻於統一，更進而與域外交通，開疆拓土，同化異民族，無非受這原理的支配。轉觀外國的歷史，亦係如此。今者世界大通，前此個別的文化，當合流而生一新文化，更是毫無疑義的了。然則一提起文化，就該是世界的文化，而世界各國的歷史，亦將可融合爲一。爲什麼又有所謂國別史，以研究個別的文化呢？這是因爲研究的方法，要合之而見其大，必先分之而致其精。況且研究的人，各有其立場。居中國而言中國，欲策將來的進步，自必先了解既往的情形。即以迎受外來的文化而論，亦必有其預備條件。不先明白自己的情形，是無從定其迎距的方針的。所以我們在今日，欲了解中國史，固非兼通外國史不行，而中國史亦自有其特殊研究的必要。

人類以往的社會，似乎是一動一靜的。我們試看，任何一個社會，在以往，大都有個突飛猛進的時期；隔著一個時期，就停滯不進了；再閱若干時，又可以突飛猛進起來；已而復歸於停滯，如此更互不已。這是什麼理由？解釋的人，說節奏是人生的定律。個人如此，社會亦然。只能在遇見困難時，奮起而圖功，到認爲滿足時，就要停滯下來了。社會在這時期就會本身無所發明；對於外來的，亦非消極的不肯接受，即積極的加以抗拒。世界是無一息不變的（不論自然的和人為的，都係如此）。人，因其感覺遲鈍，或雖有感覺，而行爲濡滯之故，非到外界變動，積微成著，使其感覺困難時，不肯加以理會，設法應付。正和我們住的屋子，非到除夕，不肯加以掃除，以致塵埃堆積，掃除時不得不大費其力一樣。這是世界所以一治一亂的眞原因。倘使當其漸變之時，隨時加以審察，加以修正，自然不至於此了。人之所以不能如此，昔時的人，都以爲這是限於一動一靜的定律，無可如何的；我則以爲不然。這種說法，是由於把機體所生的現象，和超機現象並爲一談，致有此誤。須知就一個人而論，勞動之後，需要休息若干時；少年好動，老年好靜；都是無可如何之事。社會則不然。個體有老少之殊，而社會無之，個體活動之後，必繼之以休息，社會則可以這一部分動，那一部分靜。然則人因限於機體之故，對於外界，不能自強不息地爲不斷的應付，正可藉社會的協力，以彌補其缺憾。然則從前感覺的遲鈍，行爲的濡滯，只是社會的病態（如因教育制度不良，致社會中人，不知遠慮，不能豫燭禍患；又如因階級對立尖銳，致寄生階級不顧大局的利害，不願改革等；都只可說是社會的病態）。我們能矯正其病態，一治一亂的現象，自然可以不復存，而世界遂臻於郅治了。這是我們研究歷史的人最大的希望。

馬端臨的《文獻通考．序》，把歷史上的事實分爲兩大類：一爲理亂興亡，一爲典章經制。這種說法，頗可代表從前史學家的見解。一部二十五史，拆開來，所謂紀傳，大部分是記載理亂興亡一類的事實的，志則以記載典章經制爲主（表二者都有）。理亂興亡一類的事實，是隨時發生的，今天不能逆料明天；典章經制，則爲人預設之以待將來的，其性質較爲持久。所以前者可稱爲動的史實，後者可稱爲靜的史實。史實確乎不外這兩類，但限其範圍於政治以內，則未免太狹了。須知文化的範圍，廣大無邊。兩間的現象，除（一）屬於自然的；（二）或雖出於生物，而純導源於機體的，一切都當包括在內。它綜合有形無形的事物，不但限制人的行爲，而且陶鑄人的思想。在一種文化中的人，其所作所爲，斷不能出於這個文化模式以外，所以要講文化史，非把昔時的史料，大加擴充不可。教育部所訂大學課程草案，各學院共同必修科本有文化史而無通史。後又改爲通史，而註明當注重於文化。大約因爲政治的現象，亦不可略，怕改爲文化史之後，講授的人全忽略了政治事項之故，用意固甚周詳。然大學的中國通史，講授的時間，實在不多。若其編制仍與中學以下同，所講授者，勢必不免於重複。所以我現在換一個體例，先就文化現象，分篇敘述，然後按時代加以綜合。我這一部書，取材頗經揀擇，說明亦力求顯豁。頗希望讀了的人，對於中國歷史上重要的文化現象，略有所知，因而略知現狀的所以然；對於前途，可以預加推測，因而對於我們的行爲，可以有所啓示。以我之淺學，而所希望者如此，自不免操豚蹄而祝篝車之誚，但總是我的一個希望罷了。

上　冊

文化史

第一章　婚姻

《易經》的〈序卦傳〉說：「有天地，然後有萬物；有萬物，然後有男女；有男女，然後有夫婦；有夫婦，然後有父子；有父子，然後有君臣。」這是古代哲學家所推想的社會起源。他們以爲隆古的社會，亦像後世一般，以一夫一婦爲基本，成立一個家庭，由此互相連結，成爲更大的組織。此等推想，確乎和我們根據後世的制度，以推想古代的情形的脾胃相合。所以幾千年來，會奉爲不刊之典。然而事實是否如此，卻大是一個疑問了。

自有歷史以來，不過幾千年，社會的情形，卻已大有改變了。設使我們把歷史抹殺了，根據現在的情形，去臆測周、秦、漢、魏、唐、宋時的狀況，那給研究過歷史的人聽了，一定是一場大笑話，何況邃古之事，去今業已幾萬年幾十萬年呢？不知古代的眞相，而妄以己意推測，其結果，必將以爲自古至今，不過如此，實係因緣起滅的現象，都將認爲天經地義，不可變更。這就將發生許多無謂的爭執，不必要的保守，而進化的前途被其阻礙了。所以近幾十年來，史前史的發現，實在是學術上的一個大進步；而其在社會組織方面，影響尤大。

據近代社會學家所研究：人類男女之間，本來是沒有什麼禁例的。其後社會漸有組織，依年齡的長幼，分別輩行。當此之時，同輩行之男女，可以爲婚，異輩行則否。更進，乃於親族之間，加以限制。最初是施諸同母的兄弟姊妹的；後來漸次擴充，至凡同母系的兄弟姊妹，都不准爲婚，就成所謂氏族了。此時異氏族之間，男女仍是成群的，此一群之男，人人可爲彼一群之女之夫；彼一群之女，人人可爲此一群之男之妻；絕無所謂個別的夫婦。其後禁例愈繁，不許相婚之人愈多。於是一個男子，有一個正妻；一個女子，有一個正夫。然除此之外，尚非不許與其他的男女發生關係，而夫妻亦不必同居，其關係尚極疏鬆。更進，則夫妻必須同居（一夫一妻，或一夫多妻），關係更爲永久，遂漸成後世的家庭了。所以人類的婚姻，是以全無禁例始，逐漸發生加繁其禁例，即縮小其通婚的範圍，而成爲今日的形態的。以一夫一妻的家庭，爲原始的男女關係，實屬錯誤。

主張一夫一妻的家庭，爲男女原始關係的形態的，不過說：人類是從猿猴進化而來的，猿猴已有家庭，何況人類？然謂猿猴均有家庭，其觀察本不正確（詳見李安宅譯《兩性社會學》附錄〈近代人類學與階級心理〉第四節。商務印書館本）。即捨此勿論，猿猴也是人類祖先的旁支，而非其正系。據生物學家之說，動物的聚居，有兩種形式：一如貓虎等，雌雄同居，以傳種之時爲限，幼兒成長，即與父母分離，是爲家庭動物。一如犬馬等，其聚居除傳種外，兼以互相保衛爲目的，歷時可以甚久，爲數可以甚多，是爲社群動物。人類無爪牙齒角以自衛，倘使其聚居亦以家庭爲限，在隆古之世，斷乎無以自存；而且語言也必不會發達。所以原始人類的狀況，我們雖不得而知，其爲社群而非家庭，則殆無疑義。猿類的進化不如人類，以生物界的趨勢論，實漸走上衰亡之路，怕正以其群居本能，不如人類之故。而反說人類的邃初，必與猿猴一樣，實未免武斷偏見了。何況人類的性質，如妒忌及性的羞恥等，均非先天所固有（此觀小孩便可知。動物兩性聚居，只有一夫一妻，一夫多妻兩種形式，人類獨有一妻多夫，尤妒忌非先天性質之明證）；母愛亦非專施諸子女等，足以證明其非家庭動物的，還很多呢。

現代的家庭，與其說是源於人的本性，倒不如說是源於生活情形（道德不道德的觀念，根於習慣；習慣源於生活）。據社會學家所考究：在先史時期，遊獵的階級極爲普遍。遊獵之民，都是喜歡掠奪的，而其時可供掠奪之物極少，女子遂成爲掠奪的目的。其後慮遭報復，往往掠奪之後，遺留物件，以爲交換。此時的掠奪，實已漸成爲貿易。女子亦爲交換品之一，是爲掠奪的變相，亦開賣買的遠源。掠奪來的女子，是和部族中固有的女子，地位不同的。她是掠奪她的人的奴隸，須負擔一切勞役。此既足以鼓勵男子，使之從事於掠奪。又婚姻之禁例漸多，本部族中的女子，可以匹合者漸少，亦益迫令男子從事於向外掠奪。所以家庭的起源，是由於女子的奴役；而其需要，則是立在兩性分工的經濟原因上的，與滿足性慾，實無多大關係。原始人除專屬於他的女子以外，滿足性慾的機會，正多著呢。遊獵之民，漸進而爲畜牧，其人之好戰鬥、喜掠奪，亦與遊獵之民同（凡畜牧之民，大抵兼事田獵），而其力且加強（因其食物充足，能合大群；營養佳良，體格強壯之故）。牧群需人照管，其重勞力愈甚，而掠奪之風亦益烈。只有農業是源於搜集的，最初本是女子之事。低級的農業，亦率由女子任其責。其後逐漸發達，成爲生活所必資。此時經濟的主權，操於女子之手。土田室屋及農具等，率爲女子所有。部族中人，固不願女子出嫁；女子勢亦無從出嫁；男子與女子結婚者，不得不入居女子族中，其地位遂成爲附屬品。此時女子有組織，男子則無（或雖有之而不關重要），所以社會上有許多公務，其權皆操於女子之手（如參與部族會議，選舉酋長等。此時之女子，亦未嘗不從事於後世家務一類的事務，然其性質，亦為公務，與後世之家務，迥乎不同），實爲女子的黃金時代。所謂服務婚的制度，即出現於此時。因爲結婚不能徒手，而此時的男子，甚爲貧乏，除勞力之外，實無可以爲聘禮之物之故。其後農業更形重要，男子從事於此者益多，導致以男子爲之主，而女子爲之輔。於是經濟的主權，再入男子之手。生活程度既高，財產漸有贏餘，職業日形分化。如工商等業，亦皆爲男子之事。個人私產漸興，有財富者即有權力，不樂再向女子的氏族中作苦，乃以財物償其部族的損失，而娶女以歸。於是服務婚漸變爲買賣婚，女子的地位，又形低落了。

以上所述，都是社會學家的成說。返觀我國的古事，也無乎不同。《白虎通義．三皇篇》說，古代的人，「知其母而不知其父」，這正是古代的婚姻，無所謂夫婦的證據。人類對於男女性交毫無限制的時代，去今已遠，在書本上不易找到證據。至於輩行婚的制度，則是很明白無疑的。《禮記．大傳》說宗子合族之禮道：「同姓從宗合族屬，異姓主名治際會。名著而男女有別。其夫屬乎父道者，妻皆母道也；其夫屬乎子道者，妻皆婦道也。謂弟之妻爲婦者，是嫂亦可謂之母乎？名者，人治之大者也，可無愼乎？」這正是古代婚姻，但論輩行一個絕好的遺跡。這所謂同姓，是指父系時代本氏族裡的人。用現在的話來說，就是老太爺、老爺、少爺們。異姓，鄭《注》說：「謂來嫁者。」就是老太太、太太、少太太們。從宗，是要依著血系的支分派別的，如先分爲老大房、老二房、老三房，再各統率其所屬的房分之類，參看下章自明。主名，鄭《注》說：「主於婦與母之名耳。」謂但分別其輩行，而不復分別其支派。質而言之，就是但分爲老太太、太太、少太太，而不再問其孰爲某之妻，孰爲某之母。「謂弟之妻爲婦者，是嫂亦可謂之母乎？」翻做現在的話，就是：「把弟媳婦稱爲少太太，算做兒媳婦一輩，那嫂嫂難道可稱爲老太太，算做母親一輩麼？」如此分別，就可以稱爲男女有別，可見古代婚姻，確有一個專論輩行的時代，在周代的宗法中，其遺跡還未盡泯。夏威夷人對於父、伯叔父、舅父，都用同一的稱呼。中國人對於舅，雖有分別，父與伯叔父，母與伯叔母、從母，也是沒有分別的。伯父只是大爺，叔父、季父，只是三爺、四爺罷了。再推而廣之，則上一輩的人，總稱爲父兄，亦稱父老。老與考爲轉注（《說文》）。最初只是一語，而考爲已死之父之稱。下一輩則總稱子弟。《公羊》何《注》說：「宋魯之間，名結婚姻爲兄弟。」（僖公二十五年）。可見父母兄弟等，其初皆非專稱。資本主義的社會學家說：這不是野蠻人不知道父與伯叔父、舅父之別，乃是知道了而對於他們仍用同一的稱呼。殊不知野蠻人的言語，總括的名詞雖比我們少，個別的名詞卻比我們多。略知訓詁的人皆知之（如古鳥稱雌雄，獸稱牝牡，今則總稱雌雄，即其一例）。既知父與伯叔父、舅父之別，而仍用同一的稱呼，這在我們，實在想不出這個理由來。難者將說：父可以不知道，母總是可以知道的，爲什麼母字亦是通稱呢？殊不知大同之世，「人不獨親其親，不獨子其子」，生物學上的母雖止一個，社會學上的母，在上一輩中，是很普遍的。父母之恩，不在生而在養，生物學上的母，實在是無甚關係的，又何必特立專名呢？然則邃初所謂夫婦之制和家庭者安在？《爾雅・釋親》：兄弟之妻，「長婦謂稚婦爲娣婦，娣婦謂長婦爲姒婦」，這就是現在的妯娌。而女子同嫁一夫的，亦稱先生者爲姒，後生者爲娣。這也是輩行婚的一個遺跡。

社會之所以有組織，乃是用以應付環境的。其初，年齡間的區別，實在大於兩性間的區別（後來受文化的影響，此等區別，才漸漸轉變。《商君書・兵守篇》說，軍隊的組織，以壯男為一軍，壯女為一軍，男女之老弱者為一軍，其視年齡的區別，仍重於兩性的區別）。所以組織之始，是按年齡分輩分的。而婚姻的禁例，亦起於此。到後來，便漸漸依血統區別了。其禁例，大抵起於血緣親近之人之間。違犯此等禁例者，俗語謂之「亂倫」，古語則謂之「鳥獸行」，亦謂之「禽獸行」，懲罰大抵是很嚴重的。至於擴而充之，對母方或父方有血緣關係之人，概不許結婚，即成同姓不婚之制（中國古代的姓，相當於現在社會學上所謂氏族，參看下章）。同姓不婚的理由，昔人說是「男女同姓，其生不蕃」（《左氏》僖公二十三年鄭叔詹說）。「美先盡矣，則相生疾。」（同上，昭公七年鄭子產說）。又說是同姓同德，異姓異德（《國語・晉語》司空季子說）。好像很知道遺傳及健康上的關係的。然（一）血族結婚，有害遺傳，本是俗說，科學上並無證據。（二）而氏族時代所謂同姓，亦和血緣遠近不符。（三）至謂其有害於健康，當時更無此說。然則此等都是後來附會之說，並不是什麼眞正的理由。以實際言，此項禁例，所以能維持久遠的，大概還是由於《禮記・郊特牲》所說的「所以附遠厚別」。因爲文化漸進，人和人之間，妒忌之心，漸次發達，爭風吃醋的事漸多，同族之中，必有因爭色而致鬥亂的，於是逐漸加繁其禁例，最後，遂至一切禁斷。而在古代，和親的交際，限於血緣上有關係的人。異姓間的婚姻，雖然始於掠奪，其後則漸變爲賣買，再變爲聘娶，彼此之間，無復敵意，而且可以互相聯絡了。試看春秋戰國之世，以結婚姻爲外交手段者之多，便可知《郊特牲》「附遠」二字之確。這是同姓不婚之制，所以逐漸普遍，益臻固定的理由。及其既經普遍固定之後，則制度的本身，就具有很大的威權，更不必要什麼理由了。

妒忌的感情，是何從而來的呢？前文不是說，妒忌不是人的本性麼？然兩性間的妒忌，雖非人之本性，而古人大率貧窮，物質上的缺乏，逼著他不能不生出產業上的嫉妒來。掠奪得來的女子，既是掠奪者的財產，自然不能不努力監視著她。其監視，固然是爲著經濟上的原因，然他男子設或與我的奴隸發生性的關係，就很容易把她帶走，於是占有之欲，自物而擴及於人，而和此等女子發生性的關係，亦非得其主人許可，或給以某種利益，以爲交換不可了（如租賃、借貸、交換等。《左氏》襄公二十八年，慶封與盧蒲嫳易內；昭公二十八年，祁勝與鄔臧通室；現在有等地方，還有租妻之俗，就是這種制度的遺跡）。再進，產業上的妒忌，漸變成兩性間的妒忌，而爭風吃醋之事遂多。內婚的禁忌，就不得不加嚴，不得不加密了。所以外婚的興起，和內婚的禁止，也是互爲因果的。

掠奪婚起於遊獵時代，在中國古書上，也是確有證據的。《禮記·月令》《疏》引《世本》說：太昊始制嫁娶以儷皮爲禮。托諸太昊，雖未必可信，而儷皮是兩鹿皮，見《公羊》莊公二十二年何《注》，這確是獵人之物。古婚禮必用雁，其理由，怕亦不過如此。又婚禮必行之昏時，亦當和掠奪有關係。

中國農業起於女子，捕魚在古代，亦爲女子之事，說見第十一章。農漁之民，都是食物饒足，且居有定地的，畋獵對於社會的貢獻比較少，男子在經濟上的權力不大，所以服務婚之制，亦發生於此時；贅婿即其遺跡。《戰國策·秦策》說太公望是齊之逐夫，當即贅婿。古代此等婚姻，在東方，怕很爲普遍的。《漢書·地理志》說：齊襄公淫亂，姑姊妹不嫁。「於是下令國中：民家長女不得嫁，名曰巫兒，爲家主祠，嫁者不利其家。民至今以爲俗。」把此等風俗的原因，歸諸人君的一道命令，其不足信，顯而易見。其實齊襄公的姑姊妹不嫁，怕反係受這種風俗的影響罷？《公羊》桓公二年，有楚王妻媦之語（何《注》：媦，妹也）。可見在東南的民族，內婚制維持較久。《禮記·大傳》說：「四世而緦，服之窮也。五世袒免，殺同姓也。六世親屬竭矣，其庶姓別於上（庶姓見下章），而戚單於下（單同殫）。婚姻可以通乎？繫之以姓而弗別，綴之以族而弗殊，雖百世而婚姻不通者，周道然也。」然則男系同族，永不通婚，只是周道。自殷以上，六世之後，婚姻就可以通的。殷也是東方之國。《漢書·地理志》又說燕國的風俗道：「初太子丹賓養勇士，不愛後宮美女，民化以爲俗，至今猶然。賓客相過，以婦侍宿。嫁娶之夕，男女無別，反以爲榮。後稍頗止，然終未改。」不知燕丹的舉動，係受風俗的影響，反以爲風俗源於燕丹，亦與其論齊襄公同病。而燕國對於性的共有制維持較久，則於此可見。燕亦是濱海之地。然則自東南亙於東北，土性肥沃，水利豐饒，農漁二業興盛之地，內婚制及母系氏族，都是維持較久的。父系氏族，當起於獵牧之民。此可見一切社會制度，皆以經濟狀況爲其根本原因。

人類對於父母親族，總只能注意其一方，這是無可如何的。所以在母系氏族內，父方的親族，並不禁止結婚；在父系氏族內，母方的親族亦然；且有兩個氏族，世爲婚姻的。中國古代，似亦如此。所以夫之父與母之兄弟同稱（舅）。夫之母與父之姊妹同稱（姑）。可見母之兄弟，所娶者即父之姊妹（並非親姊妹，不過同氏族的姊妹行而已）。而我之所嫁，亦即父之氏族中之男子，正和我之母與我之父結婚同。古代氏族，又有在氏族之中，再分支派的。如甲乙兩部族，各分爲一二兩組。甲一之女，必與乙二之男結婚，生子則屬於甲二；甲二之女，必與乙一之男結婚，生子則屬於甲一。乙組的女子亦然（此係最簡單之例，實際還可以更繁複）。如此，則祖孫爲同族人，父子則否。中國古代，似亦如此。所以祭祀之禮：「孫可以爲王父屍，子不可以爲父屍。」（《禮記・曲禮》）。殤與無後者，必從祖祔食，而不從父祔食（《禮記・曾子問》）。

近親結婚，在法律上本有禁令的，並不限於父系。如《清律》「娶已之姑舅兩姨姊妹者，杖八十，並離異」即是。然因此等風俗，根深柢固，法律就成爲具文了。

古代所謂同姓，是自認爲出於同一始祖的（在父系氏族，則為男子；在母系氏族，則為女子）。雖未必確實，他們固自以爲如此。同姓與否，和血緣的遠近，可謂實無關係。然他們認爲同姓則同德，不可結婚；異姓則異德，可以結婚，理由雖不確實，辦法尚覺一致。至後世所謂同姓，則並非同出於一源；而同出於一源的，卻又不必同姓。如王莽，以姚、嬀、陳、田皆黃、虞後，與己同姓，令元城王氏，勿得與四姓相嫁娶（《漢書・莽傳》）。而王訢、孫咸，以得姓不同，其女轉嫁爲莽妻（《漢書・訢傳》）。此等關係，後世都置諸不論了。所謂同姓異姓，只是以父系的姓，字面上的同異爲據，在理論上，可謂並無理由，實屬進退失據。此因同姓不婚之制，已無靈魂，僅剩軀殼之故。總而言之，現在的所謂姓氏，從各方面而論，都已毫無用處，不過是社會組織上的老廢物罷了。參看下章自明。

婚禮中的聘禮，即係賣買婚的遺跡，古禮稱爲「納徵」。《禮記．內則》說：「聘則爲妻，奔則爲妾」；〈曲禮〉說：「買妾不知其姓則卜之」；則買妾是眞給身價的，聘妻雖具禮物，不過僅存形式，其意已不在於利益了。

古代婚禮，傳於後世的，爲《儀禮》中的〈士昏禮〉。其節目有六：即（一）納采，男氏遣使到女氏去求婚。（二）問名（女氏許婚之後，再請問許婚的是哪一位姑娘？因為納采時只申明向女氏的氏族求婚，並未指明哪一個人之故）。（三）納吉（女氏說明許婚的係哪一位姑娘之後，男氏歸卜之於廟。卜而得吉，再使告女氏）。（四）納徵（亦謂之納幣。所納者繫玄纁束帛及儷皮）。（五）請期（定吉日。吉日係男氏所定，三請於女氏，女氏不肯定，然後告之）。（六）親迎（新郎親到女氏。執雁而入，揖讓升堂，再拜奠雁。女父帶著新娘出來，交結他。新郎帶著新娘出門。新娘升車，新郎親為之御。車輪三轉之後，新郎下車，由御者代御。新郎先歸，在門首等待。新娘車至，新郎揖之而入。如不親迎的，則新郎三月後往見舅姑。親迎之禮，儒家贊成，墨家是反對的，見《禮記．哀公問》《墨子．非儒篇》）。是爲六禮。親迎之夕，共牢而食，合巹而酳（古人的宴會，豬牛羊等，都是每人一份的。夫妻則兩個人合一份，是謂同牢。把一個瓢破而為兩，各用其半，以為酒器，是為合巹。這表示「合體，同尊卑」的意思）。其明天，「贊婦見於舅姑」。又明天，「舅姑共饗婦」。禮成之後，「舅姑先降自西階（賓階）。婦降自阼階。」（東階，主人所行。古人說地道尊右，故讓客人走西階）。表明把家事傳給她，自己變作客人的意思。此禮是限於嫡婦的，謂之「著代」，亦謂之「授室」。若舅姑不在，則三月而後廟見。《禮記・曾子問》說：「女未廟見而死，歸葬於女氏之黨，示未成婦。」諸侯嫁女，亦有致女之禮，於三月之後，遣大夫操禮而往，見《公羊》成公九年。何《注》說：「必三月者，取一時，足以別貞信。」然則古代的婚禮，是要在結婚三個月之後，才算眞正成立的。若在三月之內分離，照禮意，還只算婚姻未完全成立，算不得離婚。這也可見得婚姻制度初期的疏鬆。

禮經所說的婚禮，是家族制度全盛時的風俗，所以其立意，全是爲家族打算的。《禮記・內則》說：「子甚宜其妻，父母不說，出。子不宜其妻，父母曰：是善事我，子行夫婦之禮焉，沒身不衰。」可見家長權力之大。〈昏義〉說：「成婦禮，明婦順，又申之以著代，所以重責婦順焉也。婦順也者，順於舅姑，和於室人，而後當於夫；以成絲麻布帛之事；以審守委積蓋藏。是故婦順備而後內和理，內和理而後家可長久也，故聖王重之。」尤可見娶婦全爲家族打算的情形。〈曾子問〉說：「嫁女之家，三夜不息燭，思相離也。」這是我們容易了解的。又說：「取婦之家，三日不舉樂，思嗣親也。」此意我們就不易了解了。原來現代的人，把結婚看作個人的事情，認爲是結婚者的幸福，所以多有歡樂的意思。古人則把結婚看作爲家族而舉行的事情。兒子到長大能娶妻，父母就近於凋謝了，所以反有感傷的意思。〈曲禮〉說：「昏禮不賀，人之序也。」也是這個道理。此亦可見當時家族主義的昌盛，個人價値全被埋沒的一斑。

當這時代，女子遂成爲家族的奴隸，奴隸是需要忠實的，所以貞操就漸漸的被看重。「貞婦」二字，昉見於《禮記・喪服四制》。春秋時，魯君的女兒，有一個嫁給宋國的，稱爲宋伯姬。一天晚上，宋國失火，伯姬說：「婦人夜出，必待傅姆。」（傅姆是老年的男女侍從。必待傅姆，是不獨身夜行，以避嫌疑的意思）。傅姆不至，不肯下堂，遂被火燒而死。《春秋》特書之，以示獎勵（《公羊》襄公三十年）。此外儒家獎勵貞節之說，還有許多，看劉向的《列女傳》

可知。劉向是治魯詩的，《列女傳》中，有許多是儒家相傳的詩說。秦始皇會稽刻石說：「飾省宣義，有子而嫁，倍死不貞。防隔內外，禁止淫佚，男女潔誠。夫爲寄豭，殺之無罪，男秉義程。妻爲逃嫁，子不得母，咸化廉清。」案《管子．八觀篇》說：「閭閈無闔，外內交通，則男女無別矣。」又說：「食谷水，巷鑿井；場圃接，樹木茂；宮牆毀壞，門戶不閉，外內交通，則男女之別，無自正矣。」（《漢書．地理志》說：鄭國土陋而險，山居谷汲，男女亟聚會，故其俗淫）。這即是秦始皇所謂防隔內外。乃是把士大夫之家，「深宮固門，閽寺守之，男不入，女不出」的制度（見《禮記．內則》），推廣到民間去。再嫁未必能有什麼禁令，不過宣布其是倍死不貞，以示恥辱；正和獎勵貞節，用意相同。寄豭是因奸通而寄居於女子之家的，殺之無罪；妻爲逃嫁，則子不得母；其制裁卻可謂嚴厲極了。壓迫階級所組織的國家，其政令，自然總是助壓迫階級張目的。

雖然如此，羅馬非一日之羅馬，古代疏鬆的婚姻制度，到底非短期間所能使其十分嚴緊的。所以表顯於古書上的婚姻，要比後世自由得多。《左氏》昭公元年，載鄭國徐吾犯之妹美，子南業經聘定了她，子晳又要強行納聘。子晳是個強宗，國法奈何不得他。徐吾犯乃請使女自擇，以資決定。這雖別有用意，然亦可見古代的婚嫁，男女本可自擇。不過「男不親求，女不親許」（見《公羊》僖公十四年）。必須要有個媒妁居間；又必須要「爲酒食以召鄉黨僚友」（《禮記．曲禮》），以資證明罷了。婚約的解除，也頗容易。前述三月成婦之制，在結婚三個月之後，兩造的意見覺得不合，仍可隨意解除。這在今日，無論哪一國，實都無此自由。至於尚未同居，則自然更爲容易。《禮記．曾子問》說：「昏禮：既納幣，有吉日，女之父母死，則如之何？孔子曰：婿使人吊。如婿之父母死，則女之家亦使人吊。婿已葬，婿之伯父，致命女氏曰：某之子有父母之喪，不得嗣爲兄弟，使某致命。女氏許諾，而弗敢嫁，禮也。婿免喪，女之父母使人請，婿弗取而後嫁之，禮也。女之父母死，婿亦如之。」一方等待三年，一方反可隨意解約，實屬不近情理。迂儒因生種種曲說，其實這只是《禮記》文字的疏忽。孔子此等說法，自爲一方遭喪而一方無意解約者言之；若其意欲解約，自然毫無限制。此乃當然之理，在當日恐亦爲常行之事，其事無待論列，故孔子不之及。記者貿然下了「而弗敢嫁，禮也」六字，一似非等待不可的，就引起後人的誤會了。離婚的條件，有所謂七出，亦謂之七棄（（一）無子。（二）淫佚。（三）不事舅姑。（四）口舌。（五）盜竊。（六）嫉妒。（七）惡疾）。又有所謂三不去（（一）嘗更三年喪不去。（二）賤取貴不去。（三）有所受無所歸不去）。與五不娶並列（（一）喪婦長女。（二）世有惡疾。（三）世有刑人。（四）亂家女。（五）逆家女）。見於《大戴禮記．本命篇》，和《公羊》莊公二十七年何《注》，皆從男子方面立說。此乃儒家斟酌習俗，認爲義所當然，未必與當時的法律習慣密合。女子求去，自然也有種種條件，爲法律習慣所認許的，不過無傳於後罷了。觀漢世婦人求去者尙甚多（如朱買臣之妻等）。則知古人之於離婚初不重視；夫死再嫁，則尤爲恆事。這是到宋以後，理學盛行，士大夫之家，更看重名節，上流社會的女子，才少有再嫁的，前代並不如此。《禮記．郊特牲》說：「一與之齊，終身不改，故夫死不嫁。」這是現在講究舊禮教的迂儒所樂道的。然一與之齊，終身不改，乃是說不得以妻爲妾，並非說夫死不嫁。《白虎通義．嫁娶篇》引〈郊特牲〉，並無「故夫死不嫁」五字；鄭《注》亦不及此義；可見此五字爲後人所增。鄭《注》又說：「齊或爲醮」，這字也是後人所改的。不過鄭氏所據之本，尙作「齊」字，即其所見改爲「醮」字之本，亦尙未竄入「故夫死不嫁」五字罷了。此可見古書逐漸竄改之跡。

後世男子的權利，愈行伸張，則其壓迫女子愈甚。此可於其重視爲女時的貞操，及其賤視再醮婦見之。女子的守貞，實爲對於其夫之一種義務。以契約論，固然只在婚姻成立後、持續時爲有效；以事實論，亦只需如此。所以野蠻社會的風俗，無不是如此的，而所謂文明社會，卻有超過這限度的要求。此無他，不過男權社會的要求，更進一步而已。女子的離婚，在後世本較古代爲難，因爲古代的財產帶家族共有的意思多，一家中人，當然都有享受之分。所以除所謂有所受無所歸者外，離婚的女子，都不怕窮無所歸。後世的財產，漸益視爲個人所有，對於已嫁大歸之女，大都不願加以扶養；而世俗又賤視再醮之婦，肯娶者少；棄婦的境遇，就更覺淒慘可憐了。法律上對於女子亦未嘗加以保護。如《清律》：「凡妻無應出及義絕之狀而出之者，杖八十。雖犯七出，有三不去而出之者，減二等，追還完聚。」似乎是爲無所歸的女子特設的保護條文。然追還完聚之後，當如何設法保障，使其不爲夫及夫之家族中人所虐待，則絕無辦法。又說：「若夫妻不相和諧而兩願離者不坐。」不相和諧，即可離異，似極自由。然夫之虐待其妻者，大都榨取其妻之勞力以自利，安能得其願離？離婚而必以兩願爲條件，直使被虐待者永無脫離苦海之日。而背夫私逃之罪，則係「杖一百，從夫嫁賣」。被虐待的女子，又何以自全呢？澈底言之：現在所謂夫婦制度，本無維持之價值。然進化非一蹴所可幾，即制度非旦夕所能改。以現在的立法論，在原則上當定：（一）離婚之訴，自妻提出者無不許。（二）其生有子女者，撫養歸其母，費用則由其父負擔。（三）夫之財產中，其一部分應視爲其妻所應得，離婚後當給予其妻。（四）夫妻異財者勿論；其同財者，嫁資應視爲妻之私財，離婚時給還其妻，其業經銷用者應賠償。這固不是根本解決的辦法，然在今日，立法上亦只得如此了。而在今日，立法上亦正該如此。

古書中所載的禮，大抵是父系家庭時代的習慣風俗，後世社會組織，迄未改變，所以奉其說爲天經地義；而因此等說法被視爲天經地義之故，亦有助於此制度之維持。天下事原總是互爲因果的，但古書中的事實，足以表示家族主義形成前的制度的亦不少，此亦不可不注意。《禮記·禮運》：「合男女，頒爵位，必當年德。」《管子·幼官篇》，亦有「合男女」之文。合男女，即《周官·媒氏》及《管子·入國篇》的合獨之政。《周官·媒氏》：「凡男女自成名以上，皆書年月日名焉。令男三十而娶，女二十而嫁。中春之月，令會男女。於是時也，奔者不禁（謂不備聘娶之禮，說見下）。司男女之無夫家者而會之。」合獨為九惠之政之一。其文云：「取鰥寡而和合之，與田宅而家室之，三年然後事之。」此實男女妃合，不由家族主持，而由部族主持之遺跡。其初蓋普遍如此，到家族發達之後，部族於通常之結婚，才置諸不管，而只干涉其違法者，而救濟其不能婚嫁者了。當男女婚配由部族主持之世，結婚的年齡，和每年中結婚的季節，都是有一定的。婚年：儒家的主張，是男三十而娶，女二十而嫁。《禮記·曲禮》《內則》等篇，都是如此。《大戴禮記·本命篇》說，這是中古之禮。太古五十而室，三十而嫁。《墨子》、（〈節用〉）、《韓非子》（〈外儲說右下〉）則說男二十而娶，女十五而嫁。結婚的年齡，當然不能斠若畫一。王肅說：男十六而精通，女十四而能化，自此以往，便可結婚；所謂三十、二十等，乃係為之極限，使不可過。又所謂男三十，女二十，不過大致如此，並非必以三十之男，配二十之女。其說自通（見《詩·摽有梅疏》）。《大戴禮》說：三十而室，二十而嫁，天子庶人同禮。《左氏》說：天子十五而生子；三十而室，乃庶人之禮（《五經異義》）。貴族生計，較庶人為寬裕，結婚年齡，可以提早，說亦可通。至《墨子》、《韓非子》之說，則係求蕃育人民之意，古代此等政令甚多，亦不足怪。所可怪者，人類生理今古相同，婚配的要求，少壯之時，最為急切，太古時何以能遲至五十、三十？案羅維（Robert H. Lowie）所著的《初民社會》（呂叔湘譯，商務印書館本）。說巴西的波洛洛人（Bororo），男女性交和結婚，並非一事。當其少年時，男女之間，早已發生性的關係，然常是過著浪漫的生活，並不專於一人。倒是年事較長，性慾較淡，彼此皆欲安居時，才擇定配偶，相與同居。案人類的性質，本是多婚的。男女同居，乃爲兩性間的分工互助，實與性慾無甚關係。波洛洛人的制度，實在是較爲合理的。社會制度，往往早期的較後期的爲合理（這是因已往的文化，多有病態，時期愈晚，病態愈深之故）。中國太古之世，婚年較晚的理由，也可以借鑑而明瞭。人類性慾的開始，實在二七、二八之年。自此以往，更閱數年，遂臻極盛（此係中國古說，見《素問・上古天真論》。《大戴禮記》、《韓詩外傳》、《孔子家語》等說皆同）。根於生理的欲念，宜宣洩不宜抑壓；抑壓之，往往爲精神病的根源。然後世將經濟上的自立，責之於既結婚的夫婦，則非十餘齡的男女所及；又教養子女之責，專由父母任之，亦非十餘齡的男女所能；遂不得不將結婚的年齡展緩。在近代，並有因生計艱難，而抱獨身主義的。性慾受抑壓而橫溢，個人及社會兩方面，均易招致不幸的結果。這亦是社會制度與人性不能調和的一端。倘使將經濟及兒童教養的問題，和兩性問題分開，就不至有此患了。所以目前的辦法在以節育及兒童公育，以救濟遲婚及獨身問題。結婚的季節，《春秋繁露》說：「霜降逆女，冰泮殺止。」（〈循天之道篇〉）。《荀子》同（〈大略篇〉）。王肅說：自九月至正月（見《詩・綢繆疏》）。其說良是。古人冬則居邑，春則居野（參看第六第十四章）。結婚的月分，實在是和其聚居的時期相應的。仲春則婚時已過，至此而猶不克婚，則其貧不能備禮可知，所以奔者不禁了。

多妻之源，起於男子的淫侈。生物界的事實，兩性的數目，常大略相等。婚姻而無禁例，或雖有禁例而不嚴密則已，若既限定對於法定的配偶以外，不許發生性的關係，而又有若干人欲多占異性爲己有，則有多占的人，即有無偶的人。所以古今中外，有夫婦之制的社會，必皆以一夫一妻爲原則；但亦總有若干例外。古代貴族，妻以外發生性的關係的人有兩種：一種是妻家帶來的，謂之媵；一種是自己家裡所固有的，謂之妾（後世媵之實消滅，故其名稱亦消滅，但以妾為配偶以外發生性的關係之人之總稱）。媵之義爲送，即妻家送女的人（並不限於女子，如伊尹為有莘氏媵臣是）。與婿家跟著新郎去迎接新娘的御相同。媵、御的原始，實猶今日結婚時之男女儐相，本無可發生性的關係的理由。後來有特權的男子，不止娶於一家，正妻以外的旁妻，無以名之，亦名之曰媵，媵遂有正妻以外之配偶之義。古代的婚姻，最致謹於輩行，而此規則，亦爲有特權者所破壞。娶一妻者，不但兼及其娣，而且兼及其姪，於是有諸侯一娶九女之制。取一國則二國往媵，各以姪娣從。一娶九女之制，據《白虎通義．嫁娶篇》說，天子與諸侯同。亦有以爲天子娶十二女的，如《春秋繁露．爵國篇》是。此恐係以天子與諸侯同禮爲不安而改之。其實在古代，天子諸侯，在實際上，未必有多大的區別。《禮記．昏義》末節說：天子有一后，三夫人，九嬪，二十七世婦，八十一御妻。案〈昏義〉爲《儀禮．士昏禮》之傳，傳文皆以釋經，獨〈昏義〉此節，與經無涉，文亦不類傳體，其說在他處又無所見；而適與王莽立后，備和、嬪、美、御，和人三，嬪人九，美人二十七，御人八十一之制相合（見《漢書．莽傳》）。其爲後人竄入，自無可疑。《冠義》說：「無大夫冠禮而有其昏禮？古者五十而後爵，何大夫冠禮之有？」五十而後娶，其爲再娶可知。諸侯以一娶九女之故，不得再娶（《公羊》莊公十九年）。大夫若亦有媵，安得再娶？管氏有三歸，孔子譏其不儉（《論語．八佾》：包咸云：三歸，娶三姓女）。即係譏其僭人君之禮。所以除人君以外，是絕無媵的。至於妾，則爲家中的女子，得與家主相接之義。家族主義發達的時代，門以內的事情，國法本不甚干涉；家主在家庭中的地位，亦無人可以制裁他。家中苟有女奴，家主要破壞她的貞操，自無從加以制裁。所以有妾與否，是個事實問題，在法律上，或者並無制限。然古代依身分而立別的習慣，是非常之多的，或有制限，亦未可知。後世等級漸平，依身分而立區別的習慣大半消除，娶妾遂成爲男子普遍的權利了。雖然如此，法律上仍有依身分之貴賤，而定妾之有無多寡的。如《唐書．百官志》：親王有孺人二，媵十；二品媵八；國公及三品媵六；四品媵四；五品媵三；《明律》：民年四十以上無子者，方聽娶妾，違者笞四十。但此等法律，多成具文，而在事實上，則多妻之權利，爲富者所享受。嫡庶之別，古代頗嚴。因爲古代等級，本來嚴峻，妻和妾一出於貴族，一出於賤族，其在社會上的身分，本相懸殊之故。後世等級既平，妻妾之身分，本來的相差，不如前代之甚，所以事實上貴賤之相差亦較微；僅在法律上、風俗上，因要維持家庭間的秩序，不得不略存區別而已。

《顏氏家訓》說：「江左不諱庶孽，喪室之後，多以妾媵終家事。河北鄙於側室，不預人流，是以必須重娶，至於三四。」這是江左猶沿古代有媵不再娶的舊風，河北就蕩然了。但以妾媵終家事，必本有 妾媵而後能然；如其無之，自不能不再娶，再娶自不能視之爲妾。《唐書．儒學傳》說：「鄭餘慶廟有二妣，疑於祔祭，請於有司。博士韋公肅議曰：古諸侯一娶九女，故廟無二嫡。自秦以來有再娶，前娶後繼皆嫡也，兩祔無嫌。」自秦以來有再娶，即因封建破壞，無復一娶九女及三歸等制度之故。韋公肅之議，爲前娶後繼，皆爲適室禮文上的明據。但從禮意上說，同時不能有二嫡的，所以世俗所謂兼祧雙娶，爲法律所不許（大理院解釋，以後娶者為妾）。

人類的性質，本來是多婚的（男女皆然）。雖由社會的勢力加以壓迫，終不能改變其本性；所以壓迫之力一弛，本性隨即呈露。在現社會制度之下，最普遍而易見的，是爲通姦與賣淫。通姦，因其爲祕密之事，無從統計其多少；然就現社會和歷史記載上觀察，實可信其極爲普遍，賣淫亦然。社會學家說：「凡是法律和習慣限制男女性交之處，即有賣淫之事，隨之出現。」史家推原賣淫之始，多以爲起於宗教賣淫。王書奴著《中國倡伎史》（生活書店本），亦力主此說。然原始宗教界中淫亂的現象，實未可稱為賣淫。因為男女的交際，其初本極自由。後來強橫的男子，雖把一部分女子占為己有，然只限於平時；至於衆人集會之時，則仍須回復其故態。所以各個民族，往往大集會之時，即為男女混雜之際。如鄭國之俗，三月上巳之日，於溱、洧兩水之上，招魂續魄，拂除不祥，士女往觀而相謔（《韓詩》說，據陳喬樅《三家詩遺說考》）。《史記．滑稽列傳》載淳於髡說：「州閭之會，男女雜坐。行酒稽留，六博投壺，相引為曹。握手無罰，目眙不禁。前有墮珥，後有遺簪。」「日暮酒闌，合尊促坐。男女同席，履舄交錯。杯盤狼籍。堂上燭滅，主人留髡而送客。羅襦襟解，微聞薌澤。」又如前文所引的燕國「嫁娶之夕，男女無別」都是。宗教上的寺院等，也是大衆集會之地，而且是聖地；其地的習慣，是不易破壞的。《漢書．禮樂志》說：漢武帝立樂府，「采詩夜誦」。顏師古《注》說：「其言辭或祕，不可宣露，故於夜中歌誦。」案《後漢書．高句驪傳》說：其俗淫。暮夜輒男女群聚為倡樂。高句驪是好祠鬼神的，而樂府之立，亦和祭禮有關。然則采詩夜誦，怕不僅因其言辭或祕罷？男女混雜之事，後世所謂邪教中，亦恆有之，正和邪有何標準？不過古代之俗，漸與後世不合，則被目為邪而已。然則宗教中初期的淫亂，實不可謂之賣淫。不過限制男女交際的自由，往往與私有財產制度伴隨而起。既有私有財產，自有所謂賣買；既有所謂賣買，淫亦自可為賣買的標的。在此情形之下，本非賣買之事，變為賣買的多了，亦不僅淫之一端。

賣淫的根源，舊說以為起於齊之女閭。其事見於《戰國策》的《東周策》。《東周策》載一個辯士的話道：「國必有誹譽。忠臣令誹在己，譽在上。齊桓公宮中七市，女閭七百，國人非之，管仲故為三歸之家，以掩桓公非，自傷於民也。」則市與女閭，確為淫樂之地。《商君書．墾令篇》說：「令軍市無有女子」；又說：「輕惰之民，不遊軍市，則農民不淫」；亦市爲淫樂之地之一證。女閭則他處無文。案《太平御覽》引《吳越春秋》說：「句踐輸有過寡婦於山上，使士之憂思者遊之，以娛其意」（今本無）。亦即女閭之類。女閭，蓋後世所謂女戶者所聚居。女戶以女爲戶主，可見其家中是沒有壯男的。《周官·內宰》：「凡建國，佐後立市」；《左氏》昭公二十年，晏嬰說：「內寵之妾，肆奪於市」；則古代的市，本由女子管理。所以到後來，聚居市中的女子還很多。市和女閭，都不過因其爲女子聚居之所，遂成爲縱淫之地罷了；其初，也未必是賣淫的。

賣淫的又一來源，是爲女樂。女樂是貴族家裡的婢妾，擅長歌舞等事的，令其「執技以事上」。婢妾的貞操，本來是沒有保障的，自不因其爲音樂隊員而有異。封建制度破壞，貴族的特權，爲平民所僭者甚多，自將流布於民間。《史記·貨殖列傳》說：趙國的女子，「鼓鳴瑟，跕屣（現在的拖鞋，在古時為舞屣）。游媚貴富，入後宮，遍諸侯。」「鄭，衛俗與趙相類。」又說：「今夫趙女鄭姬，設形容，揳鳴琴，揄長袂，躡利屣，目挑心招，出不遠千里，不擇老少者，奔富厚也。」即其事。倡伎本來是對有技藝的人的稱謂，並非專指女子。所以女子有此等技藝的，還特稱爲女伎。然其實是性的誘惑的成分多，欣賞其技藝的成分少。於是倡伎轉變爲女子賣淫者的稱謂，其字也改從女旁了（即娼妓。男子之有技藝者，不復稱倡伎）。爲倡伎之女子，本係婢妾之流，故自古即可買賣。《戰國策·韓策》說：「韓賣美人，秦買之三千金」其證。後世當娼妓的，也都是經濟上落伍的人，自然始終是可以買賣的了。資本的勢力愈盛，遂並有買得女子，使操淫業以謀利的。古代的女伎，係婢妾所爲，後世政治上還沿襲其遺制，是爲樂戶，係以罪人家屬沒入者爲之。唐時，其籍屬於太常；其額設的樂員，屬於教坊司。此係國家的女樂隊員，但因其本爲賤族，貞操亦無保障，官員等皆可使之執技薦寢以自娛，是爲官妓。軍營中有時亦有隨營的女子，則謂之營妓。民間女子賣淫的，謂之私娼。在本地的稱土娼，在異鄉的稱流娼。清世祖順治十六年，停止教坊女樂，改用內監。世宗雍正七年，改教坊司爲和聲署。是時各地方的樂戶，亦皆除籍爲民。於是在法律上除去一種賤族，亦無所謂官妓，但私娼在當時則是無從禁止的。律例雖有「舉貢生員，宿娼者斥革」的條文，亦不過爲管束舉貢生員起見而已，並非禁娼。

古代掠奪婚姻的習慣，仍有存於後世的。趙翼《陔餘叢考》說：「村俗有以婚姻議財不諧，而糾衆劫女成婚者，謂之搶親。《北史·高昂傳》：昂兄乾，求博陵崔聖念女爲婚，崔不許。昂與兄往劫之。置女村外，謂兄曰：何不行禮？於是野合而歸。是劫婚之事，古亦有之。然今俗劫婚，皆已經許字者，昂所劫則未字，固不同也。」案《清律》：「凡豪勢之人，強奪良家妻女，奸占爲妻妾者絞。配與子孫、弟侄、家人者，罪亦如之。」此指無婚姻契約而強搶的。又說：「應爲婚者，雖已納聘財，期未至，而男家強娶者，笞五十。」（指主婚人）。「女家悔盟，男家不告官司強搶者，照強娶律減二等。」此即趙氏所謂已經許字之女，照法律亦有罪，但爲習俗所囿，法律多不能實行。又有男女兩家，因不能負擔結婚時的費用，私相協議，令男家以強搶的形式出之的；則其表面爲武力的，內容實爲經濟的了。搶孀等事，亦自古即有。《潛夫論·斷訟篇》云：「貞潔寡婦，遭直不仁世叔、無義兄弟，或利其聘幣，或貪其財賄，或私其兒子，則迫脅遣送，有自縊房中，飲藥車上，絕命喪軀，孤捐童孩者。」又有「後夫多設人客，威力脅載者」。這其中，亦含有武力的、經濟的兩種成分。

賣買婚姻，則無其名而有其實。〈斷訟篇〉又說：「諸女一許數家，雖生十子，更百赦，勿令得蒙一，還私家，則此奸絕矣。不則髡其夫妻，徙千里外劇縣，乃可以毒其心而絕其後。」《抱朴子·弭訟篇》，述其姑子劉士由之論說：「末世舉不修義，許而弗與。訟鬩穢縟，煩塞官曹。今可使諸爭婚者，未及同牢，皆聽義絕，而倍還酒禮，歸其幣帛。其嘗已再離，一倍裨聘（裨即現在賠償的賠字）。其三絕者，再倍裨聘。如此，離者不生訟心，貪者無利重受。」葛洪又申說自己的意見道：「責裨聘倍，貧者所憚，豐於財者，則適其願矣。後所許者，或能富殖，助其裨聘，必所甘心。然則先家拱默，不得有言，原情論之，能無怨嘆乎？」葛洪之意，要令「女氏受聘，禮無豐約（謂不論聘財多少）。皆以即日報版。又使時人署姓名於別版，必十人以上，以備遠行及死亡。又令女之父兄若伯叔，答婿家書，必手書一紙。若有變悔而證據明者，女氏父母兄弟，皆加刑罰罪」，可見漢晉之世賣買婚姻之盛。後世契約效力較強，此等事無人敢做，但嫁女計較聘禮，娶妻覬覦妝奩，其內容還是一樣的，此非經濟制度改變，無法可以改良了。

後世的婚姻，多全由父母做主，本人概不與聞，甚至有指腹爲婚等惡習（見《南史・韋放傳》。案《清律》，指腹為婚有禁）。這誠然是很壞的。然論者遂以夫婦之道苦，概歸咎於婚姻的不自由，則亦未必其然。人之性，本是多婚的，男女皆然，所以愛情很難持之永久。即使結婚之時，純出兩情愛慕，絕無別種作用摻雜其間，尙難保其永久，何況現在的婚姻，有別種作用摻雜的，且居多數呢？欲救夫婦道苦之弊，與其審愼於結婚之時，不如寬大於離婚之際。因爲愛情本有變動，結婚時無論如何審愼，也控制不住後來的變化的。習俗所以重視離婚，法律也盡力禁阻，不過是要維持家庭。然家庭制度，實不是怎麼值得維持的東西，參看下章可明。

統觀兩性關係，自氏族時代以後，即已漸失其正常。其理由：因女子在產育上，所負的責任較男子爲多。因而其鬥爭的力量，較男子爲弱。不論在人類憑恃武力相鬥爭，或憑恃財力相鬥爭的時代，女子均漸淪於被保護的地位，失其獨立而附屬於男子。社會的組織，宜於寬平坦蕩，各個人與總體直接；若多設等級，使這一部分人，隸屬於那一部分人，那不公平的制度就要逐漸發生，積久而其弊愈深了。近代女權的漸漸伸張，實因工業革命以來，女子漸加入社會的機構，非如昔日蟄居家庭之中，專做輔助男子的事情之故。女子在產育上多盡了責任，男子就該在別一方面多盡些義務，這是公道；乘此機會壓迫女子，多占權利，是很不正當的。而欲實行公道，則必自剷除等級始。所以有人說：社群制度是女子之友，家庭制度是女子之敵。然則「女子回到家庭去」的口號，當然只有開倒車的人，才會去高呼了。人家都說現在的女學生壞了，不如從前舊式的女子，因其對於家政生疏了，且不耐煩；殊不知這正是現代女子進步之徵兆。因爲對於家政生疏，對於參與社會的工作，卻熟練了。這正是小的、自私的、自利的組織，將逐漸破壞；大的、公平的、博愛的制度，將逐漸形成的徵兆。賢母良妻，只是賢奴良隸。此等教育，亦只好落伍的國家去提倡。我們該教一切男女以天下爲公的志願，廣大無邊的組織。

第二章　族制

人是非團結不能生存的。當用何法團結呢？過去的事情，已非我們所能盡知；將來的事情，又非我們所能預料。我們現在只能就我們所知道的，略加說述而已。

在有史時期，血緣是人類團結的一個重要因素。人恆狃於其所見聞，遂以此爲人類團結唯一的因素，在過去都是如此，在將來也非如此不可了。其實人類的團結，並非是專恃血緣的。極遠之事且勿論，即上章所說的以年齡分階層之世，亦大率是分爲老、壯、幼三輩（間有分為四輩的，但以分做三輩為最普通。《禮記・禮運》說：「使老有所終，壯有所用，幼有所長。」《論語・雍也篇》說：「老者安之，朋友信之，少者懷之。」亦都是分為三輩）。而不再問其人與人間的關係的。當此之時，哪有所謂夫婦、父子、兄弟之倫呢？《禮記・禮運》說：大同之世，「人不獨親其親，不獨子其子」；《左氏》載富辰的話，也說「大上以德撫民，其次親親，以相及也」（僖公二十四年），可見親族關係，是後起的情形了。

人類愈進步，則其分化愈甚，而其組織的方法亦愈多；於是有所謂血族團體。血族團體，其初必以女子爲中心。因爲夫婦之倫未立，父不可知；即使可知，而父子的關係，亦不如母子之密之故。如上章所述，人類實在是社群動物，而非家庭動物。所以其聚居，並不限於兩代，母及同母之人以外，又有母的母，母的同母等，自己而下推，亦是如此，逐漸成爲母系氏族。每一個母系氏族，都有一個名稱，是即所謂姓。一姓總有一個始祖母的，如殷之簡狄、周之姜嫄即是。簡狄之子契，姜嫄之子稷，都是無父而生的。因爲在傳說中，此等始祖母，本來無夫之故。記載上又說她倆都是帝嚳之妃，一定是後來附會的（契、稷皆無父而生，見《詩・玄鳥》、〈生民〉。《史記・殷周本紀》所載，即是《詩》說。據陳喬樅《三家詩遺說考》所考證，太史公是用《魯詩》說的。姜嫄、簡狄，皆帝嚳之妃，見《大戴禮記・帝系篇》。《史記・五帝本紀》，亦用其說）。

女系氏族的權力，亦有時在男子手中（參看下章）。此即所謂舅權制。此等權力，大抵兄弟相傳，而不父子相繼。因爲兄弟是同氏族人，父子則異氏族之故。我國商朝和春秋時的魯國、吳國，都有兄弟相及的遺跡（魯自莊公以前，都一代傳子，一代傳弟，見《史記・魯世家》）。這是由於東南一帶，母系氏族消滅較晚之故，已見上章。

由於生業的轉變，財產和權力都轉入男子手中，婚姻非復男子入居女子的氏族，而爲女子入居男子的氏族（見上章）。於是組織亦以男爲主，而母系氏族遂變爲父系氏族。商周自契、稷以後，即奉契、稷爲始祖，便是這種轉變的一件史實。

族之組織，是根據於血緣的。血緣之制既興，人類自將據親等的遠近，以別親疏。一姓的人口漸繁，又行外婚之制，則同姓的人，血緣不必親；異姓的人，血緣或轉相接近。所謂族與姓，遂不得不分化爲兩種組織。族制，我們所知道的，是周代的九族：（一）父姓五服以內，（二）姑母和他的兒子，（三）姊妹和他的兒子，（四）女兒和他的兒子，是爲父族四；（五）母的父姓，即現在所謂外家，（六）母的母姓，即母親的外家，（七）母的姊妹和她們的兒子，是爲母族三；（八）妻之父姓，（九）妻之母姓，是爲妻族二。這是漢代今文家之說，見於《五經異義》（《詩・葛藟》《疏》引）。《白虎通・宗族篇》同。古文家說，以上自高祖、下至玄孫爲九族，此乃秦漢時制，其事較晚，不如今文家所說之古了。然《白虎通義》又載或說，謂堯時父、母、妻之族各三，周貶妻族以附父族，則今文家所說，亦已非極古之制。《白虎通義》此段，文有脫誤，堯時之九族，無從知其詳。然觀下文引《詩》「邢侯之姨」，則其中該有妻之姊妹。總而言之：族制是隨時改變的，然總是血緣上相近的人，和後世稱父之同姓爲族人，混同姓與同族爲一不同，則是周以前所同的。九族中人，都是有服的。其無服的，則謂之黨（《禮記・奔喪》鄭《注》），是爲父黨、母黨、妻黨。

同姓的人，因人口衆多，血緣漸見疏遠，其團結是否因此就鬆懈了呢？不。所謂九族者，除父姓外，血緣上雖然親近，卻不是同居的。同姓則雖疏遠而仍同居，所以生活共同，利害亦共同。在同居之時，固有其緊密的組織；即到人口多了，不能不分居，而彼此之間，仍有一定的連結，此即所謂宗法。宗法和古代的社會組織，有極大的關係。今略述其制如下：

（一）凡同宗的人，都同奉一個始祖（均係此始祖之後）。

（二）始祖的嫡長子，爲大宗宗子。自此以後，嫡長子代代承襲，爲大宗宗子。凡始祖的後人，都要尊奉他，受他的治理，窮困的卻亦可以受他的救濟。大宗宗子和族人的關係，是不論親疏遠近，永遠如此的，是謂大宗「百世不遷」。

（三）始祖之衆子（嫡長子以外之子）。皆別爲小宗宗子。其嫡長子爲繼禰小宗。繼禰小宗的嫡長子爲繼祖小宗，繼祖小宗的嫡長子爲繼曾祖小宗，繼曾祖小宗的嫡長子爲繼高祖小宗。繼禰小宗，親兄弟宗事他（受他治理，亦受他救濟）。繼祖小宗，從兄弟宗事他；繼曾祖小宗，再從兄弟宗事他；繼高祖小宗，三從兄弟宗事他；至四從兄弟，則與繼六世祖之小宗宗子，親盡無服，不再宗事他。是爲小宗「五世則遷」（以一人之身論，當宗事與我同高、曾、祖、考四代的小宗宗子及大宗宗子。故曰：「小宗四，與大宗凡五。」）

（四）如此，則或有無宗可歸的人。但大宗宗子，還是要管理他，救濟他的。而同出於一始祖之人，設或殤與無後，大宗的宗子，亦都得祭祀他。所以有一大宗宗子，則活人的治理、救濟，死人的祭祀問題，都解決了。所以小宗可絕，大宗不可絕。大宗宗子無後，族人都當絕後以後大宗。

以上是周代宗法的大略，見於《禮記‧大傳》的。《大傳》所說大宗的始祖，是國君的衆子。因爲古者諸侯不敢祖天子，大夫不敢祖諸侯（《禮記‧郊特牲》謂不敢立其廟而祭之。其實大宗的始祖，非大宗宗子，亦不敢祭。所以諸侯和天子，大夫和諸侯，大宗宗子和小宗宗子，小宗宗子和非宗子，其關係是一樣的）。所以國君的衆子，要別立一宗。鄭《注》又推而廣之，及於始適異國的大夫。據此，宗法之立，實緣同出一祖的人太多了，一個承襲始祖的地位的人，管理有所不及，乃不得不隨其支派，立此節級的組織，以便管理。遷居異地的人，舊時的族長，事實上無從管理他；此等組織，自然更爲必要了。觀此，即知宗法與封建，大有關係。因爲封建是要將本族的人，分一部分出去的。有宗法的組織，則封之者和所封者之間，就可保持著一種連結了。然則宗法確能把同姓中親盡情疏的人連結在一起，他在九族之中，雖只連結得父姓一族，然在父姓之中，所連結者，卻遠較九族之制爲廣，怕合九族的總數，還不足以敵他；而且都是同居的人，又有嚴密的組織。母系氏族中，不知是否有與此相類的制度；即使有之，其功用怕亦不如父系氏族的顯著。因爲氏族從母系轉變到父系，本是和鬥爭有關係的。父系氏族而有此廣大嚴密的組織，自然更能發揮其鬥爭的力量。我們所知，宗法之制以周代爲最完備，周這個氏族，在鬥爭上是得到勝利的。宗法的組織，或者也是其中的一個原因。

有族制以團結血緣相近的人，又有宗法以團結同出一祖的人，人類因血族而來的團結，可謂臻於極盛了。然而當其極盛之時，即其將衰之候。這是什麼原因呢？社會組織的變化，經濟實爲其中最重要的原因。當進化尚淺之時，人類的互助，幾於有合作而無分工。其後雖有分工，亦不甚繁複。大家所做的事，既然大致相同，又何必把過多的人連結在一起？所以人類連結的廣大，是隨著分工的精密而進展的。分工既密之後，自能將毫不相干的人，連結在一起。此等互相倚賴的人，雖然彼此未必相知，然總必直接間接，互相接觸。接觸既繁，前此因不相了解而互相猜忌的感情，就因之消除了。所以商業的興起，實能消除異部族間敵對的感情。分工使個性顯著。有特殊才能的人，容易發揮其所長，獲得致富的機會。氏族中有私財的人逐漸多，買賣婚即於此時成立。說見上章。於是父權家庭成立了。孟子說：當時農夫之家，是五口和八口。說者以爲一夫上父母下妻子；農民有弟，則爲餘夫，要另行授田（〈梁惠王〉及〈滕文公〉上篇）。可見其家庭已和現在普通的家庭一樣了。士大夫之家，《儀禮．喪服傳》說大功同財，似乎比農民的家庭要大些。然又說當時兄弟之間的情形道：「有東宮，有西宮，有南宮，有北宮，異居而同財。有餘則歸之宗，不足則資之宗。」則業已各住一所屋子，各有各的財產，不過幾房之中，還保有一筆公款而已；其連結實在是很薄弱的，和農夫的家庭，也相去無幾了。在當時，只有有廣大封土的人，其家庭要大些。這因爲：（一）他的元始，是以一氏族征服異氏族，而食其租稅以自養的，所以宜於聚族而居，常作戰鬥的戒備。只要看《禮記》的〈文王世子〉，就知道古代所謂公族者，是怎樣一個組織了。後來時異勢殊，這種組織，實已無存在的必要。然既已習爲故常，就難於猝然改革。這是一切制度都有這惰性的。（二）其收入既多，生活日趨淫侈，家庭中管事服役的奴僕，以及技術人員，非常衆多，其家庭遂特別大。這只要看《周官》的〈天官〉，就可以知道其情形。然此等家庭，隨著封建的消滅，而亦漸趨消滅了。雖不乏新興階級的富豪，其自奉養，亦與素封之家無異，但畢竟是少數。於是氏族崩潰，家庭代之而興。家庭的組織，是經濟上的一個單位，所以是盡相生相養之道的。相生相養之道，是老者需人奉養，幼者需人撫育。這些事，自氏族崩潰後，既已無人負責，而專爲中間一輩所謂一夫一婦者的責任，自然家庭的組織，不能不以一夫上父母下妻子爲範圍了。幾千年以來，社會的生活情形，未曾大變，所以此種組織，迄亦未曾改變。

從以上所述，可見族制的變遷，實以生活爲其背景；而生活的變遷，則以經濟爲其最重要的原因。因爲經濟是最廣泛，和社會上個個人都有關係；而且其關係，是永遠持續，無時間斷的。自然對於人的影響，異常深刻，各種上層組織，都不得不隨其變遷而變遷；而精神現象，亦受其左右而不自知了。在氏族時代，分工未密，一個氏族，在經濟上，就是一個自給自足的團體。生活既互相倚賴，感情自然容易密切。不但對於同時的人如此，即對於以往的人亦然。因爲我所賴以生存的團體，是由前人留詒下來的。一切知識技術等，亦自前輩遞傳給後輩。這時候的人，其生活，實與時間上已經過去的人關係深，而與空間上並時存在的人關係淺。尊祖、崇古等觀念，自會油然而生。此等觀念，實在是生活情形所造成的。後人不知此理，以爲這是倫理道德上的當然，而要據之以制定人的生活，那就和社會進化的趨勢背道而馳了。大家族、小家庭等字樣，現在的人用來，意義頗爲混淆。西洋人學術上的用語，稱一夫一婦，包括未婚子女的爲小家庭；超過於此的爲大家庭。中國社會，（一）小家庭和（二）一夫上父母下妻子的家庭，同樣普遍。（三）兄弟同居的，亦自不乏。（四）至於五世同居，九世同居，宗族百口等，則爲罕有的現象了。趙翼《陔餘叢考》，嘗統計此等極大的家庭（第四種）。見於正史孝義，孝友傳的：《南史》三人，《北史》十二人，《唐書》三十八人，《五代史》二人，《宋史》五十人，《元史》五人，《明史》二十六人。自然有（一）不在孝義、孝友傳，而散見於他篇的；（二）又有正史不載，而見於他書的；（三）或竟未見記載的。然以中國之大，歷史上時間之長，此等極大的家庭，總之是極少數，則理有可信。此等雖或由於倫理道德的提倡（顧炎武《華陰王氏宗祠記》：「程朱諸子，卓然有見於遺經。金元之代，有志者多求其說於南方，以授學者。及乎有明之初，風俗淳厚，而愛親敬長之道，達諸天下。其能以宗法訓其家人，或累世同居，稱為義門者，往往而有。」可見同居之盛，由於理學家的提倡者不少）。恐仍以別有原因者居多（《日知錄》：「杜氏《通典》言；北齊之代，瀛、冀諸劉，清河張、宋，並州王氏，濮陽侯族，諸如此輩，將近萬室。《北史・薛允傳》：為河北太守，有韓馬兩姓，各二千餘家。今日中原北方，雖號甲族，無有至千丁者。户口之寡，族姓之衰，與江南相去 絕。」陳宏謀《與楊樸園書》：「今直省唯閩中、江西、湖南，皆聚族而居，族各有祠。」則聚居之風，古代北盛於南，近世南盛於北，似由北齊之世，喪亂頻仍，民皆合族以自衛；而南方山嶺崎嶇之地進化較遲，土著者既與合族而居之時相去未遠，流移者亦需合族而居、互相保衛之故）。似可認為古代氏族的遺跡，或後世家族的變態。然氏族所以崩潰，正由家族潛滋暗長於其中。此等所謂義門，縱或有古代之遺，亦必衰頹已甚。況又有因環境的特別，而把分立的家庭硬行連結起來的；形式是而精神非，其不能持久，自然無待於言了。《後漢書・樊宏傳》，說他先代三世共財，有田三百餘頃。自己的田地裡，就有陂渠，可以互相灌注。又有池魚、牧畜，有求必給。「營理產業，物無所棄（這是因其生產的種類較多之故）。課役童隸，各得其宜。」（分工之法）。要造器物，則先種梓漆。簡直是一個大規模的生產自給自足的團體。歷代類乎氏族的大家族，多有此意。此豈不問環境所可強為？然社會的廣大，到底非此等大家族所能與之相敵，所以愈到後世，愈到開化的地方，其數愈少。這是類乎氏族的大家族，所以崩潰的眞原因，畢竟還在經濟上。但在政治上，亦自有其原因。因為所謂氏族，不但盡相生相養之道，亦有治理其族衆之權。在國家興起以後，此項權力，實與國權相衝突。所以國家在倫理上，對於此等大家族，雖或加以褒揚，而在政治上，又不得不加以摧折。所謂強宗巨家，遂多因國家的干涉，而益趨於崩潰了。略大於小家庭的家庭（第二、第三種），表面上似爲倫理道德的見解所維持（歷代屢有禁民父母在別籍異財等詔令，可參看《日知錄》卷十三「分居」條）。實則亦爲經濟狀況所限制。因爲在經濟上，合則力強，分則力弱，以昔時的生活程度論，一夫一婦，在生產和消費方面，實多不能自立的。儒者以此等家庭之多，誇獎某地方風俗之厚，或且自詡其教化之功，就大謬不然了。然經濟上雖有此需要，而私產制度，業已深入人心，父子兄弟之間，亦不能無分彼此。於是一方面牽於舊見解，迫於經濟情形，不能不合；另一方面，則受私有財產風氣的影響，而要求分；暗鬥明爭，家庭遂成爲苦海。試看舊時倫理道德上的教訓，戒人好貨財、私妻子而薄父母兄弟之說之多，便知此項家庭制度之岌岌可危。制度果然自己站得住，何須如此扶持呢？所以到近代，除極迂腐的人外，亦都不主張維持大家庭，如李紱有《別籍異財議》，即其一證。至西洋文化輸入，論者更其提倡小家庭而排斥大家庭了。然小家庭又是值得提倡的麼？

不論何等組織，總得和實際的生活相應，才能持久。小家庭制度是否和現代人的生活相應呢？歷來有句俗話，叫做「養兒防老，積穀防饑」。可見所謂家庭，實以扶養老者、撫育兒童爲其天職。然在今日，此等責任，不但苦於知識之不足（如看護病人，撫養教育兒童，均須專門知識），實亦爲其力量所不及（兼日力財力言之，如一主婦不易看顧多數兒童，兼操家政。又如醫藥、教育的費用，不易負擔）。在古代，勞力重於資本，丁多即可致富，而在今日，則適成爲窮困的原因。因爲生產的機鍵，自家庭而移於社會了，多丁不能增加生產，反要增加消費（如紡織事業）。兒童的教育，年限加長了，不但不能如從前，稍長大即爲家庭掙錢，反須支出教育費。而一切家務，合之則省力，分之則多費的（如烹調、浣濯）。又因家庭範圍太小，而浪費物質及勞力。男子終歲勞動，所入尚不足以贍其家；女子忙得和奴隸一般，家事還不能措置得妥貼。於是獨身、晚婚等現象，相繼發生。這些都是舶來品，和中國舊俗，大相徑庭，然不久，其思想即已普遍於中流社會了。凡事切於生活，總是容易風行的，從今以後，窮鄉僻壤的兒女，也未必死心塌地甘做家庭的奴隸了。固然，個人是很難打破舊制度，自定辦法的。而性慾出於天然，自能把許多可憐的兒女，牽入此陳舊組織之中。然亦不過使老者不得其養，幼者不遂其長，而仍以生子不舉等人爲淘汰之法爲救濟罷了。這種現象，固已持續數千年，然在今日，業經覺悟之後，又何能坐視其如此呢？況且家庭的成立，本是以婦女的奴役爲其原因的。在今日個人主義抬頭，人格要受尊重的時代，婦女又何能長此被壓制呢？資本主義的學者，每說動物有雌雄兩性，共同鞠育其幼兒，而其同居期限，亦因以延長的；以爲家庭的組織，實根於人類的天性，而無可改變。姑無論其所說動物界的情形，並不確實。即使退一步，承認其確實，而人是人，動物是動物；人雖然亦是動物之一，到底是動物中的人；人類的現象，安能以動物界的現象爲限？他姑弗論，動物雌雄協力求食，即足以哺育其幼兒，人，爲什麼有夫婦協力，尚不能養活其子女的呢？或種動物，愛情限於家庭，而人類的愛情，超出於此以外，這正是人之所以爲人，人之所以異於動物。論者不知人之愛家，乃因社會先有家庭的組織，使人之愛，以此形式而出現，正猶水之因方而爲圭，遇圓而成璧；而反以爲人類先有愛家之心，然後造成家庭制度；若將家庭破壞，便要「疾病不養，老幼孤獨，不得其所」（《禮記・樂記》：「強者脅弱，眾者暴寡；知者詐愚，勇者苦怯；疾病不養，老幼孤獨，不得其所，此大亂之道也。」）這眞是倒果爲因。殊不知家庭之制，把人分爲五口八口的小團體，明明是互相倚賴的，偏使之此疆彼界，處於半敵對的地位，這正是疾病之所以不養，老幼孤獨之所以不得其所。無後是中國人所引爲大戚的，論者每說，這是拘於「不孝有三，無後爲大」之義（《孟子・離婁上篇》）。而其以無後爲不孝，則是迷信「鬼猶求食」（見《左氏》宣公四年），深慮祭祀之絕。殊不知此乃古人的迷信，今人誰還迷信鬼猶求食來？其所以深慮無後，不過不願其家之絕；所以不願其家之絕，則由於人總有盡力經營的一件事，不忍坐視其滅亡，而家是中國人所盡力經營的，所以如此。家族之制，固然使人各分畛域，造成互相敵對的情形，然此自制度之咎，以愛家者之心論：則不但（一）夫婦、父子、兄弟之間，互盡扶養之責，（二）且推及於凡與家族有關係的人（如宗族姻親等），（三）並且懸念已死的祖宗，（四）以及未來不知誰何的子孫。前人傳給我的基業，我必不肯毀壞，必要保持之，光大之，以傳給後人，這正是極端利他心的表現。利他心是無一定形式的，在何種制度之下，即表現爲何種形式。然而我們爲什麼要拘制著他，一定只許他在這種制度中表現呢？

以上論族制的變遷，大略已具；現再略論繼承之法。一個團體，總有一個領袖。在血緣團體之內，所謂父或母，自然很容易處於領袖地位的。父母死後，亦當然有一個繼承其地位的人。女系氏族，在中國歷史上，可考的有兩種繼承之法：（一）是以女子承襲財產，掌管祭祀，前章所述齊國的巫兒，即其遺跡。這大約是平時的族長。（二）至於戰時及帶有政治性質的領袖，則大約由男子尸其責，而由弟兄相及。殷代繼承之法，是其遺跡。男系氏族，則由父子相繼。其法又有多端：（一）如《左氏》文公元年所說：「楚國之舉，恆在少者。」這大約因幼子恆與父母同居，所以承襲其遺產（蒙古人之遺產，即歸幼子承襲。其幼子稱斡赤斤，譯言守灶）。（二）至於承襲其父之威權地位，則自以長子爲宜，而事實上亦以長子爲易。（三）又古代妻妾，在社會上之地位亦大異，妻多出於貴族；妾則出於賤族，或竟是無母家的。古重婚姻，強大的外家及妻家，對於個人，是強有力的外援（如鄭莊公的大子忽，不婚於齊，後來以無外援失位）；對於部族，亦是一個強有力的與國，所以立子又以嫡爲宜，周人即係如此。以嫡爲第一條件，長爲第二條件。後來周代的文化，普行於全國，此項繼承之法，遂爲法律和習慣所共認了。然這只是承襲家長的地位，至於財產，則總是衆子均分的（《清律》：分析家財、田產，不問妻、妾、婢生，但以子數均分。姦生之子，依子量與半分。無子立繼者，與私生子均分）。所以中國的財產，不因遺產承襲而生不均的問題。這是衆子襲產，優於一子襲產之點。

無後是人所不能免的，於是發生立後的問題。宗法盛行之世，有一大宗宗子，即生者的扶養，死者的祭祀，都可以不成問題，所以立後問題，容易解決。宗法既廢，勢非人人有後不可，就難了。在此情形之下，解決之法有三：（一）以女爲後。（二）任立一人爲後，不問其爲同異姓。（三）在同姓中擇立一人爲後。（一）於情理最近，但宗祧繼承，非徒承襲財產，亦兼掌管祭祀。以女爲後，是和習慣相反的（春秋時，鄭國以外孫為後，其外孫是莒國的兒子，《春秋》遂書「莒人滅鄭」，見《公羊》襄公五、六年。案此實在是論國君承襲的，乃公法上的關係，然後世把經義普遍推行之於各方面，亦不管其為公法私法了）。既和習慣相反，則覬覦財產的人，勢必群起而攻，官廳格於習俗，勢必不能切實保護；本欲保其家的，或反因此而發生糾紛，所以勢不能行。（二）即所謂養子，與家族主義的重視血統，而欲保其純潔的趨勢不合，於是只剩得第（三）的一途。法律欲維持傳統觀念，禁立異姓爲後，在同姓中並禁亂昭穆之序（謂必輩行相當，如不得以弟為子等。其實此為古人所不禁，所謂「為人後者為之子」，見《公羊》成公十五年，於是欲人人有後益難。清高宗時，乃立兼祧之法，以濟其窮。一人可承數房之祀，生子多者，仍依次序，分承各房之後。依律例：大宗子兼祧小宗，小宗子兼祧大宗，皆以大宗為重，為大宗父母服三年，為小宗父母服期。小宗子兼祧小宗，以本生為重，為本生父母服三年，為兼祧父母服期。此所謂大宗，指長房；所謂小宗，指次房以下，與古所謂大宗、小宗者異義。世俗有為本生父母及所兼祧之父母均服三年的，與律例不合）。宗祧繼承之法，進化至此，可謂無遺憾了。然其間卻有一難題。私有財產之世，法律理應保護個人的產權。他要給誰就給誰，要不給誰就不給誰。為後之子，既兼有承襲財產之權利，而法律上替他規定了種種條件，就不啻干涉其財產的傳授了。於是傳統的倫理觀念和私有財產制度發生了衝突。到底傳統的倫理觀念是個陳舊不切實際的東西，表面上雖然像煞有介事，很有威權，實際上已和現代人的觀念不合了。私有財產制度，乃現社會的秩序的根柢，誰能加以搖動？於是衝突之下，倫理觀念乃不得不敗北而讓步，法律上乃不得不承認所謂立愛，而且多方保護其產權（《清律例》：繼子不得於所後之親，聽其告官別立。其或擇立賢能，及所親愛者，不許宗族以次序告爭，並官司受理）。至於養子，法律雖禁其為嗣，實際上仍有之。亦不得不聽其存在，且不得不聽其酌給財產（亦見《清律例》）。因為國家到底是全國人民的國家，在可能範圍內，必須兼顧全國人民各方面的要求，不能專代表家族的排外自私之念。在現制度之下，既不能無流離失所之人；家族主義者流，既勇於爭襲遺產，而怯於收養同宗；有異姓的人肯收養他，國家其勢說不出要禁止。不但說不出要禁止，在代表人道主義和維持治安的立場上說，毋寧還是國家所希望的。既承認養子的存在，在事實上，自不得不聽其酌給遺產了。這也是偏私的家族觀念，對於公平的人道主義的讓步，也可說是倫理觀念的進步。

假使宗祧繼承的意思，而真是專於宗祧繼承，則擁護同姓之男，排斥親生之女，倒也還使人心服。因為立嗣之意，無非欲保其家，而家族的存在，是帶著幾分鬥爭性質的。在現制度之下，使男子從事於鬥爭，確較女子為適宜（這並非從個人的身心能力上言，乃是從社會關係上言），這也是事實。無如世俗爭繼的，口在宗祧，心存財產，都是前人所謂「其言藹如，其心不可問」的。如此而霸占無子者的財產，排斥其親生女，就未免使人不服了。所以國民政府以來，有廢止宗祧繼承，男女均分遺產的立法。這件事於理固當，而在短時間內，能否推行盡利，卻是問題。舊律，遺產本是無男歸女，無女入官的（近人筆記云：「宋初新定《刑統》，户絕資產下引《喪葬令》，諸身喪户絕者，所有部曲、客女、奴婢、店宅、資財，並令近親轉易貨賣，將營葬事，及量營功德之外，餘財並與女。無女均入以次近親。無親戚者，官為檢校。若亡人在日，自有遺囑處分，證驗分明者，不用此令。此《喪葬令》乃《唐令》，知唐時所謂户絕，不必無近親。雖有近親，為營喪葬，不必立近親為嗣子，而遠親不能爭嗣，更無論矣。雖有近親，為之處分，所餘財產，仍傳之親女，而遠親不能爭產，更無論矣。此蓋先世相傳之法，不始於唐。」案部曲，客女，見第四章）。入官非人情所願，強力推行，必多流弊，或至窒礙難行（如隱匿遺產，或近親不易查明，以致事懸不決，其間更生他弊等）。歸之親女，最協人情。然從前的立嗣，除祭祀外，尚有一年老奉養的問題。而家族主義是自私的，男系家族，尤其以男子爲本位，而蔑視女子的人格。女子出嫁之後，更欲奉養其父母，勢實有所爲難。所以舊時論立嗣問題的人，都說最好是聽其擇立一人爲嗣，主其奉養、喪葬、祭祀，而承襲其遺產。這不啻以本人的遺產，換得一個垂老的扶養，和死後的喪葬祭祀。今欲破除迷信，祭祀固無問題，對於奉養及喪葬，似亦不可無善法解決。不有遺產以爲交易，在私有制度之下，誰肯顧及他人的生養死葬呢？所以有子者遺產男女均分，倒無問題，無子者財產全歸於女，倒是有問題的。所以變法貴全變，革命要澈底。枝枝節節而爲之，總只是頭痛醫頭、腳痛醫腳的對證療法。

姓氏的變遷，今亦需更一陳論。姓的起源，是氏族的稱號，由女系易而爲男系，說已見前。後來姓之外又有所謂氏，什麼叫做氏呢？

氏是所以表一姓之中的支派的。如後稷之後都姓姬，周公封於周，則以周爲氏；其子伯禽封於魯，則以魯爲氏（國君即以國為氏）。魯桓公的三子，又分爲孟孫、叔孫、季孫三氏是。始祖之姓，謂之正姓，氏亦謂之庶姓。正姓是永遠不改的，庶姓則隨時可改。因爲同出於一祖的人太多了，其支分派別，亦不可無專名以表之；而專名沿襲太久，則共此一名的人太多，所以又不得不改（改氏的原因甚多，此只舉其要改的根本原理。此外如因避難故而改氏以示別族等，亦是改氏的一種原因）。《後漢書·羌傳》說：羌人種姓中，出了一個豪健的人，便要改用他的名字做種姓。如爰劍之後，五世至研，豪健，其子孫改稱研種；十三世至燒當，復豪健，其子孫又改稱燒當種是。這正和我國古代的改氏原理相同。假如我們在魯國，遇見一個人，問他尊姓，他說姓姬。這固然足以表示他和魯君是一家；然而魯君一家的人太多了，魯君未必能個個照顧到，這個人，就未必一定有勢力，我們聽了，也未必肅然起敬。假若問他貴氏，他說是季孫，我們就知道他是赫赫有名的正卿的一家；正卿的同族，較之國君的同姓，人數要少些，其和正卿的關係，必較密切，我們聞言之下，就覺得炙手可熱，不敢輕慢於他了。這是舉其一端，其餘可以類推（如以技為官，以官為氏，問其氏，即既可知其官，又可知其技）。所以古人的氏，確是有用的。至於正姓，雖不若庶姓的親切，然婚姻之可通與否，全論正姓的異同。所以也是有用的。顧炎武《原姓篇說》春秋以前，男子稱氏，女子稱姓（在室冠之以序，如叔隗、季隗之類。出嫁，更冠以其夫之氏族，如宋伯姬、趙姬、盧蒲姜之類。在其所適之族，不必舉出自己的氏族來，則亦以其父之氏族冠之，如驪姬、梁嬴之類。又有冠之以謚的，如成風、敬姜之類）。這不是男子不論姓，不過舉氏則姓可知罷了。女子和社會上無甚關係，所以但稱姓而不稱其氏，這又可以見得氏的作用。

貴族的世系，在古代是有史官爲之記載的，此即《周官》小史之職。記載天子世系的，謂之帝系；記載諸侯卿大夫世系的，謂之世本。這不過是後來的異名，其初原是一物。又瞽矇之職，「諷誦詩，世奠系。」（疑當作奠世系）。《注》引杜子春說：謂瞽矇「主誦詩，並誦世系」。世系而可誦，似乎除統緒之外，還有其性行事蹟等。頗疑《大戴禮記》的〈帝系姓〉，原出於小史所記；〈五帝德〉則是原出於瞽矇所誦的（自然不是完全的），這是說貴族。至於平民，既無人代他記載，而他自己又不能記載，遂有昧於其所自出的。《禮記．曲禮》謂買妾不知其姓，即由於此。然而後世的士大夫，亦多不知其姓氏之所由來的。這因爲譜牒掌於史官，封建政體的崩潰，國破家亡，譜牒散失，自然不能知其姓氏之所由來了。婚姻的可通與否，既不復論古代的姓，新造姓氏之事亦甚少；即有之，亦歷久不改。閱一時焉，即不復能表示其切近的關係，而爲大多數人之所共，與古之正姓同。姓遂成爲無用的長物，不過以其爲人人之所有，囿於習慣，不能廢除罷了。然各地方的強宗巨家，姓氏之所由來，雖不可知，而其在實際上的勢力自在；各地方的人，也還尊奉他。在秦漢之世，習爲固然，不受衆人的注意。漢末大亂，各地方的強宗巨家，開始播遷，到了一個新地方，還要表明其本係某地方的某姓；而此時的選舉制度，又重視門閥；於是又看重家世，而有魏晉以來的譜學了。（詳見第四章。）

第三章　政體

社會發達到一定的程度，國家就出現了。在國家出現之前，人類團結的方法，只靠血緣，其時重要的組織，就是氏族，對內的治理，對外的防禦，都靠著它。世運漸進，血緣相異的人，接觸漸多，人類的組織，遂不復以血統相同爲限，聚居一地方的，亦不限於血統相同的人。於是氏族進而爲部落，統治者的資格，非復族長而爲酋長，其統治亦兼論地域，開國家領土的先河了。

從氏族變爲部落，大概經過這樣的情形。在氏族的內部，因職業的分化，家族漸漸興起；氏族的本身，遂至崩潰。各家族非如其在氏族時代絕對平等，而有貧富之分。財富即是權力，氏族平和的情形，遂漸漸破壞，貧者和富者之間，發生了矛盾，不得不用權力統治。其在異氏族之間，則戰鬥甚烈。勝者以敗者爲俘虜，使服勞役，是爲奴隸；其但徵收其貢賦的，則爲農奴。農奴、奴隸和主人之間，自然有更大的矛盾，需要強力鎭壓。因此，益促成征服氏族的本身發生變化。征服氏族的全體，是爲平民。其中掌握事權的若干人，形成貴族。貴族中如有一個最高的首領，即爲君主的前身。其初是貴族與平民相去近，平民和農奴、奴隸相去遠。其後血統相同的作用漸微，掌握政權與否之關係漸大，則平民與農奴、奴隸相去轉近，而其與貴族相去轉遠（參看下章）。但平民總仍略有參政之權，農奴和奴隸則否。政權的決定，在名義上最後屬於一人的，是爲君主政體；屬於較少數人的，是爲貴族政體；屬於較多數人的，是爲民主政體。這種分類之法，是出於亞里斯多德（Aristotle）的。雖與今日情形不同，然以論古代的政體，則仍覺其適合。

氏族與部落，在實際上，是不易嚴密區分的。因爲進化到部落時代，其內部，總還保有若干氏族時代的意味。從理論上言，則其團結，由於血統相同（雖實際未必相同，然苟被收容於其團體之內，即亦和血統相同的人，一律看待），而其統治，亦全本於親族關係的，則爲氏族；其不然的，則爲部落。因其兩者雜糅，不易區別，我們亦可借用《遼史》上的名詞，稱之爲部族（見《營衛志》）。至於古代所謂國家，其意義全和現在不同。古所謂國，是指諸侯的私產言之。包括（一）其住居之所，（二）及其有收益的土地。大夫之所謂家者亦然（古書上所謂國，多指諸侯的都城言。都城的起源，即為諸侯的住所。諸侯的封域以內，以財產意義言，並非全屬諸侯所私有；其一部分，還是要用以分封的。對於此等地方，諸侯僅能收其貢而不能收其稅賦。其能直接收其稅賦，以為財產上的收入的，亦限於諸侯的采地。《尚書・大傳》說：「古者諸侯始受封，必有采地。其後子孫雖有罪黜，其采地不黜，使子孫賢者守之世世，以祠其始受封之人，此之謂興滅國，繼絕世」；即指此。采地從財產上論，是應該包括於國字之內的。《禮記・禮運》說「天子有田以處其子孫，諸侯有國以處其子孫」，乃所謂互言以相備。說天子有田，即見得諸侯亦有田；說諸侯有國，即見得天子亦有國。在此等用法之下，田字的意義，亦包括國；國字的意義，亦包括田。乃古人語法如此）。今之所謂國家，古無此語。必欲求其相近的，則爲「社稷」兩字或「邦」字。社是土神，稷是穀神，是住居於同一地方的人所共同崇奉的。故說社稷淪亡，即有整個團體覆滅之意。邦和封是一語，封之義爲累土；兩個部族交界之處，把土堆高些，以爲標識，則謂之封。引伸起來，任用何種方法，以表示疆界，都可以謂之封（如掘土為溝，以示疆界，亦可謂之封。故今遼寧省內，有地名溝幫子。幫字即邦字，亦即封字。上海洋涇濱之濱字，亦當作封）。疆界所至之地，即謂之邦。古邦字和國字，意義本各不同。漢高祖名邦，漢人諱邦字，都改作國，於是國字和邦字的意義混淆了。現在古書中有若干國字，本來是當作邦字的。如《詩經》裡的「日辟國百里」、「日蹙國百里」便是。封域可以時有贏縮，城郭是不能時時改造的（國與域同從或聲，其初當亦係一語，則國亦有界域之意。然久已分化為兩語了。古書中用國字域字，十之九，意義是不同的）。

貴族政體和民主政體，在古書上，亦未嘗無相類的制度。然以大體言之，則君權之在中國，極爲發達。君主的第（一）個資格，是從氏族時代的族長沿襲而來的，所以古書上總說君是民之父母。其（二）則爲政治或軍事上之首領。其（三）則兼爲宗教上之首領。所以天子祭天地，諸侯祭社稷等（《禮記・王制》），均有代表其群下而爲祭司之權，而《書經》上說：「天降下民，作之君，作之師。」（《孟子・梁惠王下篇》引）。君主又操有最高的教育之權。

君主前身，既然是氏族的族長，所以他的繼承法，亦即是氏族族長的繼承法。在母系社會，則爲兄終弟及；在父系社會，則爲父死子繼。當其爲氏族族長時，無甚權利可爭，而其關係亦小，所以立法並不十分精密。《左氏》昭公二十六年，王子朝告諸侯，說周朝的繼承法，嫡庶相同則論年，「年鈞以德，德鈞則卜」。兩個人同年，是很容易的事情，同月、同日、同時則甚難，何至辨不出長幼來，而要用德、卜等漫無標準的條件？可見舊法並不甚密。《公羊》隱公元年何《注》說：「禮：嫡夫人無子，立右媵；右媵無子，立左媵；左媵無子，立嫡姪娣。嫡姪娣無子，立右媵姪娣；右媵姪娣無子，立左媵姪娣。質家親親先立娣，文家尊尊先立姪（《春秋》以殷為質家，周為文家）。嫡子有孫而死，質家親親先立弟，文家尊尊先立孫。其雙生，質家據見立先生，文家據本意立後生。」定得非常嚴密。這是後人因國君的繼承，關係重大而爲之補充的，乃係學說而非事實。

周厲王被逐，宣王未立，周召二公，共和行政，凡十四年。主權不屬於一人，和歐洲的貴族政體，最爲相像。案《左氏》襄公十四年，衛獻公出奔，衛人立公孫剽，孫林父、寧殖相之，以聽命於諸侯，此雖有君，實權皆在二相，和周召的共和，實際也有些相像，但形式上還是有君的。至於魯昭公出奔，則魯國亦並未立君，季氏對於國政，絕不能一人專斷，和共和之治，相像更甚了。可見貴族政體，古代亦有其端倪，不過未曾發達而成爲一種制度。

至於民主政治，則其遺跡更多了。我們簡直可以說：古代是確有這種制度，而後來才破壞掉的。《周官》有大詢於衆庶之法，鄉大夫「各帥其鄉之衆寡而致於朝」，小司寇「擯以序進而問焉」。其事項，爲詢國危，詢國遷，詢立君。案《左氏》定公八年，衛侯欲叛晉，朝國人，使王孫賈問焉；哀公元年，吳召陳懷公，懷公亦朝國人而問，此即所謂詢國危。盤庚要遷都於殷，人民不肯，盤庚「命衆悉造於庭」，反覆曉諭，其言，即今《書經》裡的〈盤庚篇〉；周太王要遷居於岐，「屬其父老而告之」（《孟子·梁惠王下篇》）。此即所謂詢國遷。《左氏》昭公二十四年，周朝的王子朝和敬王爭立，晉侯使士景伯往問，士伯立於乾祭（城門名），而問於介衆（介衆，大衆）。哀公二十六年，越人納衛侯，衛人亦致衆而問，此即所謂詢立君。可見《周官》之言，係根據古代政治上的習慣，並非理想之談。《書經·洪範》：「汝則有大疑，謀及乃心，謀及卿士，謀及庶人，謀及卜筮。汝則從，龜從，筮從，卿士從，庶民從，是之謂大同。身其康強，子孫其逢，吉。汝則從，龜從，筮從，卿士逆，庶民逆，吉。卿士從，龜從，筮從，汝則逆，庶民逆，吉。庶民從，龜從，筮從，汝則逆，卿士逆，吉。汝則從，龜從，筮逆，卿士逆，庶民逆，作內吉，作外凶。龜筮共違於人，用靜吉，用作凶。」此以（一）君主，（二）卿士，（三）庶人，（四）龜，（五）筮，各占一權，而以其多少數定吉凶，亦必係一種會議之法，並非隨意詢問。至於隨意詢問之事，如《孟子》所謂「國人皆曰賢，然後察之，見賢焉，然後用之」；「國人皆曰不可，然後察之，見不可焉，然後去之」；「國人皆曰可殺，然後察之，見可殺焉，然後殺之」（〈梁惠王〉下）。以及《管子》所謂嘖室之議等（見〈桓公問〉篇）。似乎不過是周諮博采，並無必從的義務。然其初怕亦不然。野蠻部落，內部和同，無甚矛盾，輿論自極忠實。有大事及疑難之事，會議時竟有需全體通過，然後能行，並無所謂多數決的。然則輿論到後來，雖然效力漸薄，竟有如鄭人遊於鄉校，以議執政，而然明欲毀鄉校之事（見《左氏》襄公三十年）。然在古初，必能影響行政，使當局者不能不從，又理有可信了。原始的制度，總是民主的。到後來，各方面的利害衝突既深，政治的性質亦益複雜，才變而由少數人專斷。這是普遍的現象，無足懷疑的。有人說：中國自古就是專制，國人的政治能力，實在不及西人，固然抹殺史實；有人舉此等民權遺跡以自豪，也是可以不必的。

以上所述，是各部族內部的情形。至於合全國而觀之，則是時正在部族林立之世。從前的史家，率稱統一以前為封建時代，此語頗需斟酌。學術上的用語，不該太拘於文字的初詁。封建兩字，原不妨擴而充之，兼包列國並立的事實，不必泥定字面，要有一個封他的人。然列國本來並立，和有一個封他的人，兩者之間，究應立一區別。我以為昔人所謂封建時代，應再分為（一）部族時代，或稱先封建時代；（二）封建時代較妥。所謂封建，應指（甲）懾服異部族，使其表示服從；（乙）打破異部族，改立自己的人為酋長；（丙）使本部族移殖於外言之。

中國以統一之早聞於世界。然秦始皇的滅六國，事在民國紀元前二千一百三十二年，自此上溯至有史之初，似尚不止此數；若更加以先史時期，則自秦至今的年代，凡乎微末不足道了。所以歷史上像中國這樣的大國，實在是到很晚的時期才出現的。

從部族時代，進而至於封建時代，是從無關係進到有關係，這是統一的第一步。更進而開拓荒地，互相兼併，這是統一的第二步。這其間的進展，全是文化上的關係。因為必先（一）國力充實，然後可以征服他國。（二）亦必先開拓疆土，人口漸多，經濟漸有進步，國力方能充實。（三）又必開拓漸廣，各國間壤地相接，然後有劇烈的鬥爭。（四）而交通便利，風俗漸次相同，便於統治等，尤為統一必要的條件。所以從分立而至於統一，全是一個文化上的進展。向來讀史的人，都只注意於政治方面，實在是掛一漏萬的。

要知道封建各國的漸趨於統一，只要看其封土的擴大，便可知道。今文家說列國的封土，是天子之地方千里，公、侯皆方百里，伯七十里，子、男五十里，不滿五十里的為附庸（《孟子・萬章下篇》，《禮記・王制》）。古文家則說：公方五百里，侯四百里，伯三百里，子二百里，男百里（《周官》大司徒）。這固然是虛擬之辭，不是事實（不論今古文和諸子書，所說的制度，都是著書的人，以為該怎樣辦所擬的一個草案，並不全是古代的事實）。然亦必以當時的情勢為根據。《穀梁》說：「古者天子封諸侯，其地足以容其民，其民足以滿城而自守也。」（襄公二十九年）。這是古代封土，必須有一個制限，而不容任意擴大的原因。今古文異說，今文所代表的，常為早一時期的制度，古文所代表的則較晚。秦漢時的縣，大率方百里（見《漢書・百官公卿表》）。可見方百里實為古代的一個政治區域，此今文家大國之封所由來。其超過於此的，如《禮記・明堂位》說：「成王封周公於曲阜，地方七百里。」《史記・漢興以來諸侯年表》說：「周封伯禽、康叔於魯、衛，地各四百里；大公於齊，兼五侯地。」這都是後來開拓的結果，而說者誤以為初封時的事實的。列國既開拓至此，談封建制度的人，自然不能斫而小之，亦不必斫而小之，就有如古文家所說的制度了。以事實言之：今文家所說的大國，在東周時代，已是小國；古文家所說的大國，則爲其時的次等國。至其時的所謂大國，則子產稱其「地方數圻」（圻同畿，即方數千里，見《左氏》襄公三十五年）；《孟子》說：「海內之國，方千里者九，齊集有其一。」（〈梁惠王上篇〉）。唯晉、楚、齊、秦等足以當之。此等大國，從無受封於人的；即古文家心目中，以爲當封建之國，亦不能如此其大；所以談封建制度的不之及。

此等大國，其實際，實即當時談封建制度者之所謂王。《禮記》說：「天無二日，民無二王。」（〈曾子問〉）。這只是古人的一個希望，事實上並不能如此。事實上，當時的中國，是分爲若干區域，每區域之中，各自有王的。所以春秋時吳、楚皆稱王，戰國時七國亦皆稱王。公、侯、伯、子、男等，均係美稱。論其實，則在一國之內，有最高主權的，皆稱爲君（《禮記・曲禮》：「九州之伯，入天子之國曰牧，於外曰侯，於其國曰君。」）其爲一方所歸往的，即爲此一區域中的王。《管子・霸言》說：「強國衆，則合強攻弱以圖霸；強國少，則合小攻大以圖王。」此爲春秋時吳、楚等國均稱王，而齊、晉等國僅稱霸的原因。因爲南方草昧初開，聲明文物之國少，肯承認吳、楚等國爲王；北方魯、衛、宋、鄭等國，就未必肯承認齊、晉爲王了。倒是周朝，雖然弱小，然其稱王，是自古相沿下來的，未必有人定要反對他；而當時較大之國，其初大抵是他所封建，有同姓或親戚的關係，提起他來，還多少有點好感；而在國際的秩序上，亦一時不好否認他；於是齊桓、晉文等，就有挾天子以令諸侯之舉了。霸爲伯的假借字。伯的本義爲長。《禮記・王制》說：「千里之外設方伯。五國以爲屬，屬有長。十國以爲連，連有帥。三十國以爲卒，卒有正。二百一十國以爲州，州有伯。八州，八伯，五十六正，百六十八帥，三百三十六長。八伯各以其屬，屬於天子之老二人。分天下以爲左右，曰二伯。」這又是虛擬的制度，然亦有事實做根據的。凡古書所說朝貢、巡守等制度，大抵是邦畿千里之內的規模（或者還更小於此。如《孟子・梁惠王下》篇說天子巡守的制度，是「春省耕而補不足，秋省斂而助不給」，這只是後世知縣的勸農）。後人擴而充之，以爲行之於如《禹貢》等書所說的九州之地，於理就不可通了（春天跑到泰山，夏天跑到衡山，秋天跑到華山，冬天跑到恆山，無論其為回了京城再出去，或者從東跑到南，從南跑到西，從西跑到北，總之來不及）。然其說自有所本。《公羊》隱公五年說：「自陝以東，周公主之；自陝以西，召公主之。」此即二伯之說所由來。分〈王制〉的九州爲左右，各方一伯，古無此事；就周初的封域，分而爲二，使周公、召公各主其一，則不能謂無此事的。然則所謂八州八伯，恐亦不過就王畿之內，再分爲九，天子自治其一，而再命八個諸侯，各主一區而已。此項制度，擴而大之，則如《左氏》僖公四年，管仲對楚使所說：「昔召康公命我先君大公曰：五侯九伯，女實徵之，以夾輔周室。賜我先君履，東至於海，西至於河，南至於穆陵，北至於無棣。」等於〈王制〉中所說的一州之伯了。此自非周初的事實，然管仲之說，亦非憑空造作，亦仍以小規模的伯爲根據。然則齊桓、晉文等，會盟征伐，所牽連而及的，要達於〈王制〉所說的數州之廣，其規模雖又較大，而其霸主之稱，還是根據於此等一州之伯的，又可推而知了。春秋時晉、楚、齊、秦等國，其封土，實大於殷周之初；其會盟征伐的規模，亦必較殷周之初，有過之無不及。特以強國較多，地醜德齊，莫能相尙，不能稱王（吳、楚等雖稱王，只是在一定區域之內，得其小國的承認）。至於戰國時，就老實不客氣，各自在其區域之中，建立王號了。然此時的局勢，卻又演進到諸王之上，要有一個共主；而更高於王的稱號，從來是沒有的，乃借用天神之名，而稱之爲帝。齊湣王和秦昭王，曾一度並稱東西帝；其後秦圍邯鄲，魏王又使辛垣衍勸趙尊秦爲帝，即其事。此時研究歷史的人，就把三代以前的酋長，揀了五個人，稱之爲五帝。所以太昊、炎帝、黃帝、少昊、顓頊之稱，是人神相同的。後來又再推上去，在五帝以前，揀了三個酋長，以說明社會開化的次序。更欲立一專名以名之，這卻眞窮於辭了，乃據「始王天下」之義，加「自」字於「王」字之上，造成一個「皇」字，而有所謂三皇（見《說文》。皇、王二字，形異音同，可知其實為一語）。至秦王政併天下，遂合此二字，以爲自己的稱號，自漢以後，相沿不改。

列國漸相吞併，在大國之中，就建立起郡縣制度來。《王制》說：「天子之縣內諸侯，祿也；外諸侯，嗣也。」又說：「諸侯之大夫，不世爵祿。」可見內諸侯和大夫，法律上本來不該世襲的。事實上雖不能盡然，亦不必盡不然；尤其是在君主權力擴張的時候。倘使天子在其畿內，大國的諸侯在其國內，能切實將此制推行，而於其所吞滅之國，亦能推行此制，封建就漸變爲郡縣了。（一）春秋戰國時，滅國而以爲縣的很多，如楚之於陳蔡即是。有些滅亡不見記載，然秦漢時的縣名，和古國名相同的甚多，亦可推見其本爲一國，沒入大國之中，而爲其一縣。（二）還有卿大夫之地，發達而成爲縣的。如《左氏》昭公二年，晉分祁氏之田以爲七縣，羊舌氏之田以爲三縣是。（三）又有因便於戰守起見，有意設立起來的，如商君治秦，併小都、鄉、邑，聚以爲縣是（見《史記・商君列傳》）。至於郡，則其區域本較縣爲小，且爲縣所統屬（《周書・作雒篇》：「千里百縣，縣有四郡。」其與縣分立的，則較縣為荒陋。《左氏》哀公二年，趙簡子誓師之辭，說「克敵者上大夫受縣，下大夫受郡」）。然此等與縣分立之郡，因其在邊地之故，其兵力反較縣爲充足，所以後來在軍事上需要控扼之地，轉多設立（甘茂謂秦王曰：「宜陽大縣也，上黨、南陽，積之久矣，名曰縣，其實郡也。」春申君言於楚王曰：「淮北地邊齊，其事急，請以為郡便。」皆見《史記》本傳）。事實上以郡統制縣，保護縣，亦覺便利，而縣遂轉屬於郡。戰國時，列國的設郡，還是在沿邊新開闢之地的（如楚之巫、黔中，趙之雲中、雁門、代郡，燕之上谷、漁陽、右北平、遼西、遼東郡等）。到秦始皇滅六國後，覺得到處都有駐兵鎮壓的必要，就要分天下爲三十六郡了。

封建政體，沿襲了幾千年，斷無沒有反動之力之理。所以秦滅六國未幾，而反動即起。秦漢之間以及漢初的封建，是和後世不同的。在後世，像晉朝、明朝的封建，不過出於帝王自私之心；天下的人，大都不以爲然。即封建之人，對於此制，亦未必敢有何等奢望，不過捨此別無他法，還想借此牽制異姓，使其不敢輕於篡奪而已。受封者亦知其與時勢不宜，惴惴然不敢自安。所以唐太宗要封功臣，功臣竟不敢受（見《唐書・長孫無忌傳》）。至於秦漢間人，則其見解大異。當時的人，蓋實以封建爲當然，視統一轉爲變局。所以皆視秦之滅六國爲無道之舉，稱之爲暴秦，爲強虎狼之秦。然則前此爲六國所滅之國如何呢？秦滅六國，當恢復原狀，爲六國所滅之國，豈不當一一興滅繼絕嗎？倘使以此爲難，論者自將無辭可對。然大多數人的見解，是不能以邏輯論，而其欲望之所在，亦是不可以口舌爭的。所以秦亡之後，在戲下的諸侯，立即決定分封的方法。當時所封建的：是（一）六國之後，（二）亡秦有功之人。此時的封建，因漢高祖藉口於項王背約，奪其關中之地而起兵，漢代史家所記述，遂像煞是由項王一個人作主，其實至少是以會議的形式決定的。所以在〈太史公自序〉裡，還無意間透露出一句眞消息來，謂之「諸侯之相王」。當時的封爵，分爲二等：大者王，小者侯，這是沿襲戰國時代的故事的（戰國時，列國封其臣者，或稱侯，或稱君，如穰侯、文信侯，孟嘗君、望諸君等是。侯之爵較君為高，其地當亦較君為大。此時所封的國，大小無和戰國之君相當的，故亦無君之稱）。諸侯之大者皆稱王，項羽以霸王爲之長，而義帝以空名加於其上，也是取法於東周以後，實權皆在霸主，而天王僅存虛名的。以大體言，實不可謂之不愜當。然人的見解，常較時勢爲落後。人心雖以爲允洽，而事勢已不容許，總是不能維持的。所以不過五年，而天下復歸於統一了。然而當時的人心仍未覺悟，韓信始終不肯背漢，至後來死於呂后之手，讀史者多以爲至愚。其實韓信再老實些，也不會以漢高祖爲可信。韓信當時的見解，必以爲舉天下而統屬於一人，乃事理所必無。韓信非自信功高，以爲漢終不奪其主，乃漢奪其王之事，爲信當時所不能想像。此恐非獨韓信如此，漢初的功臣，莫不如此。若使當時，韓信等預料奉漢王以皇帝的空名，漢王即能利用之把自己誅滅，又豈肯如此做？確實，漢高祖翦滅所封的異姓，也是一半靠陰謀，一半靠實力的，並非靠皇帝的虛名。若就法理而論，就自古相傳列國間的習慣，當時的人心認爲正義者論，皇帝對於當時的王，可否如此任意誅滅呢？也還是一個疑問。所以漢高祖的盡滅異姓之國（楚王韓信，梁王彭越，韓王信，淮南王英布，燕王臧荼、盧綰，唯長沙王吳芮僅存）。雖然不動干戈，實在和其盡滅戲下所封諸國，是同樣的一個奇蹟。不但如此，漢高祖所封同姓諸國，後來醞釀成吳楚七國這樣的一個大亂，竟會在短期間戡定；戡定之後，景帝摧抑諸侯，使不得自治民補吏；武帝又用主父偃之策，令諸侯各以國邑，分封子弟；而漢初的封建，居然就名存而實亡，怕也是漢初的人所不能預料的。

封建的元素，本有兩個：一爲爵祿，受封者與凡官吏同；一爲君國子民，子孫世襲，則其爲部落酋長時固有的權利，爲受封者所獨。後者有害於統一，前者則不然。漢世關內侯，有虛名而無土地。後來列侯亦有如此的。（《文獻通考・封建考》云：「秦、漢以來，所謂列侯者，非但食其邑入而已，可以臣吏民，可以布政令；若關內侯，則唯以虛名受廩祿而已。西都景、武而後，始令諸侯王不得治民，漢置內史治之。自是以後，雖諸侯王，亦無君國子民之實，不過食其所封之邑入，況列侯乎？然所謂侯者，尚裂土以封之也。至東都，始有未與國邑，先賜美名之例，如靈壽王、征羌侯之類是也。至明帝時，有四姓小侯，乃樊氏、郭氏、陰氏、馬氏諸外戚子弟，以少年獲封者。又肅宗賜東平王蒼列侯印十九枚，令王子五歲以上能趨拜者，皆令帶之。此二者，皆是未有土地，先佩印，受俸廩。蓋至此，則列侯有同於關內侯者矣。」）然尚須給以廩祿。唐宋以後，必食實封的，才給以祿，則並物質之耗費而亦除去之，封建至此，遂全然無礙於政治了。

後世在中國境內，仍有封建之實的，爲西南的土官。土官有兩種：一是文的，如土知府、土知州、土知縣之類；一是武的，凡以司名的，如宣撫司、招討司、長官司之類皆是。聽其名目，全與流官相同；其實所用的都是部族酋長，依其固有之法承襲。外夷歸化中國，中國給以名號（或官或爵）。本是各方面之所同，不但西南如此。但其距中國遠的，實力不及，一至政教衰微之世，即行離叛而去，這正和三代以前的遠國一樣。唯西南諸土司，本在封域之內，歷代對此的權力，漸形充足，其管理之法，亦即隨之而加嚴。在平時，也有出貢賦，聽徵調的。這亦和古代諸侯對王朝，小國對大國的朝貢及從徵役一樣。至其（一）對中國犯順；（二）或其部族之中，自相爭鬩；（三）諸部族之間，互相攻擊；（四）又或暴虐其民等，中國往往加以討伐。有機會，即廢其酋長，改由中國政府派官治理，是謂「改土歸流」，亦即古代之變封建爲郡縣。自秦至今，近二千二百年，此等土官，仍未盡絕，可見封建政體的剷除，是要隨著社會文化的進步，不是政治單方面的事情了。

封建之世，所謂朝代的興亡，都是以諸侯革天子之命。此即以一強國，奪一強國的地位，或竟滅之而已。至統一之世，則朝代的革易，其形式有四：（一）爲舊政權的遞嬗。又分爲（甲）中央權臣的篡竊，（乙）地方政權的入據。前者如王莽之於漢，後者如朱溫之於唐。（二）爲新政權的崛起，如漢之於秦。（三）爲異族的入據，如前趙之於晉，金之於北宋，元之於南宋，清之於明。（四）爲本族的恢復，如明之於元。而從全局觀之，則（一）有仍爲統一的，（二）

有暫行分裂的。後者如三國、南北朝、五代都是。然這只是政權的分裂，社會文化久經統一，所以政權的分立，總是不能持久的。從前讀史的人，每分政情爲（一）內重，（二）外重，（三）內外俱輕三種。內重之世，每有權臣篡竊之變；外重之世，易招強藩割據之憂；內外俱輕之世，則草澤英雄趁機崛起；或外夷趁機入犯。唯秦以過剛而折，爲一個例外。

政權當歸諸一人，而大多數人，可以不必過問，甚或以爲不當過問；此乃事勢積重所致，斷非論理之當然。所以不論哪一國，其元始的政治，必爲民主。後來雖因事勢的變遷，專制政治逐漸興起，然民主政治，仍必久之而後消滅。觀前文所述，可以見之。大抵民主政治的廢墜：（一）由於地大人衆，並代表會議而不能召集。（二）大衆所議，總限於特殊的事務，其通常的事務，總是由少數主持常務的人執行的。久之，此少數人日形專擅，對於該問大衆的特殊事務，亦復獨斷獨行。（三）而大衆因情勢渙散，無從起而加以糾正，專制政治就漸漸形成了，這是形式上的變遷。若探求其所以然，則國家大了，政情隨之複雜，大的、複雜的事情，普通人對之不感興趣，亦不能措置，此實爲制度轉變的原因。

然民主的制度可以廢墜，民主的原理則終無滅絕之理。所以先秦諸子，持此議論的即很多。因後世儒術專行，儒家之書，傳者獨多，故其說見於儒家書中的亦獨多，尤以《孟子》一書，爲深入人心。其實孟子所誦述的，乃係孔門的書說，觀其論堯舜禪讓之語，與伏生之《尚書大傳》，互相出入可知（司馬遷《五帝本紀》亦採儒家書說）。兩漢之世，此義仍極昌明。漢文帝元年，有司請立太子。文帝詔云：「朕既不德，上帝神明未歆享；天下人民，未有慊志；今縱不能博求天下賢聖有德之人而禪天下焉，而曰豫建太子，是重吾不德也，謂天下何？」此雖係空言，然天下非一人一家所私有之義，則詔旨中也明白承認了。後來眭孟上書，請漢帝誰差天下（誰差，訪求、簡擇之義）。求索賢人，禪以帝位，而退自封百里，尤爲歷代所無。效忠一姓，漢代的儒家，實不視爲天經地義。劉歆係極博通的人，且係漢朝的宗室，而反助王莽以簒漢；揚雄亦不反對王莽，即由於此。但此等高義，懂得的只有少數人，所以不久即湮晦，而君臣之義，反日益昌盛了。

王與君，在古代是有分別的，說已見前。臣與民亦然。臣乃受君豢養的人，效忠於其一身，及其子嗣，盡力保衛其家族、財產，以及榮譽、地位的。蓋起於（一）好戰的酋長所豢養的武士，（二）及其特加寵任的僕役。其初，專以效忠於一人一家爲主。後來（一）人道主義漸形發達。（二）又從利害經驗上，知道要保一人一家的安全，或求其昌盛，亦非不顧萬民所能。於是其所行者，漸需顧及一國的公益。有時雖違反君主一人一家的利益，而亦有所不能顧。是即大臣與小臣，社稷之臣與私暱嬖倖的區別。然其道，畢竟是從效忠於一人一家進化而來的，終不能全免此項色彩。至民則絕無效忠於君的義務。兩者區別，在古代本極明白，然至後世，卻漸漸湮晦了。無官職的平民，亦竟有效忠一姓的，如不仕新朝之類。這在古人看起來，眞要莫名其妙了（異民族當別論。民族興亡之際，是全民族都有效忠的義務的。顧炎武《日知錄》「正始」條，分別亡國、亡天下，所謂亡天下，即指民族興亡言，古人早見及此了）。至於國君失政，應該誅殺改立之義，自更無人提及。

剝極則復，到晚明之世，湮晦的古義，才再露一線的曙光。君主之制，其弊全在於世襲。以遺傳論，一姓合法繼承的人，本無代代皆賢之理。以教育論，繼嗣之君，生來就居於優越的地位，志得意滿，以和外間隔絕了，尤其易於不賢。此本顯明之理，昔人斷非不知，然既無可如何，則亦只好置諸不論不議之列了。君主的昏愚、淫亂、暴虐，無過於明朝之多。而時勢危急，內之則流寇縱橫，民生憔悴；外之則眼看異族侵入，好容易從胡元手裡恢復過來的江山，又要淪於建夷之手。仁人君子，蒿目時艱，深求致禍之原，圖窮而匕首見，自然要歸結到政體上了。於是有黃宗羲的《明夷待訪錄》出現，其〈原君〉、〈原臣〉兩篇，於「天下者天下之天下」之義，發揮得極爲深切，正是晴空一個霹靂，但亦只是晴空一個霹靂而已。別種條件，未曾完具，當然不會見之於行動的。於是旁薄鬱積的民主思想，遂仍潛伏著，以待時勢的變化。

近百年來的時勢，四夷交侵，國家民族，都有絕續存亡的關係，可謂危急極了。這當然不是一個單純的政治問題，但社會文化和政治的分野，政治力量的界限，昔人是不甚明白的。眼看著時勢的危急，國事的敗壞，當然要把其大部分的原因，都歸到政治上去；當然要發動了政治上的力量來救濟它；當然要擬議及於政體。於是從戊戌變法急轉直下，而成爲辛亥革命。中國的民主政治，雖然自己久有根基，而親切的觀感，則得之於現代的東西列強。代議政體，自然要繼君主專制而起。但代議政體，在西洋自有其歷史的條件，中國卻無有。於是再急轉直下，而成爲現在的黨治。

中國古代，還有一個極高的理想，那便是孔子所謂大同，老子所謂郅治，許行所謂賢者與民並耕而食、饔飧而治。這是超出於政治範圍之外的，因爲國家總必有階級，然後能成立，而孔、老、許行所想望的境界，則是沒有階級的。參看下兩篇自明。

第四章　階級

古代部族之間，互相爭鬥。勝者把敗者作爲俘虜，使之從事於勞役，是爲奴隸；其但收取其賦稅的，則爲農奴；已見上章。古代奴婢之數，似乎並不甚多（見下）。最嚴重的問題，倒在征服者和農奴之間。國人和野人，這兩個名詞，我們在古書上遇見時，似不覺其間有何嚴重的區別。其實兩者之間，是有征服和被征服的關係的。不過其時代較早，古書上的遺跡，不甚顯著，所以我們看起來，不覺得其嚴重罷了。所謂國人，其初當係征服之族，擇中央山險之地，築城而居；野人則係被征服之族，在四面平夷之地，從事於耕耘。所以（一）古代的都城，都在山險之處。國內行畦田，國外行井田。（二）國人充任正式軍隊，野人則否。參看第八、第九、第十四，三章自明。上章所講大詢於衆庶之法，限於鄉大夫之屬。鄉是王城以外之地，鄉人即所謂國人。厲王的被逐，《國語》說：「國人莫敢言，道路以目。」然則參與國政，和起而爲反抗舉動的，都是國人。若野人，則有行仁政之君，即歌功頌德，襁負而歸之；有行暴政之君，則「逝將去汝，適彼樂土」，在可能範圍之內逃亡而已。所以一個國家，其初立國的基本，實在是靠國人的（即征服部族的本族）。國人和野人之間，其初當有一個很嚴的界限；彼此之間，還當有很深的仇恨。後來此等界限，如何消滅？此等仇恨，如何淡忘呢？依我推想，大約因：（一）距離戰爭的年代遠了，舊事漸被遺忘。（二）國人移居於野，野人亦有移居於國的，居地既近，婚姻互通。（三）征服部族是要朘削被征服的部族以自肥的，在經濟上國人富裕而野人貧窮；又都邑多為工商及往來之人所聚會，在交通上，國人頻繁而野人閉塞，所以國人的性質較文，野人的性質較質。然到後來，各地方逐漸發達，其性質，亦變而相近了。再到後來，（四）選舉的權利，（五）兵役的義務，亦漸擴充推廣，而及於野人，則國人和野人，在法律上亦無甚區別，其畛域就全化除了。參看第七第九兩章自明。

征服之族和被征服之族的區別，可說全是政治上的原因。至於職業上的區別，則已帶著經濟上的原因了。古代職業的區別，是為士、農、工、商。士是戰士的意思，又是政治上任事而未有爵者之稱，可見古代的用人，專在戰士中拔擢。至於工商，則專從事於生業。充當戰士的人，雖不能全不務農，但有種專務耕種的農民，卻是不服兵役的。所以《管子》上有士之鄉和工商之鄉（見〈小匡篇〉）。《左氏》宣公十二年說，楚國之法，「荊尸而舉，荊尸，該是一種組織軍隊的法令。商、農、工、賈，不敗其業。」有些人誤以為古代是全國皆兵，實在是錯誤的，參看第九章自明。士和卿大夫，本來該沒有多大的區別，因為同是征服之族，服兵役，古代政權和軍權，本是混合不分的。但在古代，不論什麼職業，多是守之以世。所以《管子》又說：「士之子恆為士，農之子恆為農，工之子恆為工，商之子恆為商。」（〈小匡〉）。政治上的地位，當然不是例外，世官之制既行，士和大夫之間，自然生出嚴重的區別來，農、工、商更不必說了。此等階級，如何破壞呢？其在經濟上，要維持此等階級，必須能維持嚴密的職業組織。如欲使農之子恆為農，則井田制度，必須維持；欲使工之子恆為工，商之子恆為商，則工官和公家對於商業的管理規則，亦必須維持。然到後來，這種制度都破壞了。農人要種田，你沒有田給他種，豈能不許他從事別種職業？工官制度破壞了，所造之器，不足以給民用，民間有從事製造的人，你豈能禁止他？尤其是經濟進步，交換之事日多，因而有居間買賣的人，又豈能加以禁止？私產制度既興，獲利的機會無限，人之趨利，如水就下，舊制度都成爲新發展的障礙了，古代由社會制定的職業組織，如何能不破壞呢？在政治上：則因（一）貴族的驕淫矜誇，自趨滅亡，而不得不任用遊士（參看第七章）。（二）又因有土者之間，互相爭奪，敗國亡家之事，史不絕書。一國敗，則與此諸侯有關之人，都夷爲平民；一家亡，則與此大夫有關的人，都失其地位。（三）又古代階級，並未像喀斯德（caste）這樣的嚴峻，彼此不許通婚。譬如《左氏》定公九年，載齊侯攻晉夷儀，有一個戰士，喚做敝無存，他的父親，要替他娶親，他就辭謝，說：「此役也，不死，反必娶於高、國。」（齊國的兩個世卿之家）。可見貴族與平民通婚是容易的。婚姻互通，社會地位的變動，自然也容易了，這都是古代階級所以漸次破壞的原因。

奴隸的起源，由於以異族爲俘虜。《周官》五隸：曰罪隸，曰蠻隸，曰閩隸，曰夷隸，曰貉隸。似乎後四者爲異族，前一者爲罪人；然罪人是後起的。當初本只以異族爲奴隸，後來本族有罪的人，亦將他貶入異族群內，當他異族看待，才有以罪人爲奴隸的事。參看第十章自明。經學中，今文家言，是「公家不畜刑人，大夫弗養；屏諸四夷，不及以政」（謂不使之當徭役，見《禮記．王制》）。古文家言，則「墨者使守門，劓者使守關，宮者使守內，刖者使守囿」（《周官》秋官掌戮）。固然，因刑人多了，不能盡棄而不用，亦因今文所說的制度較早，初期的奴隸，多數是異族，仇恨未忘，所以不敢使用他了（《穀梁》襄公二十九年：禮，君不使無恥，不近刑人，不狎敵，不邇怨）。不但如此，社會學家言：氏族時代的人，不慣和同族爭鬥，鎮壓本部族之職，有時不肯做，寧願讓異族人做的。《周官》蠻、閩、夷、貉四隸，各服其邦之服，執其邦之兵，以守王宮及野之厲禁，正是這個道理，這亦足以證明奴隸的原出於異族。女子爲奴隸的謂之婢，《文選．司馬子長報任安書》李《注》引韋昭云：「善人以婢爲妻生子曰獲，奴以善人爲妻生子曰臧。齊之北鄙，燕之北郊，凡人男而歸婢謂之臧，女而歸奴謂之獲。」可見奴婢有自相嫁娶，亦有和平民婚配的。所以良賤的界限，實亦不甚嚴峻。但一方面有脫離奴籍的奴隸，一方面又有淪爲奴隸的平民，所以奴婢終不能盡絕。這是關係整個社會制度的了。奴隸的免除，有兩種方法：一種是用法令，《左氏》襄公三十二年，晉國的大夫欒盈造反。欒氏有力臣曰督戎，國人懼之。有一個奴隸，喚做斐豹的，和執政范宣子說道：「苟焚丹書，我殺督戎。」宣子喜歡道：你殺掉他，「所不請於君焚丹書者，有如日」。斐豹大約是因犯罪而爲奴隸，丹書就是寫他的罪狀的。一種是以財贖，《呂氏春秋．察微篇》說：魯國之法，「魯人有爲臣妾於諸侯者，贖之者取金於府。」這大約是俘虜一類。後世奴隸的免除，也不外乎這兩種方法。

以上是封建時代的事。封建社會的根柢，是「以力相君」。所以在政治上占優勢的人，在社會上的地位，亦占優勝。到資本主義時代，就大不然了。《漢書．貨殖列傳》說：「昔先王之制：自天子、公、侯、卿、大夫、士，至於皀隸，抱關擊柝者，其爵祿、奉養、宮室、車服、棺槨、祭祀、死生之制，各有差品，小不得僭大，賤不得逾貴。」又說：後來自諸侯大夫至於士庶人，「莫不離制而棄本。稼穡之民少，商旅之民多；穀不足而貨有餘。」（穀貨，猶言食貨。穀、食，本意指食物，引伸起來，則包括一切直接供給消費之物。貨和化是一語，把這樣東西，變成那樣，就是交換的行為，所以貨是指一切商品）。於是「富者木土被文錦，犬馬餘肉粟，而貧者短褐不完，含粟飲水。其爲編戶齊民同列，而以財力相君，雖爲僕隸，猶無慍色。」這幾句話，最可代表從封建時代到資本主義時代的變遷。封建社會的根源，是以武力互相掠奪。人人都靠武力互相掠奪，則人人的生命財產，俱不可保，這未免太危險。所以社會逐漸進步，武力掠奪之事，總不能不懸爲厲禁。到這時代，有錢的人，拿出錢來，就要看他願否。於是有錢就是有權力，豪爽的武士，不能不俯首於狡猾慳吝的守財奴之前了。這是封建社會和資本主義社會轉變的根源。平心而論：資本主義的慘酷，乃是積重以後的事。當其初興之時，較之武力主義，公平多了，溫和多了，自然是人所歡迎的。資本主義所以能取武力主義而代之，其根源即在於此。然前此社會的規則，都是根據武力優勝主義制定的，不是根據富力優勝主義制定的。武力優勝主義，固然也是階級的偏私，且較富力優勝主義爲更惡。然而人們（一）誰肯放棄其階級的偏私？（二）即有少數大公無我的人，亦不免爲偏見所蔽，視其階級之利益，即爲社會全體的利益；以其階級的主張，即爲社會全體的公道，這是無可如何的事。所以資本主義的新秩序，把封建社會的舊眼光看起來，是很不入眼的；總想盡力打倒他，把舊秩序回復。商鞅相秦，「明尊卑爵秩等級。各以差次名田宅臣妾。衣服以家次。有功者顯榮，無功者雖富無所紛華」（《史記》本傳）。就是代表這種見解，想把富與貴不一致的情形，逆挽之，使其回復到富與貴相一致的時代的。然而這如何辦得到呢？封建時代，統治者階級的精神，最緊要的有兩種：一是武勇，一是不好利。唯不好利，故富貴不能淫，貧賤不能移；唯能武勇，故威武不能屈。這是其所以能高居民上，維持其治者階級的地位的原因。在當時原非幸致，然而這種精神，也不是從天降，從地出；或者如觀念論者所說，在上者教化好，就可以致之的。人總是隨著環境變遷的，假使人而不能隨著環境變遷，則亦不能制馭環境，而爲萬物之靈了。在封建主義全盛時，統治階級因其靠武力得來的地位的優勝，不但衣食無憂，且其生活，總較被治的人爲優裕，自然可以不言利。講到武勇，則因前此及其當時，他們的生命，是靠體力維持的（取之於自然界者，如田獵；取之於人者，則為戰爭和掠奪）。自能養成其不怕死、不怕苦痛的精神。到武力掠奪，懸爲厲禁，被治者的生活，反較治者爲優裕；

人類維持生活最好的方法，不是靠體力取之於自然界，或奪之於團體之外，而反是靠智力以剝削團體以內的人；則環境大變了。統治階級的精神，如何能不隨之轉變呢？於是滔滔不可挽了。在當時，中堅階層的人，因其性之所近，分爲兩派：近乎文者則爲儒，近乎武者則爲俠。古書多以儒俠並稱，亦以儒墨並稱，可見墨即是俠。儒和俠，不是孔、墨所創造的兩種團體，倒是孔、墨就社會上固有的兩種階級加以教化，加以改良的。在孔、墨當日，何嘗不想把這兩個階級振興起來，使之成爲國家社會的中堅？然而滔滔者終於不可挽了。儒者只成爲「貪飲食，惰作務」之徒（見《墨子・非儒篇》）。俠者則成爲「盜跖之居民間者」（《史記・遊俠列傳》）。質而言之，儒者都是現在志在衣食，大些則志在富貴的讀書人；俠者則成爲現在上海所謂白相人了。我們不否認，有少數不是這樣的人，然而少數總只是少數。這其原理，因爲在生物學上，人，大多數總是中庸的，而特別的好，和特別的壞，同爲反常的現象。所以我們贊成改良制度，使大多數的中人，都可以做好人；不贊成認現社會的制度爲天經地義。責成人在現制度之下做好人，陳義雖高，終成夢想。直到漢代，想維持此等階級精神，以爲國家社會的中堅的，還不乏其人。試看賈誼《陳政事疏》所說聖人有金城之義，董仲舒對策說食祿之家不該與民爭利一段（均見《漢書》本傳）。便可見其大概。確實，漢朝亦還有此種人。如蓋寬饒，「剛直高節，志在奉公」。兒子步行戍邊，專務舉發在位者的弊竇，又好犯顏直諫，這確是文臣的好模範。又如李廣，終身除射箭外無他嗜好，絕不言利，而於封侯之賞，卻看得很重。廣爲衛青所陷害而死，他的兒子敢，因此射傷衛青，又給霍去病殺掉，漢武帝都因其爲外戚之故而爲之諱，然李廣的孫兒子陵，仍願爲武帝效忠。他敢以步卒五千，深入匈奴；而且「事親孝，與士信，臨財廉，取與義，分別有讓，恭儉下人」（見《漢書・司馬遷傳》遷報任安書），這眞是一個武士的好模範。還有那奮不顧身、立功絕域的傅介子、常惠、陳湯、班超等，亦都是這一種人。然而滔滔者終於不可挽了，在漢代，此等人已如鳳毛麟角；魏晉以後，遂絕跡不可復見。豈無好人？然更不以封建時代忠臣和武士的性質出現了。過去者已去，如死灰之不可復燃。後人談起這種封建時代的精神來，總覺得不勝惋惜。然而無足惜也，這實在不是什麼好東西。當時文臣的見解，已不免於偏狹。武人則更其要不得，譬如李廣，因閒居之時，灞陵尉得罪了他（如灞陵尉之意，真在於奉公守法，而不是有意與他為難，還不能算得罪他，而且是個好尉）。到再起時，就請尉與俱，至軍而斬之，這算什麼行爲？他做隴西太守時，詐殺降羌八百餘人，豈非武士的恥辱？至於一班出使外國之徒，利於所帶的物品可以乾沒，還好帶私貨推銷，因此爭求奉使；到出使之後，又有許多粗魯的行爲，訛詐的舉動，以致爲國生事，引起兵端（見《史記．大宛列傳》）。這眞是所謂浪人，眞是要不得的東西。中國幸而這種人少，要是多，所引起的外患，怕還不止五胡之亂。

封建時代的精神過去了。社會階級，遂全依貧富而分。當時所謂富者，是（一）大地主，（二）大工商家，詳見下章。鼂錯《貴粟疏》說：「今法律賤商人，商人已富貴矣；尊農夫，農夫已貧賤矣。俗之所貴，主之所賤；吏之所卑，法之所尊。上下相反，好惡乖迕，而欲國富法立，不可得也。」可見法律全然退處於無權了。

因資本的跋扈，奴婢之數，遂大爲增加。中國古代，雖有奴婢，似乎並不靠他做生產的主力。因爲這時候，土地尙未私有，舊有的土地，都屬於農民。君大夫有封地的，至多只能苛取其租稅，強徵其勞力，即役。至於奪農民的土地爲己有，而使奴隸從事於耕種，那是不會有這件事的（因為如此，於經濟只有不利。所以雖有淫暴之君，亦只會棄田以為苑囿。到暴力一過去，苑囿就又變做田了）。大規模的墾荒，或使奴隸從事於別種生產事業，那時候也不會有。其時的奴隸，只是在家庭中，以給使令，或從事於消費品的製造（如使女奴舂米、釀酒等）。爲經濟的力量所限，其勢自不能甚多。到資本主義興起後就不然了。（一）土地既已私有，向來的農奴，都隨著土地，變成地主的奴隸。王莽行王田之制，稱奴隸爲「私屬」，和田地都不得賣買。若非向來可以賣買，何必有此法令呢？這該是秦漢之世，奴婢增多的一大原因。（所以奴婢是由俘虜、罪人兩政治上的原因造成的少，由經濟上的原因造成的多）。（二）農奴既變爲奴隸，從事於大規模的墾荒的，自然可以購買奴隸，使其從事耕作。（三）還可以使之從事於別種事業。如《史記．貨殖列傳》說：「桀黠奴，人之所患也，唯刀閒收取，使之逐漁鹽商賈之利。」所以又說童手指千，比千乘之家。如此，奴婢愈多愈富，其數就無制限了。此時的奴婢，大抵是因貧窮而鬻賣的。因貧窮而賣身，自古久有其事。所以《孟子．萬章上篇》，就有人說：百里奚自鬻於秦養牲者之家。然在古代，此等要不能甚多。至漢代，則賈誼說當時之民，歲惡不入，就要「請爵賣子」，成爲經常的現象了。此等奴婢，徒以貧窮之故而賣身，和古代出於俘虜或犯罪的，大不相同，國家理應制止及救濟。然當時的國家，非但不能如此，反亦因之以爲利。如漢武帝，令民入奴婢，得以終身復；爲郎的增秩。其時行算緡之法，遣使就郡國治隱匿不報的人的罪，沒收其奴婢甚多，都把他分配到各苑和各機關，使之從事於生產事業（見《史記．平準書》）。像漢武帝這種舉動，固然是少有的，然使奴婢從事於生產事業者，必不限於漢武帝之世，則可推想而知，奴隸遂成爲此時官私生產的要角了。漢末大亂，奴婢之數，更行增多。後漢光武一朝，用法令強迫釋放奴婢很多（都見《後漢書》本紀）。然亦不過救一時之弊，終不能絕其根株。歷代救濟奴隸之法：（一）對於官奴婢，大抵以法令赦免。（二）對於私奴婢則（甲）以法令強迫釋放。（乙）官出資財，替他贖身。（丙）勒令以買直爲傭資，計算做工的時期，足滿工資之數，便把他放免。雖有此法，亦不過去其太甚而已。用外國人作奴婢，後世還是有的。但非如古代的出於俘虜，而亦出於鬻賣。《漢書．西南夷列傳》和〈貨殖列傳〉，都有所謂「僰僮」，就是當時的商人，把他當作商品販賣的。《北史．四裔傳》亦說：當時的人，多買獠人作奴僕，因此，又引起政治上的侵略。梁武帝時，梁、益二州，歲歲伐獠以自利。周武帝平梁、益，亦命隨近州鎮，年年出兵伐獠，取其生口，以充賤隸。這在後世，卻是少有的事，只有南北分立之世，財力困窘，政治又毫無規模，才會有之。至於販賣，卻是通常現象。如唐武后大足元年，敕北方緣邊諸郡，不得畜突厥奴婢；穆宗長慶元年，詔禁登、萊州及緣海諸道，縱容海賊，掠賣新羅人爲奴婢；就可見海陸兩道，都有販賣外國人口的了。南方的黑色人種，中國謂之崑崙。唐代小說中，多有崑崙奴的記載，更和歐洲人的販賣黑奴相像。然中國人亦有自賣或被賣做外國人的奴隸的。宋太宗淳化二年，詔陝西緣邊諸郡：先因歲饑，貧民以男女賣與戎人，官遣使者，與本道轉運使，分以官財物贖，還其父母；眞宗天禧三年，詔自今掠賣人口入契丹界者，首領並處死。誘至者同罪，未過界者決杖黥配（均見《文獻通考》），就是其事。

後漢末年，天下大亂，又發生所謂部曲的一個階級。部曲二字，本是軍隊中一個組織的名稱（《續漢書．百官志》大將軍營五部，部下有曲，曲下有屯）。喪亂之際，人民無家可歸，屬於將帥的兵士，沒有戰事的時候，還是跟著他生活。或者受他豢養，或者替他工作，事實上遂發生隸屬的狀態。用其力以生產，在經濟上是有利的，所以在不招兵的時候，將帥也要招人以爲部曲了（《三國志．李典傳》說，典有宗族部曲三千餘家，就是戰時的部曲，平時仍屬於將帥之證。〈衛覬傳〉說：覬鎮關中時，四方流移之民，多有回關中的，諸將多引為部曲，就是雖不招兵之時，將帥亦招人為部曲之證）。平民因沒有資本，或者需要保護，一時應他的招。久之，此等依賴關係，已成過去，而其身分，被人歧視，一時不能回復，遂成爲另一階級。部曲的女子，謂之客女。歷代法律上，奴婢傷害良人，罪較平民互相傷害爲重；良人傷害奴婢，則罪較平民互相傷害爲輕。其部曲、客女，傷害平民的罪，較平民加重，較奴婢減輕；平民傷害部曲、客女的，亦較傷害奴婢加重，較其互相傷害減輕。所以部曲的地位，是介於良賤之間的。歷魏、晉、南北朝至唐、宋，都有這一階級。

使平民在某種程度以內，隸屬於他人，亦由來甚久。《商君書．竟內篇》說：「有爵者乞無爵者以爲庶子。級乞一人。其無役事也（有爵者不當差徭，在自己家裡的時候）。庶子役其大夫，月六日。其役事也，隨而養之。」（有爵者替公家當差徭時，庶子亦跟著他出去）。這即是《荀子．議兵篇》所說秦人五甲首而隸五家之制。秦爵二十級（見《漢書．百官公卿表》）。級級都可乞人爲役，則人民之互相隸屬者甚多，所以魯仲連要說秦人「虜使其民」了。晉武帝平吳以後，王公以下，都得蔭人爲衣食客及佃客；其租調及力役等，均入私家。此即漢世封君食邑戶的遺法，其身分仍爲良民。遼時有所謂二稅戶，把良民賜給僧寺，其稅一半輸官，一半輸寺（金世宗時免之），亦是爲此。此等使人對人直接徵收，法律上雖限於某程度以下的物質或勞力，然久之，總易發生廣泛的隸屬關係，不如由國家徵收，再行給與之爲得。

封建時代的階級，亦是相沿很久的，豈有一廢除即剷滅淨盡之理？所以魏晉以後，又有所謂門閥的階級。魏晉以後的門閥，舊時的議論，都把九品中正制度（見第七章），看作他很重要的原因，這是錯誤的。世界上哪有這種短時間的政治制度，能造成如此深根固柢的社會風尚之理？又有說：這是由於五胡亂華，衣冠之族，以血統與異族混淆爲恥，所以有這風尚的。這也不對，當時的區別，明明注重於本族士庶之間。況且五胡亂華，至少在西晉的末年，聲勢才浩大的，而劉毅在晉初，已經說當時中正的品評，「上品無寒門，下品無世族」了。可見門閥之制，並非起源於魏晉之世。然則其緣起安在呢？論門閥制度的話，要算唐朝的柳芳，說得最爲明白（見《唐書．柳沖傳》）。據他的說法，則七國以前，封建時代的貴族，在秦漢之世，仍爲強家。因爲漢高祖起於徒步，用人不論家世，所以終兩漢之世，他們在政治上，不占特別的勢力；然其在社會上，勢力仍在。到魏晉以後，政治上的勢力和社會上的勢力合流，門閥制度，就漸漸固定了。這話是對的，當時政治上扶植門閥制度的，就是所謂九品中正（見第七章）。至於在社會上，則因漢末大亂，中原衣冠之族，開始播遷。一個世家大族，在本地方，是人人知其爲世家大族的，用不著自行表暴；遷徙到別的地方，就不然了。琅邪王氏是世族，別地方的王氏則不然；博陵崔氏是世族，別地方的崔氏則不然。一處地方，新遷來一家姓王的、姓崔的，誰知道他是哪裡的王、哪裡的崔呢？如此，就不得不鄭重聲明，我是琅邪王而非別的王氏；是博陵崔而非別的崔氏了，這是講門閥的所以要重視郡望的原因。到現在，我們舊式婚姻的簡帖上，還殘留著這個老廢物。這時候，所謂門第的高下，大概是根據於：（一）本來門第的高下。這是相沿的事實，爲本地方人所共認，未必有譜牒等物爲據。因爲古代譜牒，都是史官所記，隨著封建的崩壞，久已散佚無存了。（二）秦、漢以來，世家大族，似乎漸漸的都有譜牒（《隋書》著錄，有家譜，家傳兩門。《世說新語》注，亦多引人家的家譜）。而其事較近，各家族中，有何等人物、事蹟，亦多爲衆人所能知、所能記，在這時期以內，一個家族中，要多有名位顯著的人，而切忌有叛逆等大惡的事。如此，歷時稍久，即能受人承認，爲其地之世家（歷時不久的，雖有名位顯著的人，人家還只認為暴發戶，不大看得起他。至於歷時究要多久，那自然沒有明確的界限）。（三）譜牒切忌佚亡，事蹟切忌湮沒。倘使譜牒已亡；可以做世家的條件的事蹟，又無人能記憶；或雖能記憶，而不能證明其出於我之家族中——換言之，即不能證明我爲某世家大族或有名位之人之後，我的世族的資格，就要發生動搖了。要之，不要證據的事，要沒人懷疑；要有證據的事，則人證、物證，至少要有一件存在，這是當時判定世族資格的條件。譜牒等物，全由私家掌管，自然不免有散佚、僞造等事。政治總是跟著社會走的，爲要維持此等門閥制度，官家就亦設立譜局，與私家的譜牒互相鉤考；「有司選舉，必稽譜籍而考其眞僞」了（亦柳芳語）。

當這時代，寒門世族，在仕途上優劣懸殊，甚至婚姻不通；在社交上的禮節，亦不容相並（可參看《陔餘叢考》「六朝重氏族」條）。此等界限，直至唐代猶存。《唐書．高士廉傳》及〈李義府傳〉說，太宗命士廉等修《氏族志》，分爲九等，崔氏猶爲第一，太宗列居第三。又說：魏大和中，定望族七姓，子孫迭爲婚姻。唐初作《氏族志》，一切降之。後房玄齡、魏徵、李勣等，仍與爲婚，故其望不減。義府爲子求婚不得，乃奏禁焉。其後轉益自貴，稱禁婚家，男女潛相聘娶，天子不能禁。〈杜羔傳〉說：文宗欲以公主降士族，曰：「民間婚姻，不計官品，而尚閥閱。我家二百年天子，反不若崔、盧邪？」可見唐朝中葉以後，此風尚未剷除。然此時的門閥，已只剩得一個空殼，經不起雨打風吹，所以一到五代時，就成「取士不問家世，婚姻不問閥閱」之局了（《通志．氏族略》）。這時候的門閥，爲什麼只剩一個空殼呢？（一）因自六朝以來，所謂世族，做事太無實力。這只要看《二十二史劄記》「江左諸帝皆出庶族」、「江左世族無功臣」、「南朝多以寒人掌機要」各條可見。（二）則世族多貪庶族之富，與之通婚；又有和他通譜，及把自己的家譜出賣的。看《二十二史劄記》「財昏」、「日知錄通譜」兩條可見。（三）加以隋廢九品中正，唐以後科舉制度盛行，世族在選舉上，亦復不占便宜。此時的門閥，就只靠相沿已久，有一種惰力性維持，一受到（四）唐末大亂、譜牒淪亡的打擊，自然無以自存了。門閥制度，雖盛於魏晉以後，然其根源，實尚遠在周秦以前，到門閥制度廢除，自古相傳的等級，就蕩然以盡了（指由封建勢力所造成的等級）。

然本族的等級雖平，而本族和異族之間，等級復起，這就不能不嘆息於我族自晉以後武力的衰微了。中國自漢武帝以後，民兵漸廢。此時的兵役多以罪人和奴隸充之，亦頗用異族人爲兵。東漢以後，雜用異族之風更盛。至五胡亂華之世，遂習爲故常（別見第九章）。此時的漢人和異族之間，自然不能不發生階級，史稱北齊神武帝，善於調和漢人和鮮卑。他對漢人則說：「鮮卑人是汝作客（猶今言雇工）。得汝一斛粟，一匹絹，爲汝擊賊，令汝安寧，汝何爲陵之？」對鮮卑人則說：「漢人是汝奴。夫爲汝耕，婦爲汝織，輸汝粟帛，令汝溫飽，汝何爲疾之？」就儼然一爲農奴，一爲戰士了。但此時期的異族，和自女眞以後的異族，有一個大異點。自遼以前（契丹為鮮卑宇文氏別部，實仍係五胡的分支），外夷率以漢族爲高貴而攀援之，並極仰慕其文化，不恤犧牲其民族性，而自願同化於漢族，至金以後則不然。這只要看五胡除羯以外，無不冒托神明之冑（如拓跋氏自稱黃帝之後，宇文氏自稱炎帝之後是），金以後則無此事；北魏孝文帝，自願消滅鮮卑語，獎勵鮮卑人與漢人通婚，自然是一個極端的例子，然除此以外，亦未有拒絕漢族文化的。金世宗卻極力保存女眞舊風及其語言文字，這大約由於自遼以前的異族，附塞較久，濡染漢人文化較深，金、元、清則正相反之故。渤海與金、清同族，而極仰慕漢人的文化，似由其先本與契丹雜居營州，有以致之，即其一證。對於漢族的壓制剝削，亦是從金朝以後，才深刻起來的。五胡雖占據中原，只是一部分政權入於其手。其人民久與漢族雜居，並未聞至此時，在社會上，享有何等特別的權利（至少在法律上大致如此）。契丹是和漢人不雜居的，其國家的組織，分爲部族和州縣兩部分，彼此各不相干（設官分南北面，北面以治部族，南面以治州縣）。財賦之官，雖然多在南面，這是因漢族的經濟，較其部族爲發達之故，還不能算有意剝削漢人。到金朝，則把猛安謀克戶遷入中原，用集團之制，與漢族雜居，以便鎭壓。因此故，其所耕之地，不得不連成片段。於是或藉口官地，強奪漢人的土地（如據梁王莊、太子務等名目，硬說其地是官地之類）。或口稱與漢人互換，而實係強奪，使多數人民流離失所。初遷入時，業已如此。元兵占據河北後，盡將軍戶（即猛安謀克户），遷於河南，又是這麼一次。遂至和漢人結成骨仇血怨，釀成滅亡以後大屠戮的慘禍了（見《二十二史劄記》「金末種人被害之慘」條）。元朝則更爲野蠻，太宗時，其將別迭，要把漢人殺盡，空其地爲牧場，賴耶律楚材力爭始止（見《元史・耶律楚材傳》）。元朝分人爲蒙古、色目（猶言諸色人等，包括蒙古及漢族以外的人。其種姓詳見《輟耕錄》）、漢人（滅金所得的中國人）、南人（滅宋所得的中國人）。四種，一切權利，都不平等（如各官署的長官，必用蒙古人。又如學校及科舉，漢人、南人的考試較難，而出身反劣）。漢人入奴籍的甚多（見《二十二史劄記》「元初諸將多掠人為私户」條）。明代奴僕之數驟增（見《日知錄》「奴僕」條）。怕和此很有關係。清朝初入關時，亦圈地以給旗民。其官缺，則滿、漢平分。又有蒙古、漢軍、包衣（滿洲人的奴僕）的專缺。刑法，則宗室、覺羅（顯祖之後稱宗室，自此以外稱覺羅。宗室俗稱黃帶子，覺羅俗稱紅帶子，因其常繫紅黃色的帶子為飾。凡漢人殺傷紅黃帶子者，罪加一等。唯在茶坊酒肆中則否，以其自褻身分也）。及旗人，審訊的機關都不同（宗室、覺羅，由宗人府審訊；與人民訟者，會同户、刑部。包衣由內務府慎刑司審訊；與人民訟者，會同地方官。旗人由將軍、都統、副都統審訊），且都有換刑（宗室以罰養贍銀代笞、杖，以板責、圈禁代徒、流、充軍。雍正十二年，並推及覺羅。其死罪則多賜自盡。旗人以鞭責代笞、杖，枷號代徒、流、充軍。死刑以斬立決為新監候，斬監候為絞）。都是顯然的階級制度。民族愈開化，則其自覺心愈顯著，其鬥爭即愈尖銳。處於現在生存競爭的世界，一失足成千古恨，再回頭是百年身，誠不可以不凜然了（近來有一派議論，以為滿、蒙等族，現在既已與漢族合為一個國族了，從前互相爭鬥的事，就不該再提及，怕的是挑起惡感。甚至有人以為用漢族二字，是不甚妥當的。說這是外國人分化我們的手段，我們不該盲從。殊不知歷史是歷史，現局是現局。不論何國、何族，在以往，誰沒有經過鬥爭來？現在誰還在這裡算陳帳？若慮挑起惡感，而於以往之事，多所顧忌而不敢談，則全部歷史，都只好拉雜摧燒之了。漢族兩字不宜用，試問在清朝時代的滿、漢兩字，民國初年的漢、滿、蒙、回、藏五族共和等語，當改作何字？歷史是一種學術，凡學術都貴真實。只要忠實從事，他自然會告訴你所以然的道理，指示你當遵循的途徑。現在當和親的道理，正可從從前的曾經鬥爭裡看出來，正不必私自穿鑿，多所顧慮）。總而言之，凡階級的所以形成，其根源只有兩種：一種是武力的，一種是經濟的。至於種族之間，則其矛盾，倒是較淺的。近代的人，還有一種繆見，以為種族是一個很大的界限，同種間的鬥爭，只是一時的現象，事過之後，關係總要比較親切些。殊不知為人類和親的障礙的，乃是民族而非種族。種族的同異在體質上，民族的同異在文化上。體質上的同異，有形狀可見，文化上的同異，無跡象可求。在尋常人想起來，總以為種族的同異，更難泯滅，這就是流俗之見，需要學術矯正之處。從古以來，和我們體質相異的人，如西域深目高鼻之民，南方拳發黑身之族，為什麼彼我之間，沒有造成嚴重的階級呢？總而言之，社會的組織，未能盡善，則集團與集團之間，利害不能無衝突。「利唯近者為可爭，害唯近者為尤切」，這是事實。至於體質異而利害無衝突，倒不會有什麼劇烈的鬥爭的。這是古今中外的歷史，都有很明白的證據的。所以把種族看做嚴重的問題，只是一個俗見。

近代有一種賤民。其起源，或因民族的異同，或因政治上的措置，或則社會上積習相沿，驟難改易，遂至造成一種特別等級。這在清朝時，法律上都曾予以解放。如雍正元年，於山、陝的樂戶，紹興的惰民；五年於徽州的伴檔，寧國的世僕；八年於常熟、昭文的丐戶，都令其解放同於平民。乾隆三十六年，又命廣東的蜑戶，浙江的九姓漁戶，及各省有似此者，均查照雍正元年成案辦理。這自然是一件好事情，但社會上的歧視，往往非政治之力所能轉移。所以此等階層，現在仍未能完全消滅。這是有待於視壓迫爲恥辱的人，繼續努力的了。

階級制度，在古昔是多少爲法律所維持的，及文化進步乃覺得人爲的不平等不合於理，此等法律，遂逐漸取消。然社會上的區別，則不能驟泯。社會地位的區別，顯而易見的是生活的不同。有形的如宮室衣服等等，無形的如語言舉動等等。其間的界限，爲社會所公認。彼此交際之間，上層階級，會自視爲優越，而對方亦承認其優越；下層階級，會被認爲低微，而其人亦自視爲低微。此等階級的區別，全由習慣相沿。而人之養成其某階級的氣質，則由於教育（廣義的）。維持其某階級的地位，則由於職業。舊時社會所視爲最高階級的，乃讀書做官的人，即所謂士。此種人，其物質的享受，亦無以逾於農工商，但所得的榮譽要多些。所以農工商還多希望改而爲士，而士亦不肯輕棄其地位（舊時所謂書香之家，雖甚貧窮，不肯輕易改業，即由於此）。這還是封建殘餘的勢力。此外則唯視其財力的厚薄，以判其地位的高低。所謂貧富，應以維持其所處的階級的生活爲標準，有餘的謂之富，僅足的謂之中人，不足的謂之貧。此自非指一時的狀況言，而當看其地位是否穩固。所謂穩固，包含三條件，即：（一）財產收入，較勞力收入爲穩固。（二）有保障的職業，較無保障的爲穩固。（三）獨立經營的職業，較待人僱用的爲穩固。階級的升降，全然視其財力。財力足以上升，即可升入上層階級；財力不能維持，即將落入下層階級。宮室衣服等，固然如此，即教育職業亦然。如農工商要改做士，則必須有力量能從師讀書；又必須有力量能與士大夫交際，久之，其士大夫的氣質，乃得養成。此係舉其一端，其他可以類推。總之，除特別幸運的降臨，凡社會上平流而進的，均必以經濟上的地位爲其基礎。下層社會中人，總想升入上層的；上層社會中人，則想保持其地位。舊時的教育，如所謂奮勉以求上進，如所謂努力勿墜其家聲等等，無論其用意如何，其內容總不外乎此。至於（一）剷除階級；（二）組織同階級中人，以與異階級相鬥爭；則昔時無此思想。此因（一）階級間之相去，並不甚遠；（二）而升降也還容易之故。新式產業興起以後，情形就與從前不同。從前所謂富、中人、貧，相去實不甚遠的，今則相去甚遠（所謂中產階級，當分新舊兩種：舊的，如舊式的小企業等，勢將逐漸為大企業所吞併。新的，如技術、管理人員等，則皆依附大資本家以自存。其生活形式，雖與上層階級為儕，其經濟地位的危險，實與勞工無異。既無上升之望，則終不免於墜落。所以所謂中間者，實不能成為階級）。從下級升至上級，亦非徒恃才能，所能有濟（昔時的小富，個人的能力及際遇，足以致之，今之大富豪則不然。現在文明之國，所謂實業領袖，多係富豪階級中人，由別階級升入的很少）。於是雖無世襲之名，而有世襲之實。上級的地位，既不易變動，下級的惡劣境遇，自然不易脫離。環境逼迫著人改變思想，階級鬥爭之說，就要風靡一時了。剷除階級，自是美事。但盲動則不免危險；且亦非專用激烈手段，所能有濟；所以舉措不可不極審慎。

第五章　財產

要講中國的經濟制度，我們得把中國的歷史，分爲三大時期：有史以前爲第一期；有史以後，訖於新室之末，爲第二期；自新室亡後至現在，爲第三期。自今以後，則將爲第四期的開始。

孔子作《春秋》，把二百四十二年，分爲三世：第一期爲亂世，第二期爲升平世，第三期爲太平世。這無疑是想把世運逆挽而上，自亂世進入升平，再進入太平的。然則所謂升平、太平，是否全是孔子的理想呢？我們試看，凡先秦諸子，無不認爲邃古之世，有一個黃金時代，其後乃愈降而愈劣，即可知孔子之言，非盡理想，而必有其歷史的背景。《禮記·禮運》所說的大同、小康，大約就是這個思想的背景罷？大同是孔子認爲最古的時代，最好的，小康則漸降而劣，再降就入於亂世了。所謂升平，是想把亂世逆挽到小康，再進而達於大同，就是所謂太平了，這是無可疑的。然則所謂大同、小康，究竟是何時代呢？

人是非勞動不能生存的，而非聯合，則其勞動將歸於無效，且亦無從勞動起，所以《荀子》說人不群則不能勝物（見〈王制篇〉。勝字讀平聲，作堪字解，即擔當得起的意思。物字和事字通訓。能勝物，即能擔當得起事情的意思，並非謂與物爭鬥而勝之）。當這時代，人是「只有合力以對物，斷無因物而相爭」的，許多社會學家，都證明原始時代的人，沒有個人觀念。我且無有，尙何有於我之物？所以這時代，一切物都是公有的。有種東西，我們看起來似乎是私有（如衣服及個人所用的器具之類），其實並不是私有，不過不屬於這個人，則無用，所以常常附屬於他罷了。以財產之承襲論，亦是如此（氏族時代，男子的遺物，多傳於男子，女子的遺物，多傳於女子，即由於此）。當這時代，人與人之間，既毫無間隔，如何不和親康樂呢？人類經過原始共產時代、氏族共產時代，以入於家族集產時代，在氏族、家族時代，似已不免有此疆彼界之分，然其所含的公共性質還很多。孔子所嚮往的大同，無疑的，是在這一個時代以前。今試根據古書，想像其時的情形如下。

這時代，無疑是個農業時代。耕作的方法，其初該是不分疆界的，其後則依家族之數，而將土地分配（所以孔子說「男有分，女有歸」），此即所謂井田制度。井田的制度，是把一方里之地，分爲九區，每區一百畝。中間的一區爲公田，其外八區爲私田。一方里住八家，各受私田百畝。中間的公田，除去二十畝，以爲八家的廬舍（一家得二畝半）。還有八十畝，由八家公共耕作，其收入，是全歸公家的。私田的所入，亦即全歸私家，此即所謂助法。如其田不分公私，每畝田上的收穫，都酌提若干成歸公，則謂之徹法。土田雖有分配，並不是私人所有的，所以有「還受」和「換主易居」之法（受，謂達到種田的年齡，則受田於公家。還，謂老了，達到無庸種田的年齡，則把田還給公家。因田非私人所有，故公家時時可重行分配，此即所謂「再分配」。三年一換主易居，即再分配法之一種）。在所種之田以外，大家另有一個聚居之所，是之謂邑。合九方里的居民，共營一邑，故一里七十二家（見《禮記．雜記》注引《王度記》。《公羊》何《注》舉成數，故云八十家。邑中宅地，亦家得二畝半，合田間廬舍言之，則曰「五畝之宅」）。八家共一巷，中間有一所公共的建築，是爲「校室」。春，夏，秋三季，百姓都在外種田，冬天則住在邑內。一邑之中，有兩個老年的人做領袖。這兩個領袖，後世的人，用當時的名稱稱呼他，謂之父老、里正。古代的建築，在街的兩頭都有門，謂之閭。閭的旁邊，有兩間屋子，謂之塾。當大家要出去種田的時候，天亮透了，父老和里正，開了閭門，一個坐在左塾裡，一個坐在右塾裡，監督著出去的人。出去得太晚了，或者晚上回來時，不帶著薪樵以預備做晚飯，都是要被詰責的。出入的時候，該大家互相照應。所帶的東西輕了，該幫人家分拿些。帶的東西重了，可以分給人家代攜，不必客氣。有年紀、頭髮花白的人，該讓他安逸些，空手走回來。到冬天，則父老在校室裡，教訓邑中的小孩子，里正則催促人家「緝績」。住在一條巷裡的娘們，聚在一間屋子裡織布，要織到半夜方休。以上所說的，是根據《公羊》宣公十五年何《注》，《漢書．食貨志》，撮敘其大略。這雖是後來人傳述的話，不全是古代的情形，然還可根據著他，想像一個古代農村社會的輪廓。

農田以外的土地，古人總稱爲山澤。農田雖按戶口分配，山澤是全然公有的。只要依據一定的規則，大家都可使用（如《孟子》所說的「數罟不入洿池」，「斧斤以時入山林」等。田獵的規則，見《禮記．王制》。《周官》有山虞、林衡、川衡、澤虞、跡人、 人等官，還是管理此等地方，監督使用的人，必須遵守規則，而且指導他使用的方法的，並不封禁）。

這時候，是無所謂工業的。簡單的器具，人人會造，較繁複的，則有專司其事的人。但這等人，絕不是藉此以營利的。這等人的生活資料，是由大家無條件供給他的，而他所製造的器具，也無條件供給大家用，這是後來工官之本。

在本部族之內，因係公產，絕無所謂交易。交易只行於異部族之間。不過以剩餘之品，互相交換，絕無新奇可喜之物。所以許行所主張的貿易，會簡單到論量不論質（見《孟子．滕文公上篇》）。而《禮記．郊特牲》說：「四方年不順成，八蠟不通。」（言舉行蠟祭之時，不許因之舉行定期貿易）。蠟祭是在農功畢後舉行的，年不順成，就沒有剩餘之品可供交易了。此等交易，可想見其對於社會經濟，影響甚淺。

倘在特別情形之下，一部族中，缺少了什麼必要的東西，那就老實不客氣，可以向人家討，不必要有什麼東西交換。後來國際間的乞糴，即源於此。如其遇見天災人禍，一個部族的損失實在太大了，自己無力回復，則諸部族會聚集起來，自動替他填補的。《春秋》襄公三十年，宋國遇到火災，諸侯會於澶淵，以更宋所喪之財（更為繼續之意，即現在的賡字），亦必是自古相沿的成法。幫助人家工作，也不算得什麼事的。《孟子》說：「湯居亳，與葛爲鄰。葛伯放而不祀。湯使人問之曰：何爲不祀？曰：無以供犧牲也。湯使遺之牛羊。葛伯食之，又不以祀。湯又使人問之曰：何爲不祀？曰：無以供粢盛也。湯使亳衆往爲之耕。」（〈滕文公下〉）。這件事，用後世人的眼光看起來，未免不近情理。然如齊桓公合諸侯而城杞（《春秋》僖公十四年），豈不亦是替人家白效勞麼？然則古代必有代耕的習慣，才會有這傳說。古代國際間有道義的舉動還很多，據此推想，可以說：都是更古的部族之間留傳下來的。此即孔子所謂「講信修睦」。

雖然部族和部族之間，有此好意，然在古代，部族乞助於人的事，總是很少的。因爲他們的生活，是很有規範的，除非眞有不可抗拒的災禍，絕不會淪於窮困。他們生活的規範，是怎樣呢？《禮記．王制》說：塚宰「以三十年之通制國用，量入以爲出。」「三年耕，必有一年之食。九年耕，必有三年之食。以三十年之通，雖有凶旱水溢，民無菜色。」這在後來，雖然成爲塚宰的職責，然其根源，則必是農村固有的規範。不幸而遇到凶年饑饉，是要合全部族的人，共謀節省的，此即所謂凶荒札喪的變禮。在古代，禮是人人需要遵守的。其所謂禮，都是切於生活的實際規則，並不是什麼虛文。所以《禮記．禮器》說：「年雖大殺，衆不恇懼，則上之制禮也節矣。」

一團體之中，如有老弱殘廢的人，衆人即無條件養活他。《禮記．王制》說：孤、獨、鰥、寡，「皆有常餼」。又說：「喑、聾、跛、躃、斷者（骨節斷的人）、侏儒（體格不及標準。該包括一切發育不完全的人），百工各以其器食之。」舊說：看他會做什麼工，就叫他做什麼工，這解釋怕是錯的。這一句和上句，乃是互言以相備。說對孤、獨、鰥、寡供給食料，可見對此等殘廢的人，亦供給食料；說對此等殘廢的人，供給器用，可見對孤、獨、鰥、寡亦供給器用，乃古人語法如此。《荀子．王制篇》作「五疾上收而養之」可證。

此等規則都實行了，確可使匹夫、匹婦，無不得其所的；而在古代，社會內部無甚矛盾之世，我們亦可以相信其曾經實行過的。如此，又何怪後人視其時爲黃金時代呢？視古代爲黃金時代，不但中國，希臘人也有這樣思想的。物質文明和社會組織，根本是兩件事。講物質文明，後世確是進步了。以社會組織論，斷不能不承認是退步的。

有許多遺跡，的確可使我們相信，在古代財產是公有的。《書經．酒誥篇》說：「群飲，汝勿佚，盡執拘以歸於周，予其殺。」這是周朝在殷朝的舊土，施行酒禁時嚴厲的誥誡。施行酒禁不足怪，所可怪的，是當此酒禁嚴厲之時，何不在家獨酌？何得還有群飲觸犯禁令的人，致煩在上者之誥誡？然則其所好者，在於飲呢？還是在於群呢？不論什麼事，根深柢固，就難於驟變了。漢時的賜酺，不也是許民群飲麼？倘使人之所好，只在於飲而不在於群，賜酺還算得什麼恩典？可見古人好群飲之習甚深。因其好群飲之習甚深，即可想見其在邃古時，曾有一個共食的習慣。家家做飯自己吃，已經是我們的恥辱了。《孟子》又引晏子說：「師行而糧食。」糧同量，謂留其自吃的部分，其餘盡數充公。這在晏子時，變成虐政了，然推想其起源，則亦因貯藏在人家的米，本非其所私有，不過借他的房屋貯藏（更古則房屋亦非私有），所以公家仍可隨意取去。

以上所說，都是我們根據古籍所推想的大同時代的情形。雖然在古籍中，已經不是正式記載，而只是遺跡，然有跡則必有跡所自出之履，這是理無可疑的。然則到後來，此等制度，是如何破壞掉的呢？

曠觀大勢，人類全部歷史，不外自塞而趨於通。人是非不斷和自然爭鬥，不能生存的。所聯合的人愈多，則其對自然爭鬥的力愈強。所以文明的進步，無非是人類聯合範圍的擴大。然人類控制自然的力量進步了，控制自己的力量，卻不能與之並進。於是天災雖澹，而人禍復興。

人類的聯合，有兩種方法：一種是無分彼此，通力合作，一種則分出彼此的界限來。既分出彼此的界限，而又要享受他人勞動的結果，那就非於（甲）交易、（乙）掠奪兩者之中擇行其一不可了。而在古代，掠奪的方法，且較交易爲通行。在古代各種社會中，論文化，自以農業社會爲最高；論富力，亦以農業社會爲較厚；然卻很容易被人征服。因爲（一）農業社會，性質和平，不喜戰鬥。（二）資產笨重，難於遷移。（三）而獵牧社會，居無定所，去來飄忽，農業社會，即幸而戰爭獲勝，亦很難犁庭掃穴，永絕後患。（四）他們既習於戰鬥，（五）又是以侵略爲衣食飯碗的，得隙即來。農業社會，遂不得不於可以忍受的條件之下，承認納貢而言和；久之，遂夷爲農奴；再進一步，征服者與被征服者，關係愈益密切，遂合爲一個社會，一爲治人者，食於人者，一爲治於人者，食人者了。封建時代階級制度的成立，即緣於此（參看上章）。

依情理推想，在此種階級之下，治者對於被治者，似乎很容易爲極端之剝削的。然（一）剝削者對於被剝削者，亦必須留有餘地，乃能長保其剝削的資源。（二）剝削的宗旨，是在於享樂的，因而是懶惰的，能夠達到剝削的目的就夠了，何必干涉人家內部的事情？（三）而剝削者的權力，事實上亦或有所制限，被剝削者內部的事情，未必容其任意干涉。（四）況且兩個社會相遇，武力或以進化較淺的社會為優強，組織必以進化較深的社會為堅凝。所以在軍事上，或者進化較深的社會，反為進化較淺的社會所征服；在文化上，則總是進化較淺的社會，為進化較深的社會所同化的。職是故，被征服的社會，內部良好的組織，得以保存。一再傳後，征服者或且為其所同化，而加入於其組織之中。古語說君者善群（這群字是動詞，即組織之義）。而其所以能群，則由於其能明分（見《荀子・王制》、〈富國〉兩篇）。據此義，則征服之群之酋長，業已完全接受被征服之群之文化，依據其規則，負起組織的責任來了。當這時代，只有所謂君大夫，原來是征服之族者，擁有廣大的封土，收入甚多，與平民相懸絕。此外，社會各方面的情形，還無甚變更。士，不過祿以代耕，其生活程度，與農夫相彷彿；農則井田之制仍存；工商亦仍無大利可牟。征服之族，要與被征服之族在經濟上爭利益者，亦有種種禁例，如「仕則不稼，田則不漁」之類（見《禮記・坊記》。《大學》：孟獻子曰：「畜馬乘，不察於雞豚；伐冰之家，不畜牛羊。」董仲舒對策，說公儀子相魯，之其家，見織帛，怒而出其妻；食於舍而茹葵，慍而拔其葵；曰：「吾已食祿，又奪園夫紅女利乎？」此等，在後來為道德上的教條，在當初，疑有一種禁令）。然則社會的內部，還是和親康樂的，不過在其上層，多養著一個寄生者罷了。雖然和寄生蟲並存，還不至危及生命健康，總還算一個準健康體，夫是之謂小康。

小康時代，又成過去，亂世就要來了。此其根源：（一）由初期的征服者，雖然憑恃武力，然其出身多在瘠苦之地，其生活本來是簡陋的。凡人之習慣，大抵不易驟變，儉者之不易遽奢，猶奢者之不能復儉。所以開國之主，總是比較勤儉的。數傳之後，嗣世之君，就都變成生於深宮之中，長於阿保之手的紈袴子弟了。其淫侈日甚，則其對於人民之剝削日深，社會上的良好規制，遂不免受其影響（如因政治不善，而人民對於公田耕作不熱心，因此發生履畝而稅的制度，使井田制度受其影響之類）。（二）則商業發達了，向來自行生產之物，可以不生產而求之於人；不甚生產之物，或反可多生產以與人交易。於是舊組織不復合理，而成爲獲利的障礙，就不免墮壞於無形了。舊的組織破壞了，新的組織，再不能受理性的支配，而一任事勢的推遷。人就控制不住環境，而要受環境的支配了。

當這時代，經濟上的變遷，可以述其犖犖大端如下：

（一）因人口增加，土地漸感不足，而地代因之發生。在這情形之下，土地荒廢了，覺得可惜，於是把向來田間的空地，留作道路和備蓄泄之用的，都加以墾闢，此即所謂「開阡陌」（開阡陌之開，即開墾之開。田間的陸地，總稱阡陌。低地留作蓄水泄水之用的，總稱溝洫。開阡陌時，自然把溝洫也填沒了。參看朱子《開阡陌辨》）。這樣一來，分地的標記沒有了，自然可隨意侵占，有土之君，利於租稅之增加，自然也不加以禁止，或且加以宣導，此即孟子所謂「暴君汙吏，必慢其經界」（〈滕文公上篇〉）。一方面靠暴力侵占，一方面靠財力收買，兼併的現象，就陸續發生了。

（二）山澤之地，向來作爲公有的，先被有權力的封君封禁起來，後又逐漸入於私人之手（《史記．平準書》說：漢初山川、園池，自天子至於封君，皆各為私奉養，此即前代山澤之地。把向來公有的山澤，一旦作為私有，在漢初，絕不會，也絕不敢有這無理的措置，可見自秦以前，早已普遍加以封禁了。管子官山府海之論，雖然意在擴張國家的收入，非以供私人之用，然其將公有之地，加以封禁則同。《史記．貨殖列傳》所載諸大企業家，有從事於畜牧的，有從事於種樹的，有從事於開礦的，都非占有山澤之地不行。這大約是從人君手裡，以賞賜、租、買等方法取得的）。

（三）工業進化了，器用較昔時爲進步，而工官的製造，未必隨之進步。或且以人口增加，而工官本身未嘗擴張，量的方面，亦發生問題。舊系家家自製之物，至此求之於市者，亦必逐漸增加。於是漸有從事於工業的人，其獲利亦頗厚。

（四）商人，更爲是時活躍的階級。交換的事情多了，居間的商人隨之而增多，這是勢所必至的。商業的性質，是最自利的。依據它的原理，必須以最低的價格（只要你肯賣），買進，最高的價格（只要你肯買），賣出。於是生產者，消費者同受剝削，而居間的商人獨肥。

（五）盈天地之間者皆物，本說不出什麼是我的，什麼是你的。所以分爲我的，你的，乃因知道勞力的可貴，我花了勞力在上面的東西，就不肯白送給你。於是東西和東西，東西和勞力，勞力和勞力，都可以交換。於是發生了工資，發生了利息。在封建制度的初期，封君雖然霸占了許多財產，還頗能盡救濟的責任，到後來，便要藉此以博取利息了。孟子述晏子的話，說古代的巡狩，「春省耕而補不足，秋省斂而助不給」（〈梁惠王下篇〉）。而《戰國策》載馮煖爲孟嘗君收債，盡焚其券以市義，就顯示著這一個轉變。較早的時代，只有封君是有錢的，所以也只有封君放債。後來私人有錢的漸多，困窮的亦漸衆，自然放債取利的行爲，漸漸的普遍了。

（六）在這時代，又有促進交易和放債的工具發生，是爲貨幣的進步（別見〈貨幣篇〉）。貨幣愈進步，則其爲用愈普遍，於是交易活潑，儲蓄便利，就更增進人的貪欲（物過多則無用，所以在實物經濟時代，往往有肯以之施濟的。貨幣既興，此物可以轉變為他物，儲蓄的亦只要儲蓄其價值，就不容易覺得其過剩了）。

在這種情形之下，就發生下列三種人：

（一）大地主。其中又分爲（甲）田連阡陌及（乙）擅山澤之利的兩種人。

（二）大工商家。古代的工業家，大抵自行販賣，所以古人統稱爲商人。然從理論上剖析之，實包括工業家在內，如漢時所稱之「鹽鐵」（謂製鹽和鼓鑄鐵器的人）。其營業，即是側重在製造方面的。

（三）子錢家。這是專以放債取息爲營業的。

要知道這時代的經濟情形，最好是看《史記》的〈貨殖列傳〉。然〈貨殖列傳〉所載的，只是當時的大富豪。至於富力較遜，而性質相同的（小地主、小工商及小的高利貸者），那就書不勝書了。

精神現象，總是隨著生活環境而變遷的。人，是獨力很難自立的，所以能夠生存，無非是靠著互助。家族制度盛行，業已把人分成五口八口的一個個的小單位。交易制度，普遍的代替了分配、互助之道，必以互相剝削之方法行之，遂更使人們的對立尖銳。人在這種情形之下，要獲得一個立足之地甚難，而要墮落下去則甚易。即使獲得了一個立足之地，亦是非用強力，不易保持的。人們遂都汲汲皇皇，不可終日。董仲舒說：「天下攘攘，皆爲利往；天下熙熙，皆爲利來。」《史記．貨殖列傳》有一段，剖析當時所謂賢士、隱士、廉吏、廉賈、壯士、遊俠、妓女、政客、打獵、賭博、方技，犯法的吏士、農、工、商賈，各種人的用心，斷言他的內容，無一而非爲利。而又總結之曰：「此有智盡能索耳，終不餘力而讓財矣。」《韓非子》說：無豐年旁入之利，而獨以完給者，非力則儉。無飢寒疾病禍罪之殃，而獨以貧窮者，非侈則惰。征斂於富人，以布施於貧家，是奪力儉而與侈惰（〈顯學篇〉）。話似近情，然不知無豐年旁入之利，無飢寒疾病禍罪之殃的條件，成立甚難；而且侈惰亦是社會環境養成的，誰之罪？而獨嚴切的責備不幸的人，這和「不獨親其親，不獨子其子」；「貨惡其棄於地也，不必藏於己；力惡其不出於身也，不必爲己」的精神，竟不像是同一種動物發出來的了。人心大變，此即所謂亂世。

孔子所謂小康之世，大約從有史時代就開始的。因爲我們有確實的歷史，始於炎黃之際，已經是一個干戈擾攘的世界了。至於亂世，其機緘，亦是早就潛伏的，而其大盛，則當在東周之後。因爲封建制度，是自此以後，才大崩潰的（封建制度的崩潰不是什麼單純的政治作用，實在是社會文化進步，而後政治作用隨之的，已見第三章。新文化的進步，就是舊組織的崩潰）。然在東周以後，社會的舊組織，雖已崩潰，而人們心上，還都覺得這新成立的秩序爲不安；認爲他是變態，當有以矯正之，於是有兩漢時代不斷的社會改革運動。醞釀久之，到底有新室的大改革。這大改革失敗了，人們才承認社會組織的不良，爲與生俱來，無可如何之事，把病態認爲常態了。所以我說小康的一期，當終於新室之末。

漢代人的議論，我們要是肯細看，便可覺得他和後世的議論，絕不相同。後世的議論，都是把社會組織的缺陷，認爲無可如何的事，至多只能去其太甚。漢代人的議論，則總是想澈底改革的。這個，只要看最著名的賈誼、董仲舒的議論，便可見得。若能細讀《漢書》的〈王貢兩龔鮑〉和〈眭兩夏侯京翼李傳〉，就更可明白了。但他們有一個通蔽，就是不知道治者和被治者，根本上是兩個對立的階級；不知領導被壓迫階級，以圖革命，而專想藉壓迫階級之力，以進行社會改革。他們誤以爲治者階級，便是代表全社會的正義的，而不知道這只是治者階級中的最少數。實際，政治上的治者階級，便是經濟上的壓迫階級，總是想榨取被治階級（即經濟上的被壓迫階級）以牟利的。治者階級中最上層的少數人，只是立於兩者之間，使此兩階級得以保持一個均衡，而實際上還是偏於治者一方面些。要想以他爲發力機，鼓動了多數治者，爲被治者謀幸福，眞是緣木求魚，在理論上絕不容有這回事。理所可有，而不能實現之事多矣；理所必無，而能僥倖成功之事，未之前聞。這種錯誤，固然是時代爲之，怪不得古人。然而不能有成之事，總是不能有成，則社會科學上的定律，和自然科學上的定律，一樣固定，絕不會有例外。

在東周之世，社會上即已發生兩種思潮：一是儒家，主張平均地權，其具體辦法，是恢復井田制度。一是法家，主張節制資本，其具體辦法，是（甲）大事業官營；（乙）大商業和民間的借貸，亦由公家加以干涉（見《管子・輕重》各篇），漢代還是如此。漢代儒家的宗旨，也是要恢復井田的。因爲事不易行，所以讓步到「限民名田」，其議發於董仲舒。哀帝時，師丹輔政，業已定有辦法，因爲權戚所阻撓，未能實行。法家的主張，桑弘羊曾行之，其最重要的政策，是鹽鐵官賣及均輸。均輸是官營商業，令各地方，把商人所販的出口貨做貢賦，官販賣之於別地方。弘羊的理論，略見《鹽鐵論》中。著《鹽鐵論》的桓寬，是反對桑弘羊的（《鹽鐵論》乃昭帝時弘羊和賢良文學辯論的話，桓寬把他整理記錄下來的，賢良文學都是治儒家之學的。弘羊則是法家，桓寬亦信儒家之學）其記錄，未必會有利於弘羊，然而我們看其所記弘羊的話，仍覺得光焰萬丈，可知歷來以弘羊爲言利之臣，專趨承武帝之意，替他搜括，實在是錯誤的。但弘羊雖有此種抱負，其籌款的目的是達到了，矯正社會經濟的目的，則並未達到。漢朝所實行的政策，如減輕田租，重農抑商等，更其無實效可見了。直到漢末，王莽出來，才綜合儒法兩家的主張行一斷然的大改革。

在中國經學史中，有一重公案，便是所謂今古文之爭。今古文之爭，固然自有其學術上的理由，然和政治的關係亦絕大。提倡古文學的劉歆、王莽，都是和政治很有關係的人。我們向來不大明白他們的理由，現在卻全明白了。王莽是主張改革經濟制度的人。他的改革，且要兼及於平均地權和節制資本兩方面。今文經是只有平均地權的學說，而無節制資本的學說的。這時候，社會崇古的風氣正盛；欲有所作爲，不得不求其根據於古書。王莽要兼行節制資本的政策，自不得不有取於古文經了，這是旁文。我們現在且看王莽所行的政策：

（一）他把天下的田，都名爲王田（猶今言國有）；奴婢名爲私屬，都不得賣買，男口不盈八，而田過一井的，分餘田與九族鄉黨。

（二）設立六筦之制：（甲）鹽，（乙）酒，（丙）鐵，（丁）山澤，（戊）五均賖貸，（己）鐵布銅冶。其中五均賖貸一項，是控制商業及借貸的。餘五項，係將廣義的農業和工業，收歸官營。

（三）五均，《漢書．食貨志》注引鄧展，謂其出於河間獻王所傳的《樂語》、《樂元語》。臣瓚引其文云：「天子取諸侯之土，以立五均，則市無二賈，四民常均；強者不得困弱，富者不得要貧；則公家有餘，恩及小民矣。」這是古代的官營商業。其爲事實或法家的學說未可知，而要爲王莽的政策所本。王莽的制度，是改長安東西市令，又於洛陽、邯鄲、臨淄、宛、成都五處，都設司市師（師是長官之意）。各以四時仲月（二、五、八、十一月），定該區中貨物的平價。貨物實係有用而滯銷的，照它的本錢買進；物價騰貴，超過平價一錢時（漢時錢價貴，故超過一錢，即為騰貴），則照平價出賣。又在司市師之下，設泉府丞（丞是副官的意思）。經營各種事業的人，都要收稅，名之爲貢（其額按純利十分之一）。泉府收了這一筆貢，用以借給困乏的人。因喪祭等事而借的，只還本，不取息；藉以營利的，取年息十分之一。

王莽的變法，成功的希望是不會有的，其理由已述於前。固然，王莽的行政手段很拙劣，但這只是枝節。即使手段很高強，亦不會有成功的希望。因爲根本上鑄定要失敗的事，絕不是靠手段補救得來的。但是王莽的失敗，不是王莽一個人的失敗，乃是先秦以來言社會改革者公共的失敗。因爲王莽所行，並不是王莽一個人的意見，乃是先秦以來言社會改革者公共的意見，王莽只是集此等意見的大成。經過這一次改革失敗之後，人遂群認根本改革爲不可能，想把亂世逆挽之而至於小康的思想，從此告終了。中國的社會改革運動，至此遂告長期的停頓。

雖然在停頓時期，枝節的改革，總還不能沒有的。今亦略述其事如下：

當這時代，最可紀念的，是平和的、不澈底的平均地權運動。激烈的井田政策既經絕望，平和的限民名田政策還不能行，於是又有一種議論，說平均地權之策，當行之於大亂之後，地廣人稀，土田無主之日。於是有晉朝的戶調式，北魏的均田令，唐朝的租庸調法。這三法的要點是：（一）因年齡、屬性之別，以定受田的多少。（二）在北魏的均田令中，有露田和桑田的區別。唐朝則名爲口分田和世業田。桑田和世業田，是可以傳世的，露田和口分田，則受之於官，仍要還之於官。（三）唐制又有寬狹鄉之別。田畝之數，足以照法令授與的爲寬鄉，不足的爲狹鄉。狹鄉授田，減寬鄉之半。（四）有餘田的鄉，是要以給比連之鄉的，州縣亦是如此。（五）徙鄉和貧無以葬的人，得賣世業田。自狹鄉徙寬鄉的，得並賣口分田。（口分田非其所有，無可賣之理，這該是獎勵人民從狹鄉遷到寬鄉去的意思。法律上的解釋，等於官收其田而賣卻之，而將賣田所得之款，發給為獎勵費。許其自賣，只是手續簡便些罷了）。（六）雖然如此，世業田仍有其一定制限，買進的不得超過此限度，在最小限度以內，亦不得再賣卻。統觀三法，立法之意，是不奪其私有之田，無田者則由官給，希冀減少反抗，以漸平均地權，其立法之意誠甚善。然其實行至何程度，則殊可疑（晉法定後，天下旋亂，曾否實行，論者甚至有懷疑的。北魏及唐，曾實行至何程度，歷史上亦無明確的記載）。即使實行了，而人總是有緩急的；緩急的時候，不能不希望通融，在私產制度之下，誰肯白借給你來？救濟的事業，無論如何，是不能普遍的（救濟事業之量，絕不能等於社會上需要救濟之量，這是有其理論上的根據的。因為救濟人者，必先自覺有餘，然後能斥其所餘以救濟人。然救濟人者的生活程度，必高於所救濟的人，因而他所拿出來的，均攤在眾人頭上，必不能使被救濟者之生活程度，與救濟之者相等。而人之覺得足不足，並不是物質上真有什麼界限，而往往是和他人的生活狀況相比較的。如此，故被救濟者在心理上永無滿足之時。又在現在的社會組織之下，一個人的財富，往往是從剝削他人得來的，而他的自覺有餘必在先，斥其餘以救濟他人必在後。自剝削至於救濟，其中必經過相當的時間。在此時間之中，被剝削者，必已負有很大的創傷，即使把所剝削去的全數都還了他，亦已不夠回復，何況還不能全數還他呢？）於是不得不有抵賣之品。而貧民是除田地之外，無物可以抵賣的。如此，地權即使一度平均，亦很難維持永久，何況並一度之平均而不可得呢？再者：要調劑土滿和人滿，總不能沒有移民，而在現在的文化狀況之下，移民又是很難實行的。所以此等平均地權的方法，不論事實，在理論上已是很難成立的了。據記載，唐朝當開元時，其法業已大壞。至德宗建中元年（民國紀元前一千一百三十二年），楊炎爲相，改租庸調法爲兩稅，人民的有田無田，田多田少，就無人過問了。自晉武帝太康元年（民國紀元前一千六百三十二年），平吳行戶調法至此，前後適五百年。自此以後，國家遂無復平均地權的政策。間或丈量，不過爲平均賦稅起見，而亦多不能澈底澄清。兼併現象，依然如故，其中最厲害的，爲南宋時浙西一帶的兼併。因爲這時候，建都在臨安，浙西一帶，闊人多了，競以兼併爲事，收租奇重。宋末，賈似道要籌款，就用低價硬買做官田。田主固然破產了，佃戶自此要向官家交租，又非向私家交租時「額重納輕」之比，人民已受了一次大害。到明初平張士誠，太祖惡其民爲士誠守，對於蘇松、嘉湖之田，又定以私租爲官稅。後來雖屢經減免，直到現在，這一帶田賦之重，還甲於全國。兼併的影響，亦可謂深了。

物價的高低，東漢以後，更無人能加以干涉。只有食糧，關係人民的利害太切了，國家還不能全然放任。安定穀價的理論，始於李悝。李悝說（糴穀價），甚賤傷農，甚貴傷民（此民字指穀之消費者，與農為穀之生產者立於對待的地位）。主張當新穀登場時，國家收買其一部分，至青黃不接時賣出，以保持穀的平價。漢宣帝時，穀價大賤，大司農耿壽昌，於若干地方行其法，名其倉爲常平倉。此法雖不爲牟利起見，然賣出之價，必比買進之價略高，國家並無所費，而人民實受其益，實可稱法良意美。然在古代，穀物賣買未盛則有效。至後世，穀物的市場日廣，而官家的資本甚微，則即使實力奉行，亦難收控制市場之效；何況奉行者又多有名無實；甚或並其名而無之呢？所以常平倉在歷代法令上，雖然是有的時候多，實際上並無效力。隋文帝時，工部尚書長孫平創義倉之法，令人民於收成之日，隨意勸課，即於當社立倉存貯；荒歉之時，用以救濟。後周時有惠民倉，將雜配錢（一種雜稅的名目）的幾分之幾，折收穀物，以供凶年平糴之用。宋時又有廣惠倉，募人耕沒入和戶絕田，收其租以給郭內窮苦的人民，這都是救濟性質。直到王安石出來，行青苗法，才推廣之，以供借貸之用。青苗法是起於李參的，李參在陝西做官時，命百姓自度耕種的贏餘，告貸於官，官貸之以錢，及秋，隨賦稅交還。王安石推行其法於諸路，以常平、廣惠倉所貯的錢穀爲貸本（倉本所以貯穀，後世因穀的貯藏不便，亦且不能必得，遂有兼儲錢的。需用時再以錢買穀，或竟發錢）。當時反對者甚多，然其本意是好的，不過官不是推行此法的機關不免有弊罷了（反對青苗的人，有的說他取息二分太重，這是胡說，當時民間利率，實遠重於此。青苗之弊，在於（一）人民不敢與官交涉。（二）官亦不能與民直接，勢必假手於吏胥，吏胥多數是要作弊的，人民更不敢與之交涉。（三）於是聽其自然，即不能推行。（四）強要推行，即不免抑配。（五）借出之款，或不能償還，勢必引起追呼。（六）又有勒令鄰保均賠的。（七）甚有無賴子弟，謾昧尊長，錢不入家。或他人冒名詐請，莫知為誰的。總而言之，是由於辦理的機關的不適宜）。南宋孝宗乾道四年，建州大饑。朱子請於府，得常平倉粟六百石，以爲貸本。人民夏天來借的，到冬加二歸還，以後逐年如此。小荒則免其半息，大荒則全免其息。如此十四年，除將原本六百石還官外，並將餘利，造成倉廒，得粟三千一百石，以爲社倉，自此借貸就不再收息了。朱子此法，其以社爲範圍，與長孫平的義倉同。不但充平糴及救濟，而兼供借貸，與王安石的青苗法同。以社爲範圍，則易於管理，易於監察，人民可以自司其事。如此，則有將死藏的倉穀出貸，化爲有用的資本之利，而無青苗法與官交涉之弊。所以歷來論者，都以爲此法最善；有與其提倡常平、義倉，不如提倡社倉的傾向。義倉不如社倉，誠然無可爭辯，這是後起者自然的進步。常平和社倉，則根本不是一件事。常平是官辦的，是和糧食商人鬥爭的；義倉和社倉，都是農民互助的事。固然，農民眞正充足了，商人將無所施其剝削，然使將現在社會上一切剝削農民之事，都剷除了，農民又何至於不足呢？固然，當時的常平倉，並沒有控制市場之力；至多當饑荒之際，開辦平糶，惠及城市之人。然此乃常平辦理之不得其法，力量的不夠，並不是其本質不好。依正義及經濟政策論，國家扶助農民和消費者，剷除居間者的剝削，還是有這義務；而在政策上也是必要的。所以常平和社倉，至少該並行不廢。再者，青苗法以官主其事，固然不好，社倉以人民主其事，也未必一定會好的。因爲土豪劣紳，和貪官汙吏，是同樣要吮人膏血的，並無彼此之分。主張社倉的，說社倉範圍小，十目所視，十手所指，管理的人，難於作弊。然而從來土豪劣紳都是明中把持、攘奪，並不是暗中攫取的。義倉創辦未幾，即或因人民不能管理，而移之於縣。社倉，據《文獻通考》說：亦是「事久而弊，或主之者倚公以行私，或官司移用而無可給，或拘納息米而未嘗除，甚者拘催無異正賦」。以爲非有「仁人君子，以公心推而行之」不爲功。可見防止貪汙土劣的侵漁，仍不能無藉於人民的自衛了。平抑糧食以外他種物價之事，東漢以後無之。只有宋神宗熙寧五年，曾立市易司，想平抑京師的物價，然其後事未能行。

借貸，亦始終是剝削的一種方法。最初只有封君之類是有錢的人，所以也只有他們能營高利貸的事業。後來事實雖然變換了，還有藉他們出面的。如《漢書．谷永傳》說：當時的掖庭獄，「爲人起債（代人放債），分利受謝」是，亦有官自放債的。如隋初嘗給內官以公廨錢，令其回易生利，這種公廨錢，就是可以放債的。其類乎封建財產的，則南北朝以後，僧寺頗多殷富，亦常爲放債的機關。私人放債取利，較大的，多爲商賈所兼營，如《後漢書．桓譚傳》：譚上疏陳時政，說：「今富商大賈，多放錢貨，中家子弟，爲之保役。」則並有代他奔走的人了。《元史．耶律楚材傳》說：當時的回鶻，多放羊羔利（利上起利）。回鶻也是從西域到中國來經商的。這是因商人手中，多有流動資本，所以兼營此業最便。至於土豪劣紳之類，即在本地方營高利貸業的，其規模自然較此爲小，然其數則甚多，而其手段亦極酷辣。《宋史．食貨志》載司馬光疏，說當時的農民，「幸而收成，公私之債，交爭互奪；穀未離場，帛未下機，已非己有」；〈陳舜俞傳〉說：當時放債的人，雖「約償緡錢，而穀粟、布縷，魚鹽、薪蔌、耰鋤、斧錡之屬，皆雜取之」，便可見其一斑了。大抵借貸有對人信用和對物信用兩種。對物信用，須能鑑別其物，知其時價；對人信用，則須調查其人之財產及行爲；亦有一番事情，且須有相當知識。這在放債者方面，亦須有一種組織。所以逐漸發達，而成爲近代的錢莊及當鋪。

中國歷代，社會上的思想，都是主張均貧富的，這是其在近代所以易於接受社會主義的一個原因。然其宗旨雖善，而其所主張的方法，則有未善。這因歷代學者，受傳統思想的影響太深，而對於現實的觀察太淺之故。在中國，思想界的權威，無疑是儒家。儒家對於社會經濟的發展，認識本不如法家的深刻，所以只主張平均地權，而忽略了資本的作用。這在當時，還無怪其然（古代學問的發達，不能不為地域所限。儒學盛於魯，法家之學，托諸管子，疑其初盛於齊。《史記．貨殖列傳》說：太公封於齊，地瀉鹵，人民寡，太公勸女工，極技巧，通魚鹽，人物歸之，襁至而輻湊，齊冠帶衣履天下。這或者出於附會。然齊魚鹽工商之業皆盛，則是不誣的。齊國在當時，資本必較發達，所以節制資本的思想，就起於其地了），然至後世，學者的眼光，仍限於這一個圈子裡，就可怪了。如前述漢代儒家的議論，即其一證。宋學興起，在中國思想界，是最有特色的。宋儒亦很留心於政治和社會問題，而純粹的宋學家，亦只重視復井田為致太平之策，那又是其一證。然此猶其小者，至其大者，則未審國家的性質。不知國家是階級時代的產物，治者階級，總是要剝削被治者以牟利的。其中雖有少數大公無我的人，然而總只是少數。其力量，較諸大多數的通常人，遠覺綿薄。即使這少數人而得位乘時，使其監督大多數人，不敢放手虐民，即所謂去其泰甚，已覺得異常吃力。至於根本上改變其性質，則其事必不可能。如此，所以歷代所謂治世的政治，往往是趨於放任的；而一行干涉的政策，則往往召亂。然則但靠國家之力，如何能均平貧富呢？新莽以此失敗了，而後世的人，還是這種思想。我們試看王安石的〈度支副使廳壁題名記〉，他說：「合天下之衆者財，理天下之財者法，守天下之法者吏也。吏不良，則有法而莫守；法不善，則有財而莫理；有財而莫理，則阡陌閭巷之賤人，皆能私取予之勢，擅萬物之利，以與人主爭黔首，而放其無窮之欲；非必貴強桀大而後能，如是而天子猶為不失其民者，蓋特號而已耳；雖欲食蔬衣敝，憔悴其身，愁思其心，以幸天下之給足而安吾政，吾知其猶不得也。然則善吾法而擇吏以守之，以理天下之財，雖上古堯舜，猶不能毋以此為急務，而況於後世之紛紛乎？」他看得天下之物，是天下人所公有；當由一個代表正義的人，為之公平分配，而不當由自私自利的人，擅其利而私其取予，以役使衆人；其意昭然若揭。然欲以此重任，責之於後世的所謂天子，云胡可得呢？中國讀書人所以有這思想，是因為其受傳統思想的影響太深，在傳統思想上，說這本是君之責任故。然在極古的時代，君權大而其所治之國小；而且大同時代的規則，尚未盡廢，或者可以做到幾分。在後世，則雖甚神聖，亦苦無下手之處了。而中國講改革的人，都希望著他，如何能不失敗呢？龔自珍是近代最有思想的人，他的文集裡，有一篇文章，標題為〈平均篇〉，暢發一切亂源，根本都在經濟上分配的不平。最高的治法，是能使之平均。就其現象，與之相安，則不足道，其觀察亦可謂極深刻。然問其方法，則仍是希望握政權者，審察各方面的情形，而有以措置之，則仍是一條不通的路而已。龔氏是距離現在不過百年的人，而其思想如此，可見舊日的學者，其思想，全然侷限於這一個範圍之中。這是時代爲之，自然怪不得古人。然在今日，卻亦不可不知道昔人所走的路，是一條不通的路，而再奉其思想爲金科玉律。

現代的經濟情形，和從前又大不相同了。自從西力東侵以來，我們的經濟，已非復閉關獨立之世，而與世界息息相通。在工業革命以前，最活躍的是商人階級。所以歷代的議論，都主張重農抑商。自工業革命以後，則商人反成爲工業家的附屬，不過略沾其餘潤，所以中國推銷洋貨的人，即世所稱爲買辦階級者，在中國社會裡，雖儼然是個富豪，而以世界眼光觀之，則仍不免在小貧之列。在現代的經濟狀況之下，斷不容我們故步自封。世界的經濟情形，自從工業發達了，積集的資本遂多，而金融資本，又極跋扈。工業品是要尋求銷路的，而且還要霸占資源，就是固定和流動的資本，也要輸出國外，皆不得不以武力保其安全，於是資本主義發展而成爲帝國主義。歷代的勞資對立，資本家是在國內的，現在則資本家在國外。於是民生問題和民族問題，並爲一談，再不能分離解決了。我們現在，該如何審慎、勇敢、強毅，以應付這一個目前的大問題呢？

第六章　官制

官制是政治制度中最繁複的一門。（一）歷代設官既多，（二）而又時有變遷。（三）它的變遷又不是審察事實和制度不合而條理系統地改正的，而是聽其遷流之所至。於是有有其名而無其實的，亦有有其實而無其名的。名實既不相符，循其名遂不能知其實。而各官的分職，亦多無理論可循。求明白其眞相，就很不容易了。然官制畢竟是政治的綱領，因爲國家要達其目的，必須有人以行之。這行之之人，就是所謂官。所以明於一時代所設之官，即能知其時所行之政。對於歷代的官制，若能知其變遷，即亦能知其政治的變遷了。

人的見解，總是較時代落後一些的。時代只有新的，而人之所知，卻限於舊。對付未來的方法，總是根據既往的情形，斟酌而出之的。所以無論如何，不能全合。制度才定出來，即已不適於用。制度是拗不過事實的，（一）非格不能行，（二）即名存實亡，這是一切制度都如此的，而官制亦不能例外。我國的官制，大略可分爲六期：（一）自周以前，爲列國時代的制度。（二）而秦及漢初統一時代的制度，即孕育於其末期。（三）因其大體自列國時代蛻化而來，和統一時代不甚適合，不久即生變遷。各方面變遷的結果，極其錯雜不整。直至唐朝，才整理之，成爲一種有系統的制度。（四）然整理甫經就緒，又和事實不符。唐中葉以後，又生變遷，而宋朝沿襲之。（五）元以異族，入主中原，其設施自有特別之處。明朝卻沿襲著它。清朝的制度，又大略沿襲明朝。然因實際情形的不同，三朝的制度，又自有其大相違異之處。（六）清朝末葉，因爲政體改變，官制亦隨之改變。然行之未久，成效不著；直至今日，仍在動盪不定之中。以上略舉其變遷的大概，以下再略加說明。因爲時間所限，亦只能揭舉其大綱而已。

官有內外之分。內官即中央政府之官，是分事而治的。全國的政務，都彙集於此，依其性質而分類，一官管理一類的事。又有綜合全般狀況，以決定施政的方針的，是即所謂宰相。外官則分地而治。在其地界以內，原則上各事都要管的；出於地界以外，則各事一概不管。地方區劃，又依等級而分大小。上級大的區劃，包含若干下級小的區劃。在行政上，下級須聽上級的指揮。這是歷代官制的通則。

列國並立之世，到春秋戰國時代，已和統一時代的制度相近了。因爲此時期，大國之中，業已包含若干郡縣。但其本身，仍只等於後世一個最大的政治區域。列國官制：今文家常說三公、九卿、二十七大夫、八十一元士。但這只是爵，沒有說出他的職守來。三公依今文家說，是司馬、司徒、司空。九卿無明文。古文家說，以太師、太傅、太保爲三公。少師、少傅、少保爲三孤。冢宰（天官）、司徒（地官）、宗伯（春官）、司馬（夏官）、司寇（秋官）、司空（冬官）爲六卿（許慎《五經異義》）。案：今文說的三公，以配天、地、人（司馬主天，司徒主人，司空主地）。古文說的六卿，以配天、地、四時。此外還有以五官配五行等說法（見《左氏》昭公十七年，二十九年。《春秋繁露・五行相勝篇》）。這不過取古代的官，隨意揀幾個編排起來，以合學說的條理而已，和古代的事實，未必盡合。古代重要的官，不盡於此；並非這幾個官特別重要，不過這幾個官，亦是重要的罷了。司馬是管軍事的，司徒是統轄人民的，司空是管建設事務的。古代穴居，是就地面上鑿一個窟窿，所以謂之司空（空即現在所用的孔字）。《周官》冬官亡佚，後人以《考工記》補之（其實這句話也靠不住。性質既不相同，安可相補？不過《考工記》也是講官制的。和《周官》性質相類，昔人視為同類之書，合編在一起，後人遂誤以為補罷了）。《周官》說實未嘗謂司空掌工事，後世模仿《周官》而設六部，卻以工部擬司空，這是後人之誤，不可以說古事的。塚宰總統百官，兼管宮內的事務，其初該是群僕的領袖。所以大夫之家亦有宰。至於天子諸侯，則實際本來差不多的。天子和諸侯、大國和小國制度上的差異，不過被著書的人說得如此整齊，和實際亦未必盡合。宗伯掌典禮，和政治關係最少，然在古代迷信較深之世，祭祀等典禮，是看得頗爲隆重的。司寇掌刑法，其初當是軍事裁判（說詳第十章）。三公坐而論道，三孤爲之副，均無職事。案《禮記·曾子問》說：「古者男子，內有傅，外有慈母。」《內則》說：國君世子生，「擇於諸母與可者，必求其寬裕慈惠，溫良恭儉，愼而寡言者，使爲子師，其次爲慈母，其次爲保母。」太師、太傅、太保，正和師、慈、保三母相當。古夫亦訓傅，兩字蓋本係一語，不可以稱婦人，故變文言慈。然則古文的三公，其初乃係天子私人的侍從，本與政事無關係，所以無職事可言。《周官》說坐而論道之文，乃採諸《考工記》，然《考工記》此語（「坐而論道，謂之王公。」）是指人君言，不是指大臣言的，說《周官》者實誤採。總而言之，今文古說，都係春秋戰國時的學說，未必和古代的事實密合。然後世釐定制度的人，多以經說爲藍本。所以雖非古代的事實，卻是後世制度的淵源。

列國時代的地方區劃，其大的，不過是後世的鄉鎮。亦有兩種說法：《尚書大傳》說：「古八家而爲鄰，三鄰而爲朋，三朋而爲里（七十二家，參看上章）。五里而爲邑，十邑而爲都，十都而爲師，州十有二師焉。」這是今文說。《周官》則鄉以五家爲比，比有長。五比爲閭，閭有胥。四閭爲族，族有師。五族爲黨，黨有正。五黨爲州，州有長。五州爲鄉，鄉有大夫。遂以五家爲鄰，鄰有長。五鄰爲里，里有宰。四里爲鄰，酇有長。五酇爲鄙，鄙有師。五鄙爲縣，縣有正。五縣爲遂，遂有大夫。這是古文說。這兩種說法，前者和井田之制相合，後者和軍隊編制相合，在古代該都是有的。後來井田之制破壞，所以什伍之制猶存，今文家所說的組織，就不可見了。

漢初的官制，是沿襲秦朝的。秦制則沿自列國時代。中央最高的官爲丞相。秦有左右，漢通常只設一丞相。丞相之副爲御史大夫（中央之官，都是分事而治的。只有御史是皇帝的祕書，於事亦無所不預，所以在事實上成為丞相的副手。漢時丞相出缺，往往以御史大夫升補）。武官通稱爲尉，中央最高的武官，謂之太尉，這是秦及漢初的制度。今文經說行後，改太尉爲司馬，丞相爲司徒，御史大夫爲司空，謂之三公，並稱相職。又以太常（本名奉常，掌宗廟禮儀）、光祿勛（本名郎中令、掌宮、殿、掖門户）、衛尉（掌宮門衛屯兵）、太僕（掌輿馬）、廷尉（掌刑辟，嘗改為大理）、大鴻臚（本名典客，掌歸義蠻夷）、宗正（掌親屬）、大司農（本名治粟內史，掌穀貨）、少府（掌山海池澤之稅）爲九卿。這不過取應經說而已，並無他種意義。三公分部九卿（太常、光祿勛、衛尉屬司馬。太僕、廷尉、大鴻臚屬司徒，宗正、大司農、少府屬司空）。亦無理論根據。有大事仍合議，後漢司馬仍稱太尉。司徒、司空，均去大字，餘皆如故。

外官：秦時以郡統縣。又於各郡都設監御史。漢不遣監御史，丞相遣使分察州（案：州字並非當時的區域名稱，後人無以名之，乃名之為州。所以截至成帝改置州牧以前，州字只是口中的稱呼，並非法律上的名詞）。武帝時，置部刺史十三人，奉詔書六條，分察諸郡（（一）條察強宗巨家。（二）條察太守侵漁聚斂。（三）條失刑。（四）條選舉不平。（五）條子弟不法，都是專屬太守的。（六）條察太守阿附豪強）。成帝時，以何武之言，改爲州牧。哀帝時復爲刺史，後又改爲州牧。後漢仍爲刺史，而止十二州，一州屬司隸校尉

（武帝置，以治巫蠱的，後遂命其分察一部分郡國）。案《禮記．王制》說：「天子使其大夫爲三監，監於方伯之國，國三人。」這或者附會周初的三監，說未必確，然天子遣使監視諸侯（實即大國之君，遣使監視其所封或所屬的小國），則事所可有。大夫之爵，固較方伯爲低。秦代御史之長，爵不過大夫。漢刺史秩僅六百石，太守則二千石。以卑臨尊，必非特創之制，必然有所受之。以事實論，監察官宜用年少新進的人；任事的官，則宜用有閱歷有資望之士，其措置亦很適宜的。何武說：「古之爲治者，以尊臨卑，不以卑臨尊。」不但不合事宜，亦且不明經義。舊制恢復，由於朱博，其議論具載《漢書》，較之何武，通達多了。太守，秦朝本單稱守，漢景帝改名。秦又於各郡置尉，景帝亦改爲都尉。京師之地，秦時爲內史所治。漢武帝改稱京兆尹，又分其地置左馮翊，右扶風，謂之三輔。諸王之國，設官本和漢朝略同，亦有內史以治民。七國亂後，景帝乃令諸侯王不得自治民，改其丞相之名爲相，使之治民，和郡守一樣。縣的長官，其秩是以戶數多少分高下的。民滿萬戶以上稱令，不滿萬戶稱長。這由於古代的政治，是屬人主義，而非屬地主義之故。侯國的等級，與縣相同。皇太后、公主所食的縣稱爲邑，縣中兼有蠻夷的謂之道，這亦是封建制度和屬人主義的色彩。

秦漢時的縣，就是古代的國，讀第三章可見。縣令就是古代的國君，只能總握政治的樞機，發蹤指示，監督其下；要他直接辦事，是做不到的。所以眞正的民政，非靠地方自治不可。後世地方自治之制，日以廢墜，所以百事俱廢。秦漢時則還不然，據《漢書．百官公卿表》和《續漢書．百官志》：其時的制度係以十家爲什，五家爲伍，一里百家，有里魁檢察善惡，以告監官。十里一亭，亭有長。十亭一鄉，鄉有三老，有秩嗇夫、遊徼。三老管教化，體制最尊。嗇夫職聽訟，收賦稅，其權尤重，人民竟有知嗇夫而不知有郡縣的（見《後漢書．爰延傳》），和後世絕不相同。

以上所述，是秦及漢初的制度。行之未幾，就起變遷了。漢代的丞相，體制頗尊，許可權亦廣。所謂尚書，乃係替天子管文書的，猶之管衣服的謂之尚衣，管食物的謂之尚食，不過是現在的管卷之流。其初本用士人，漢武帝遊宴後庭，才改用宦官，謂之中書謁者令。武帝死後，此官本可廢去，然自武帝以來，大將軍成爲武官中的高職。昭宣之世，霍光以大將軍掌握政權，其時的丞相，都是無用或年老的人，政事悉從中出，沿襲未改。成帝時，才罷中書宦官，然尚書仍爲政本，分曹漸廣。後漢光武，要行督責之術。因爲宰相都是位高望重的人，不便督責他，於是崇以虛名，而政事悉責成尚書，尚書之權遂更大。魏武帝握權，廢三公，恢復丞相和御史大夫之職。此時相府復有大權，然只曇花一現。魏文帝篡漢後，丞相之官，遂廢而不設。自魏晉至南北朝，大抵人臣將篡位時則一設之，已篡則又取消。此時的尚書，爲政務所萃，然其親近又不敵中書。中書是魏武帝爲魏王時所設的祕書監，文帝篡位後改名的，常和天子面議機密。所以晉初荀勖從中書監遷尚書令，人家賀他，他就發怒道：「奪我鳳凰池，諸君何賀焉」了。侍中是加官，在宮禁之中，伺候皇帝的。漢初多以名儒爲之。從來貴戚子弟，多濫居其職。宋文帝自荊州入立，信任王府舊僚，都使之爲侍中，與之謀誅徐羨之等，於是侍中亦參機要。至唐代，遂以中書、門下、尚書三省爲相職。中書主取旨，門下主封駁，尚書承而行之。尚書諸曹，魏晉後增置愈廣，皆有郎以辦事，尚書亦有兼曹的。隋時，始以吏、戶、禮、兵、刑、工六曹分統諸司。六曹皆置侍郎，諸司則但置郎，是爲後世以六部分理全國政務之始。三公一類的官，魏晉後亦時有設置，都不與政事，然仍開府分曹，設置僚屬。隋唐始仿《周官》，以太師、太傅、太保爲三公，少師、少傅、少保爲三孤，都不設官屬。則眞成一個虛名，於財政亦無所耗費了。九卿一類的官，以性質論，實在和六部重複的。然歷代都相沿，未曾並廢。御史大夫改爲司空後，御史的機關仍在。其官且有增置。唐時分爲三院：曰臺院，侍御史屬之；曰殿院，殿中侍御史屬之；曰監院，監察御史屬之。御史爲天子耳目，歷代專制君主，都要防臣下的壅蔽，所以其權日重。

前漢的改刺史爲州牧，爲時甚暫。至後漢末年，情形就大不同了。後漢的改刺史爲州牧，事在靈帝中平五年，因四方叛亂頻仍，劉焉說由刺史望輕而起。普通的議論，都說自此以後，外權就重了，其實亦不盡然。在當時，並未將刺史盡行改作州牧（大抵資深者為牧，資淺者仍為刺史，亦有由刺史而升為牧的）。然無論其爲刺史，爲州牧，實際上都變成了郡的上級官，而非復監察之職，而且都有兵權，如此，自然要尾大不掉了。三國分離，刺史握兵之制，迄未嘗改。其爲亂源，在當時是人人知道的。所以晉武帝平吳後，立即罷州牧，省刺史的兵，去其行政之權，復還監察之職。這眞是久安長治之規，惜乎「雖有其言，不卒其事。」（《續漢書．百官志注》語）。而後世論者，轉以晉武帝的罷州郡兵備，爲召亂的根源，眞是殉名而不察其實了。東晉以後，五胡擾亂，人民到處流離播遷，這時候的政治，還是帶有屬人主義的。於是隨處僑置州郡，州的疆域，遂愈縮愈小，浸至與郡無異了（漢朝只有十三州，梁朝的疆域，遠小於漢，倒有一百零七州）。此時外權之重，則有所謂都督軍事，有以一人而督數州的，亦有以一人而督十數州的。甚至有稱都督中外諸軍的。晉南北朝，都是如此。後周則稱爲總管。隋時，並州郡爲一級（文帝開皇三年，罷郡，以州統縣，職同郡守。煬帝改州為郡），並罷都督府。唐初，又有大總管、總管，後改稱大都督、都督，後又罷之。分天下爲若干道，設觀察使等官，還於監察之舊。

唐代的官制，乃係就東漢、魏、晉、南北朝的制度，整理而成的。其實未必盡合當時的時勢，所以定制未幾，變遷又起。三省長官，都不除人，但就他官加一同中書門下平章事等名目，就視爲相職了。而此兩省的長官，實亦仍合議於政事堂，並非事後審查封駁。都督雖經廢去，然中葉以後，又有所謂節度使（參看第九章）。所駐紮的地方，刺史多由其兼領。支郡的刺史，亦都被其壓迫而失職。其專橫，反較前代的刺史更甚。這兩端，是變遷最大的。而中葉以後，立檢校、試、攝、判、知等名目，用人多不依資格，又爲宋朝以差遣治事的根源。

宋朝設中書省於禁中。宰相稱同平章事，次相稱參知政事。自唐中葉以後，戶部不能盡總天下的財賦，分屬於度支、鹽鐵二使。宋朝即合戶部、度支、鹽鐵爲三司，各設使、副，分案辦事。又設三司使副以總之，號爲計相。樞密使，唐時以宦官爲之，本主傳達詔命。後因宦官握兵，遂變爲參與兵謀之官。宋朝亦以樞密院主兵謀，指揮使，本藩鎮手下的軍官。梁太祖篡位後，未加改革，遂成天子親軍。宋朝的禁軍，都隸屬殿前司、侍衛馬軍親軍司、侍衛步軍親軍司。各設指揮使，謂之三衙。宋初的官，僅以寓祿秩（即藉以表明其官有多大，所食的俸祿有多少），而別以差遣治事。名爲某官的人，該官的職守，都是與他無涉的。從表面上看來，可謂錯亂已極。但差遣的存廢、離合，都較官缺爲自由，可以密合事情。所以康有爲所著《官制議》，有〈宋官制最善〉一篇，極稱道其制。宋朝的改革官制，事在神宗元豐中，以《唐六典》爲模範，然卒不能盡行。以三省長官爲相職之制，屢經變遷，卒仍復於一個同平章事，一個參知政事之舊；樞密主兵之制，本來未能革除；三衙之制，亦未能改，便可見其一斑。

宋初懲藩鎮的跋扈，悉召諸節鎮入朝，賜第留之京師，而命朝臣出守列郡，謂之權知軍州事。特設通判，以分其權。縣令亦命京朝官出知，以削藩鎮之權，而重親民之選，特設的使官最多。其重要的，如轉運使，總一路的財賦，發運使，漕淮、浙、江、湖六路之粟。他如常平茶鹽、茶馬、坑冶、市舶，亦都設立提舉司，以集事權於中央。太宗命諸路轉運使，各命常參官一人，糾察州軍刑獄。眞宗時，遂獨立爲一司，稱爲提點刑獄，簡稱提刑，是爲司法事務，設司監察之始。南渡後，四川有總領財賦。三宣撫司罷後（見第九章），亦設總領以籌其餉，仍帶專一報發御前軍馬文字銜，則參預並及於軍政了。

元朝以中書省爲相職，樞密使主兵謀，御史臺司糾察。尚書省之設，專以位置言利之臣。言利之臣敗，省亦旋廢。而六部仍存，爲明清兩朝制度所本。設宣政院於中央，以轄吐蕃之境，亦爲清代理藩院之制所本。元代制度，關係最大的是行省。前代的尚書行臺等，都是暫設的，以應付臨時之事，事定即撤。元朝卻於中原之地，設行中書省十，行御史臺二，以統轄路府州縣。明朝雖廢之而設布政、按察兩司，區域則仍元之舊，清朝又仍明之舊。雖然略有分析，還是龐大無倫，遂開施政粗疏、尾大不掉之漸了。唐初，唯京兆、河南稱府設尹，後來梁州以爲德宗所巡幸，亦升爲興元府。宋朝則大州皆升爲府，幾有無州不府之勢。其監司所轄的區域則稱爲路。元於各路設宣慰司，以領府州縣而上屬於省。然府亦有不隸路而直隸於省的。州有隸於府的，亦有不隸於府，而直隸於路的，其制度殊爲錯雜。

明清兩朝的制度，大體相沿。其中關係最大的，在內爲宰相的廢罷，在外爲省制的形成。明初本亦設中書省，以爲相職。後因胡唯庸謀反，太祖遂廢其官，並諭後世子孫，不得議設宰相。臣下有請設宰相的，處以極刑，於是由天子親領六部。此非嗣世之主所能，其權遂漸入殿閣學士之手。清世宗時，又設立軍機處，機要之事，均由軍機處徑行，事後才下內閣，內閣就漸漸的疏闊了。六部：歷代皆以尚書爲主，侍郎爲副。清代尚侍皆滿漢並置。吏、戶、兵三部，又有管部大臣，以至權責不一。明廢宰相後，政務本由六部直接處理，後雖見壓於內閣，究竟權力還在；吏、兵二部，尤員有用人及指揮軍事之權；清朝則內官五品，外官道府以上，全由內閣主持；籌邊之權，全在軍機。又明朝六部用人，多取少年新進；清朝則一循資格，內官遷轉極難，非六七十不得至尚侍。管部又係兼差，不能負責；於是事事照例敷衍，行政全無生氣了。

御史一官，至明代而其權益重，改名爲都察院。都御史、副都御史、僉都御史均分置左右。又有分道的監察御史。在外則巡按清軍，提督學校、巡漕、巡鹽等事，一以委之，而巡按御史代天子巡狩，其權尤重，這即是漢朝刺史之職。既有巡按，本可不必再行遣使；即或有特別事務，非遣使不可，亦以少爲佳。然後來所謂巡撫者，愈遣而愈頻繁。因其與巡按御史不相統屬，權限不免衝突，乃派都御史爲之。其兼軍務的加提督銜，轄多事重的，則稱總督。清代總督均兼兵部尚書，右都御史、巡撫均兼兵部侍郎，右副都御史，又均有提督軍務、兼理糧餉之銜，成爲常設的官了。給事中一官，前代都隸門下省。明廢門下省，而仍存給事中，獨立爲一官，分吏、戶、禮、兵、刑、工六科，以司審查封駁。其所駁正，謂之科參，在明代是很有權威的，清世宗將給事中隸屬於都察院，就將審查和糾察，混爲一談了。翰林在唐朝，爲藝能之士（如書、畫、弈棋等）。待詔之所，稱爲雜流，與學士資望懸絕，玄宗時，命文學之士居翰林中，稱爲供奉，與集賢殿學士分掌制誥。後改稱爲學士，別立學士院，即以翰林名之。中葉後頗參機密，王叔文要除宦官，即居翰林中，可見其地位的重要。宋代專以居文學之士，其望愈清。至明中葉後，則非進士不入翰林，非翰林不入內閣，六部長官，亦多自此而出。其重要，更非前代所及了。

外官：明廢行省，於府州之上，設布政、按察兩司，分理民政及刑事，實仍爲監司之官。監司之官侵奪地方官權限，本來在所不免。清代督撫既成爲常設之官，又明代布政司的參政、參議，分守各道，按察司的副使僉事，分巡各道的，至清朝，亦失其本來的性質，而在司府之間，儼若別成爲一級。以府州領縣，爲唐宋相沿之制。元時，令知州兼理附郭縣事，明時遂省縣入州，於是州無附郭縣。又有不領縣而隸屬於府的，遂有直隸州與散州之別。清時，同知、通判有駐地的謂之廳，亦或屬於府，或直達布政司，稱爲散廳及直隸廳。地方制度，既極錯雜。而（一）督撫，（二）司，（三）道，（四）府、直隸州、廳，（五）縣、散州、廳，實際成爲五級。上級的威權愈大，下級的展布愈難。積弊之深，和未造中央威權的不振，雖有別種原因，官制的不善，是不能不尸其咎的。

藩屬之地，歷代都不設官治理其民，而只設官監督其酋長，清朝還是如此的。奉天、吉林、黑龍江三省，清朝稱爲發祥之地。其實眞屬於滿洲部落的，不過興京一隅。此外奉天全省，即前代的遼東西，本係中國之地；吉、黑兩省，亦是分屬許多部落的，並非滿洲所有。此等人民，尚在部落時代，自不能治以郡縣制度。清朝又立意封鎖東三省，不許漢人移殖。所以其治理之法，不但不能進步，而反有趨於退步之勢。奉天一省，只有奉天和錦州兩府，其餘均治以將軍、副都統等軍職。蒙古、新疆、西藏亦都治以駐防之官。這個固然歷代都是如此，然清朝適當西力東侵之時，就要情見勢絀了。末年回亂平後，改新疆爲行省。日俄戰後，改東三省爲行省。蒙古、西藏，亦圖改省，而未能成功。藩屬之地，驟圖改省，是不易辦到的。不但該地方的人民，感覺不安；即使僥倖成功，亦不易得治理其地的人才。蒙、藏的情形，和新疆、東三省是不同的。東三省漢人已占多數，新疆漢人亦較多，蒙、藏則異於是。自清末至民國初年，最好是中央操外交、軍事、交通，幣制之權，餘則聽其自治。清季既不審外藩情勢和中國的不同，操之過急，以致激而生變。民國初年，又不能改弦易轍，許其自治，以生其回面內向之心，杜絕強鄰的覬覦。因循既久，收拾愈難，這眞是賈生所說，可爲痛哭、流涕、長太息的了。

以上是中國的舊官制，中西交通以來，自然不能沒有變動。其首先設立的，是總理各國事務衙門。實因咸豐八年，中英《天津條約》規定要就大學士、尚書中簡定一員，和英國使臣接洽而起，不過迫於無可如何，並非有意改革。內亂平後，意欲振興海軍，乃設立海軍衙門。後來卻將其經費，移以修理頤和園，於是中日戰後，海軍衙門反而裁撤了。庚子以後，又因條約，改總理衙門爲外務部，班列六部之前。其時舉辦新政，隨事設立了許多部處。立憲議起，改革舊官制，增設新機關，共成外務、吏、民政（新設的巡警部改）、度支（户部改。新設的財政處、税務處併入）、禮（太常、光祿、鴻臚三寺併入）、學（新設的學務處改、國子監併入）、陸軍（兵部改，太僕寺和新設的練兵處併入）、農工商（工部改，新設的商部併入）、郵傳、理藩（理藩院改）、法（刑部改）十一部，除外務部有管理事務大臣、會辦大臣各一人外，餘均設尚書一人，侍郎二人，不分滿漢。都察院亦改設都御史一人，副都御史二人（前此左都御史，滿漢各一。左副都御史各二。右都御史、副都御史但為督撫兼銜）。大理寺改爲院，以司最高審判。宣統二年，立責任內閣、設總協理大臣、裁軍機處及新設的政務處及吏、禮二部（其事務併入內閣）。而增設海軍部及軍諮府（今之參謀部）。改尚書爲大臣，與總協理負連帶責任。外官則仍以督撫爲長官，於其下設布政、提法（按察司改）、提學、鹽運、交涉五司，勸業、巡警二道，而裁分巡、分守道。此等制度，行之爲日甚淺，初無功過可言。若從理論上評論：內官增設新官，將舊官刪除歸併，在行政系統上，自然較爲分明，於事實亦較適切。若論外官，則清末之所以尾大不掉，行政粗疏，其癥結實在於省制。當時論者，亦多加以攻擊，然竟未能改革，相沿以迄於今，這一點不改革，就全部官制，都沒有更新的精神了。

民國成立，《臨時政府組織大綱》定行政分五部，爲外交、內務、財政、軍務、交通。這是根據理論規定的，後修改此條。設陸軍、海軍、外交、司法、財政、內務、教育、實業、交通九部。其時採美國制，不設總理。孫文遜位後，袁世凱就職北京，《臨時政府組織大綱》改爲《臨時約法》，設總理，分實業爲農林、工商兩部。三年，袁世凱召開約法會議修改《臨時約法》爲《中華民國約法》（即所謂《新約法》）。復廢總理，設國務卿，併農林、工商兩部爲農商部。袁世凱死後，黎元洪爲總統，復設總理。外官：民軍起義時，掌握一省軍權的稱都督，管理民政的稱民政長。廢司、道、府、直隸州、廳及散州、廳的名稱，但存縣。袁世凱改都督爲將軍，民政長爲巡按使，於其下設道尹。護國軍起，掌軍權的人，復稱都督。黎元洪爲總統，改將軍、都督都稱督軍，巡按使稱省長。其兼握幾省兵權，或所管之地，跨及數省的，則稱巡閱使。裁兵議起，又改稱督理或督辦軍務善後事宜，然其尾大不掉如故。國民黨秉政，在訓政時期內，以黨代人民行使政權，而以國民政府行使治權。其根本精神，和歷代的官制，大不相同，其事又當別論。

無官之名，而許多行政事務，實在倚以辦理的爲吏。凡行政，必須依照一定的手續。因此職司行政的人，必須有一定的技術。這種技術，高級官員往往不甚嫻習，甚或不能澈底通曉，非有受過教育，經過實習的專門人員以輔助之不可。此等責任，從前即落在胥吏肩上。所以行政之權，亦有一部分操於其手。失去了他，事情即將無從進行的。吏之弊，在於只知照例。照例就是依舊，於是凡事都無革新的精神；照例的意思，在於但求無過，於是凡事都只重形式，而不問實際，甚至利用其專門智識以舞弊。所以歷來論政的人，無不深惡痛絕於吏，尤以前清時代爲甚，然其論亦有所蔽。因爲非常之事，固然緊要；尋常政務，實更爲緊要而不可一日停滯。專重形式，誠然不好，然設形式上的統一不能保持，政治必將大亂。此前清末年，所以詔裁胥吏，而卒不能行。其實從前所謂吏，即現在所謂公務員，其職實極重要，而其人亦實不能缺。從前制度的不善，在於（一）視其人太低，於是其人不思進取，亦不求名譽，而唯利是圖。（二）又其人太無學識，所以只能辦極呆板的事。公務員固以技術爲要，然學識亦不可全無，必有相當的學識，然後對於所行之政，能夠通知其原理，不至因過於呆板而反失原意。又行政的人，能通知政治的原理，則成法的缺點，必能被其發現。於立法的裨益，實非淺鮮。昔時之胥吏，是斷不足以語此的。（三）其尤大的，則在於無任用之法，聽其私相傳授，交結把持。自民國以來，因爲政治之革新，法律的亟變，已非復舊時的胥吏所能通曉，所以其人漸歸自然淘汰，然現在公務員的任用、考核，亦尚未盡合法，這是行政的基礎部分，斷不可不力求改良的。

古代官職的大小，是以朝位和命數來決定的。所謂命數，就是車服之類的殊異。古人所以看得此等區別，甚爲嚴重。然因封建制度的破壞，此等區別，終於不能維持了。朝位和俸祿的多少，雖可分別高低，終嫌其不甚明顯，於是有官品之別。官品起於南北朝以來，南朝陳分九品；北朝魏則九品之中，復分正從；四品以下，且有上、中、下階，較爲複雜。宋以後乃專以九品分正從。官品之外，封爵仍在。又有勛官、散官等，以處閒散無事的官員。此等乃國家酬庸之典，和官品的作用，各不相同的。

官俸，歷代雖厚薄不同，而要以近代之薄爲最甚。古代大夫以上，各有封地。家之貧富，視其封地之大小、善惡，與官職的高下無關。無封地的，給之祿以代耕，是即所謂官俸。古代官俸，多用穀物，貨幣盛行以後，則錢穀並給。又有實物之給，又有給以公田的。明初尚有此制，不知何時廢墜，專以銀爲官俸，而銀價折合甚高，清朝又沿襲其制，於是官吏多苦貧窮。內官如部曹等，靠印結等費以自活，外官則靠火耗及陋規。上級官不親民的，則誅求於下屬，京官又靠外官的饋贈，總而言之，都是非法。然以近代官俸之薄，非此斷無以自給的。而有等機關，收取此等非法的款項，實亦以其一部分支給行政費用，並非全入私囊。所以官俸的問題，極爲複雜。清世宗時，曾因官俸之薄，加給養廉銀，然仍不足支持。現代的官俸，較之清代，已稍覺其厚，然究尚失之於薄，而下級的公務員尤甚。又司法界的俸祿，較之行政界，不免相形見絀。這亦是亟需加以注意的。

第七章　選舉

國家，因爲要達其目的，設立許多機關，這許多機關，都是要有人主持的。主持這些機關的人，用何法取得呢？這便是選舉問題。

選舉是和世襲對立的。按世襲之法，倘一個位置出缺，便有一個合法繼承的人，不容加以選擇。選舉之法則不然，它是毫無限制，可以任有選舉權者，選舉最適宜的人去擔任的。這是就純粹的選舉和世襲說；亦有從兩方面說，都不很純粹的，如雖可選擇，仍限於某一些人之內之類是。但即使是不純粹的選舉，也總比純粹的世襲好些。西洋某史家曾把中國兩漢時代的歷史，和羅馬相比較，他說：凡羅馬衰亡的原因，中國都有的，卻有一件事，爲中國所有，羅馬所無，那便是選舉。觀此，便知選舉制度關係之重大了。

選舉制度，在三代以前，是與世襲並行的。俞正燮《癸巳類稿》，有一篇〈鄉興賢能論〉，說得最好，他說：古代的選舉，是限於士以下的，大夫以上是世官。這是什麼理由呢？第四章已經說過：元始的政治，總是民主的，到後來，專制政治才漸漸興起，如其一個國家是以征服之族和被征服之族組成的，高級的位置自然不容被征服之族染指。即使原是一族，而專制政治既興，掌握政權的人，也就漸漸地和群衆離開了，所以選舉僅限於士以下。

士以下的選舉乃係古代部族，專制政治尚未興起時的制度，留遺下來的。其遺跡略見於《周官》。據《周官》所載：凡是鄉大夫的屬官，都有考察其民德行道藝之責。三年大比，則舉出其賢者能者，「獻賢能之書於王」。《周官》說：「此之謂使民興賢，入使治之；使民興能，出使長之。」俞正燮說：入使治之，是用爲鄉吏（即比閭族黨之長，見上章）；出使長之，是用爲伍長，這是不錯的。比閭族黨等，當係民主部族固有的組織，其首領，都是由大眾公舉的。專制政體興起後，只是把一個強有力的組織，加於其上，而於此等團體固有的組織，並未加以破壞，所以其首領還是出於公舉的，不過專制的政府，也要加以相當的參預干涉罷了（如雖由地方公舉，然仍須獻賢能之書於王）。

在封建政體的初期，上級的君大夫等，其品性，或者比較優良，但到後來，就漸漸的腐化了。由於上級的腐化和下級的進步（參看第四章）。主持國政者，爲求政治整飭起見，不得不逐漸引用下級分子，鄉間的賢能，漸有升用於朝廷的機會，那便是《禮記·王制》所說的制度。據〈王制〉說：是鄉論秀士，升諸司徒，曰選士。司徒論選士之秀者，而升諸學，曰俊士。既升於學，則稱造士。大樂正論造士之秀者，以告於王，而升諸司馬，曰進士。司馬辨論官材（官指各種機關，謂分別其材能，適宜於在何種機關中辦事）。論進士之賢者，以告於王，然後因其材而用之。案《周官》司士，掌群臣之版（名籍）。以治其政令，歲登下其損益之數，也是司馬的屬官。《禮記·射義》說：古者「諸侯貢士於天子，天子試之於射宮。其容體比於禮，其節比於樂，而中多者，得與於祭。其容體不比於禮，其節不比於樂，而中少者，不得與於祭。」以中之多少，定得與於祭與否，可見射宮即在太廟之中。古代規制簡陋，全國之中，只有一所講究的屋子，謂之明堂。也就是宗廟，就是朝廷，就是君主所居的宮殿，而亦即是其講學的學校，到後來，這許多機關才逐漸分離，而成爲個別的建築（詳見第十五章）。合觀《周官·王制》、〈射義〉之文，可知在古代，各地方的貢士，是專講武藝的。到後來，文治漸漸興起，於是所取的人才，才不限於一途（所以司馬要辯論官材，此時的司馬，乃以武職兼司選舉，並非以武事做選舉的標準了）。此爲選舉之逐漸擴大，亦即世襲之漸被侵蝕。

到戰國之世，世變益亟，腐敗的貴族，再也支持不了此刻的政治。而且古代的貴族，其地位，是與君主相逼的，起於孤寒之士則不然，君主要整頓政治，擴充自己的權力，都不得不用游士。而士人也有懷抱利器，欲奮志於功名的，又有蒿目時艱，欲有所藉手，以救生民於塗炭的。於是君主和游士相合，以打擊貴族，貴族中較有爲的，亦不得不引用游士。選舉之局益盛，世襲之制愈微。然這時候，游士還是要靠上級的人引用的。到秦末，豪傑起而亡秦，則政權全入下級社會之手，更無所謂貴族和游士的對立了。此爲漢初布衣將相之局（《二十二史劄記》有此一條，可參看）。在此情勢之下，用人自然不拘門第，世襲之局，乃於此告終。

漢以後，選舉之途，重要的，大概如下所述：

（一）徵召：這是天子仰慕某人的才德，特地指名，請他到京的。往往有聘禮等很恭敬的手續。

（二）辟舉：漢世相府等機關，僚屬多由自用，謂之辟。所辟的人，並無一定的資格，做過高官的人以至布衣均可。

（三）薦舉：其途甚廣。做官的人，對於自己手下的屬員，或雖未試用，而深知其可用的人，都可以薦舉。就是不做官的布衣，深知什麼人好，也未始不可以上書薦舉的，並可上書求自試。此等在法律上都毫無制限，不過事實上甚少罷了。

（四）吏員：此係先在各機關中服務，或因法律的規定，或由長官的保薦，由吏而變做官的。各機關中的吏，照法律上講，都可以有出路，但其出路的好壞，是各時代不同的。大體古代優而後世劣。

（五）任子：做到某級官吏，或由在上者的特恩，可以保薦他的兒子，得一個出身，在漢世謂之任子（亦可推及孫、弟、兄弟之子孫等）。任的本義爲保，但其實，不過是一種恩典罷了，被保者設或犯罪，保之者，未必負何等責任的。任在後世謂之蔭，明以後，又有蔭子入監之例，即使其入國子監讀書，國家既可施恩，又不令不學無術的人濫竽充選，立法之意，是很好的。惜乎入監讀書，徒有其名罷了。

（六）專門技術人員：此等人員，其遷轉，是限於一途的。其技術，或由自習而國家擢用，或即在本機關中養成。如天文、曆法、醫學等官是（此制起源甚古，〈王制〉：「凡執技以事上者，不貳事，不移官。」即是）。

（七）捐納：這即是出錢買官做。古書中或稱此爲資選，其實是不對的。資選見《漢書・景帝本紀》後二年，乃因怕吏的貪贓，假定有錢的人，總要少貪些，於是限定有家資若干，乃得爲吏。這只是爲吏的一個條件，與出錢買官做，全然無涉。又爵只是一個空名，所以賣爵也不能算做賣官的。暗中的賣官鬻爵，只是腐敗的政治，並非法律所許，亦不能算做選舉的一途（歷代賣官之事見後）。

以上都是入官之途。但就歷代立法者的意思看起來，這些都只能得通常之材，其希望得非常之材的，則還在：

（八）學校

（九）科舉

兩途。學校別於第十五章中詳之。科舉又可分爲（甲）鄉貢，（乙）制科。鄉貢是導源於漢代的郡國選舉的。以人口爲比例，由守相歲舉若干人。制科，則漢代往往下詔，標出一個科名，如賢良方正，直言極諫等類，令內外官吏薦舉（何等官吏，有選舉之權，亦無一定，由詔書臨時指定）。其科目並無限制，舉行與否，並無一定。到唐代，才特立制科之名。

漢代的用人，是比較沒有什麼階級之見的。唐柳芳論氏族，所謂

「先王公卿之冑，才則用，不才棄之」）（見《唐書・柳沖傳》）。但是（一）貴族的勢力，本來潛伏著；（二）而是時的選舉，弊竇又甚多；遂至激成九品中正之制，使貴族在選舉上，氣焰復張。這時候選舉上的弊竇，自其表面言之，則（甲）貴人的請託。如《後漢書・種暠傳》說：河南尹田歆，外甥王諶名知人。歆謂之曰：「今當舉六孝廉，多得貴戚書令，不宜相違。欲自用一名士，以報國家，爾助我求之。」便可見當時風紀之壞。然（乙）貴人的請託，實緣於士人的奔走。看《潛夫論》（〈務本〉、〈論榮〉、〈賢難〉、〈考績〉、〈本政〉、〈潛嘆〉、〈實貢〉、〈交際〉等篇）、《申鑑》（〈時事〉）、《中論》（〈考偽〉、〈譴交〉）、《抱朴子》（〈審舉〉、〈交際〉、〈名實〉、〈漢過〉）諸書可知。漢代士人的出路，是或被徵辟，或被郡縣署用，或由公卿郡國舉薦，但此等安坐不易得之。於是或矯激以立名；或則結爲徒黨，互相標榜，奔走運動。因其徒黨衆多，亦自成爲一種勢力，做官的人，也有些懼怕他，在積極方面，又結交之以謀進取。於是有荒廢了政事，去酬應他們的；又有豐其飲食居處，厚其送迎，以敷衍他們的，官方因之大壞。究之人多缺少，奔走運動的人，還是有得有不得。有些人，因爲白首無成，反把家資耗廢了，無顏回家，遂至客死於外。這實在不成事體，實有制止他們在外浮游的必要。又因當時的選舉，是注重品行的，而品行必須在本鄉才看的出，於是舉士必由鄉里，而九品中正之制以生。

九品中正之制，起於曹魏的吏部尚書陳群。於各州置大中正，各郡置中正。依據品行，將所管人物，分爲上上、上中、上下、中上、中中、中下、下上、下中、下下九等。這是因歷來論人，重視鄉評，所以政治上有此措置。但（一）鄉評的所謂好人，乃社會上的好人，只需有德，政治上所用的人，則兼需有才。所以做中正的人，即使個個都能秉公，他所以爲好的人，也未必宜於政治。（二）何況做中正的人，未必都能公正，（甲）徇愛憎，（乙）快恩仇，（丙）懾勢，

（丁）畏禍等弊，不免繼之而起呢？其結果，就釀成晉初劉毅所說的，「唯能知其閥閱，非復辨其賢愚」，以致「上品無寒門，下品無世族」了。因爲世族是地方上有勢力之家，不好得罪他，至於寒門，則是自安於卑賤的，得罪了他，亦不要緊。這是以本地人公開批評本地的人物，勢必如此而後已的。九品中正，大家都知道是一種壞的制度。然直至隋文帝開皇年間才罷。前後歷三百四五十年。這制度，是門閥階級造成的，而其維持門閥階級之力亦極大，因爲有此制度後，無論在中央政府和地方政府，世族和寒門的進用，都絕對不同了（如後魏之制，士人品第有九，九品以外，小人之官，復有七等。又如蔡興宗守會稽郡，舉孔仲智子為望計，賈原平子為望孝。仲智高門，原平一邦至行，遂與相敵，當時亦以為異數）。

九品中正之制既廢，科舉就漸漸的興起了。科舉之制，在取士上，是比較公平的、切實的，這是人人所承認的，爲什麼興起如此之晚呢？用人的條件，第一是德，第二是才，第三才數到學識。這是理論上當然的結果，事實上也無人懷疑。考試之所覘，只是學識。這不是說才德可以不論，不過明知才德無從考校，與其因才德之無從考校，並其學識的試驗而豁免之，倘不如就其學識而試驗之，到底還有幾分把握罷了。這種見解，是要積相當經驗，才會有的。所以考試之制，必至唐宋之世，才會興盛。考試之制，其起源是頗遠的。西漢以前本無所謂考試（鼂錯、董仲舒等的對策，乃係以其人為有學問而請教之，並非疑其意存冒濫，加以考試。所以策否並無一定；一策意有未盡，可以至於再策三策，說見《文獻通考》）。直至東漢順帝之世，郡國所舉的人，實在太不成話了。左雄爲尚書令，乃建議「諸生試家法，文吏試箋奏」（家法，指所習的經學言）。史稱自是牧守莫敢輕舉，察選清平，就可見得考試的效驗了。但是自此以後，其法未曾認眞推行。歷魏晉南北朝至隋，仍以不試爲原則。科舉之制興於唐，其科目甚多（秀才係最高科目，高宗永徽二年後停止。此外尚有俊士、明法、明字、明算、一史、三史、開元禮、道舉、童子等科，均見《唐書・選舉志》）。常行的爲明經和進士。進士科是始於隋的，其起源，歷史記載不甚清楚。據楊綰說：其初尙係試策，不知什麼時候，改試了詩賦。到唐朝，此科的聲光大好。這是社會上崇尙文辭的風氣所造成的。唐時，進士科雖亦兼試經義及策，然所重的是詩賦。明經所重的是帖經、墨義。詩賦固然與政治無涉，經學在政治上，有用與否，自今日觀之，亦成疑問。這話對從前的人，自然是無從說起，但像帖經墨義所考的只是記誦（帖經、墨義之式，略見《文獻通考》。其意，帖經是責人默寫經文，墨義則責人默寫傳注，和今學校中專責背誦教科書的考試法一般）。其無用，即在當日，亦是顯而易見的。爲什麼會有這種奇異的考試法呢？這是因爲把科舉看做掄才大典，換言之，即在官吏登庸法上，看做唯一拔取人才之途，怕還是宋以後的事，在唐以前，至多只是取才的一途罷了。所以當時的進士，雖受俗人看重，然在政治上，則所取的人並不多，而其用之亦不重（唐時所取進士，不過二三十人，仍須應吏部釋褐試，或被人薦舉，方得入官；授官亦不過丞尉，見《日知錄》「中式額數」，「出身授官」兩條）。可見科舉初興，不過沿前代之法而漸變，並非有什麼隆重的意思，深厚的期望，存乎其間了。所以所試的不過是詩賦和帖經墨義。帖經墨義所試，大約是當時治經的成法，詩賦疑沿自隋朝。隋煬帝本好辭華，所設的進士科，或者不過是後漢靈帝的鴻都門學之類（聚集一班會做辭賦和寫字的人，其中並有流品極雜的，見《後漢書》本紀及〈蔡邕傳〉）。進士科的進而爲掄才之路，正和翰林的始居雜流，後來變成清要一樣。這是制度本身的變化，不能執後事以論其初制的。科舉所試之物，雖不足取，然其取士之法，則確是進步而可紀念的。唐制，願應舉者皆「懷牒自列於州縣」。州縣先試之，而後送省（尚書省）。初由戶部「集閱」，考功員外郎試之。玄宗開元時，因考功員外郎望輕，士子不服，乃移其事於禮部。宋太祖時，知貢舉的人，有以不公被訴的，太祖乃在殿廷上自行複試。自此省試之外，又有殿試。前此的郡國選舉，其權全操於選舉之人。明明有被選舉之才，而選舉不之及，其人固無如之何。到投牒自列之制興，則凡來投牒者，即使都爲州縣所不喜，亦不得不加以考試，而於其中取出若干人；而州縣所私愛的人，苟無應試的能力，即雖欲舉之而不得。操選舉之權者，大受限制，被選舉之權，即因此而擴大。此後白屋之士，可以平步青雲；有權的人，不能把持地位，都是受此制度之賜，所以說其制度是大可紀念的。考試的規則逐漸加嚴，亦是助成選舉制度的公平的。唐時，考官和士子交通，還在所不禁。考官採取聲譽，士子託人游揚，或竟自懷所作文字投謁，都不算犯法的事。晚唐以後，規則逐漸加嚴，禁懷挾和糊名易書等制度，逐漸興起。明清繼之，考試關防，日益嚴密。此似不尊重人格，但利祿之途，應試者和試之者，都要作弊，事實上亦是不得不然的。

以上所說的，均係鄉貢之制。至於制科，則由天子親策，其科目係隨時標出；舉行與否，亦無一定。唐代故事，詳見《文獻通考·選舉考》中。

對於科舉的重視，宋甚於唐，所以改革之聲，亦至宋而後起。科舉之弊有二：（一）學非所用，（二）所試者係一日之短長。從經驗上證明：無學者亦可弋獲，眞有學問者，或反見遺。對於第一弊，只需改變其所試之物即可。對於第二弊，則非兼重學校不行。不然，一個來應試的人，究曾從事於學問與否，是無從調查的。仁宗時范仲淹的改革，便針對著這兩種弊竇：（一）罷帖經、墨義，而將詩賦策論通考爲去取（唐朝的進士，亦兼試帖經及策，明經亦兼試策，但人之才力有限，總只能專精一門，所以閱卷者亦只注重一種，其餘的都不過敷衍了事。明清時代，應科舉的人，只會做四書文，亦由於此）。（二）限定應試的人，必須在學三百日，曾經應試的人一百日。他的辦法，很受時人反對，罷相未幾其法即廢。到神宗熙寧時，王安石爲相，才大加以改革。安石之法：（一）罷諸科，獨存進士。這是因社會上的風氣，重進士而輕諸科起的。（二）進士罷試詩賦，改試論、策。其帖經、墨義，則改試大義（帖經專責記誦，大義是要説明義理，可以發抒意見的）。（三）別立新科明法，以待不能改業的士子。（四）安石是主張學校養士的，所以整頓太學，立三舍之法，以次遞升。升至上舍生，則可免發解及禮部試，特賜之第。熙寧貢舉法，亦爲舊黨所反對。他們的理由是：（一）詩賦聲病易曉，策論汗漫難知，因此看卷子難了。這本不成理由，詩賦既是無用之學，即使去取公平，又有何益呢？（二）但他們又有如蘇軾之說，謂以學問論，經義、策論，似乎較詩賦爲有用。以實際論，則詩賦與策論、經義，同爲無用。得人與否，全看君相有無知人之明。取士之法，如科舉等，根本無甚關係，不過不能不有此一法罷了。這話也是不對的。科舉誠不能皆得人，然立法之意，本不過說這是取士的一法，並沒有說有此一法之後，任用時之衡鑑，任用後之考課，都可置諸不論。況且國家取士之途，別種都是注重經驗的；或雖注重學識，而非常行之法；只有學校、科舉，是培養、拔擢有學識的人的常法。有學識的人，固然未必就能辦事，然辦事需用學識的地方，究竟很多（大概應付人事，單靠學識無用，決定政策等，則全靠學識）。「人必先知其所事者爲何事，然後有欲善其事之心」，所以學識和道德，亦有相當的關係。衡鑑之明，固然端賴君相，然君相絕不能向全國人中，漫無標準，像淘沙般去覓取；終必先有一法，就全體之中，取出一部分人來，再於其中施以簡擇。此就全體之中取出其一部分人之法，唯有科舉是注重學識的，如何能視之過輕？經義、策論，固亦不過紙上空談，然其與做官所需要的學識關係的疏密，豈能視之與詩賦同等？所以舊黨的議論，其實是不通的。然在當時，既成爲一種勢力，即不能禁其不抬頭。於是至元祐之世，而熙寧之法復廢。熙寧貢舉之法雖廢，舊法卻亦不能回復了。因爲考試是從前讀書人的出身之路，所試非其所習，習科舉之業的人，是要反對的。熙寧變法時，反對者之多，其理由實亦在此。到元祐要回復舊法時，又有一班只習於新法的人，要加以反對了。於是折衷其間，分進士爲詩賦、經義兩科。南宋以後，遂成定制。連遼、金的制度，也受其影響（金詩賦、經義之外，又有律科。詩賦、經義稱進士，律科稱舉人。又有女真進士科，則但試策論，係金世宗所立。遼、金科目，均需經過鄉、府、省三試。省試由禮部主持，即明清的會試。元、明、清三代，都只有會試和本省的鄉試）。

近代科舉之法，起於元而成於明。元代的科舉，分蒙古、色目人和漢人、南人爲兩榜。蒙古、色目人考兩場：首場經義。次場策論。漢人、南人考三場：首場經義，次場古賦和詔、誥、表，三場策論。這是（一）把經義、詩賦，併做一科了。（二）而諸經皆以宋人之說爲主，以及（三）鄉、會試所試相同，亦皆爲明清所沿襲。明制：首場試四書五經義，次場試論判，又於詔、誥、表內科一道，三場試策。清制首場試四書義及詩一首，次場試五經義，三場亦試策。明清所試經義，其體裁是有一定的。（一）要代聖賢立言。（二）其文體係逐段相對，謂之八股（八股文體的性質，盡於此二語：（一）即文中的話不算自己所說，而算代聖賢說一篇較詳盡的話。（二）則歷來所謂對偶文字，係逐句相對，而此則係逐段相對，所以其體裁係特別的。又八股文長短亦有定限。在清代，是長不能過七百字，短不能不滿三百字。此等規則，雖亦小有出入，但原則上是始終遵守的。因有（一）之條件，所以文中不能用後世事，這是清代學者，疏於史事的一個原因）。其式爲明太祖及劉基所定，故亦謂之制義。其用意，大概是防士子之競騖新奇的（科舉名額有定，而應試者多。如清末，江南鄉試，連副貢取不滿二百人，而應試者數逾二萬。限於一定的題目，在幾篇文字內，有學問者亦無所見其長。於是有將文字做得奇奇怪怪，以期動試官之目的，此弊在宋代已頗有）。明清時代科舉之弊，在於士子只會做幾篇四書義，其餘全是敷衍了事，等於不試。士子遂至一物不知。此其弊，由於立法的未善。因爲人之能力，總是有限的，一個人不過懂得一門兩門。所以歷代考試之法，無不分科，就其所習而試之。經義、詩賦的分科，就等於唐朝的明經、進士。這兩者，本來不易兼通。而自元以來，併兩者爲一。三場所試的策，絕無範圍。所以元、明、清三朝的科舉，若要實事求是，可說是無人能應。天下事，責人以其所不能爲者，人將並其所能爲者而亦不爲，這是無可如何的事。明清科舉致弊之原，即在於此。宋代改革科舉之意，是廢詩賦而存經義、策論，這個辦法，被元、明、清三代的制度推翻了。其學校及科舉並用之意，到明朝，卻在形式上辦到。明制，是非國子監生和府州縣學生，不能應科舉的（府州縣學生應科舉，是先須經過督學使者的試驗的，謂之科考。科考錄取的人，才得應鄉試。但後來，除文字違式者外，大抵是無不錄取的。非學生，明代間取一二，謂之「充場儒士」，其數極少）。所以《明史》謂其「學校儲材，以待科舉」。案科舉所試，僅係一日之短長，故在事實上，並無學問，而年少氣盛，善於作應試文字者，往往反易弋獲，眞有學問者反難。學校所授，無論如何淺近，苟使認眞教學，學生終必在校肄習幾年，必不能如科舉之一時弋取。但課試等事，極易徒有其名，學問之事，亦即有名無實。畢業實畢年限之弊，實自古有之，並不自今日始。使兩者相輔而行，確係一良好的制度。但制度是拗不過事實的。入學校應科舉的人，其意既在於利祿，則學問僅係工具（所以從前應舉的人，稱應舉所作文字為敲門磚），利祿才是目的，目的的達到，是愈速愈好的。（一）假使科舉與學校並行，年少氣盛的人，亦必願應科舉而不願入學校。（二）況且應試所費，並來往程途計之，遠者亦不過數月，平時仍可自謀生活，學校則不能然。所以士之貧者，亦能應科舉而不能入學校。（三）何況學校出身，尚往往不及科舉之美呢，職是故，明朝行學校儲才以待科舉之制後，就釀成這樣的狀況：（一）國子監是自有出身的，但其出身不如科舉之美，則士之衰老無大志者都歸之。（二）府州縣學，既並無出身；住在學校裡，又學不到什麼；人家又何苦而來「坐學」？作教官的人，亦是以得祿為目的的。志既在於得祿，照經濟學的原理講，是要以最少的勞費，得最大的效果的。不教亦無礙於利祿，何苦而定要教人？於是府州縣學，就全然有名無實了。明初對於國子監，看得極為隆重。所以後來雖然腐敗，總還維持著一個不能全不到校的局面，到清朝，便幾乎和府州縣學一樣了。

制科在唐朝，名義上是極為隆重的。但因其非常行之典，所以對於社會的影響，不如鄉貢的深刻。自宋以後，大抵用以拔取鄉貢以外的人才，但所取者，亦不過長於辭章，或學問較博之士（設科本意，雖非如此，然事實上不過如此，看《宋史・選舉志》可知）。清聖祖康熙十八年，高宗乾隆元年，曾兩次舉行博學鴻詞科，其意還不過如此。德宗光緒二十五年，詔開經濟特科，時值變法維新之際，頗有登用人才之意。政變以後，朝廷無復此意，直到二十九年，才就所舉的人，加以考試，不過敷衍了事而已。

科舉在從前，實在是一種文官考試。所試的科目，理應切於做官之用。然而歷代所試，都不是如此的，這真是一件極奇怪的事。要明白此弊之由來，則非略知歷史上此制度的發展不可。古代的用人，本來只求有做官的智識技能（此智識兩字，指循例辦公的智識言，等於後世的幕友胥吏，不該括廣泛的智識）。別無所謂學問的。後來社會進化了，知道政治上的措置，必須通知原理，並非循例辦事而已足。於是學問開始影響政治，講學問的人，亦即摻入政治界中。秦朝的禁「以古非今」；只許學習「當代法令」；「欲學法令，以吏為師」，是和此趨勢相反的。漢朝的任用儒生，則順此趨勢而行，這自然是一種進步。但既知此，則宜令做官的人兼通學問，不應將做官的人與學問之士，分為兩途，同時並用，然漢朝卻始終如此。只要看當時的議論，總是以儒生、文吏並舉，便可知道。《續漢書・百官志注》引應劭《漢官儀》，載後漢光武帝的詔書，說「丞相故事，四科取士：（一）曰德行高妙，志節清白。（二）曰學通行修，經中博士。（三）曰明達法令，足以決疑，能案章覆問，文中御史。（四）曰剛毅多略，遭事不惑，明足以決，才任三輔令」。第一種是德行，第四種是才能，都是無從以文字考試的。第二種即係儒生，第三種即係文吏。左雄考試之法，所試的亦係這兩科。以後學者的議論，如《抱朴子》的〈審舉篇〉，極力主張考試制度，亦說律令可用試經之法試之。國家的制度，則唐時明法仍與明經並行，所沿襲的還係漢制。歷千年而不知改變，已足驚奇。其後因流俗輕視諸科，把諸科概行廢去，明法一科，亦隨之而廢，當官所需用的智識技能，在文官考試中，遂至全然不占地位。（一）政治上的制度，既難於改變；（二）而迂儒又有一種見解，以為只要經學通了，便一切事情，都可對付，法令等實用不著肄習；遂益使此制度固定了。歷史上有許多制度，憑空揣度，是無從明白其所以然的：非考其事實，觀其變遷不可。科舉制度，只是其一端罷了。

近世的科舉制度，實成於明太祖之手。然太祖並非重視科舉的人，太祖所最重的是薦舉，次之則是學校。當時曾令內外大小臣工，皆得薦舉，被薦而至的，又令其轉薦，由布衣至大僚的，不可勝數。國子監中，優禮名師，規則極嚴，待諸生亦極厚，曾於一日之中，擢六十四人為布、按兩司官。科舉初設於洪武三年，旋復停辦，至十五年乃復設。當時所謂三途並用，係指（一）薦舉，（二）進士貢監，（三）吏員（見《日知錄》「通經為吏」條）。一再傳後，薦舉遂廢，學校浸輕，而科舉獨重。此由薦舉用人，近於破格，非中主所能行。學校辦理不能認真，近於今所謂畢業即畢年限。科舉（一）者為習慣所重，（二）則究尙有一日之短長可憑，所以為社會所重視。此亦不能謂絕無理由。然凡事偏重即有弊，何況科舉之本身，本無足取呢？明制：進士分為三甲。一甲三人，賜進士及第；二甲若干人，賜進士出身；三甲若干人，賜同進士出身。一甲第一人，授翰林院修撰，第二、第三人授編修。二、三甲均得選庶吉士。庶吉士本係進士觀政在翰林院、承敕監等衙門者之稱。明初，國子監學生，派至各衙門實習的，謂之歷事；進士派至各衙門實習的，謂之觀政。使其於學理之外，再經驗實事，意本甚善，然後亦成為具文。庶吉士初本不專屬翰林，成祖時，命於進士二甲以下，擇取文理優者，為翰林院庶吉士，自此才為翰林所專。後覆命就學文淵閣，選翰（翰林院）、詹（詹事府）、官教習。三年學成，考試授官，謂之教館，出身特為優異。清制：二、三甲進士，亦得考選庶吉士。其肄業之地，謂之庶常館。選滿漢學士各一人教習，視為儲才之地。然其所習者，不過詩賦、小楷而已。鄉舉在宋朝還不過是會試之階，並不能直接入官，明世始亦為入仕之途。舉貢既特異於雜流，進士又特異於舉貢。所謂三途並用者，遂成（一）進士，（二）舉貢，（三）吏員（見《明史·選舉志》）。在仕途中，舉貢亦備遭輕視排擠，雜流更不必論了。清制以科目、貢監、蔭生為正途，薦舉、捐納、吏員為異途，異途之受歧視亦殊甚。然及末造，捐納大行，仕途擁擠，亦雖欲歧視而不可得了。

賣官之制，起於漢武帝。《史記·平準書》所謂「入羊為郎」、「入財者得補郎」、「吏得入穀補官」、買武功爵者試補吏皆是。後世雖有秕政，然不為法令。明有納粟入監之例，亦仍須入監讀書。清則僅存虛名。實官捐，順康時已屢開，嘉道後尤數，內官自郎中，外官自道府而下，皆可報捐。直至光緒二十七年才停，從學校、科舉、吏員等出身之士，雖不必有學識，究不容一物不知，捐納則更無制限，而其數又特多。既係出資買來，自然視同營業。清季仕途人員的擁塞，流品的冗雜，貪汙的特盛，實在和捐納之制是大有關係的。

元代各機關長官，多用蒙古人。清朝則官缺分為滿、漢、包衣、漢軍、蒙古，這實在是一種等級制度（已見第四章），滿缺有一部分是專屬於宗室的，其選舉權在宗人府；包衣屬內務府，均不屬吏部。

以上所說，大略都是取士之制，即從許多人民中，拔擢出一部分人來，給他以做官的資格。其就已有做官資格的人，再加選試，而授之以官，則普通稱爲「銓選」。其事於古當屬司馬，說已見前。漢朝凡有做官的資格，而還未授官的，皆拜爲郎，屬於光祿勳，分屬五官中郎將、左中郎將、右中郎將，謂之三署郎。光祿勳歲於其中舉茂材四行。其選授之權，初屬三公府，東西曹主其事。後來尚書的吏曹，漸起而攘奪其權。靈帝時，呂強上言：「舊典選舉，委任三府。」「今但任尚書，或復敕用。」可見到後漢末，三公已不大能參預選舉了。曹魏以後，既不設宰相，三公等官，亦不復參與政事，選權遂專歸尚書。唐制：文選屬於吏部，武選屬於兵部。吏部選官，自六品以下，都先試其書、判，觀其身、言。五品以上則不試，上其名於中書門下。宋初，選權分屬中書、樞密及審官院，吏部唯注擬州縣官。熙寧改制，才將選權還之吏部。神宗說古者文武不分途，不以文選屬吏，武選屬兵爲然。於是文武選皆屬吏部，由尚書、侍郎，分主其事。明清仍文選屬吏，武選屬兵。明代吏部頗有大權，高官及邊任等，雖或由廷推，或由保舉，然實多由吏部主其事。清代則內分於軍機、內閣，外分於督、撫，吏部所司，眞不過一吏之任而已。外官所用僚屬，自南北朝以前，均由郡縣長官自行選用（其權屬於功曹）。所用多係本地人。隋文帝始廢之，佐官皆由吏部選授。此與選法之重資格而輕衡鑑，同爲一大變遷，而其原理是相同的，即不求有功，但求防弊。士大夫蔽於階級意識，多以此等防弊之法爲不然。然事實上，所謂官僚階級，總是以自利爲先，國事爲後的。無以防之，勢必至於氾濫不可收拾。所以防弊之法，論者雖不以爲然，然事實上卒不能廢，且只有日益嚴密。

用人由用之者察度其才不才，謂之衡鑑。鑑是取譬於鏡子，所以照見其好壞；衡則取喻於度量衡，所以定其程度的。用人若在某範圍之中，用之者得以自由決定其取捨，不受何等法律的限制，則謂之有衡鑑之權。若事事需依成法辦理，絲毫不能自由，即謂之依據資格，兩者是正相反對的。資格用人，起於後魏崔亮的停年格，專以停解先後爲斷，是因胡靈后秉政，許武人入選，仕途擁擠，用此爲手段，以資對付的。崔亮自己亦不以爲然。北齊文襄帝做尚書時，就把它廢掉了。唐開元時，裴光庭又創循資格。然自中葉以後，檢校、試、攝、判、知之法大行，皆以資格不相當之人任事，遂開宋朝以差遣治事之端。明孫丕揚創掣籤法。資格相同者，納籤於筒，在吏部堂上，由候選者親掣（不到者由吏部堂官代掣）當時亦係用以對付中人請託的（見於慎行《筆麈》），然其後卒不能廢。大抵官吏可分爲政務官和事務官，政務官以才識爲重，自不能專論資格。事務官不過承上官之命依據法律，執行政務，其事較少變化。用法能得法外意，雖是極好的事，然其事太無憑據，若都藉口學識，破棄資格，一定得才的希望少，徇私的弊竇多。所以破格用人，只可視爲偶然之事，在常時必不能行，歷來詆諆資格之論，都是憑臆爲說，不察實際情形的。

迴避之法，亦是防弊的一端。此事古代亦無之。因爲迴避之法，不外兩端：（一）係防止人與人間的關係。（二）則防止人與其所治的地方的關係。在世官制度之下，世家大族，左右總是姻親；而地不過百里，東西南北，亦總係父母之邦；何從講起迴避？地方既小，政治之監察既易，輿論之指摘亦嚴，要防止弊竇，亦正無藉乎迴避。所以迴避之法，在封建制度下，是無從發生的。郡縣制度的初期，還毫無形跡，如嚴助、朱買臣均以吳人而爲會稽守，即其明證。東漢以後，此制漸漸發生。《後漢書．蔡邕傳》說：時制婚姻之家，及兩州人士，不得對相監臨，因此有三互之法（《注》：三互，謂婚姻之家，及兩州人不得交互為官也）。是爲迴避之法之始。然其法尚不甚嚴，至近世乃大爲嚴密。在清代，唯教職止避本府，餘皆需兼避原籍、寄籍及鄰省五百里以內。京官父子、祖孫不得同在一署。外官則五服之內，母、妻之父及兄弟、女婿、外甥、兒女姻親、師生，均不得互相統屬（皆以卑避尊）。此等既以防弊，亦使其人免得爲難，在事實上亦不得不然。唯近代省區太大，服官的離本籍太遠，以致不悉民情風俗，甚至言語不通，無從爲治。以私計論，來往川資，所費大巨，到任時已不易籌措，罷官後竟有不能歸家的，未免迫人使入於貪汙，亦是立法未善之處。

選舉之法，無論如何嚴密，總不過愼之於任用之初。（一）人之究有德行才識與否，有時非試之以事不能知；（二）亦且不能保其終不變節。（三）又監督嚴密，小人亦可爲善，監督鬆弛，中人不免爲非；所以考課之法，實較選舉更爲重要。然其事亦倍難。因爲（一）考試之法，可將考者與被考者隔離；（二）且因其時間短，可用種種方法防弊；（三）不幸有弊，所試以文字爲憑，亦易於複試磨勘；在考課則辦不到。考課之法，最早見於書傳的，是《書經》的三載考績，三考黜陟（《堯典》，今本《舜典》）。《周官》太宰，以八柄詔王馭群臣（一曰爵，二曰祿，三曰予，四曰置，五曰生，六曰奪，七曰廢，八曰誅）。亦係此法。漢朝京房欲作考功課吏法，因此爲石顯所排；王符著《潛夫論》極稱之，謂爲致太平之基（見〈考績篇〉）。魏世劉劭，亦曾受命作都官考課及說略。今其所著《人物志》具存，論觀人之法極精，蓋遠承〈文王官人〉之緒（《大戴禮記》篇名。《周書》亦有此篇，但稱〈官人〉）。案京房嘗受學焦延壽，延壽稱「得我道以亡身者，京生也」。京房《易》學，雖涉荒怪，然漢世如此者甚多，何致有亡身之懼？疑《漢書》文不完具。京房課吏之法，實受諸延壽，「得我道以亡身」之說，實指課吏之法言之。如此，則考課之法，在古代亦係專門之業，而至後來乃漸失其傳者了。後世無能講究此學的。其權，則初屬於相府，後移於尚書，而專屬於吏部。雖有種種成法，皆不過奉行故事而已（吏部係總考課的大成的。各機關的屬官，由其長官考察；下級機關，由上級機關考察；為歷代所同。考課有一定年限，如明代，京官六年一考察，謂之京察。外官三年一考察，謂之外察，亦謂之大計，武職謂之軍政。清朝均三年一行。考察有一定的項目，如清朝文官，以守、才、政、年為四格。武官又別有字樣，按格分為三等。又文武官均以不謹、罷軟、浮躁、才力不及、年老、有疾為六法。犯此者照例各有處分。然多不核其實，而人事的關係卻頗多。高級的官，不由吏、兵部決定的，明有自陳，清有由部開列事實請旨之法，餘皆由吏、兵部處理）。

第八章　賦稅

中國的賦稅，合幾千年的歷史觀之，可以分爲兩大類：其（一）以最大多數的農民所負擔的田稅、軍賦、力役爲基本，隨時代變化，而成爲種種形式。自亡清以前，始終被看做是最重要的賦稅。其（二）自此以外的稅，最初無有，後來逐漸發生，逐漸擴張，直至最近，才成爲重要部分。

租、稅、賦等字樣，在後世看起來，意義無甚區別，古代則不然。漢代的田稅，古人稱之爲稅，亦即後世所謂田賦。其收取，據孟子說，有貢、助、徹三法。夏後氏五十而貢，殷人七十而助，周人百畝而徹（五十、七十當係夏殷頃畝，較周為小，不然，孟子所說井田之制，就不可通了）。又引龍子的話，說「貢者，校數歲之中以爲常」，即是取幾年的平均額，以定一年的稅額。樂歲不能多，凶年不能減，所以龍子詆爲惡稅。助法，據孟子說，是將一方里之地，分爲九百畝。中百畝爲公田，外八百畝爲私田。一方里之地，住居八家。各受私田百畝。共耕公田，公田所入，全歸公家；私田所入，亦全歸私家，不再收稅。徹則田不分公私，而按畝取其幾分之幾。案貢法當是施之被征服之族的。此時征服之族與被征服之族，尙未合併爲一，截然是兩個團體。征服之族，只責令被征服之族，每年交納農作品若干。其餘一切，概非所問（此時納稅的實係被征服之族之團體，而非其個人）。所以有此奇異的制度。至於助、徹，該是平和部族中自有的制度，在田畝自氏族分配於家族時代發生的（參看第二、第五兩章自明）。三者的稅額，孟子說：「其實皆十一也。」這亦不過以大略言之。助法，照孟子所說明明是九一，後儒說：公田之中，以二十畝爲廬舍，八家各耕公田十畝，則又是十一分之一。古人言語粗略，計數更不精確，這是不足以爲懷疑孟子的話而加以責難的根據。古代的田制有兩種：一種是平正之地，可用正方形式分劃，是爲井田；一種是崎嶇之地，面積大小，要用演算法扯算的，是爲畦田（即圭田）。古代征服之族，居於山險之地，其地是不能行井田的，所以孟子替滕文公規劃，還說「請野九一而助，國中什一使自賦」。既說周朝行徹法，又說雖周亦助，也是這個道理（參看第四章自明）。

賦所出的，是人徒、車、輦、牛、馬等，以供軍用。今文家說：十井出兵車一乘（《公羊》宣公十年，昭公元年何《注》）。古文家據《司馬法》，而《司馬法》又有兩說：一說以井十爲通，通爲匹馬，三十家出士一人，徒二人。通十爲成，成十爲終，終十爲同，遞加十倍（《周官》小司徒鄭《注》引）。又一說以四井爲邑，四邑爲丘，有戎馬一匹，牛三頭。四丘爲甸，出戎馬四匹，兵車一乘，牛十二頭，甲士三人，步卒七十二人（鄭注《論語．學而篇》「道千乘之國」引之，見《小司徒疏》）。今文家所說的制度，常較古文家早一時期，說已見前。古文家所說的軍賦，較今文家爲輕，理亦由此。（《司馬法》實戰國時書。戰國時國大了，所以分擔的軍賦也輕）。

役法，《禮記．王制》說：「用民之力，歲不過三日。」《周官》均人說：豐年三日，中年二日，無年一日。小司徒說：「上地家七人，可任也者家三人。中地家六人，可任也者二家五人。下地家五人，可任也者家二人。凡起徒役，毋過家一人，以其餘爲羨。唯田與追胥竭作。」案：田與追胥，是地方上固有的事，起徒役則是國家所要求於人民的。地方上固有的事，總是與人民利害相關的，國家所要求於人民的，則利害未必能一致，或且相反，所以法律上不得不分出輕重。然到後來，用兵多而差徭繁，能否盡守此規則，就不可知了。古代當兵亦是役的一種。〈王制〉說：「五十不從力政（政同征，即兵役外的力役）。六十不與服戎。」《周官·鄉大夫》說：「國中自七尺以及六十，野自六尺以及六十有五皆征之。」《疏》說七尺是二十歲，六尺是十五歲。六尺是未成年之稱，其說大約是對的。然則後期的徭役，也比前期加重了。

以上是古代普遍的賦稅。至於山林川澤之地，則古代是公有的。手工業，簡易的人人會做，艱難的由公家設官經營。商業亦是代表部族做的（說已見第五章）。既無私有的性質，自然無所謂稅。然到後來，也漸漸的有稅了。《禮記·曲禮》：「問國君之富，數地以對，山澤之所出。」古田地字通用，田之外兼數山澤，可見漢世自天子至封君，將山川、園池、市井租稅之入，皆作爲私奉養，由來已久（參看第五章）。市井租稅，即係商稅。古代工商業的分別，不甚清楚，其中亦必包含工稅。案《孟子》《王制》，都說「市廛而不稅，關譏而不征」。廛是民居區域之稱。古代土地公有，什麼地方可以造屋，什麼地方可以開店，都要得公家允許的，不能亂做。所以《孟子·滕文公上篇》，記「許行自楚之滕，踵門而告文公曰：聞君行仁政，願受一廛而爲氓，文公與之處」。然則市廛而不稅，即係給與開店的地方，而不收其稅，這是指後世所謂「住稅」而言，在都邑之內。關譏而不征，自然是指後世所謂「過稅」而言。然則今文住稅、過稅俱無。而《周官》司市，必「凶荒札喪」，才「市無征而作布」（造貨幣）。司關必凶荒才「無關、門之征」（門謂城門）。則住稅、過稅都有了。又《孟子·公孫丑下篇》說：「古之爲市者」，「有司者治之耳。有賤丈夫焉，必求龍斷而登之，以左右望而罔市利。人皆以爲賤，故從而征之」。龍即隴字；龍斷，謂隴之斷者。一個人占據了，第二個人再不能走上去與之並處。罔即今網字。因爲所居者高，所見者遠，遙見主顧來了，可以設法招徠；而人家也容易望見他；自可把市利一網打盡了。這是在鄉趕集的，而亦有稅，可見商稅的無孔不入了。此等山川、園池、市肆租稅，都是由封建時代各地方的有土之君，各自徵收的，所以很缺乏統一性。

賦稅的漸增，固由有土者的淫侈，戰爭的不息，然社會進化，政務因之擴張，支出隨之巨大，亦是不可諱的。所以白圭說：「吾欲二十而取一。」孟子即說：「子之道貉道也。」貉「無城郭，宮室，宗廟祭祀之禮。無諸侯幣帛饔飧，無百官有司，故二十取一而足。」然則賦稅的漸增，確亦出於事不獲已。倘使當時的諸侯大夫，能審察情勢，開闢利源，或增設新稅，或就舊稅之無害於人民者而增加其稅額，原亦不足爲病。無如當時的諸侯大夫，多數是不察情勢，不顧人民的能否負擔，而一味橫徵暴斂。於是田租則超過十一之額，而且有如魯國的履畝而稅（見《春秋》宣公十五年。此因人民不盡力於公田，所以稅其私田）。井田制度破壞盡了。力役亦加多日數，且不依時令，致妨害人民的生業。此等證據，更其舉不勝舉。無怪乎當時的仁人君子，都要痛心疾首了。然這還不算最惡的稅。最惡的稅是一種無名的賦。古書中賦字有兩義：一是上文所述的軍賦，這是正當的；還有一種則是不論什麼東西，都隨時責之於民。所以《管子》說：「歲有凶穰，故穀有貴賤。令有緩急，故物有輕重。」（〈國蓄篇〉）。輕就是價賤，重就是價貴。在上者需用某物，不管人民的有無，下令責其交納，人民只得求之於市，其物的價格就騰貴，商人就要因此剝削平民了。《管子》又說：以室廬籍，以六畜籍，以田畝籍，以正人籍，以正戶籍。籍即是取之之意。以室廬籍，當謂按戶攤派。以田畝籍，則按田攤派。正人、正戶，當係別於窮困疲羸的人戶而言。六畜，謂畜有六畜之家，當較不養者爲富（〈山權數〉云：「若歲凶旱水泆，民失本，則修宮室臺榭，以前無狗後無彘者為庸。」此以家無孳畜為貧窮的證據）。所以以之爲攤派的標準，其苛細可謂已甚了。古代的封君，就是後世鄉曲的地主。後世鄉曲的地主，需要什麼東西，都取之於佃戶的，何況古代的封君，兼有政治上的權力呢？無定時、無定物、無定數，這是最惡的稅。

秦漢之世，去古未遠，所以古代租稅的系統，還覺分明。漢代的田租，就是古代的稅，其取之甚輕。高祖時，十五稅一。文帝從鼂錯之說，令民入粟拜爵，十三年，遂全除田租。至景帝十年，乃令民半出租，爲三十而稅一。後漢初年，嘗行十一之稅。天下已定，仍三十而稅一。除靈帝曾按畝斂修宮錢外，始終無他橫斂（修宮錢只是橫斂，實不能算增加田租）。可謂輕極了。但古代的田，是沒有私租的，漢世則正稅之外，還有私租，所以國家之所取雖薄，農民的負擔，仍未見減輕，還只有加重（王莽行王田之制時，詔書說漢時的私租，「厥名三十，實十稅五」，則合三十稅一的官租，是三十分之十六了）。漢代的口錢，亦稱算賦。民年十五至五十六，出錢百二十，以食天子。武帝又加三錢，以補車騎馬。見《漢書．高帝紀》四年，〈昭帝紀〉元鳳四年《注》引如淳說引《漢儀注》。案《周官．太宰九賦》，鄭《注》說賦是「口率出泉」。又說：「今之算泉，民或謂之賦，此其舊名與？」泉錢一字。觀此，知漢代的算賦，所謂人出百二十錢以食天子者，乃古代橫斂的賦所變。蓋因其取之無定時、無定物、無定數，實在太暴虐了，乃變爲總取錢若干，而其餘一切豁免。這正和五代時的雜徵斂，宋世變爲沿納；明時的加派，變爲一條鞭一樣（見下）。至於正當的賦，則本是供軍用的，所以武帝又加三錢以補車騎馬。漢代的錢價，遠較後世爲貴，人民對於口錢的負擔，很覺其重。武帝令民生子三歲出口錢，民至於生子不舉。元帝時，貢禹力言之。帝乃令民七歲乃出口錢。見《漢書．貢禹傳》。役法：〈高帝紀〉二年《注》引如淳說，〈律〉：年二十三，傅之疇官，各從其父疇學之。疇之義爲類。古行世業之法，子弟的職業，恆與父兄相同（所謂士之子恆為士，農之子恆為農，工之子恆為工，商之子恆為商。參看階級章）。而每一類的人，都有其官長（《國語·周語》：說宣王要料民於太原，仲山父諫，說「古者不料民而知其多少。司民協孤終，司商協民姓，司徒協旅，司寇協姦，牧協職，工協革，場協入，廩協出，是則少多死生，出入往來，皆可知也」。這即是各官各知其所管的民數的證據），此即所謂疇官。傳之疇官，就是官有名籍，要負這一類中人所應負的義務了。這該是古制，漢代的人民，分類未必如古代之繁，因爲世業之制破壞了。但法律條文，是陳舊的東西，事實雖變，條文未必隨之而變。如淳所引的律文，只看作民年二十三，就役籍有名，該當一切差徭就夠了。景帝二年，令民年二十始傅，又將其提早了三年。役法是徵收人民的勞力的，有役法，則公家舉辦事業不必要出錢雇工，所以在財政上，也是一筆很大的收入。

財政的規模，既經擴張，自當創設新稅。創設新稅，自當用間接之法，避免直接取之於農民。此義在先秦時，只有法家最明白。《管子·海王篇》說，要直接向人民加賦，是人人要反對的。然鹽是無人不吃的；鐵器亦不論男女，人人要用，如針、釜、耒、耜之類；在鹽鐵上加些微之價，國家所得，已不少了。這是鹽鐵官賣或收稅最古的理論。此等稅或官賣，古代亦必有行之者。漢代郡國，有的有鹽官、鐵官、工官（收工物稅）、都水官（收漁稅），有的又沒有，即由於此。當此之時，自應由中央統籌全域，定立稅法；或由中央直接徵收，或則歸之於地方。但當時的人，不知出此。桑弘羊是治法家之學的；王莽實亦兼採法家之說（見第五章）。所以弘羊柄用時，便管鹽鐵、榷酒酤，並行均輸、算緡之法（千錢為緡，估計資本所值之數，按之抽稅。）；王莽亦行六筦之制（見第五章）。然行之既未盡善；當時的人，又大多數不懂得此種理論。汲黯說：天子只該「食租衣稅」。晉初定律，把關於酒稅等的法令，都另編爲令，出之於律之外，爲的是律文不可時改，而此等稅法，在當時，是認爲不正當，天下太平之後，就要廢去的（見《晉書・刑法志》）。看這兩端，便知當時的人，對於間接稅法，如何的不了解。因有此等陳舊的見解，遂令中國的稅法，久之不能改良。

田租口賦兩種專案，是從晉定《戶調式》以後，才合併爲一的。戶調之法，實起源於後漢之末。魏武帝平河北，曾下令：田租之外，只許每戶取綿絹若干，不准多收（見《三國魏志・武帝紀》建安九年《注》）。大約這時候，（一）人民流離，田畝荒廢，有能從事開墾的，方招徠之不暇，不便從田租上誅求。（二）又人民的得錢，是比較艱難的（這個歷代情形都如此。所以租稅徵收穀帛，在前代，是有益於農民的。必欲收錢，在徵收租稅時，錢價就昂貴，穀帛的價，就相對下落了），漢世錢價貴，喪亂之際，賣買停滯，又不能誅求其口錢。所以不如按戶責令交納布帛之類。這原是權宜之法，但到晉武帝平吳，制爲定式之後，就成爲定法了。戶調之法，是與官授田並行的。當時男子一人，占田七十畝；女子三十畝。其外，丁男課田五十畝，丁女二十畝；次丁男半之，女則不課。丁男之戶，歲輸絹三匹，綿三斤；女及次丁男爲戶者半輸。北魏孝文帝均田令，亦有授田之法（已見第五章）。唐時，丁男給田一頃，以二十畝爲永業，餘爲口分。每年輸粟三石，謂之租。看地方的出產，輸綿及絲麻織品，謂之調。力役每年二十日，遇閏加二日，不役的納絹三尺，謂之庸。立法之意，本是很好的。但到後來，田不能授，而賦稅卻是按戶徵收了。你實際沒有田，人家說官話不承認。兼併的人，都是有勢力的，也無人來整頓他。於是無田的人，反代有田的人出稅。人皆託於宦、學、釋、老，或詐稱客戶以自免。其弊遂至不可收拾，當這時代，要想整頓，（一）除非普加清釐，責令兼併的人，將多餘的田退還，由官分給無田者。（二）次則置兼併者於不問，而以在官的閒田，補給無田的人，其事都不能行。（三）於是德宗時，楊炎爲相，犧牲了社會政策的立法，專就財政上整頓，就有財產之人而收其稅，令於夏秋兩季交納（夏輸毋過六月，秋輸毋過十一月）。是為兩稅。兩稅法的精意，全在「戶無主客，以見居為簿；人無丁中，以貧富為差」十八個字。社會立法之意，雖然犧牲了，以財政政策而論，是不能不稱為良法的。

「兩稅以資產為宗」，倘使就此加以研究改良，使有產者依其財產的多少，分別等第，負擔賦稅，而於無產者則加以豁免，則雖不能平均負賦，而在財政上，還不失公平之道，倒也是值得稱許的。然後此的苛稅，仍是向大多數農民剝削。據《宋史・食貨志》所載，宋時的賦稅：有田畝之賦和城郭之賦，這是把田和宅地分別徵收的，頗可稱為合理。又有丁口之賦，則仍是身稅。又有雜變之賦，亦稱為沿納，是兩稅以外，苛取於民，而後遂變為常稅的，在理論上就不可容恕了。但各地方的稅率，本來輕重不一。苛捐雜稅，到整理之時，還能定為常賦，可見在理論上雖說不過去，在事實上為害還是不很大的。其自晚唐以來，厲民最甚，直至明立一條鞭之法，為害才稍除的，則是役法。

力役是徵收人民的勞力的。人民所最缺乏的是錢，次之是物品。至於勞力，則農家本有餘閒，但使用之不失其時，亦不過於苛重，即於私人無害，而於公家有益。所以役法行之得當，亦不失為一種良好的賦稅（所以現行徵工之法，限定可以徵工的事項，在立法上是對的）。但是晚唐以後的役法，其厲民卻是最甚的。其原因：由於此時之所以役民者，並非古代的力役之徵，而是庶人在官之事。古代的力役之徵，如築城郭、宮室、修溝渠、道路等，都是人人所能為的；而且其事可以分割，一人只要應役幾日，自然不慮其苛重了。至於在官的庶人，則可分為府、史、胥、徒四種，府是看守財物的；史是記事的；胥是才智之稱，所做的，當係較高的雜務；「徒，眾也。」是不需才智，而只要用眾力之時所使用的，大概用以供奔走。古代事務簡單，無甚技術關係，即府、史亦是多數人所能做，胥、徒更不必論了。但此等事務，是不能朝更暮改的。從事其間的，必須視爲長久的職業，不能再從事於私人的事業，所以必須給之祿以代耕。後世社會進步了，凡事都有技術的關係，築城郭、宮室，修溝渠、道路等事，亦有時非人人所能爲，何況府、史、胥、徒呢（如徒，似乎是最易為的。然在後世，有追捕盜賊等事，亦非人人所能）？然晚唐以後，卻漸根據「丁」、「資」，以定戶等而役之。（一）所謂丁資，計算已難平允；（二）而其所以役之之事，又本非其所能爲；（三）而官又不免加以虐使；於是有等職務，至於破產而不能給。人民遂有因此而不敢同居，不敢從事生產，甚至有自殺以免子孫之役的。眞可謂之殘酷無倫了。欲救此弊，莫如分別役的性質。可以役使人民的，依舊簽差。不能役使人民的，則由公家出錢雇人充任。這本不過恢復古代力役之徵，庶人在官，各不相涉的辦法，無甚稀奇，然宋朝主張改革役法的王安石，亦未計及此。王安石所行的法，謂之免役。案宋代役法，原有簽差雇募之分。雇役之法：（一）者成爲有給職，其人不至因荒廢私計而無以爲生。（二）者有等事情，是有人會做，有人不會做的，不會做的人要賠累，會做的人則未必然。官出資雇募，應募的自然都是會做這事情的人，絕不致於受累，所以雇役之法，遠較差役爲良。但當時行之，甚不普遍。安石行免役之法：使向來應役的人，出免役錢；不役的人，出助役錢；官以其錢募人充役。此法從我們看來，所失者，即在於未曾分別役的性質，將可以簽差之事，仍留爲力役之徵，而一概出錢雇募。使（一）農民本可以勞力代實物或貨幣的，亦概需以實物或貨幣納稅。（二）而公家本可徵收人民勞力的事，亦因力役的習慣亡失，動需出錢雇募。於是有許多事情，尤其是建設事務，因此廢而不舉。這亦是公家的一筆損失。但就雇役和差役兩法而論，則雇役之法，勝於差役多了。而當時的舊黨，固執成見。元祐時，司馬光爲相，竟廢雇役而仍行差役。此後雖亦差雇並行，總是以差爲主，民受其害者又數百年。

田租、口賦、力役以外的賦稅，昔人總稱為雜稅。看這名目，便有輕視它、不列為財政上重要收入的意思。這是前人見解的陳舊，說已見前。然歷代當衰亂之際，此等賦稅，還總是有的。如《隋書．食貨志》說，晉過江後，貨賣奴婢、馬牛、田宅、價值萬錢者，輸錢四百，買者一百，賣者三百，謂之「散估」，此即今日的契稅。又說：都東方山津，都西石頭津，都有津主，以收穫、炭、魚、薪之稅，十取其一；淮北大市百餘，小市十餘，都置官司收稅；此即商稅中之過稅及住稅。北朝則北齊後主之世，有關、市、邸、店之稅。北周宣帝時，有入市稅。又酒坊、鹽池、鹽井，北周亦皆有禁。到隋文帝時，卻把這些全數豁免，《文獻通考．國用考》盛稱之。然以現代財政學的眼光評論，則還是陳舊的見解。到唐中葉以後，藩鎮擅土，有許多地方，賦稅不入於中央；而此時稅法又大壞，中央收入減少，乃不得不從雜稅上設法。宋有天下以後，因養兵特多，此等賦稅，不能裁撤，南渡以後，國用更窘，更要加意整頓。於是此等雜稅，遂漸漸的附庸蔚為大國了。不論在政治上，社會上，制度的改變，總是由事實逼迫出來的多，在理論指導之下發明的少，這亦是政治家的一種恥辱。

雜稅之中，最重要的是鹽稅。其法，始於唐之第五琦，而備於劉晏。籍民制鹽，免其役。謂之灶戶，亦謂之亭戶。製成之鹽，賣之商人，聽其所之，不復過問。後人稱之為就場徵稅。宋朝則有（一）官鬻，（二）通商兩法。而通商之中，又分為二：（甲）徑售之於商人，（乙）則稱為入邊、入中。入邊是「入邊芻粟」的略稱，入中則是「入中錢帛」的略稱。其事還和茶法及官賣香藥、寶貨有關係。茶稅，起於唐德宗時。其初是和漆與竹木並稅的，後曾裁撤，旋又恢復，且屢增其額。其法亦係籍民製造，謂之園戶。園戶製成的茶，由官收買，再行賣給商人。官買茶的錢，是預給園戶的，謂之「本錢」。在江陵、眞州、海州、漢陽軍、無為軍、蘄州的蘄口，設立六個榷貨務。除淮南十三場所出的茶以外，都送到這六個榷貨務出賣（唯川峽、廣南，聽其自賣，而禁出境）。京城亦有榷貨務，則是只收錢帛而不給貨的。宋初，以河東的鹽，供給河北的邊備。其賣鹽之法：是令商人入芻粟於國家指定之處，由該地方的官吏點收，給予收據，估計其價若干，由商人持此據至國家賣鹽之處，照價給之以鹽，是爲入邊芻粟；其六榷貨務出賣的茶，茶是在各榷貨務取，錢帛是在京師榷貨務付出的，是爲入中錢帛，這是所以省運輸之費，把漕運和官賣，合爲一事辦理的，實在是個良法。至於香藥、寶貨，則是當時對外貿易的進口貨，有半官賣性質的。有時亦以補充入邊入中的不足，謂之三說（此即今兌換之兌字。兌換之兌無義，乃脫換之省寫，脫說古通用）。有時並益以緡錢，謂之四說。以鹽供入邊入中之用，其弊在於虛估。點收的官吏和商人串通了，將其所入之物，高抬價格，官物便變成賤價出賣，公家大受損失了。有一個時期，曾廢除估價，官以實物賣出，再將所得的錢，輦至出芻粟之處買入（這不啻入邊之法已廢，僅以官賣某物之價，指定供給某處的邊費而已）。但虛估之事，是商人和官吏都有利益的，利之所在，自然政策易於搖動，不久其法復廢。到蔡京出來，其辦法卻聰明了，他對於商人要販賣官鹽的，給之以引，引分爲長短。有若干引，則准做若干鹽的賣買，而這引是要賣錢的。這不是賣鹽，只是出賣販鹽的許可證了。茶，先已計算官給本錢所得的息，均攤之於園戶，作爲租稅，而許其與商人直接賣買。至此亦行引法，謂之茶引。蔡京是個貪汙奸佞的人，然其所立鹽茶之法，是頗爲簡易的，所以其後遂遵行不變。但行之既久，弊竇又生。因爲國家既把鹽賣給大商人，不能不保證其銷路，於是借國家的權力，指定某處地方，爲某處所產之鹽行銷之地，是爲「引地」。其事起於元朝，至清代而其禁極嚴。鹽的引額，是看銷費量而定的，其引地則看水陸運道而定，兩者都不能無變更，而鹽法未必隨之而變，商人恃有法律保護，高抬鹽價，於是私鹽盛行。因私鹽盛行之故，不得不舉辦緝私，其費用亦極大，鹽遂成為徵收費極巨的賦稅。宋朝入邊入中之法，明朝還仿其意而行之。明初，取一部分的鹽，專與商人輸糧於邊的相交易，謂之中鹽。運糧至邊方，國家固然困難，商人也是困難的。計算收買糧食，運至邊方，還不如在邊方開墾之有利，商人遂有自出資本，僱人到邊上開墾的，謂之商屯。當時的開平衛，就是現在的多倫縣一帶，土地墾闢了許多。後來因戶部改令商人交納銀兩，作為庫儲，商屯才漸次撤廢。案移民實邊，是一件最難的事。有移殖能力的人，未必有移殖的財力。國家出資移民，又往往不能得有移殖能力的人，空耗財力，毫無成績。商人重利，其經營一定比官吏切實些。國家專賣之物，如能劃出一部分，專和商人出資移民的相交易，一定能獎勵私人出資移民的。國家只需設官管理，規定若干條法律，使資本家不至剝削農民就夠了。這是前朝的成法，可以師其意而行之的。又明初用茶易西番之馬，含有振興中國馬政，及制馭西番兩種用意。因為中國無廣大的牧場，亦且天時地利等，養馬都不如西番的適宜，而西番馬少，則不能為患。其用意，亦是很深遠的。當時成績極佳，後因官吏不良，多與西番私行交易，好馬自私，駑馬入官，而其法才壞。現在各民族都是一家，雖不必再存什麼制馭之意，然藉此以振興邊方的畜牧，亦未嘗不是善策。這又是前朝的成法，可以師其意而變通之的。

酒：歷代有禁時多，徵榷時少。因為昔人認酒為糜穀，而其物人人能製，要收稅或官賣，是極難的。歷代收酒稅認眞的，莫如宋朝。其事亦起於唐中葉以後。宋時，諸州多置「務」自釀。縣和鎮鄉，則有許民釀而收其稅的。其收稅，多用投標之法，認稅最多的人，許其釀造，謂之「撲買」。承釀有一定年限，不及年限，而虧本停止，謂之「敗闕」。官吏為維持稅收起見，往往不許其停業。於是有勒令婚喪之家，買酒若干的；甚有均攤之於民戶的，這變成強迫買酒了，如何可行？但酒稅在北宋，只用為地方經費，如「酬獎役人」之類（當重難差徭的，以此調劑他）。到南宋，就列爲中央經費了。官吏要維持收入，也是不得不然的。收酒稅之法，最精明的，是趙開的「隔釀」，亦稱爲「隔槽」。行之於四川，由官闢釀酒的場所，備釀酒的器具，使凡要釀酒的，都自備原料，到這裡來釀。出此範圍之外，便一概是私酒。這是爲便於緝私起見，其立法是較簡易的，不過取民未免太苛罷了。

阬冶：在唐朝，或屬州郡，或隸鹽鐵使。宋朝，或官置鹽、冶、場、務，或由民承買，而以分數中賣於官，皆屬轉運使。元朝礦稅稱爲稅課，年有定額。此外還有許多無定額的，總稱爲額外課（額外課中，通行全國的，為契稅及曆本兩項）。

商稅是起於唐朝的藩鎮的，宋朝相沿未廢。分爲住稅和過稅。住稅千分之三十，過稅千分之二十。州縣多置「監」「務」收取，關鎮亦有設置的。其所稅之物，隨地不同。照法律都應揭示明白，但實際能否如此，就不可知了。唐宋時的商稅，實際上是無甚關係的。關係重要的，倒要推對外的市舶司。

市舶司起於唐朝。《文獻通考》說：唐有市舶使，以右威衛中郎將周慶立爲之。代宗廣德元年，有廣州市舶使呂太一。案慶立事見《新唐書．柳澤傳》，呂太一事見《舊唐書．代宗本紀》。又《新書．盧懷慎傳》說懷慎之子奐，「天寶初爲南海太守，汙吏斂手，中人之市舶者，亦不敢干其法」。合此數事觀之，似乎唐時的市舶使，多用中人。關係還不甚重要，到宋朝就不然了。宋朝在杭州、明州、秀州、溫州、泉州及密州的板橋鎮（就是現在的青島），均曾設立市舶司。海船至，先十榷其一。其香藥、寶貨，又需先盡官買，官買足了，才得和人民交易。香藥、寶貨，爲三說之一（已見前），南宋時又用以稱提關會（關子、會子係南宋時紙幣之名。提高其價格，謂之稱提），可見其和財政大有關係了。元明亦有市舶司。明朝的市舶司，意不在於收稅，而在於管理外商。因爲明初沿海已有倭寇之故。

中葉以後，廢司不設。中外互市，無人管理。奸商及各地方的勢家，因而欺侮夷人，欠其貨款不還，爲激成倭寇肆擾原因之一。

賦役之法，至近代又有變遷。《元史．食貨志》說，元代的租稅，取於內郡的，丁稅、地稅分爲兩，是法唐之租庸調的。取於江南的合爲一，是法唐朝的兩稅的。這不過是名目上的異同，實際都是分兩次徵收，和兩稅之法無異。總而言之，從楊炎創兩稅以後，徵收的時期，就都沒有改變了。元朝又有所謂絲料、包銀。絲料之中，又分二戶絲和五戶絲。二戶絲入官，五戶絲輸於本位（后妃、公主、宗王、功臣的分地）。包銀每戶四兩，二兩收銀，二兩折收絲絹顏色。這該是所以代戶役的，然他役仍不能免。案戶役變成賦稅，而仍責令人民應役；雜稅變成正稅，而後來需用雜物，又隨時斂取於民；這是歷代的通病，正不獨元朝爲然。明初的賦役，就立法言之，頗爲整飭。其制度的根本，是黃冊和魚鱗冊兩種冊籍。黃冊以戶爲主，記各戶所有的丁、糧（糧指所有的田），根據之以定賦役。魚鱗冊以田爲主，記其地形，地味及所在，而注明其屬於何人。黃冊由里長管理，照例應有兩本。一本存縣官處，一本存里長處，半年一換。各戶丁糧增減，里長應隨時記入冊內，半年交官，將存在官處的一本，收回改正。其立法是很精明的，但此等責任，是否里長所能盡？先是一個問題。況且賦役是弊竇很多的，一切惡勢力，是否里長所能抗拒？里長是否即係此等黑幕中的一個人？亦是很難說的。所以後來，兩冊都失實了。明代的役法，分爲力差和銀差。力差還是徵收其勞力的，銀差則取其實物及貨幣。田稅是有定額的，役法則向係量出爲入。後來凡有需要，即取之於民，謂之加派，無定時，無定額，人民大困。役法向來是按人戶的等第，以定其輕重、免否的。人戶的等第，則根據丁口資產的多寡推定，是謂「人戶物力」。其推定，是很難公平的。因爲有些財產，不能隱匿，而所值轉微（如牛及農具桑樹等）；有些財產，易於隱匿，而所值轉鉅（如金帛等）。況且人戶的規避，吏胥的任意出入，以及索詐、受賄等，都在所不免。歷代訖無善策，以除其弊。於是發生專論丁糧和兼論一切資產的問題。論道理，自以兼論一切資產爲公平。論手續，卻以專論丁糧爲簡便。到底因爲調查的手續太繁了，弊竇太多了，斟酌於兩者之間，還是以犧牲理論的公平，而求手續的簡便爲有利，於是漸趨於專論丁糧之途。加派之弊，不但在其所取之多，尤在於其無定額、無定時，使百姓無從預計，於是有一條鞭之法。總算一州縣每一年所需用之數，按闔境的丁糧均攤。自此以外，不得再有徵收。而其所謂丁者，並非實際的丁口，乃係通計一州縣所有的丁額，攤派之於有田之家，謂之「丁隨糧行」。明朝五年一均役，清朝三年一編審，後亦改爲五年，所做的都係此項工作。質而言之，乃因每隔幾年，貧富的情形變換了，於是將丁額改派一次，和調查丁口，全不相干。役法變遷至此，可謂已行免役之法，亦可謂實已加重田賦而免其役了。加賦偏於田畝，是不合理的。因爲沒有專令農民負擔的理由。然加農民之田賦而免其役，較之唐宋後之役法，猶爲此善於彼。因爲役事無法分割，負擔難得公平。改爲徵其錢而免其役，就不然了。況且有丁負擔賦稅的能力小，有產負擔賦稅的能力大，將向來有丁的負擔，轉移於有糧之家，也是比較合理的。這是稅法上自然的進化。一條鞭之法，起源於江西，後漸遍行於全國，其事在明神宗之世。從晚唐役法大壞至此，約歷八百年左右。亦可謂之長久了。這是人類不能以理智支配事實，而聽其自然遷流之弊。職是故，從前每州縣的丁額，略有定數，不會增加。因爲增丁就是增賦，當時推行，已覺困難；後來徵收，更覺麻煩；做州縣官的人，何苦無事討事做？清聖祖明知其然，所以落得慷慨，下詔說，康熙五十年以後新生的人丁，永不加賦。到雍正時，就將丁銀攤入地糧了。這是事勢的自然，不論什麼人，生在這時候，都會做的，並算不得什麼仁政。從前的人，卻一味歌功頌德。不但在清朝時候如此，民國時代，有些以遺老自居的人，也還是這樣，這不是沒有歷史知識，就是別有用心了。清朝因有聖祖之詔，所以始終避免加賦之名。但後來田賦的附加很多，實在亦與加賦無異。又古代的賦稅，所稅者何物，所取者即係何物。及貨幣通行以後，漸有（一）徑收貨幣，（二）或本收貨物之稅，亦改收貨幣的。（三）又因歷代（甲）幣制紊亂，（乙）或數量不足，（丙）又或官吏利於上下其手，有本收此物，而改收他物的。總之收稅並非全收貨幣。明初，收本物的謂之「本色」，收貨幣的謂之「折色」。宣宗以後，紙幣廢而不行，銅錢又缺乏，賦稅漸改徵銀。田賦在收本色時，本來有所謂耗。係因（子）改裝，搬運時，不免有所損失；（丑）又收藏之後，或有腐敗及蟲蛀、鼠竊等；乃於收稅之時，酌加若干。積少成多，於官吏頗有裨益。改收銀兩以後，因將碎銀熔成整鋌，經火亦有耗損，乃亦於收銀時增加若干，謂之「火耗」。後來製錢充足，收賦時改而收錢，則因銀錢的比價，並無一定，官吏亦可將銀價抬高，其名目則仍謂之火耗，此亦爲農民法外的負擔。但從前州縣官的行政經費，是不夠的，非藉此等彌補不可，所以在幣制改革以後，亦仍許徵稅的人，於稅收中提取若干成，作爲徵收之費。

近世田賦而外，稅收發達的，當推關、鹽兩稅。鹽稅自南宋以後，收入即逐漸增加。元明清三朝，均爲次於田賦的重要賦稅。關稅起於明宣宗時。當時因紙幣跌價，增設若干新稅，並增加舊稅稅額，以收回鈔票。後來此等新增的稅目和稅額，有仍復其舊的，有相沿未廢的。關稅亦爲相沿未廢者之一，故稱爲鈔關，清朝稱爲常關。常關爲數有限，然各關都有分關，合計之數亦不少。太平軍興之後，又有所謂釐金，屬於布政司而不屬於中央。於水陸要路設卡，以多爲貴，全不顧交通上自然的形勢。以致一種貨物的運輸，有重複收稅，至於數次的。所稅的貨物及其稅額，亦無一定，實爲最惡的稅法。新海關設於五口通商以後，當時未知關稅的重要，貿然許外人以協定稅率。庚子戰後，因賠款的負擔重了，《辛丑條約》我國要求增稅。外人乃以裁釐爲交換條件。釐不能裁，增稅至百分之十二・五之議，亦不能行。民國時代，我國參加歐戰，事後在美國所開太平洋會議中，提出關稅自主案。外人仍只許我開關稅會議，實行《辛丑條約》。十四年開會時，我國又提出關稅自主案。許於十八年與裁釐同時並行，同時擬定七級稅則，實際上得各國的承認。國民政府宣布關稅自主，與各友邦或訂關稅條約，或於通商條約中訂有關涉關稅的條款。十八年，先將七級稅實施。至二十年，將釐金裁撤後，乃將七級稅廢去，另訂稅則頒布。主權一經受損，其恢復之難如此，亦可爲前車之鑑了。關、鹽兩稅之外，清代較爲重要的，是契稅、當稅、牙稅。此等稅意亦在於加以管理，不盡在增加收入。其到晚近才發達的，則有菸酒稅、印花稅、礦稅、所得稅。其重要的貨物，如捲菸、麥粉、棉紗、火柴、水泥、薰菸、啤酒、洋酒等，則徵收統稅。國民政府將此等稅和關稅、鹽稅、牙稅、當稅，均列爲中央收入。田賦劃歸地方，和契稅、營業稅同爲地方收入大宗。軍興以來，各地方有許多苛捐雜稅，則下令努力加以廢除。在理論上，賦稅已漸上軌道，但在事實上，則還待逐漸加以整頓罷了。

第九章　兵制

中國的兵制，約可分爲八期。

第（一）期，在古代，有征服之族和被征服之族的區別。征服之族，全體當兵，被征服之族則否，是爲部分民兵制。

第（二）期，後來戰爭劇烈了，動員的軍隊多，向來不服兵役的人民，亦都加入兵役，是爲全體皆兵制。

第（三）期，天下統一了，不但用不著全體皆兵，即一部分人當兵，亦覺其過剩。偶爾用兵，爲顧恤民力起見，多用罪人及降服的異族。因此，人民疏於軍事，遂招致降服的異族的叛亂，是即所謂五胡亂華。而中國在這時代，因亂事時起，地方政府擅權，中央政府不能駕馭，遂發生所謂州郡之兵。

第（四）期，五胡亂華的末期，異族漸次和中國同化，人數減少，而戰鬥顧甚劇烈，不得已，乃用漢人爲兵。又因財政艱窘，不得不令其耕以自養。於是又發生一種部分民兵制，是爲周、隋、唐的府兵。

第（五）期，承平之世，兵力是不能不腐敗的。府兵之制，因此廢壞。而其時適值邊方多事，遂發生所謂藩鎮之兵。因此，引起內亂。內亂之後，藩鎮遍於中國，唐室卒因之分裂。

第（六）期，宋承唐、五代之後，竭力集權於中央。中央要有強大的常備軍。又覷破兵民分業，在經濟上的利益，於是有極端的募兵制。

第（七）期，元以異族，入主中原，在軍事上，自然另有一番措置。明朝卻東施效顰，其結果，到底因淤滯而敗。

第（八）期，清亦以異族入主，然不久兵力即腐敗。中葉曾因內亂，一度建立較強大的陸軍。然值時局大變，此項軍隊，應付舊局面則有餘，追隨新時代則不足。對外屢次敗北，而國內的軍紀，卻又久壞。遂釀成晚清以來的內亂。直至最近，始因外力的壓迫，走上一條曠古未有的新途徑。

以上用鳥瞰之法，揭示一個大綱。以下再逐段加以說明。

第（一）期的階級制度，看第四、第八兩章，已可明白。從前的人，都說古代是寓兵於農的，寓兵於農，便是兵農合一，井田既廢，兵農始分，這是一個重大的誤解。寓兵於農，乃謂以農器為兵器，說見《六韜‧農器篇》。古代兵器是銅做的，農器是鐵做的。兵器都藏在公家，臨戰才發給（所謂授甲、授兵）。也只能供給正式軍隊用，鄉下保衛團一類的兵，是不能給予的。然敵兵打來，不能真個製梃以自衛。所以有如《六韜》之說，教其以某種農器，當某種兵器。古無稱當兵的人為兵的，寓兵於農，如何能釋為兵農合一呢？江永《群經補義》中有一段，駁正此說。他舉《管子》的參國伍鄙，參國，即所謂制國以為二十一鄉，工商之鄉六，士鄉十五，公和高子、國子，各帥五鄉；伍鄙，即三十家為邑，十邑為卒，十卒為鄉，三鄉為縣，十縣為屬，乃所以處農人（案所引《管子》，見〈小匡篇〉）。又引陽虎欲作亂，壬辰戒都車，令癸巳至（案見《左氏》定公八年）。以證兵常近國都，其說可謂甚精。案《周官‧夏官‧序官》：王六軍，大國三軍，次國二軍，小國一軍。大司徒，五家為比，五比為閭，四閭為族，五族為黨，五黨為州，五州為鄉；小司徒，五人為伍，五伍為兩，四兩為卒，五卒為旅，五旅為師，五師為軍；則六軍適出六鄉。

六鄉之外有六遂，鄭《注》說：遂以軍法如六鄉。其實鄉列出兵法，無田制，遂陳田制，無出兵法，鄭《注》是錯誤的（說本朱大韶《實事求是齋經義》《司馬法非周制說》）。六鄉出兵，六遂則否，亦兵在國中之證。這除用征服之族居國，被征服之族居野，無可解釋。或謂難道古代各國，都有征服和被征服的階級嗎？即謂都有此階級，亦安能都用此治法，千篇一律呢？殊不知（一）古代之國，數逾千百，我們略知其情形的，不過十數，安知其千篇一律？（二）何況制度是可以互相模仿的。世既有黷武之國，即素尚平和之國，亦不得不肆力於軍事組織以相應，既肆力於軍事組織，其制度，自然可以相像的。所以雖非被征服之族，其中的軍事領袖及武士，亦可以逐漸和民衆相離，而與征服之族，同其位置。（三）又況戰士必須講守禦，要講守禦，自不得不居險；而農業，勢不能不向平原發展；有相同的環境，自可有相同的制度。（四）又況我們所知道的十餘國，如求其根源，都是同一或極相接近的部族，又何怪其文化的相同呢？所以以古代爲部分民兵制，實無疑義。

古代之國，其兵數是不甚多的。說古代軍隊組織的，無人不引據《周官》。不過以《周官》之文，在群經中獨爲完具罷了。其實《周官》之制，是和他書不合的。案《詩經．魯頌》：「公徒三萬，」則萬人爲一軍。《管子．小匡篇》說軍隊組織之法正如此（五人為伍，五十人為小戎，二百人為卒，二千人為旅，萬人一軍）。《白虎通義．三軍篇》說：「雖有萬人，猶謙讓，自以爲不足，故復加二千人，」亦以一軍爲本萬人。《說文》以四千人爲一軍，則據既加二千人後立說。《穀梁》襄公十一年，「古者天子六師，諸侯一軍」（這個軍字，和師字同義。變換其字面，以免重複，古書有此文法）。一師當得二千人。《公羊》隱公五年何《注》：「二千五百人稱師，天子六師，方伯二師，諸侯一師。」「五百」兩字必後人據《周官》說妄增。然則古文家所說的軍隊組織，較今文家擴充了，人數增多了。

此亦今文家所說制度，代表較早的時期，古文家說，代表較晚的時期的一證。當兵的一部分人，居於山險之地，山險之地，是行畦田之制的，而《司馬法》所述賦法，都以井田之制爲基本，如此，當兵的義務，就擴及全國人了。《司馬法》之說，已見第八章，茲不再引。案《司馬法》以終十爲同，同方百里，同十爲封，封十爲畿，畿方千里。如前一說：一封當得車千乘，士萬人，徒二萬人；一畿當得車萬乘，士十萬人，徒二十萬人。後一說：一同百里，提封萬井，除山川、沉斥、城池、邑居、園囿、術路外，定出賦的六千四百井，所以有戎馬四百匹，兵車百乘。一封有戎馬四千匹，兵車千乘。一畿有戎馬四萬匹，兵車萬乘。見於《漢書．刑法志》。若計其人數，則一同七千五百，一封七萬五千，一畿七十五萬。《史記．周本紀》說：牧野之戰，紂發卒七十萬人，以拒武王；《孫子．用間篇》說：「內外騷動，殆於道路，不得操事者，七十萬家。」都係本此以立說。《司馬法》之說，固係學者所虛擬，亦必和實際的制度相近。春秋時，各國用兵，最多不過數萬。至戰國時，卻阬降斬級，動以萬計。此等記載，必不能全屬子虛，新增的兵，從何處來呢？我們看《左氏》成公二年，記齊頃公鞍戰敗北逃回去的時候，「見保者曰：勉之，齊師敗矣。」可見其時正式的軍隊雖敗於外，各地方守禦之兵仍在。而《戰國策》載蘇秦說齊宣王之言，說「韓魏戰而勝秦，則兵半折，四竟不守；戰而不勝，國以危亡隨其後」；可見各地方守禦之兵，都已調出去，充作正式軍隊了。這是戰國時兵數驟增之由。在中國歷史上，眞正全國皆兵的，怕莫此時若了。

秦漢統一以後，全國皆兵之制，便開始破壞。《漢書．刑法志》說：「天下既定，踵秦而置材官於郡國。」《後漢書．光武紀》《注》引《漢官儀》（建武七年）。說：「高祖令天下郡國，選能引關，蹶張、材力武猛者，以爲輕車騎士、材官、樓船。常以立秋後講肄課試。」則漢兵制實沿自秦。《漢書．高帝紀》《注》引《漢儀注》（二年）。說：「民年二十三爲正，一歲爲衛士，一歲爲材官騎士，習射御騎馳戰陳，年五十六衰老，乃得免爲庶民，就田裡。」《昭帝紀》《注》引如淳說（元鳳四年）。「更有三品，有卒更，有踐更，有過更。古者正卒無常，人皆當迭爲之，是爲卒更。貧者欲得雇更錢者，次直者出錢雇之，月二千，是爲踐更。天下人皆直戍邊三日，亦名爲更，律所謂繇戍也。不可人人自行三日戍，又行者不可往便還，因便住，一歲一更，諸不行者，出錢三百入官，官以給戍者，是爲過更。」此爲秦漢時人民服兵役及戍邊之制。法雖如此，事實上已不能行。鼂錯說秦人謫發之制，先發吏有謫及贅婿、賈人，後以嘗有市籍者，又後以大父母、父母嘗有市籍者，後入閭取其左（見《漢書》本傳）。此即漢世所謂七科謫（見《漢書・武帝紀》天漢四年《注》引張晏說）。二世時，山東兵起，章邯亦將驪山徒免刑以擊之。則用罪人爲兵，實不自漢代始。漢自武帝初年以前，用郡國兵之時多，武帝中年以後，亦多用謫發。此其原因，乃爲免得擾動平民起見。《賈子書・屬遠篇》說：「古者天子地方千里，中之而爲都，輸將繇使，遠者不五百里而至。公侯地百里，中之而爲都，輸將繇使，遠者不五十里而至。秦輸將起海上，一錢之賦，十錢之費弗能致。」此爲古制不能行的最大原因。封建時代，人民習於戰爭，征戍並非所懼。然路途太遠，曠日持久，則生業盡廢。又《史記・貨殖傳》說，七國兵起，長安中列侯封君行從軍旅，齎貸子錢。則當時從軍的人，所費川資亦甚巨。列侯不免借貸，何況平民？生業盡廢，再重以路途往來之費，人民在經濟上，就不堪負擔了。這是物質上的原因。至於在精神上，小國寡民之時，國與民的利害，較相一致，至國家擴大時，即不能盡然，何況統一之後？王恢說戰國時一代國之力，即可以制匈奴（見《漢書・韓安國傳》）。而秦漢時騷動全國，究竟宣、元時匈奴之來朝，還是因其內亂之故，即由於此。在物質方面，人民的生計，不能不加以顧恤；在精神方面，當時的用兵，不免要招致怨恨；就不得不漸廢郡國調發之制，而改用謫發、謫戍了。這在當時，亦有令農民得以專心耕種之益。然合前後而觀之，則人民因此而忘卻當兵的義務，而各地方的武備，也日益空虛了。所以在政治上，一時的利害，有時與永久的利害，是相反的。調劑於兩者之間，就要看政治家的眼光和手腕了。

民兵制度的破壞，形式上是在後漢光武之時的。建武六年，罷郡國都尉官。七年，罷輕車騎士、材官、樓船。自此各郡國遂無所謂兵備了（後來有些緊要的去處，亦復置都尉。又有因亂事臨時設立的。然不是經常、普遍的制度）。而外強中弱之機，亦於此時開始。漢武帝置七校尉，中有越騎，胡騎，及長水（見《漢書・百官公卿表》。長水，顏師古云：胡名）。其時用兵，亦兼用屬國騎等，然不恃為主要的兵力。後漢光武的定天下，所靠的實在是上谷、漁陽的兵，邊兵強而中國弱的機緘，肇見於此。安帝以後，羌亂頻仍，涼州一隅，迄未寧靜，該地方的羌、胡，尤強悍好鬥。中國人好鬥的性質，誠不能如此等淺演的降夷，然戰爭本不是單靠野蠻好殺的事。以當時中國之力，謂不足以制五胡的跳梁，絕無此理。五胡亂華的原因，全由於中國的分裂。分裂之世，勢必軍人專權，專權的軍人，初起時或者略有權謀，或則有些獷悍的性質。然到後來，年代積久了，則必入於驕奢淫佚。一驕奢淫佚，則政治紊亂，軍紀腐敗，有較強的外力加以壓迫，即如山崩川潰，不可復止。西晉初年，君臣的苟安、奢侈，正是軍閥擅權的結果，五胡擾亂的原因。五胡亂華之世，是不甚用中國人當兵的（說已見第四章）。其時用漢兵的，除非所需兵數太多，異族人數不足，乃調發以充數。如石虎伐燕，苻秦寇晉諸役是。這種軍隊，自然不會有什麼戰鬥力的（軍隊所靠的是訓練。當時的五胡，既不用漢人做主力的軍隊，自然無所謂訓練。《北齊書・高昂傳》說：高祖討爾朱兆於韓陵，昂自領鄉人部曲三千人。高祖曰：「高都督純將漢兒，恐不濟事，今當割鮮卑兵千餘人，共相參雜，於意如何？」

昂對曰：「敖曹所將部曲，練習已久，前後戰鬥，不減鮮卑。今若雜之，情不相合。願自領漢軍，不煩更配。」高祖然之。及戰，高祖不利，反借昂等以致克捷。可見軍隊只重訓練，並非民族本有的強弱）。所以從劉石倡亂以來，至於南北朝之末，北方的兵權，始終在異族手裡。這是漢族難於恢復的大原因。不然，五胡可乘的機會，正多著呢！然則南方又何以不能乘機北伐？此則仍由軍人專橫，中央權力不能統一之故。試看晉朝東渡以後，荊、揚兩州的相持，宋、齊、梁、陳之世，中央和地方政府互相爭鬥的情形，便可知道。

北強南弱之勢，是從東晉後養成的。三國以前，軍事上的形勢，是北以持重勝，南以剽悍勝。論軍隊素質的佳良，雖南優於北，論社會文明的程度，則北優於南，軍事上勝敗的原因，實在於此。後世論者，以爲由於人民風氣的強弱，實在是錯誤的（秦雖併六國，然劉邦起沛，項籍起吳，卒以亡秦，實在是秦亡於楚。所以當時的人，還樂道南公「亡秦必楚」之言，以為應驗。劉項成敗，原因在戰略上，不關民氣強弱，是顯而易見的。吳楚七國之亂，聲勢亦極　赫，所以終於無成，則因當時天下安定，不容有變，而吳王又不知兵之故。孫策、孫權、周瑜、魯肅、諸葛恪、陸遜、陸抗等，以十不逮一的土地人民，矯然與北方相抗，且有吞併中原之志，而魏亦竟無如之何，均可見南方風氣的強悍）。東晉以後，文明的重心，轉移於南，訓卒厲兵，本可於短期間奏恢復之烈。所以終無成功，而南北分裂，竟達於二百六十九年之久，其結果且卒並於北，則全因是時，承襲漢末的餘毒，（一）士大夫衰頹不振，（二）軍人擁兵相猜，而南方的政權，顧全在此等北來的人手中之故。試設想：以孫吳的君臣，移而置之於東晉，究竟北方能否恢復？便可見得。「灑落君臣契，飛騰戰伐名」，無怪杜甫要對呂蒙營而感慨了。經過這長時期的腐化，而南弱的形勢遂成。而北方當是時，則因長期的戰鬥，而造成一武力重心。趙翼《二十二史劄記》有一條，說周、隋、唐三代之祖，皆出武川，可見自南北朝末至唐初，武力的重心，實未曾變。案五胡之中，氐、羌、羯民族皆小，強悍而人數較多的，只有匈奴、鮮卑。匈奴久據中原之地，其形勢實較鮮卑為佳。但其人太覺凶暴，羯亦然。被冉閔大加殺戮後，其勢遂衰。此時北方之地，本來即可平靖。然自東晉以前，虎鬥龍爭，多在今河北、河南、山東、山西、陝西數省境內。遼寧、熱、察、綏之地，是比較安靜的。鮮卑人休養生息於此，轉覺氣完力厚。當時的鮮卑人，實在是樂於平和生活，不願向中原侵略的。所以北魏平文帝，昭成帝兩代，都因要南侵為其下所殺（見《魏書・序紀》）。然到道武帝，卒肆其凶暴，強迫其下，侵入中原（道武帝伐燕，大疫，群下咸思還北。帝曰：「四海之人，皆可與為國，在吾所以撫之耳，何恤乎無民？」群臣乃不敢復言，見《魏書・本紀》皇始二年。案《序紀》說：穆帝「明刑峻法，諸部民多以違命得罪。凡後期者，皆舉部戮之。或有室家相攜，而赴死所。人問何之？答曰：當往就誅。」其殘酷如此。道武帝這話，已經給史家文飾得很溫婉的了。若照他的原語，記錄下來，那便是「你們要回去，我就要把你們全數殺掉。」所以群臣不敢復言了）。此時割據中原的異族，既已奄奄待斃，宋武帝又因內部矛盾深刻，不暇經略北方，北方遂為所據。然自孝文帝南遷以前，元魏立國的重心，仍在平城。屬於南方的侵略，僅是發展問題，對於北方的防禦，卻是生死問題，所以要於平城附近設六鎮，以武力為拱衛。南遷以後，因待遇的不平等，而釀成六鎮之亂。因六鎮之亂而造成一個爾朱氏。連高氏、賀拔氏、宇文氏等，一齊帶入中原。龍爭虎鬥者，又歷五六十年，然後統一於隋。隋、唐先世，到底是漢族還是異族，近人多有辯論。然民族是論文化的，不是論血統的。近人所辯論的，都是血統問題，在民族鬥爭史上，實在無甚意義。至於隋唐的先世，曾經漸染胡風，也是武川一系中的人物，則無可諱言。所以自爾朱氏之起至唐初，實在是武川的武力，在政治舞臺上活躍的時代。要到唐貞觀以後，此項文化的色彩，才漸漸淡滅（唐初的隱太子、巢剌王、常山愍王等，還都係帶有胡化色彩的人）。五胡亂華的已事，雖然已成過去，然在軍事上，重用異族的風氣，還有存留。試看唐朝用蕃將蕃兵之多，便可明白。論史者多以漢唐並稱。論唐朝的武功，其成就，自較漢朝爲尤大。然此乃世運爲之（主要的是中外交通的進步）。若論軍事上的實力，則唐朝何能和漢朝比？漢朝對外的征討，十之八九是發本國兵出去打的，唐朝則多是以夷制夷。這以一時論，亦可使中國的人民減輕負擔，然通全域而觀之，則亦足以養成異族強悍，漢族衰頽之勢。安祿山之所以蓄意反叛，沙陀突厥之所以橫行中原，都由於此。就是宋朝的始終不振，也和這有間接的關係。因爲久已柔靡的風氣，不易於短時期中訓練之使其變爲強悍。而唐朝府兵的廢壞，亦和其擱置不用，很有關係的。

府兵之制起於周。籍民爲兵，蠲其租調，而令刺史以農隙教練。分爲百府，每府以一郎將主之，而分屬於二十四軍（當時以一柱國主二大將，一將軍統二開府，開府各領一軍），其衆合計不滿五萬。隋、唐皆沿其制，而分屬於諸衛將軍。唐制，諸府皆稱折衝府。各置折衝都尉，而以左右果毅校尉副之。上府兵一千二百人，中府千人，下府八百人。民年二十服兵役，六十而免。全國六百三十四府，在關中的有二百六十一府，以爲強幹弱枝之計。府兵之制：平時耕以自養。戰時調集，命將統之。師還則將上所佩印，兵各還其府。（一）無養兵之費，而有多兵之用。（二）兵皆有業之民，無無家可歸之弊。（三）將帥又不能擁兵自重。這是與藩鎮之兵及宋募兵之制相較的優點，從前的論者多稱之。但兵不唯其名，當有其實。唐朝府兵制度存在之時，得其用者甚少。此固由於唐時征討，多用蕃兵，然府兵恐亦未足大用。其故，乃當時的風氣使之，而亦可謂時勢及國家之政策使之。兵之精強，在於訓練。主兵者之能勤於訓練，則在預期其軍隊之有用。若時值承平，上下都不以軍事爲意，則精神不能不懈弛；

精神一懈弛，訓練自然隨之而廢了。所以唐代府兵制度的廢壞，和唐初時局的承平，及唐代外攘，不甚調發大兵，都有關係。高宗、武后時，業已名存實亡。到玄宗時，就竟不能給宿衛了（唐時宿衛之兵，都由諸府調來，按期更換，謂之「番上」。番即現在的班字）。時相張說，知其無法整頓，乃請宿衛改用募兵，謂之彍騎，自此諸府更徒存虛籍了。

唐初邊兵屯戍的，大的稱軍，小的稱城鎮守捉，皆有使以主之。統屬軍，城鎮守捉的曰道。道有大總管，後改稱大都督。大都督帶使持節的，人稱之爲節度使，睿宗後遂以爲官名。唐初邊兵甚少，武后時，國威陵替。北則突厥，東北則奚、契丹，西南則吐蕃皆跋扈。玄宗時，乃於邊陲置節度使，以事經略。而自東北至西北邊之兵尤強。天下遂成偏重之勢。安祿山、史思明皆以胡人而懷野心，卒釀成天寶之亂。亂後藩鎭遂遍於中國，其中安史餘孽，唐朝不能澈底剷除亦皆授以節度使。諸鎭遂互相結約，以土地傳子孫，不奉朝廷的命令。肅、代兩世，皆姑息養癰。德宗思整頓之，而兵力不足，反召朱泚之叛。後雖削平朱泚，然河北、淮西，遂不能問。憲宗以九牛二虎之力，討平淮西，河北亦聞風自服。然及穆宗時，河北即復叛。自此終唐之世，不能戡定了。唐朝藩鎭，始終據土自專的，固然只有河北，然其餘地方，亦不免時有變亂。且即在平時，朝廷指揮統馭之力，亦總不甚完全。所以肅、代以還，已隱伏分裂之勢。至黃巢亂後，遂潰決不可收拾了。然藩鎭固能梗命，而把持中央政府，使之不能振作的，則禁軍之患，尤甚於藩鎭。

禁軍是唐初從征的兵，無家可歸的。政府給以渭北閒田，留爲宿衛，號稱元從禁軍。此本國家施恩之意，並非仗以戰鬥。玄宗時破吐蕃，於臨洮之西置神策軍。安史之亂，軍使成如璆遣將衛伯玉率千人入援，屯於陝州。後如璆死，神策軍之地，陷於吐蕃，乃即以伯玉爲神策軍節度使，仍屯於陝，而中官魚朝恩以觀軍容使監其軍。伯玉死，軍遂統於朝恩。代宗時，吐蕃陷長安，代宗奔陝，朝恩以神策軍扈從還京。其後遂列爲禁軍，京西多爲其防地。德親自奉天歸，懷疑朝臣，以中官統其軍。其時邊兵賞賜甚薄，而神策軍頗爲優厚，諸將遂多請遙隸神策軍，軍額擴充至十五萬。中官之勢，遂不可制。「自穆宗以來八世，而爲宦官所立者七君。」（《唐書・僖宗紀》贊語。參看《二十二史劄記》「唐代宦官之禍」條）。順宗、文宗、昭宗皆以欲誅宦官，但或遭廢殺，或見幽囚。當時的宦官，已成非用兵力不能剷除之勢。然在宦官監製之下，朝廷又無從得有兵力（文宗時，鄭注欲奪宦官之兵而敗；昭宗欲自練兵以除宦官而敗）。召外兵，則明知宦官除而政權將入除宦官者之手，所以其事始終無人敢爲。然相持至於唐末，卒不得不出於此一途。於是宦官盡而唐亦爲朱梁所篡了。宦官之禍，是歷代多有的，擁兵爲患的，卻只有唐朝（後漢末，蹇碩欲圖握兵，旋為何進所殺）。總之，政權根本之地，不可有擁兵自重的人，宦官亦不過其中之一罷了。

禁兵把持於內，藩鎮偃蹇於外，唐朝的政局，終已不可收拾，遂分裂而爲五代十國。唐時的節度使，雖不聽政府的命令，而亦不能節制其軍隊。軍隊不滿意於節度使，往往嘩變而殺之，而別立一人。政府無如之何，只得加以任命。狡黠的人，遂運動軍士，殺軍帥而擁戴自己。即其父子兄弟相繼的，亦非厚加賞賜，以餌其軍士不可。凡此者，殆已成爲通常之局。所謂「國擅於將，將擅於兵。」五代十國，唯南平始終稱王，餘皆稱帝，然論其實，則仍不過一節度使而已。宋太祖黃袍加身，即係唐時擁立節度使的故事，其餘證據，不必列舉。事勢至此，固非大加整頓不可。所以宋太祖務要削弱藩鎮，而加強中央之兵。

宋朝的兵制：兵之種類有四：曰禁軍，是爲中央軍，均屬三衙。曰廂軍，是爲地方兵，屬於諸州。曰鄉兵，係民兵，僅保衛本地方，不出戍。曰蕃兵，則係異族團結爲兵，而用鄉兵之法的。太祖用周世宗之策，將廂軍之強者，悉升爲禁軍，其留爲廂軍者，不甚教閱，僅堪給役而已。鄉兵、蕃兵，本非國家正式的軍隊，可以弗論。所以武力的重心，實在禁軍。全國需戍守的地方，乃遣禁軍更番前往，謂之「番戍」。昔人議論宋朝兵制的，大都加以詆毀。甚至以爲唐朝的所以強，宋朝的所以弱，即由於藩鎭的存廢，這眞是瞽目之談。唐朝強盛時，何嘗有什麼藩鎭？到玄宗設立藩鎭時，業已因國威陵替，改取守勢了。從前對外之策，重在防患未然。必須如漢之設度遼將軍、西域都護，唐之設諸都護府，對於降伏的部落，（一）監視其行動，（二）通達其情意，（三）並處理各部族間相互的關係。總而言之，不使其（一）互相併呑，（二）坐致強大，是爲防患未然。其設置，是全然在夷狄境內，而不在中國境內的，此之謂「守在四夷」。是爲上策。經營自己的邊境，已落第二義了。然果其士馬精強，障塞完固，中央的軍令森嚴，邊將亦奉令維謹，尙不失爲中策。若如唐朝的藩鎭擅土，則必自下策而入於無策的。因爲軍隊最怕的是驕，驕則必不聽命令，不能對外，而要內訌；內訌勢必引外力以爲助；這是千古一轍的。以唐朝幽州兵之強，而不能制一契丹，使其坐大；藩鎭遍於中國，而黃巢橫行南北，如入無人之境，卒召沙陀之兵，然後把他打平；五代時，又因中央和藩鎭的內訌，而引起契丹的侵入；都是鐵一般強，山一般大的證據。藩鎭的爲禍爲福，可無待於言了。宋朝的兵，是全出於招募的，和府兵之制相反，論者亦恆右唐而左宋，這亦是耳食之談。募兵之制，雖有其劣點，然在經濟上及政治上，亦自有其相當的價值。天下奸悍無賴之徒，必須有以銷納之，最好是能懲治之，感化之，使改變其性質，此輩在經濟上，即是所謂「無賴」，又其性質，不能勤事生產，欲懲治之、感化之極難。只有營伍之中，規律最爲森嚴，或可約束之，使之改變。此輩性行雖然不良，然苟能束之以紀律，其戰鬥力，不會較有身家的良民爲差，或且較勝。利用養兵之費，銷納其一部分，既可救濟此輩生活上的無賴，而餉項亦不爲虛糜。假若一個募兵，在伍的年限，是十年到二十年，則其人已經過長期的訓練；裁遣之日，年力就衰，大多數的性質，必已改變，可以從事於生產，變做一個良民了。以經濟原理論，本來宜於分業，平民出餉以養兵，而於戰陣之事，全不過問，從經濟的立場論，是有益無損的。若謂行募兵之制，則民不知兵，則舉國皆兵，實至今日乃有此需要。在昔日，兵苟眞能禦敵，平民原不需全體當兵。所以說募兵之制，在經濟上和政治上，自有其相當的價值。宋代立法之時，亦自有深意。不過所行不能副其所期，遂至利未形而害已見罷了。宋朝兵制之弊在於：（一）兵力的逐漸腐敗。（二）番戍之制：（甲）兵不知將，將不知兵，既不便於指揮統馭。（乙）而兵士居其地不久，既不熟習地形；又和當地的人民，沒有聯絡。（丙）三年番代一次，道途之費，卻等於三年一次出征。（三）而其尤大的，則在帶兵的人，利於兵多，（子）既可缺額刻餉以自肥，（丑）又可役使之以圖利。乞免者既不易得許；每逢水旱偏災，又多以招兵爲救荒之策；於是兵數遞增。宋開國之時，不滿二十萬。太祖末年，已增至三十七萬。太宗末年，增至六十六萬。眞宗末年，增至九十一萬。仁宗時，西夏兵起，增至一百二十五萬。後雖稍減，仍有一百一十六萬。歐陽修說：「天下之財，近自淮甸，遠至吳、楚，莫不盡取以歸京師。晏然無事，而賦斂之重，至於不可復加。」養兵之多如此，即使能戰，亦伏危機，何況並不能戰，對遼、對夏，都是隱忍受侮；而西夏入寇時，仍驅鄉兵以禦敵呢？當時兵多之害，人人知之，然皆顧慮召變而不敢裁。直至王安石出，才大加淘汰。把不任禁軍的降爲廂軍，不任廂軍的免爲民，兵額減至過半。又革去番戍之制，擇要地使之屯駐，而置將以統之（以第一、第二為名，全國共九十一將）。安石在軍事上，雖然無甚成就，然其裁兵的勇氣，是值得稱道的。唯其所行民兵之制，則無甚成績，而且有弊端。

王安石民兵之法，是和保伍之制連帶的。他立保甲之法，以十家爲一保，設保長。五十家爲一大保，設大保長。五百家爲一都保，設都保正副。家有兩丁的，以其一爲保丁。其初日輪若干人儆盜，後乃教以武藝，籍爲民兵。民兵成績，新黨亦頗自詡（如《宋史》載章惇之言，謂「仕宦及有力之家，子弟欣然趨赴，馬上藝事，往往勝諸軍」之類）。然據《宋史》所載司馬光、王岩叟的奏疏，則其（一）有名無實，以及（二）保正長巡檢使等的誅求，眞是暗無天日。我們不敢說新黨的話全屬子虛，然這怕是少數，其大多數，一定如舊黨所說的。因爲此等行政上的弊竇，隨處可以發現。民兵之制，必要的條件有二：（一）爲強敵壓迫於外。如此，舉國上下，才有憂勤惕厲的精神，民雖勞而不怨。（二）則行政上的監督，必須嚴密。官吏及保伍之長，才不敢倚勢虐民。當時這兩個條件，都是欠缺的，所以不免弊餘於利。至於伍保之法，起源甚古。《周官》大司徒說：「令五家爲比，使之相保。五比爲閭，使之相受。四閭爲族，使之相葬。五族爲黨，使之相救。五黨爲州，使之相賙。五州爲鄉，使之相賓。」這原和《孟子》「死徙無出鄉，鄉田同井，出入相友，守望相助，疾病相扶持」之意相同，乃使之互相救恤。商君令什伍相司（同伺）。連坐，才使之互相稽察。前者爲社會上固有的組織，後者則政治上之所要求。此唯亂時可以行之，在平時，則犯大惡者（如謀反叛逆之類），非極其祕密，即徒黨衆多，聲勢浩大（如江湖豪俠之類）；或其人特別凶悍，爲良民所畏（如土豪劣紳之類）。必非人民所能檢舉。若使之檢舉小惡，則徒破壞社會倫理，而爲官吏開敲詐之門，其事必不能行。所以自王安石創此法後，歷代都只於亂時用以清除奸軌，在平時總是有名無實，或並其名而無之的（伍保之法，歷代法律上本來都有，並不待王安石的保甲，然亦都不能行）。

裁募兵，行民兵，是宋朝兵制的一變，自此募兵之數減少。元祐時，舊黨執政，民兵之制又廢。然募兵之額，亦迄未恢復。徽宗時，更利其缺額，封樁其餉，以充上供，於是募兵亦衰。至金人入犯，以陝西爲著名多兵之地，種師道將以入援，僅得一萬五千人而已。以兵多著名的北宋，而其結果至於如此，豈非奇談？

南渡之初，軍旅寡弱。當時諸將之兵，多是靠招降群盜或召募，以資補充的。其中較爲強大的，當推所謂御前五軍。楊沂中爲中軍，總宿衛。張俊爲前軍，韓世忠爲後軍，岳飛爲左軍，劉光世爲右軍，皆屯駐於外，是爲四大將。光世死，其軍叛降僞齊（一部分不叛的，歸於張俊）。以四川吳玠之軍補其缺。其時岳飛駐湖北，韓世忠駐淮東，張俊駐江東，皆立宣撫司。宗弼再入犯，秦檜決意言和，召三人入京，皆除樞密副使，罷三宣撫司，以副校統其兵，稱爲統制御前軍馬。駐紮之地仍舊，謂之某州駐紮御前諸軍。四川之兵，亦以御前諸軍爲號。直達朝廷，帥臣不得節制。其餉，則特設總領以司之，不得自籌。其事略見《文獻通考·兵考》。

北族在歷史上，是個侵略民族。這是地理條件所決定的。在地理上，（一）瘠土的民族，常向沃土的民族侵略。（二）但又必具有地形平坦，利於集合的條件。所以像天山南路，沙漠綿延，人所居住的，都是星羅棋布的泉地，像海中的島嶼一般；又或仰雪水灌漑，依天山之麓而建國；以至青海、西藏，山嶺崎嶇，交通太覺不便；則土雖瘠，亦不能成爲侵略民族。歷史上侵掠的事實，以蒙古高原爲最多，而遼、吉二省間的女眞，在近代，亦曾兩度成爲侵略民族。這是因爲蒙古高原，地瘠而平，於侵掠的條件，最爲完具。而遼、吉兩省，地形亦是比較平坦的；且與繁榮的地方相接近，亦有以引起其侵略之欲望。北族如匈奴、突厥等，雖然強悍，初未嘗侵入中國。五胡雖占據中國的一部分，然久居塞內，等於中國的亂民，而其制度亦無足觀。只有遼、金、元、清四朝，是以一個異民族的資格，侵入中國的；而其制度，亦和中國較有關係。今略述其事如下。

四朝之中，遼和中國的關係最淺。遼的建國，係合部族及州縣而成。部族是它的本族和所征服的北方的遊牧民族，州縣則取自中國之地，其兵力，亦是以部族爲基本的。部族的離合，及其所居之地，都係由政府指定，不能自由。其人民全體皆隸兵籍，當兵的素質，極爲佳良。《遼史》稱其「各安舊風，狃習勞事，不見紛華異物而遷。故能家給人足，戎備整完。卒之虎視四方，強朝弱附，部族實爲之爪牙」，可謂不誣了。但遼立國雖以部族爲基本，而其組織軍隊，亦非全不用漢人。世徒見遼時的五京鄉丁，只保衛本地方，不出戍，以爲遼朝全不用漢人做正式軍隊，其實不然。遼制有所謂宮衛軍者，每帝即位，輒置之。出則扈從，入則居守，葬則因以守陵。計其丁數，凡有四十萬八千，出騎兵十萬一千。所謂不待調發州縣部族，而十萬之兵已具，這是遼朝很有力的常備軍。然其置之也，則必「分州縣，析部族」。又太祖征討四方，皇后述律氏居守，亦摘蕃漢精銳三十萬爲屬珊軍。可見遼的軍隊中，亦非無漢人了。此外遼又有所謂大首領部族軍，乃親王大臣的私甲，亦可率之以從征。國家有事，亦可向其量借。又北方部族，服屬於遼的，謂之屬國，亦得向其量借兵糧。契丹的疆域頗大，兵亦頗多而強，但其組織不堅凝。所以天祚失道，金兵一臨，就土崩瓦解。這不是遼的兵力不足以禦金，乃是並沒有從事於抵禦。其立國本無根柢，所以土崩瓦解之後，亦就更無人從事於復國運動。耶律大石雖然有意於恢復，在舊地，亦竟不能自立了。

金朝的情形，與遼又異。遼雖風氣敦樸，然畜牧極盛，其人民並不貧窮的。金則起於瘠土，人民非常困窮。然亦因此而養成其耐勞而好侵掠的性質。《金史》說其「地狹產薄，無事苦耕，可致衣食；有事苦戰，可致俘獲」，可見其侵掠的動機了。金本係一小部族，其兵全係集合女眞諸部族而成。戰時的統帥，即係平時的部長。在平時稱爲勃堇，戰時則稱爲猛安謀克。猛安譯言千夫長，謀克譯言百夫長，這未必眞是千夫和百夫，不過依其衆寡，略分等級罷了。金朝的兵，其初戰鬥力是極強的，但遷入中原之後，腐敗亦很速。看《二十二史劄記》「金用兵先後強弱不同」一條，便可知道。金朝因其部落的寡少，自伐宋以後，即參用漢兵。其初契丹、渤海、漢人等，投降金朝的，亦都授以猛安謀克。女眞的猛安謀克戶，雜居漢地的，亦聽其與契丹、漢人相婚姻，以相固結。熙宗以後，漸想把兵柄收歸本族。於是罷漢人和勃海人猛安謀克的承襲。移剌窩斡亂後，又將契丹戶分散，隸屬於諸猛安謀克。世宗時，將猛安謀克戶移入中原，其人既已腐敗到既不能耕，又不能戰，而宣宗南遷，仍倚爲心腹，外不能抗敵，而內斂怨於民。金朝的速亡，實在是其自私本族，有以自召之的。總而言之：文明程度落後的民族，與文明程度較高的民族遇，是無法免於被同化的。像金朝、清朝這種用盡心機，而仍不免於滅亡，還不如像北魏孝文帝一般，自動同化於中國的好。

元朝的兵制，也是以壓制爲政策的。其兵出於本部族的，謂之蒙古軍。出於諸部族的，謂之探馬赤軍。既入中原後，取漢人爲軍，謂之漢軍。其取兵之法，有以戶論的，亦有以丁論的。兵事已定之後，曾經當過兵的人，即定入兵籍，子孫世代爲兵。其貧窮的，將幾戶合併應役。甚貧或無後的人，則落其兵籍，別以民補。此外無他變動。其滅宋所得的兵，謂之新附軍。帶兵的人，「視兵數之多寡，爲爵秩之崇卑」，名爲萬戶、千戶、百戶，皆分上、中、下。初制，萬戶、千戶死陣者，子孫襲職，死於病者降一等。後來不論大小及身故的原因，一概襲職。所以元朝的軍官，可視爲一個特殊階級。世祖和二三大臣定計：使宗王分鎮邊徼及襟喉之地。河、洛、山東，是他們所視爲腹心之地，用蒙古軍、探馬赤軍戍守。江南則用漢軍及新附軍，但其列城，亦有用萬戶、千戶、百戶戍守的。元朝的兵籍，漢人是不許閱看的。所以占據中國近百年，無人知其兵數。觀其屯戍之制，是很有深心的。但到後來，其人亦都入洪爐而俱化。末葉兵起時，宗王和世襲的軍官，並不能護衛他。

元朝以異族入據中國，此等猜防之法，固然無怪其然。明朝以本族人做本族的皇帝，卻亦暗襲其法，那就很爲無謂了。明制：以五千六百人爲衛。一千一百十二人爲千戶所，一百十二人爲百戶所（什伍之長，歷代都即在其什伍之人數內，明朝則在其外。每一百户所，有總旗二人，小旗十人，所以共為一百十二人）。衛設都指揮使，隸屬於五軍都督府。兵的來路有三種：第（一）種從征，是開國時固有的兵。第（二）種歸附，是敵國兵投降的。第（三）種謫發，則是刑法上罰令當兵的，俗話謂之「充軍」。從征和歸附，固然是世代爲兵，謫發亦然。身死之後，要調其繼承人，繼承人絕掉，還要調其親族去補充的，謂之「句丁」。這明是以元朝的兵籍法爲本，而加以補充的。五軍都督府，多用明初勛臣的子孫，也是模仿元朝軍官世襲之制。治天下不可以有私心。有私心，要把一群人團結爲一黨，互相護衛，以把持天下的權利，其結果，總是要自受其害的。軍官世襲之制，後來腐敗到無可挽救，即其一端。金朝和元朝，都是異族，他們社會進化的程度本淺，離封建之世未遠，猛安謀克和萬戶、千戶、百戶，要行世襲之制，還無怪其然。明朝則明是本族人，卻亦重視開國功臣的子孫，把他看做特別階級，其私心就不可恕了。抱封建思想的人，總以爲某一階級的人，其特權和權利，既全靠我做皇帝才能維持，他們一定會擁護我，所以把這一階級的人看得特別親密。殊不知這種特權階級，到後來荒淫無度，知識志氣都沒有了，何謂權利？怕他都不大明白。明白了；明白什麼是自己的權利了；明白自己的權利，如何才得維持了；因其懦弱無用，眼看著他人搶奪他的權利，他亦無如之何。所謂貴戚世臣，理應與國同休戚的，卻從來沒有這回事，即由於此。武力是不能持久的，持久了，非腐敗不可。這其原因，由於戰爭是社會的變態而非其常態。變態是有其原因的，原因消失了，變態亦即隨之而消失。所以從歷史上看來，從沒有一支眞正強盛到幾十年的軍隊（因不遇強敵，甚或不遇戰事，未至潰敗決裂，是有的，然這只算是僥倖。極強大的軍隊，轉瞬化為無用，這種事實，是舉不勝舉的。以宋武帝的兵力，而到文帝時即一蹶不振，即其一例。又如明末李成梁的兵力，亦是不堪一擊的，僥倖他未與滿洲兵相遇罷了。然而軍事的敗壞，其機實隱伏於成梁之時，這又是其一例。軍隊的腐敗，其表現於外的，在精神方面，為士氣的衰頹；在物質方面，則為積弊的深痼；雖有良將，亦無從整頓，非解散之而另造不可。世人不知其原理，往往想就軍隊本身設法整頓，其實這是無法可設的。因為軍隊是社會的一部分，不能不受廣大社會的影響。在社會學上，較低的原理，是要受較高的原理的統馭的）。「兵可百年不用，不可一日無備」，這種思想，亦是以常識論則是，而經不起科學評判的。因爲到有事時，預備著的軍隊，往往無用，而仍要臨時更造。府兵和衛所，是很相類的制度。府兵到後來，全不能維持其兵額。明朝對於衛所的兵額，是努力維持的，所以其缺額不至如唐朝之甚。然以多數的兵力，對北邊，始終只能維持守勢（現在北邊的長城，十分之九，都是明朝所造）；末年滿洲兵進來，竟爾一敗塗地；則其兵力亦有等於無。此皆特殊的武力不能持久之證。

清朝太祖崛起，以八旗編制其民。太宗之世，蒙古和漢人歸降的，亦都用同一的組織。這亦和金朝人以猛安謀克授渤海漢人一樣。中國平定之後，以八旗兵駐防各處，亦和金朝移猛安謀克戶於中原，及元朝鎮戍之制，用意相同。唯金代的猛安謀克戶，係散居於民間；元朝萬戶分駐各處，和漢人往來，亦無禁限。清朝駐防的旗兵，則係和漢人分城而居的，所以其衝突不如金元之烈。但其人因此與漢人隔絕，和中國的社會，全無關係，到末造，要籌畫旗民生計，就全無辦法了。清代的漢兵，謂之綠旗，亦稱綠營。中葉以前的用兵，是外征以八旗爲主，內亂以綠營爲主的。八旗兵在關外時，戰鬥之力頗強。中國軍隊強悍的，亦多只能取守勢，野戰總是失利時居多（洪承疇松山之戰，是其一例）。然入關後腐敗亦頗速。三藩亂時，八旗兵已不足用了。自此至太平天國興起時，中國粗覺平安，對外亦無甚激烈的戰鬥。武功雖盛，實多僥天之幸。所以太平軍一起，就勢如破竹了。

中國近代，歷史上有兩種潮流潛伏著。推波助瀾，今猶未已，非通觀前後，是不能覺悟出這種趨勢來的。這兩種潮流：其（一）是南方勢力的興起。南部數省，向來和大局無甚關係。自明桂王據雲貴與清朝相抗；吳三桂舉兵，雖然終於失敗，亦能震盪中原；而西南一隅，始隱然爲重於天下。其後太平軍興，征伐幾遍全國。雖又以失敗終，然自清末革命，至國民政府北伐之成功，始終以西南爲根據。現在的抗戰，還是以此爲民族復興的策源地的。其（二）是全國皆兵制的恢復。自秦朝統一以後，兵民漸漸分離，至後漢之初，而民兵之制遂廢，至今已近二千年了。康有爲說，中國當承平時代，是沒有兵的。雖亦有稱爲兵的一種人，其實性質全與普通人民無異（見《歐洲十一國遊記》）。此之謂有兵之名，無兵之實。曠觀歷代，都是當需要用兵時，則產生出一支眞正的軍隊來；事過境遷，用兵的需要不存，此種軍隊，亦即凋謝，而只剩些有名無實的軍隊，充作儀仗之用了。此其原理，即由於上文所說的戰爭是社會的變態，原不足怪。但在今日，帝國主義跋扈之秋，非恢復全國皆兵之制，是斷不足以自衛的，更無論扶助其他弱小民族了。這一個轉變，自然是極艱難。但環境既已如此，絕不容許我們的不變。當中國和歐美人初接觸時，全未知道需要改變。所想出來的法子，如引誘他們上岸，而不和他在海面作戰；如以靈活的小船，制他笨重的大船等；全是些閉著眼睛的妄論。到咸同間，外患更深了。所謂中興將帥，（一）因經驗較多，（二）與歐美人頗有相當的接觸。才知道現在的局面，非復歷史上所有。欲圖適應，非有相當的改革不可。於是有造成一支軍隊以適應時勢的思想。設船政局、製造局，以改良器械；陸軍則改練洋操；亦曾成立過海軍，都是這種思想的表現。即至清末，要想推行徵兵制。其實所取的辦法，離民兵之制尚遠，還不過是這種思想。民國二十餘年，兵制全未革新，且復演了歷史上武人割據之局。然時代的潮流，奔騰澎湃，終不容我不捲入旋渦。抗戰以來，我們就一步步的，走入舉國皆兵之路了。這兩種文化，現在還在演變的中途，我們很不容易看出其偉大。然在將來，作歷史的人，一定要認此爲劃時代的大轉變，是毫無可疑的。這兩種文化，實在還只是一種。不過因爲這種轉變，強迫著我們，發生一種新組織，以與時代相適應，而時代之所以有此要求，則緣世界交通而起。在中國，受世界交通影響最早的是南部。和舊文化關係最淺的，亦是南部，受舊文化的影響較淺，正是迎受新文化的一個預備條件。所以近代改革的原動力，全出於南方；南方始終代表著一個開明的勢力（太平天國雖然不成氣候，湘、淮軍諸首領，雖然頗有學問，然以新舊論，則太平天國，仍是代表新的，湘、淮軍人物，仍是代表舊的。不過新的還未成熟，舊的也還餘力未盡罷了）。千迴百折，似弱而卒底於有成。

幾千年以來，內部比較平安，外部亦無眞正大敵。因此，養成中國（一）長期間無兵，只有需要時，才產生眞正的軍隊；（二）而這軍隊，在全國人中，只占一極小部分。在今日，又漸漸的改變，而走上全國皆兵的路了。而亙古未曾開發的資源，今日亦正在開發。以此廣大的資源，供此衆多民族之用，今後世界的戰爭，不更將增加其慘酷的程度麼？不，戰爭只是社會的變態。現在世界上戰爭的慘酷，都是帝國主義造成的，這亦是社會的一個變態，不過較諸既往，情形特別嚴重罷了。變態是絕不能持久的。資本的帝國主義，已在開始崩潰了。我們雖有橫絕一世的武力，大勢所趨，決然要用之於打倒帝國主義之途，斷不會加入帝國主義之內，而成爲破壞世界和平的一分子。

第十章　刑法

談中國法律的，每喜考究成文法起於何時。其實這個問題，是無關緊要的。法律的來源有二：一爲社會的風俗，一爲國家對於人民的要求。前者即今所謂習慣，是不會著之於文字的。然其對於人民的關係，則遠較後者爲切。

中國刑法之名，有可考者始於夏。《左氏》昭公六年，載叔向寫給鄭子產的信，說：「夏有亂政而作《禹刑》，商有亂政而作《湯刑》，周有亂政而作《九刑》。」這三種刑法的內容，我們無從知其如何，然叔向這一封信，是因子產作刑書而起的。其性質，當和鄭國的刑書相類。子產所作的刑書，我們亦無從知其如何，然昭公二十九年，《左氏》又載晉國趙鞅鑄刑鼎的事。杜《注》說：子產的刑書，也是鑄在鼎上的。雖無確據，然士文伯譏其「火未出而作火以鑄刑器」，其必著之金屬物，殆無可疑。所能著者幾何？而《書經·呂刑》說：「墨罰之屬千；劓罰之屬千；剕罰之屬五百；宮罰之屬三百；大辟之罰，其屬二百；五刑之屬三千。」請問如何寫得下？然則〈呂刑〉所說，其必爲習慣而非國家所定的法律，很明白可見了。個人在社會之中，必有其所當守的規則。此等規則，自人人如此言之，則曰俗；自一個人必須如此言之，則曰禮（故曰禮者，履也）。違禮，就是違反習慣，社會自將加以制裁，故曰：「出於禮者入於刑。」或疑三千條規則，過於麻煩，人如何能遵守？殊不知古人所說的禮，是極其瑣碎的。一言一動之微，莫不有其當守的規則。這在我們今日，亦何嘗不如此？我們試默數言語動作之間，所當遵守的規則，何減三千條？不過童而習之，不覺得其麻煩罷了。《禮記·禮器》說「曲禮三千」，《中庸》說「威儀三千」，而《呂刑》說「五刑之屬三千」，其所謂刑，係施諸違禮者可知。古以三爲多數。言千乃舉成數之辭。以十言之而覺其少則曰百，以百言之而猶覺其少則曰千，墨劓之屬各千，猶言其各居總數三之一。剕罰之屬五百，則言其居總數六之一。還有六分之一，宮罰又當占其五分之三，大辟占其五分之二，則云宮罰之屬三百，大辟之罰其屬二百，這都是約略估計之辭，若眞指法律條文，安得如此整齊呢？然則古代人民的生活，其全部，殆爲習慣所支配是無疑義了。

社會的習慣，是人人所知，所以無待於教。若有國有家的人所要求於人民的，人民初無從知，則自非明白曉諭不可，《周官·布憲》：「掌憲邦之刑禁」（「憲謂表而縣之」，見《周官·小宰》《注》）。正月之吉，執邦之旌節，以宣布於四方。」而州長、黨正、族師、閭胥，咸有屬民讀法之舉。天、地、夏、秋四官，又有縣法象魏之文。小宰、小司徒、小司寇、士師等，又有徇以木鐸之說。這都是古代的成文法，用言語、文字或圖畫公布的。在當時，較文明之國，必無不如此。何從鑿求其始於何時呢？無從自知之事，未嘗有以教之，自不能以其違犯爲罪。所以說「不教而誅謂之虐」（《論語·堯曰》）。而三宥、三赦之法，或曰不識，或曰遺忘，或曰老旄，或曰蠢愚（《周官·司刺》）。亦都是體諒其不知的。後世的法律，和人民的生活，相去愈遠；其爲人民所不能了解，十百倍於古昔；初未嘗有教之之舉，而亦不以其不知爲恕。其殘酷，實遠過於古代。即後世社會的習慣，責人以遵守的，亦遠不如古代的簡易。後人不自哀其所遭遇之不幸，而反以古代的法律爲殘酷，而自詡其文明，眞所謂「溺人必笑」了。

刑字有廣狹二義：廣義包括一切極輕微的制裁、懲戒、指摘、非笑而言。「出於禮者入於刑」，義即如此。曲禮三千，是非常瑣碎的，何能一有違犯，即施以懲治呢？至於狹義之刑，則必以金屬兵器，加傷害於人身，使其蒙不可恢復的創傷，方足當之。漢人說：「死者不可復生，刑者不可復屬。」義即如此。此爲刑字的初義，乃起於戰陣，施諸敵人及間諜內奸的，並不施諸本族。所以司用刑之官曰士師（士是戰士，士師謂戰士之長）。曰司寇。《周官》司徒的屬官，都可以聽獄訟，然所施之懲戒，至於圜土、嘉石而止（見下）。其附於刑者必歸於士，這正和今日的司法機關和軍法審判一般。因爲施刑的器具，兵器。別的機關裡，是沒有的。刑之施及本族，當係俘異族之人，以爲奴隸，其後本族犯罪的人，亦以爲奴隸，而儕諸異族，乃即將異族的裝飾，施諸其人之身。所以越族斷髮紋身，而髡和黥，在我族都成爲刑罪。後來有暴虐的人，把他推而廣之，而傷殘身體的刑罰，就日出不窮了。五刑之名，見於《書經·呂刑》。〈呂刑〉說：「苗民弗用靈，制以刑，唯作五虐之刑曰法。爰始淫爲劓、刵、椓、黥。」劓、刵、椓、黥，歐陽、大小夏侯作臏、宮、劓、割頭、庶剠（《虞書》標題下《疏》引）。臏即剕，割頭即大辟，庶剠的庶字不可解，剠字即黥字，是無疑義的。然則今本的劓、刵、椓、黥是誤字。《呂刑》的五刑，實苗民所創（苗民的民字乃貶辭，實指有苗之君，見《禮記·緇衣疏》引〈呂刑〉鄭《注》）。《國語·魯語》臧文仲說：「大刑用甲兵，其次用斧鉞。中刑用刀鋸，其次用鑽笮。薄刑用鞭扑。大者陳之原野，小者肆之市、朝。」（是為「五服三次」。《堯典》說：「五刑有服，五服三就」，亦即此）。大刑用甲兵，是指戰陣；其次用斧鉞，是指大辟；中刑用刀鋸指劓、腓、宮；其次用鑽笮指墨；薄刑用鞭扑，雖非金屬兵器，然古人亦以林木爲兵（《呂覽·蕩兵》：「未有蚩尤之時，民固剝林木以戰矣。」）

《左氏》僖公二十七年，楚子玉治兵，鞭七人，可見鞭亦軍刑。〈堯典〉：「象以典刑，流宥五刑，鞭作官刑，扑作教刑，金作贖刑。」象以典刑，即《周官》的縣法象魏。流宥五刑，當即〈呂刑〉所言之五刑。金作贖刑，亦即〈呂刑〉所言之法。所以必用金，是因古者以銅爲兵器。可見所謂「虧體」之刑，全是源於兵爭的。至於施諸本族的，則古語說「教笞不可廢於家」，大約並鞭、扑亦不能用。最嚴重的，不過逐出本族之外，是即所謂流刑。《王制》的移郊、移逐、屛諸遠方，即係其事。《周官》司寇有圜土、嘉石，皆役諸司空。圜土、嘉石，都是監禁；役諸司空，是罰做苦工；怕已是施諸奴隸的，未必施諸本族了。於此見殘酷的刑罰，全是因戰爭而起的。五刑之中，婦人的宮刑，是閉於宮中（見《周官·司刑》鄭《注》）。其實並不虧體，其餘是無不虧體的。《周官·司刑》載五刑之名，唯臏作刖，餘皆與〈呂刑〉同。《爾雅·釋言》及《說文》，均以剕、刖爲一事。唯鄭玄《駁五經異義》說：「皋陶改臏爲剕，周改剕爲刖。」段玉裁《說文》髕字《注》說：臏是髕的俗字，乃去膝頭骨，刖則漢人之斬止，其說殊不足據（髕乃生理名詞，非刑名）。當從陳喬樅說，以剕爲斬左趾，跀爲並斬右趾爲是（見《今文尚書·經說考》）。然則五刑自苗民創制以來，至作《周官》之時，迄未嘗改。然古代虧體之刑，實並不止此。見於書傳的，如斬（古稱斬謂腰斬。後來戰陣中之斬級，事與刑場上的割頭異，無以名之，借用腰斬的斬字。再後來，斬字轉指割頭而言，腰斬必須要加一個腰字了）、磔（裂其肢體而殺之。《史記·李斯列傳》作矺，即《周官》司戮之辜）、膊（謂去衣磔之，亦見《周官》司戮）、車裂（亦曰轘）、縊（《左氏》哀公二年，「絞縊以戮」。絞乃用以縊殺人之繩，後遂以絞為縊殺）、焚（亦見司戮）、烹（見《公羊》莊公四年）。脯醢等都是。脯醢當係食人之族之俗，後變爲刑法的。刵即馘（割耳），亦源於戰陣。《孟子》說文王之治岐也，罪人不孥（〈梁惠王下篇〉）。《左氏》昭公二十二年引《康誥》，亦說父子兄弟，罪不相及。而《書經》〈甘誓〉〈湯誓〉，都有孥戮之文。可見沒入家屬爲奴婢，其初亦是軍法。這還不過沒爲奴隸而已，若所謂族誅之刑，則親屬都遭殺戮。這亦係以戰陣之法，推之刑罰的。因爲古代兩族相爭，本有殺戮俘虜之事。強宗巨家，一人被殺，其族人往往仍想報復，爲預防後患起見，就不得不加以殺戮了。《史記・秦本紀》：文公二十年，「法初有三族之罪」（父母、兄弟、妻子）。此法後相沿甚久。魏晉南北朝之世，政敵被殺的，往往牽及家屬。甚至嫁出之女，亦不能免，可見戰爭的殘酷了。

古代的用法，其觀念，有與後世大異的。那便是古代的「明刑」，乃所以「弼教」（「明於五刑，以弼五教」，見《書經・堯典》），而後世則但求維持形式上的互助。人和人的相處，所以能（一）平安無事，（二）而且還可以有進步，所靠的全是善意。苟使人對人，人對社會，所懷挾的全是善意，一定能彼此相安，還可以互相輔助，日進無疆，所做的事情，有無錯誤，倒是無關緊要的。若其彼此之間，都懷挾敵意，僅以懾於對方的實力、社會的制裁，有所憚而不敢爲；而且進而作利人之事，以圖互相交換；則無論其所行的事，如何有利於人，有利於社會，根本上總只是商業道德。商業道德，是絕無以善其後的。人本來是不分人我，不分群己的。然到後來，社會的組織複雜了，矛盾漸漸深刻，人我群己的利害，漸漸發生衝突，人就有破壞他人或社會的利益以自利的。欲救此弊，非把社會階級澈底剷除不可。古人不知此義，總想以教化來挽回世風。教化之力不足，則輔之以刑罰。所以其用法，完全注重於人的動機。所以說《春秋》斷獄重志（《春秋繁露・精華篇》），所以說：「聽訟吾猶人也，必也使無訟乎？無情者不得盡其辭，大畏民志，此謂知本。」（《大學》）。此等希望，自然要終成泡影的。法律乃讓步到不問人的動機，但要求其不破壞我所要維持的秩序爲止。其用心如何，都置諸不問。法律至此，就失其弼教的初意，而只成爲維持某種秩序的工具了，於是發生「說官話」的現象。明知其居心不可問，如其行爲無可指摘，即亦無如之何。法律至此，乃自成爲反社會之物。

有一事，是後世較古代爲進步的。古代氏族的界限，還未化除。國家的權力，不能侵入氏族團體之內，有時並不能制止其行動。（一）氏族員遂全處於其族長權力之下。此等風氣在家族時代，還有存留。（二）而氏族與氏族間的爭鬥，亦往往靠實力解決。《左氏》成公三年，知罃被楚國釋放的時候，說「首罃父。其請於寡君，而以戮於宗，亦死且不朽」。昭公二十一年，宋國的華費遂說：「吾有讒子而弗能殺。」可見在古代，父可專殺其子。《白虎通義．誅伐篇》卻說「父殺其子當誅」了。《禮記》的〈曲禮〉、〈檀弓〉，均明著君父、兄弟、師長，交遊報仇之禮。《周官》的調人，是專因報仇問題而設立的。亦不過令有仇者避之他處；審查報仇的合於義與否；禁止報仇不得超過相當限度而已；並不能根絕其事。報仇的風氣，在後世雖相沿甚久，習俗上還視爲義舉，然在法律上，總是逐步遭遇到禁止的。這都是後世法律，較之古代進步之處。但家長或族長，到現在，還略有處置其家人或族衆的權力，國家不能加以干涉，使人人都受到保護；而國家禁止私人復仇，而自己又不能眞正替人民伸雪冤屈，也還是未盡善之處。

法律是不能一天不用的。苟非文化大變，引用別一法系的法律，亦絕不會有什麼根本的改革，所以總是相承而漸變。中國最早的法典，是李悝的《法經》。據《晉書．刑法志》所載陳群《魏律序》，是悝爲魏文侯相，撰次諸國法所爲。魏文侯在位，據《史記．六國表》，是自周威烈王二年至安王十五年，即民國紀元前二千三百三十六年至二千二百九十八年，可謂很古老的了。撰次，便是選擇排比。這一部書，在當時，大約所參考者頗博，且曾經過一番斟酌去取，依條理系統編排的，算做一部佳作。所以商君「取之以相秦」，沒有重纂。這時候的趨勢，是習慣之力（即社會制裁）。漸漸的不足以維持社會，而要乞靈於法律。而法律還是謹守著古老的規模，所規定之事極少，漸覺其不夠用，法經共分六篇：《魏律序》舉其篇目，是（一）盜，（二）賊，（三）網，（四）捕，（五）雜，（六）又以一篇著其加減。盜是侵犯人的財產；賊是傷害人的身體；盜賊需網捕，所以有網捕兩篇。其餘的則並爲雜律。古人著書，常將重要的事項，獨立爲篇；其餘則並爲一篇，總稱爲雜。一部自古相傳的醫書，號爲出於張仲景的，分爲傷寒、雜病兩大部分（雜病或作卒病，乃誤字），即其一證。網捕盜賊，分爲四篇，其餘事項，共爲一篇，可見《法經》視盜賊獨重，視其餘諸事項都輕，斷不足以應付進步的社會。漢高祖入關，卻更做了一件違反進化趨勢的事。他說：「吾與父老約法三章耳：殺人者死，傷人及盜抵罪。餘悉除去秦法。」因爲「約法三章」四字，給人家用慣了，很有些人誤會：這是漢高祖與人民立約三條。其實據陳群《魏律序》，李悝《法經》的體例，是「集類爲篇，結事爲章」的。每一篇之中，包含著許多章。「吾與父老約：法，三章耳」，當以約字斷句，法字再一讀。就是說六篇之法，只取三章，其餘五篇多，都把它廢掉了。秦時的民不聊生，實由於政治太不安靜。專就法律立論，則由於當時的獄吏，自成一種風氣，用法務取嚴酷。和法律條文的多少，實在沒有關係。但此理是無從和群眾說起的。約法三章，餘悉除去，在群眾聽起來，自然是歡欣鼓舞的了。這事不過是一時收買人心之術，無足深論，其事自亦不能持久。所以《漢書．刑法志》說：天下既定，「三章之法，不足以禦奸。」蕭何就把六篇之法恢復，且增益三篇；叔孫通又益以律所不及的旁章十八篇，共有二十七篇了。當時的趨勢，是（一）法律內容要擴充，（二）既擴充了，自應依條理系統，加以編纂，使其不致雜亂。第一步，漢初已這麼做了。武帝時，政治上事務繁多，自然需要更多的法律。於是張湯、趙禹又加增益，律共增至六十篇。又當時的命令，用甲、乙、丙、丁編次，通稱謂之「令甲」，共有三百餘篇。再加以斷事的成案，即當時所謂比，共有九百零六卷。分量已經太多了，而編纂又極錯亂，「盜律有賊傷之例，賊律有盜章之文」，引用既難，學者乃為之章句（章句二字，初指一種符號，後遂用以稱注釋，詳見予所撰《章句論》。商務印書館本）。共有十餘家。於是斷罪所當由用者，合二萬六千二百七十二條，七百七十三萬二千二百餘言。任何人不能遍覽，奸吏因得上下其手，「所欲活者傅生議，所欲陷者予死比」。所以條理系統地編纂一部法典，實在是當時最緊要的事。漢宣帝時，鄭昌即創其議。然終漢世，未能有成。魏篡漢後，才命陳群等從事於此。製成新律十八篇，未及頒行而亡。晉代魏後，又命賈充等復加訂定，共為二十篇。於泰始四年，大赦天下頒行之，是為《晉律》。泰始四年，為民國紀元前一六四四年。

《晉律》大概是將漢朝的律、令、比等，刪除複重，加以去取，依條理系統編纂而成的。這不過是一個整理之業，但還有一件事可注意的，則儒家的宗旨，在此時必有許多摻入法律之中，而成為條文。漢人每有援經義以折獄的。現代的人，都以為奇談。其實這不過是廣泛的應用習慣。廣義的習慣法，原可包括學說的。當時儒學盛行，儒家的學說，自然要被應用到法律上去了。《漢書》《注》引應劭說：董仲舒老病致仕。朝廷每有政議，數遣廷尉張湯至陋巷，問其得失，於是作《春秋折獄》二百三十二事。漢文帝除肉刑詔，所引用的就是《書》說（見下）。漢武帝亦使呂步舒（董仲舒弟子），治淮南獄。可見漢時的律、令、比中，摻入儒家學說處絕不少。此等儒家學說，一定較法家為寬仁的。因為法家偏重伸張國家的權力，儒家則注重保存社會良好的習慣。章炳麟《太炎文錄》裡，有《五朝法律索隱》一篇，說《晉律》是極為文明的。北魏以後，參用鮮卑法，反而改得野蠻了。如《晉律》，父母殺子同凡論，而北魏以後，都得減輕。又如走馬城市殺人者，不得以過失論（依此，則現在馬車、摩托，在市上殺人的，都當以故殺論。因為城市中行人眾多，是行車者所預知的，而不特別小心，豈得謂之過失？難者將說：「如此，在城市中將不能行車了。文明愈進步，事機愈緊急，時間愈寶貴，處處顧及步行的人，將何以趨事赴功呢？」殊不知事機緊急，只是一個藉口。果有間不容髮的事，如軍事上的運輸，外交上的使命，以及弭亂、救火、急救疾病等事，自可別立為法。然在今日，撞傷路人之事，由於此等原因者，共有幾分之幾呢？曾記在民國十至十二年之間，上海某外人，曾因嫌人力車夫走得慢，下車後不給車資，直向前行。車夫向其追討，又被打傷，經領事判以監禁之罪。後其人延律師辯護，乃改為罰鍰了事。問其起釁之由，則不過急欲赴某處宴會而已。從來鮮車怒馬疾馳的人，真有緊急事情的，不知有百分之一否？真正緊要的事情，怕還是徒行或負重的人做的）；部民殺長吏者同凡論；常人有罪不得贖等，都遠勝於別一朝的法律。父殺其子當誅，明見於《白虎通義》，我們可以推想父母殺子同凡論，淵源或出於儒家。又如法家，是最主張摧抑豪強的。城市走馬殺人同凡論，或者是法家所制定。然則法律的改良，所得於各家的學說者當不少。學者雖然亦不免有階級意識，究竟是爲民請命之意居多。從前學者所做的事情，所發的言論，我們看了，或不滿意，此乃時代爲之。近代的人，有時嚴責從前的學者，而反忽忘了當時的流俗，這就未免太不知社會的情形了。

《晉律》訂定以後，歷代都大體相沿。宋、齊是未曾定律的。梁、陳雖各定律，大體仍沿《晉律》。即魏、周、齊亦然，不過略參以鮮卑法而已。《唐律》是現尚存在的，體例亦沿襲舊觀。遼太祖時，定治契丹及諸夷之法，漢人則斷以律令。太宗時，治渤海人亦依漢法。道宗時，以國法不可異施，將不合於律令者別存之。此所謂律令，還是唐朝之舊。金當熙宗時，始合女真舊制及隋、唐、遼、宋之法，定《皇統制》，然仍並用古律。章宗泰和時定律，《金史》謂其實在就是《唐律》。元初即用金律，世祖平宋以後，才有所謂《至元新格》、《大元通制》等，亦不過將新生的法令事例加以編輯而已。明太祖定《大明律》，又是一準《唐律》的。《清律》又以《明律》爲本。所以從《晉律》頒行以後，直至清末採用西法以前，中國的法律實際無大改變。

法律的性質，既如此陳舊，何以仍能適用呢？（一）由向來的法律，只規定較經久之事。如晉初定律，就說關於軍事、田農、酤酒等，有權設其法，未合人心的，太平均當剔除，所以不入於律，別以爲令。又如北齊定律，亦有《新令》四十卷和《權令》二卷，與之並行。此等區別，歷代都有。總之非極永久的部分，不以入律，律自然可少變動了。（二）則律只揭舉大綱。（甲）較具體及（乙）變通的辦法，都在令及比之中。《唐書·刑法志》說：「唐之刑書有四：曰律、令、格、式。令者，尊卑貴賤之等數，國家之制度也。格者，百官有司所常行之事也。式者，其所常守之法也（宋神宗說：「設於此以待彼之謂格，使彼效之之謂式。」見《宋史·刑法志》）。凡邦國之政，必從事於此三者。其有所違，及人之爲惡而入於罪戾者，一斷以律。」令、格、式三者，實不可謂之刑書。不過現代新生的事情，以及辦事所當依據的手續，都在其中，所以不得不與律並舉。律所載的事情，大約是很陳舊而不適宜於具體應用的，但爲最高原理所自出，又不便加以廢棄。所以宋神宗改律、令、格、式之名爲敕、令、格、式，而「律恆存乎敕之外」。這即是實際的應用，全然以敕代律了。到近世，則又以例輔律。明孝宗弘治十三年，刑官上言：「中外巧法吏，或借例便私，律浸格不用。」於是下尚書，會九卿議，增歷年問刑條例，經久可行者二百九十七條。自是以後，律例並行。清朝亦屢刪定刑例，至乾隆以後，遂載入律內，名爲《大清律例》。案例乃據成案編纂而成，成案即前世所謂比。律文僅舉大綱，實際應用時，非有業經辦理的事情，以資比附不可，此比之所以不能不用。然成案太多，隨意援引，善意者亦嫌出入太大，惡意者則更不堪設想，所以又非加以限制不可。由官加以審定，把（一）重複者刪除；（二）可用者留；（三）無用者廢；（四）舊例之不適於用者，亦於同時加以廢止。此爲官修則例之所由來，不徒（一）杜絕弊端，（二）使辦事者得所依據，（三）而（甲）社會上新生的事態，日出不窮；（乙）舊有之事，定律時不能無所遺漏；（丙）又或法律觀念改易，社會情勢變遷，舊辦法不適於今；皆不可不加補正。有新修刑例以濟之，此等問題，就都不足爲患了。清制：刑例五年一小修，十年一大修（事屬刑部，臨時設館）。使新成分時時注入於法律之中；陳舊而不適用者，隨時刪除，不致壅積。藉實際的經驗，以改良法律，實在是很可取法的。

刑法自漢至隋，起了一個大變化。刑字既引伸爲廣義，其初義，即專指傷害人之身體，使其蒙不可恢復的創傷的，乃改稱爲「肉刑」。晚周以來，有一種象刑之論，說古代對於該受五刑的人，不需眞加之以刑，只要異其冠服以爲戮。此乃根據於《堯典》之「象以典刑」的，爲儒家的書說。案象以典刑，恐非如此講法（見前）。但儒家所說的象刑，在古代是確有其事的。《周官》有明刑（見司救）。明梏（見掌囚）。乃是將其人的姓名罪狀，明著之以示人。《論衡．四諱篇》說：當時「完城旦以下，冠帶與俗人殊」，可見歷代相沿，自有此事，不過在古代，風氣誠樸，或以此示戒而已足，在後世則不能專恃此罷了。儒家乃根據此種習俗，附會《書經》象以典刑之文，反對肉刑的殘酷。漢孝文帝十三年，齊太倉令淳于公有罪當刑，防獄逮繫長安。淳于公無男，有五女。會逮，罵其女曰：「生子不生男，緩急非有益也。」其少女緹縈，自傷悲泣。乃隨其父至長安，上書願沒入爲官婢，以贖父刑罪。書奏，天子憐悲其意。遂下令曰：「蓋聞有虞氏之時，畫衣冠異章服以爲戮而民弗犯，何治之至也？今法有肉刑三，而奸不止，其咎安在？夫刑至斷肢體，刻肌膚，終身不息，何其刑之痛而不德也？豈稱爲民父母之意哉？其除肉刑，有以易之。」

於是有司議：當黥者髡鉗爲城旦舂，當劓者笞三百，當斬左趾者笞五百，當斬右趾者棄市。案詔書言今法有肉刑三，《注》引孟康曰：「黥、劓二，斬左右趾合一，凡三也。」而景帝元年詔，說孝文皇帝除宮刑。詔書下文刻肌膚指黥，斷肢體指劓及斬趾，終身不息當指宮，則是時實並宮刑廢之。唯係遲廢而未嘗有以爲代，故有司之議不之及，而史亦未嘗明言。此自古人文字疏略，不足爲怪。至景帝中元年，《紀》載「死罪欲腐者許之」，則係以之代死罪，其意仍主於寬恤。然宮刑自此復行，直至隋初方除。象刑之論，《荀子》極駁之。《漢書．刑法志》備載其說，自有相當的理由。然刑獄之繁，實有別種原因，並非專用酷刑可止。《莊子．則陽篇》說：「柏矩至齊，見辜人焉，推而強之，解朝服而幕之，號天而哭之。曰：子乎子乎？天下有大菑，子獨先離之。曰：莫爲盜，莫爲殺人。榮辱立，然後睹所病，貨財聚，然後睹所爭，今立人之所病，聚人之所爭，窮困人之身，使無休時，欲無至此，得乎。匿爲物而愚不識，大爲難而罪不敢，重爲任而罰不勝，遠其塗而誅不至。民知力竭，則以僞繼之。日出多僞，士民安取不僞？夫力不足則僞，知不足則欺，財不足則盜。盜竊之行，於誰責而可乎？」這一段文字，見得所謂犯罪者，全係個人受社會的壓迫，而無以自全；受社會的教育，以至不知善惡（日出多僞，士民安取不僞）；其所能負的責任極微。更以嚴刑峻法壓迫之，實屬不合於理。即不論此，而「民不畏死，奈何以死懼之」（《老子》），於事亦屬無益。所以「孟氏使陽膚爲士師，問於曾子。曾子曰：上失其道，民散久矣。如得其情，則哀矜而勿喜。」（《論語．子張》）。這固然不是澈底的辦法，然就事論事，操司法之權的，存心究當如此。司法上的判決，總不能無錯誤的。別種損失，總還可設法回復，唯有肉刑，是絕對無法的，所以古人視之甚重。這究不失爲仁人君子的用心。後來反對廢除肉刑的人，雖亦有其理由，然肉刑究竟是殘酷的事，無人敢堅持主持，始終沒有能夠恢復。這其中，不知保全了多少人。孝文帝和緹縈，眞是歷史上可紀念的人物了。反對廢除肉刑的理由安在呢？《文獻通考》說：「漢文除肉刑，善矣，而以髠笞代之。髠法過輕，而略無懲創；笞法過重，而至於死亡。其後乃去笞而獨用髠。減死罪一等，即止於髠鉗；進髠鉗一等，即入於死罪。而深文酷吏，務從重比，故死刑不勝其衆。魏晉以來病之。然不知減笞數而使之不死，徒欲復肉刑以全其生，肉刑卒不可復，遂獨以髠鉗爲生刑。所欲活者傅生議，於是傷人者或折肢體，而才翦其毛髮。所欲陷者與死比，於是犯罪者既已刑殺，而復誅其宗親。輕重失宜，莫此爲甚。隋唐以來，始制五刑，曰笞、杖、徒、流、死。此五者，即有虞所謂鞭、朴、流、宅，雖聖人復起，不可偏廢也。」案自肉刑廢除之後，至於隋代制定五刑之前，刑法上的問題，在於刑罰的等級太少，用之不得其平。所以司法界中有經驗的人士，間有主張恢復肉刑的。而讀書偏重理論的人，則常加反對。恢復肉刑，到底是件殘酷的事，無人敢堅決主張，所以肉刑終未能復。到隋朝制定五刑以後，刑罰的等級多了，自無恢復肉刑的必要，從此以後，也就無人提及了。自漢文帝廢除肉刑至此，共歷七百五十餘年。一種制度的進化，可謂不易了。

隋唐的五刑，是各有等級的。其中死刑分斬、絞兩種。而除前代的梟首、轘裂等。元以異族入主中原，立法粗疏，且偏於暴虐。死刑有斬無絞，又有凌遲處死，以處惡逆，明清兩代均沿之。明代將刑法軍政，並爲一談。五刑之外，又有所謂充軍。分附近、沿海、邊遠、煙瘴、極邊五等（清分附近、近邊、邊遠、極邊、煙瘴五等）。有終身、永遠兩種。永遠者身死之後，又勾攝其子孫；子孫絕者及其親屬（已見上章）。明制：「二死三流，同爲一減。」太祖爲求人民通曉法律起見，採輯官民過犯條文，頒行天下，謂之《大誥》。囚有《大誥》的，罪得減等。後來不問有無，一概作爲有而減等。於是死刑減至流刑的，無不以《大誥》再減，流刑遂等於不用，而充軍的卻很多。清朝並不藉讁發維持軍籍，然仍沿其制，爲近代立法史上的一個汙點。

刑法的改良，起於清末的改訂舊律。其時改笞杖爲罰金，以工作代徒流。後來定《新刑律》，才分主刑爲死刑（用絞，於獄中行之）、無期徒刑、有期徒刑、拘役、罰金五種。從刑爲沒收、褫奪公權兩種。

審判機關，自古即與行政不分。此即《周官》地官所謂「地治者」。但屬於秋官的官，如鄉士（掌國中）、遂士（掌四郊）、縣士（掌野）、方士（掌都家）等，亦皆以掌獄訟爲職。地官、秋官，本當有行政官與軍法審判之別，讀前文可明，但到後來，這兩者的區別，就漸漸的泯滅了。歐洲以司法獨立爲恤刑之法，中國則以（一）縮小下級官吏定罪的許可權，（二）增加審級，爲恤刑之法。漢代太守便得專殺，然至近代，則府、廳、州、縣，只能決徒以下的罪，流刑必須由按察司親審，死刑要待御筆勾決了。行政司法機關既不分，則行政官吏等級的增加，即爲司法上審級的增加。而歷代於固有的地方官吏以外，又多臨時派官清理刑獄。越訴雖有制限，上訴是習慣上得直達皇帝爲止的，即所謂叩閽。宋代初命轉運使派官提點刑獄，後獨立爲一司，明朝繼之，設按察司，與布政使並立，而監司之官，始有專司刑獄的。然及清代，其上級的督撫，亦都可受理上訴。自此以上，方爲京控（刑部、都察院、提督，均可受理）。臨時派官復審，明代尤多。其後朝審、秋審遂沿爲定制。清代秋審是由督撫會同兩司舉行的，決定後由刑部匯奏，再命三法司（見下），復審，然後御筆勾決，死刑乃得執行。在內的則由六部、大理寺、通政司、都察院會審，謂之初審。此等辦法，固得慎重刑獄之意。然審級太多，則事不易決。又路途遙遠，加以曠日持久，人證物證，不易調齊，或且至於湮沒，審判仍未必公平，而人民反因獄事拖延受累。所以此等恤刑之法，亦是有利有弊的。

司法雖不獨立，然除特設的司法官吏而外，干涉審判之官，亦應以治民之官爲限。如此，（一）系統方不紊亂。（二）亦且各種官吏，對於審判，未必內行，令其干涉，不免無益有損。然歷代既非司法之官，又非治民之官，而參與審判之事者，亦在所不免。如御史，本係監察之官，不當干涉審判。所以彈劾之事，雖有涉及刑獄的，仍略去告訴人的姓名，謂之風聞。唐代此制始變，且命其參與推訊，至明，遂竟稱爲三法司之一了。而如通政司、翰林院、詹事府、五軍都督等，無不可臨時受命，與於會審之列，更屬莫名其妙。又司法事務，最忌令軍政機關參與。而歷代每將維持治安及偵緝罪犯之責，付之軍政機關。使其獲得人犯之後，仍須交給治民之官，尚不易非理肆虐，而又往往令其自行治理，如漢代的司隸校尉，明代的錦衣衛、東廠等，尤爲流毒無窮。

審判之制，貴於速斷速決，又必熟悉本地方的民情。所以以州縣官專司審判，於事實嫌其不給。而後世的地方官，多非本地人，亦嫌其不悉民情。廉遠堂高，官民隔膜，吏役等遂得乘機舞弊。司法事務的黑暗，至於書不勝書，人民遂以入公門爲戒。官吏無如吏役何，亦只得勸民息訟。國家對於人民的義務，第一事，便在保障其安全及權利，設官本意，唯此爲急。而官吏竟至勸人民不必訴訟，豈非奇談？古代所謂「地治者」，本皆後世鄉吏之類，漢代嗇夫，還是有聽訟之職的（《漢書・百官公卿表》）。爰延爲外黃鄉嗇夫，民至不知有郡縣（《後漢書》本傳），其權力之大可知。然治者和被治者既形成兩個階級，治者專以朘削被治者爲生，則訴訟正是朘削的好機會，畀鄉吏以聽訟之權，流弊必至不可究詰。所以至隋世，遂禁止鄉官聽訟。《日知錄》「鄉亭之職」一條說：「今代縣門之前，多有榜曰：誣告加三等，越訴笞五十。此先朝之舊制。今人謂不經縣官而上訴司府，謂之越訴，是不然。《太祖實錄》：洪武二十七年，命有司擇民間高年老人，公正可任事者，理其鄉之辭訟。若戶婚、田宅、鬥毆者，則會里胥決之。事涉重者，始白於官。若不由里老處分，而徑訴縣官，此之謂越訴也。」則明太祖嘗有意恢復鄉官聽訟之制。然《注》又引宣德七年陝西按察僉事林時之言，謂「洪武中，天下邑里，皆置申明，旌善二亭，民有善惡則書之，以示勸懲。凡戶婚、田土、鬥毆常事，里老於此剖決。今亭宇多廢，善惡不書。小事不由里老，輒赴上司。獄訟之繁，皆由於此。」則其事不久即廢。今鄉官聽訟之制，固不可行。然法院亦難遍設，民國十五年，各國所派的司法調查委員（見下）。以通計四百萬人乃有一第一審法院，爲我國司法狀況缺點之一。中國人每笑西洋人的健訟，說我國人無須員警、司法，亦能相安，足見道德優於西人。其實中國人的不願訴訟，怕也是司法狀況的黑暗逼迫而成的，並非美事。但全靠法院平定曲直，確亦非良好現象。不需多設法院，而社會上亦能發揚正義，抑強扶弱，不至如今日之豪暴橫行；鄉里平亭，權又操於土豪劣紳之手，是爲最善，那就不得不有望於風俗的改良了。

古代的法律，本來是屬人主義的。中國疆域廣大，所包含的民族極多。強要推行同一的法律，勢必引起糾紛。所以自古即以「不求變俗」爲治（《禮記・曲禮》）。統一以後，和外國交通，亦係如此。《唐律》：化外人犯罪，就依其國法治之。必兩化外人相犯，不能偏據一國的法律，才依據中國法律治理。這種辦法，固然是事實相沿，然決定何者爲罪的，根本上實在是習慣。兩族的習慣相異，其所認爲犯罪之事，即各不相同。「照異族的習慣看起來，雖確有犯罪的行爲，然在其本人，則實無犯罪的意思」，在此情形之下，亦自以按其本族法律治理爲公平。但此項辦法，只能適用於往來稀少之時。到近代世界大通，交涉之事，日益繁密，其勢就不能行了。中國初和外國訂約時，是不甚了然於另一新局面的來臨的。一切交涉，都根據於舊見解以爲應付，遂貿然允許了領事裁判權。而司法界情形的黑暗（主要的是司法不獨立，監獄的黑暗，濫施刑訊及拘押等），有以生西人的戒心，而為其所藉口，亦是無可諱言的（從前有領事裁判權的國家，如土耳其，有虐待異教徒的事實，我國則無之。若說因習慣的不同，則應彼此皆有）。中外條約中，首先獲得領事裁判權的是英國，後來各國相繼獲得，其條文彼此互異，然因各國條約均有最惠國條款，可以互相援引，所以實際上並無甚異同。有領判權之國，英、美、義、挪威、日本，均在我國設立法院。上海的會審公廨，且進而涉及原被告均為華人的事件。其損害我國的主權，自然無待於言了。然各國亦同蒙其不利（最重要的，如領事不曉法律，各國相互之間，亦需各歸其國的領事審判。一件事情，關涉幾國人的，即需分別向各國起訴。又上訴相距太遠，即在中國設有法院之國亦然，其他更不必論了）。且領事裁判權存在，中國絕不能許外國人在中國雜居。外人因此自限制其權利於通商口岸，亦殊不值得。取消領事裁判權之議，亦起於《辛丑條約》。英，美、日三國商約，均有俟我法律及司法制度改良後，撤銷領事裁判權的條文。太平洋會議，我國提出撤銷領事裁判權案，與會各國允共同派員，到中國來調查：（一）各國在我國的領事裁判權的現狀，（二）我國的法律，（三）司法制度，（四）司法行政情形，再行決定。十五年，各國派員來華調查，草有報告書，仍主從緩。國民政府和義、丹、葡、西四國，訂立十九年一月一日放棄領事裁判權的條約。比約則訂明另定詳細辦法。倘詳細辦法尚未訂定，而現有領事裁判權之國，過半數放棄，則比國亦放棄。中國在諸約中，訂定（一）十九年一月一日以前，頒布民商法；（二）撤銷領事裁判權之後，許外人中國雜居；（三）彼此僑民課稅，不得高於他國人，或異於他國人，以為交換條件。然此約訂定之後，迄今未能實行。唯墨西哥於十八年十一月，自動宣言放棄（德、奧、俄等國，歐戰後即失其領事裁判權）。

撤銷領事裁判權，其實是不成問題的，只要我國司法，眞能改良，自不怕不能實行。我國的司法改良，在於（一）澈底改良司法界的狀況，（二）且推行之及於全國，此即所謂「司法革命」、「司法普及」。既需經費，又需人才，又需行政上的努力，自非易事。目前清末年訂定四級三審制（初級、地方、高等三廳及大理院。初審起於初級廳的，上訴終於高等廳，起於地方廳的，終於大理院）。至民國二十二年，改爲三級三審（地方法院、高等法院、最高法院）。前此司法多由縣知事兼理，雖訂有種種章程，究竟行政司法，分劃不清二十四年起，司法部已令全國各地，遍設法院，這都是比較合理的。眞能推行盡利，我國的司法自可煥然改觀了。

第十一章　實業

農工商三者，並稱實業，而三者之中，農爲尤要。必有農，然後工商之技，乃可得而施。中國從前稱農爲本業，工商爲末業，若除去其輕視工商，幾乎視爲分利之意，而單就本末兩字的本義立論，其見解是不錯的。所以農業的發達，實在是人類劃時代的進步。有農業，然後人類的食物，乃能爲無限制的擴充，人口的增加，才無限制。人類才必須定居，一切物質文明，乃有基礎，精神文化，亦就漸次發達了。人類至此，剩餘的財產才多，成爲掠奪的目的，勞力更形寶貴，相互間的戰爭，自此頻繁，社會內部的組織，亦更形複雜了。世界上的文明，起源於幾個特別肥沃的地點，比較正確的歷史，亦是自此開始的。這和農業有極深切的關係，而中國亦是其中之一。

在農業開始以前，遊獵的階段，很爲普遍。在第一章中業經提及。漁獵之民，視其所居之地，或進爲畜牧，或進爲農耕。中國古代，似乎是自漁獵徑進於農耕的。傳說中的三皇：燧人氏鑽木取火，教民熟食，以避腥臊傷害腸胃，顯然是漁獵時代的酋長。伏羲，亦作庖犧。皇甫謐《帝王世紀》，說爲「取犧牲以供庖廚」（《禮記・月令疏》引），實爲望文生義。《白虎通義・號篇》云：「下伏而化之，故謂之伏羲」，則羲字與化字同義，所稱頌的乃其德業。至於其時的生業，則《易・繫辭傳》明言其「爲網罟以田以漁」，其爲漁獵時代的酋長，亦無疑義。伏羲之後爲神農，「斫木爲耜，揉木爲耒」，就正式進入農業時代，我國文明的歷史，從此開始了。三皇之後爲五帝。顓頊、帝嚳，可考的事蹟很少。黃帝「教熊、羆、貔、貅、貙、虎」，以與神農戰，似乎是遊牧部落的酋長。然這不過是一種荒怪的傳說，《五帝本紀》同時亦言其「藝五種」，而除此之外，亦絕無黃帝爲遊牧民族的證據。《堯典》則有命羲和「曆象日、月、星辰，敬授民時」之文。《堯典》固然是後人所作，並非當時史官的記錄。然後人所作，亦不能謂其全無根據。殷周之祖，是略與堯舜同時的。《詩經》中的〈生民〉、〈公劉〉，乃周人自述其祖宗之事，當不致全屬子虛。《書經》中的〈無逸〉，乃周公誥誡成王之語，述殷周的歷史，亦必比較可信。〈無逸〉中述殷之祖甲云：「其在祖甲，不義唯王，舊爲小人。作其即位，爰知小人之依。」祖甲（實即太甲。「不義唯王，舊為小人」，正指其為伊尹所放之事）。述高宗云：「舊勞於外，爰暨小人。」皆顯見其爲農業時代的賢君。周之先世，如太王、王季、文王等，更不必論了。古書的記載，誠多未可偏信。然合全體而觀之，自五帝以來，社會的組織和政治上的鬥爭，必與較高度的文明相伴，而非遊牧或漁獵部族所能有。然則自神農氏以後，我國久已成爲農業發達的民族了。古史年代，雖難確考，然孟子說：「由堯舜至於湯，五百有餘歲。由湯至於文王，五百有餘歲。由文王至於孔子，五百有餘歲。」（〈盡心下篇〉）。和韓非子所謂殷周七百餘歲，虞夏二千餘歲（〈顯學篇〉）。樂毅《報燕惠王書》所謂「收八百歲之畜積」（謂齊自周初建國，至為昭王所破時）；大致都相合的，絕不會是臆造。然則自堯舜至周末，當略近二千年。自秦始皇統一天下至民國紀元，相距二千一百三十二年。自堯舜追溯農業發達之時，亦必在千年左右。我國農業發達，總在距今五千年之前了。

中國的農業，是如何進化的呢？一言以蔽之，曰：自粗耕進於精耕。古代有爰田之法，爰田即係換田。據《公羊》宣公十五年何《注》，是因爲地有美惡，「肥饒不得獨樂，墝确不得獨苦」，所以「三年一換主易居」。據《周官．大司徒》：則田有不易，一易，再易之分。不易之地，是年年可種的。一易之地，種一年要休耕一年；再易之地，種一年要休耕兩年。授田時：不易之地，一家給一百畝；一易之地，給二百畝；再易之地，給三百畝。古代的田畝，固然較今日爲小。然一夫百畝，實遠較今日農夫所耕爲大。而其成績，則據《孟子．萬章下篇》和《禮記．王制》所說：是上農夫食九人，其次食八人，其次食七人，其次食六人，下農夫食五人。較諸現在，並不見得佳良，可見其耕作之法，不及今人了。漢朝有個大農業家趙過，能爲代田之法。把一畝分做三個甽，播種於其中。甽以外的高處謂之隴。苗生葉以後，要勤除隴上之草，因而把隴上的土，傾頹下來，使其附著苗根。如此逐漸爲之，到盛暑，則「隴盡而根深」，能夠「耐風與旱」。甽和隴，是年年更換的，所以謂之代田（見《漢書．食貨志》）。後來又有區田之法，把田分爲一塊一塊的，謂之區，隔一區，種一區。其鋤草和頹土，亦與代田相同。《齊民要術》（見下），極稱之。後世言農業的人，亦多稱道其法。但據近代研究農業的人說：則「代田區田之法，不外乎所耕者少，而耕作則精。近世江南的農耕，較諸古人所謂代田區田，其精勤實無多讓。其田並不番休，而地力亦不見其竭。則其施肥及更換所種穀物之法，亦必有精意存乎其間」，這都是農業自然的進步。總而言之，農業有大農制和小農制。大農制的長處，在於資本的節約，能夠使用機械，及人工的分配得宜；小農制的長處，則在以人盡其勞，使地盡其力。所以就一個人的勞力，論其所得的多少，是大農制爲長；就土地同一的面積，論其所得的多少，則小農制爲勝。中國農夫的技能，在小農制中，總可算首屈一指了。這都是長時間自然的進化。

中國農業進化的阻力，約有三端：（一）爲講究農學的人太少。

即使有之，亦和農民隔絕，學問不能見諸實用。古代有許多教稼的官。如《周官》大司徒，「辨十有二壤之物而知其種」；司稼，「巡邦野之稼，而辨穜稑之種。周知其名與其所宜地，以爲法而懸於邑閭」。這些事，都是後世所沒有的。李兆洛《鳳臺縣志》說，鳳臺縣人所種的地，平均是一人十六畝。窮苦異常，往往不夠本。一到荒年，就要無衣無食。縣人有一個喚做鄭念祖的，僱傭了一個兗州人。問他：你能種多少園地？他說兩畝，還要僱一個人幫忙。問他要用多少肥料？他說一畝田的肥料，要値到兩千個銅錢。間壁的農人聽了大笑，說，我種十畝地，只花一千個銅錢的肥料，收穫的結果，還往往不夠本呢！鄭念祖對於這個兗州人，也是將信將疑。且依著他的話試試看呢，因其用力之勤，施肥之厚，人家的作物，都沒有成熟，他先就成熟了，而且長得很好，爭先入市，獲利甚多。到人家蔬果等上市時，他和人家一塊賣的，所得的都是贏利了。李兆洛據此一例，很想募江南的農民爲農師，以開水田，這不過是一個例。其餘類乎此的情形，不知凡幾。使農民互相師，已可使農業獲有很大的進步，何況益之以士大夫？何況使士大夫與農民互相師，以學理經驗，交相補足呢？（二）古代土地公有，所以溝洫阡陌等，都井井有條，後世則不然。土地變爲私有，寸寸割裂。凡水旱蓄泄等事，總是要費掉一部分土地的，誰肯犧牲？凡一切公共事業的規劃，其根源，實即公共財產的規劃。所以土地公有之世，不必講地方自治，而自治自無不舉。土地既已私有，公共的事務，先已無存。間有少數非聯合不能舉辦的，則公益和私益，多少有些衝突。於是公益的舉措，固有的蕩然無存，當興的闕而莫舉；而違反公益之事，且日出不窮。如濫伐林木，破壞堤防，壅塞溝渠等都是，而農田遂大受其害。其最爲顯著的，就是水利。（三）土地既然私有了，人民誰不愛護其私產？但必使其俯仰有餘，且勤勞所得，可以爲其所有，農民才肯盡力。如其一飽且不可得；又偶有贏餘，即爲強有力者剝削以去；人民安得不苟偷呢？然封建勢力和高利貸的巧取豪奪，則正是和這原則相反的。這也是農田的一個致命傷。職是故，農業有其進化的方面，而亦有其退化的方面。進退相消，遂成爲現在的狀況。

中國現在農業上的出路，是要推行大農制。而要推行大農制，則必須先有大農制所使用的器具。民國十七年春，俄國國營農場經理馬克維次（Markevich），有多餘不用的機犁百架，召集附近村落的農民，許租給他們使用，而以他們所有的土地，共同耕種爲條件。當時加入的農民，其耕地共計九千餘畝。到秋天，增至二萬四千餘畝。事爲共產黨所聞，於是增製機犁，並建造使用機犁的動力場。至明年，遂推行其法於全國，是爲蘇俄集合農場的起源（據張君勱《史泰林治下之蘇俄》。《再生》雜誌社本）。天下事口說不如實做。瘏口曉音，說了半天的話，人家還是不信。實在的行動當前，利害較然可見，就無待煩言了。普通的議論，都說農民是最頑固的、守舊的。其實這是農民的生活，使其如此。現在爲機器時代，使用舊式的器具，絕不足以與之相敵。而全國最多數的農民，因其生活，而滯留於私有制度下自私自利的思想，亦實爲文化進步的障礙。感化之法，單靠空言啓牖是無用的。生活變則思想變；生產的方法變，則生活變。「牖民孔易」，製造出耕作用的機械來，便是化除農民私見的方法。並不是要待農民私見化除了，機械才可使用。

中國的農學，最古的，自然是《漢書．藝文志》諸子略中的農家。其所著錄先秦的農書，今已不存。先秦農家之說，存於今的，只有《管子》中的〈地員〉，《呂氏春秋》中的〈任地〉、〈辨士〉、〈審時〉數篇。漢代農家所著之書，亦俱亡佚。諸家徵引，以氾勝之書爲最多。據《周官．草人》《疏》說，這是漢代農書中最佳的，未知信否。古人著述，流傳到現在的，以後魏賈思勰的《齊民要術》爲最早。後世官修的巨著，有如元代的《農桑輯要》，清代的《授時通考》；私家的巨著，有如元王楨的《農書》，明徐光啓的《農政全書》等；均在子部農家中。此項農書，所包頗廣。種植而外，蠶桑、菜果、樹木、藥草、孳畜等，都包括其中。田制、勸課、救荒之法，亦均論及，尙有茶經、酒史、食譜、花譜、相牛經、相馬經等，前代亦隸農家，清四庫書目改入譜錄類。獸醫之書，則屬子部醫家。這些，都是和農業有關係的。舊時種植之法，未必都能適用於今。然要研究農業歷史的人，則不可以不讀。

蠶桑之業，起於黃帝元妃嫘祖，語出《淮南·蠶經》（《農政全書》引），自不足信。《易·繫辭傳》說：「黃帝、堯、舜，垂衣裳而天下治。」《疏》云：「以前衣皮，其制短小，今衣絲麻布帛，所作衣裳，其制長大，故云垂衣裳也。」亦近附會。但我國的蠶業，發達是極早的。孟子說：「五畝之宅，樹之以桑，七十者可以衣帛矣。」（〈梁惠王上篇〉）。久已成爲農家婦女普遍的職業了。古代蠶利，盛於北方。《詩經》中說及蠶桑的地方就很多。《禹貢》兗州說桑土既蠶，青州說厥篚檿絲。檿是山桑，這就是現在的野蠶絲了。齊紈、魯縞，漢世最爲著名。南北朝、隋、唐貨幣都通用布帛。唐朝的調法，亦兼收絲麻織品。元朝還有五戶絲及二戶絲。可見北方蠶桑之業，在元代，尙非不振，然自明以後，其利就漸限於東南了。唐甄《潛書》說：「蠶桑之利，北不逾淞，南不逾浙，西不通湖，東不至海，不過方千里，外此則所居爲鄰，相隔一畔而無桑矣（此以盛衰言之，並非謂絕對無有，不可拘泥）。甚矣民之惰也。」大概中國文化，各地不齊，農民愚陋，只會蹈常習故，便是士和工商亦然。所以全國各地，風氣有大相懸殊的。《日知錄》說：「華陰王宏撰著議，以爲延安一府，布帛之價，貴於西安數倍。」又引《鹽鐵論》說：「邊民無桑麻之利，仰中國絲絮而後衣。夏不釋褐，冬不離窟。」崔寔《政論》說：「僕前爲五原太守，土俗不知緝績。冬積草伏臥其中。若見吏，以草纏身，令人酸鼻。」顧氏說：「今大同人多是如此。婦人出草，則穿紙袴。」可見有許多地方，荒陋的情形，竟是古今一轍。此等情形，昔人多欲以補救之法，責之官吏，間亦有能行之的。如清乾隆時，陳宏謀做陝西巡撫，曾在西安、三原、鳳翔設蠶館、織局，招南方機匠爲師，又教民種桑，桑葉、繭絲，官家都許收買，使民節節得利，可以踴躍從事，即其一例，但究不能普遍。今後交通便利，資本的流通，遍及窮鄉僻壤，此等情形，必將漸漸改變了。

林政：愈到後世而愈壞。古代的山林，本是公有的，使用有一定的規則，如《禮記．王制》說「草木黃落，然後入山林」是。亦或設官管理，如《周官》的林衡是。又古代列國並立，務於設險，平地也有人造的森林，如《周官》司險，設國之五溝、五塗，而樹之林，以爲阻固是，後世此等事都沒有了。造林之事極少，只是靠天然的使用，所以愈開闢則林木愈少。如《漢書．地理志》說，天水、隴西，山多林木，人民都住在板屋裡。又如近代，中國的木材，出於四川、江西、貴州，而吉、黑兩省，爲全國最大的森林區域，都是比較上少開闢的地方。林木的闕乏，積極方面，由於國家不知保護森林，更不知造林之法。如清朝梅曾亮，有《書棚民事》一篇。他說當他替安徽巡撫董文恪做行狀時，遍覽其奏議，見其請准棚民開山的奏摺，說棚民能攻苦食淡於崇山峻嶺，人跡不通之處，開種旱穀，有裨民食，和他告訐的人，都是溺於風水之說，至有以數百畝之田，保一棺之土的，其說必不可聽。梅氏說：「予覽其說而是之。」又說：「及予來宣城，問諸鄉人，則說：未開之山，土堅石固，草樹茂密，腐葉積數年，可二三寸。每天雨，從樹至葉，從葉至土石，歷石罅滴瀝成泉，其下水也緩。又水緩而土不隨其下。水緩，故低田受之不爲災；而半月不雨，高田猶受其灌溉。今以斤斧童其山，而以鋤犁疏其土，一雨未畢，沙石隨下，其情形就大不然了。」梅氏說：「予亦聞其說而是之。」又說：「利害之不能兩全也久矣。由前之說，可以息事。由後之說，可以保利。若無失其利，而又不至於董公之所憂，則吾蓋未得其術也。」此事之是非，在今日一言可決。而當時或不之知，或作依違之論。可見昔人對於森林的利益，知之不甚透澈。自然不知保護，更說不到造林；歷代雖有課民種桑棗等法令，亦多成爲具文了。消極方面，則最大的爲兵燹的摧殘，而如前述開墾時的濫伐，甚至有放火焚毀的，亦是其一部分的原因。

漁獵畜牧，從農業興起以後，就不被視爲主要的事業。其中唯田獵因和武事有關，還按時舉行，藉爲閱習之用。漁業則被視爲鄙事，爲人君所弗親。觀《左氏》隱公五年所載臧僖伯諫觀漁之辭可見。牧業，如《周官》之牧人、牛人、充人等，所豢養的，亦僅以供祭祀之用。只有馬是和軍事、交通都有關係的，歷代視之最重，常設「苑」、「監」等機關，擇適宜之地，設官管理。其中如唐朝的張萬歲等，亦頗有成績，然能如此的殊不多，以上是就官營立論。至於民間，規模較大的，亦恆在緣邊之地。如《史記．貨殖列傳》說，天水、隴西、北地、上郡，畜牧爲天下饒。又如《後漢書．馬援傳》說，援亡命北地，因留畜牧，役屬數百家。轉遊隴漢間，因處田牧，至有牛馬羊數千頭，穀數萬斛是。中國民家，勢不能有大規模的畜牧。然苟能家家畜養，其數亦必不少。如《史記．平準書》說，武帝初年，「衆庶街巷有馬，阡陌之間成群」。元朔六年，衛青、霍去病出塞，私負從馬至十四萬匹（《漢書．匈奴列傳》。顏師古《注》：「私負衣裝者，及私將馬從者，皆非公家發與之限。」）實在是後世所少見的。民業雖由人民自營，然和國家的政令，亦有相當的關係。唐玄宗開元九年，詔「天下之有馬者，州縣皆先以郵遞軍旅之役，定戶復緣以升之，百姓畏苦，乃多不畜馬，故騎射之士減曩時」。元世祖至元二十三年，六月，括諸路馬。凡色目人有馬者，三取其二；漢民悉入官；敢匿與互市者罪之。《明實錄》言：永樂元年，七月，上諭兵部臣曰：「比聞民間馬價騰貴，蓋禁民不得私畜故也。其榜諭天下，聽軍民畜馬勿禁。」（據《日知錄》「馬政」條）。然則像漢朝，不但無畜馬之禁，且有馬復令者（有車騎馬一匹者，復卒三人，見〈食貨志〉），民間的畜牧，自然要興盛了。但這只能藏富於民，大規模的畜牧，還是要在邊地加以提倡的。《遼史·食貨志》述太祖時畜牧之盛，「括富人馬不加多，賜大小鶻軍萬餘匹不加少」。又說：「自太宗及興宗，垂二百年，群牧之盛如一日。天祚初年，馬猶有數萬群，群不下千匹。」此等盛況，各個北族盛時，怕都是這樣的，不過不能都有翔實的記載罷了。此其緣由：（一）由於天時地利的適宜。（二）亦由其地尚未開闢，可充牧場之地較多。分業應根據地理，蒙、新、青、藏之地，在前代或係域外，今則都在邦域之中，如何設法振興，不可不極端努力了。

漁稅，歷代視之不甚重要，所以正史中關於漁業的記載亦較少。然古代庶人，實以魚鱉爲常食（見第十三章）。《史記·貨殖列傳》說：太公封於齊，地瀉鹵，人民寡，太公實以通魚鹽爲致富的一策。這或是後來人的託辭，然春秋戰國時，齊國漁業的興盛，則可想見了。《左氏》昭公三年，晏子說陳氏厚施於國，「魚鹽蜃蛤，弗加於海。」（謂不封禁或收其稅）。漢耿壽昌爲大司農，增加海租三倍（見《漢書·食貨志》）。可見緣海河川，漁業皆自古即盛。此等盛況，蓋歷代皆然。不過「業漁者類爲窮海、荒島、河上、澤畔居民，任其自然爲生。中國池畜魚類，一池一沼，只供文人學士之倘佯，爲詩酒閒談之助。所以自秦漢至明，無興革可言，亦無記述可見」罷了（採李士豪屈若搴《中國漁業史》說，商務印書館本）。然合沿海及河湖計之，賴此爲生的，何止千萬？組織漁業公司，以新法捕魚，並團結漁民，加以指導保護等，均起於清季。國民政府對此尤爲注意，並曾豁免漁稅，然成效尚未大著。領海之內，時時受人侵漁。二十六年，中日戰事起後，沿海多遭封鎖，漁場受侵奪，漁業遭破壞的尤多。

狹義的農業，但指種植而言。廣義的，則凡一切取得物質的方法，都包括在內，礦業，無疑的也是廣義農業的一部分了。《管子．地數篇》說：「葛盧之山，發而出水，金從之，蚩尤受而制之，以爲劍、鎧、矛、戟。」「雍狐之山，發而出水，金從之，蚩尤受而制之，以爲雍狐之戟，芮戈。」我們據此，還可想見礦業初興，所採取的，只是流露地表的自然金屬。然《管子》又說：「上有丹砂者，下有黃金；上有慈石者，下有銅金；上有陵石者，下有鉛、錫、赤銅；上有赭者下有鐵；此山之見榮者也。」榮即今所謂礦苗，則作《管子》書時，已知道察勘礦苗之法了。近代機器發明以來，煤和鐵同爲生產的重要因素。在前世，則鐵較重於煤。至古代，因爲技術所限，銅尤要於鐵。然在古代，銅的使用，除造兵器以外，多以造寶鼎等作爲玩好奢侈之品，所以《淮南子．本經篇》說：「衰世鐫山石，鍥金玉，擿蚌蜃，銷銅鐵，而萬物不滋。」將銅鐵和金玉、蚌蜃（謂採珠）。同視。然社會進化，鐵器遂日形重要。《左氏》僖公十八年，「鄭伯始朝於楚，楚子賜之金，既而悔之，與之盟，曰：無以鑄兵。」可見是時的兵器，還以南方爲利。兵器在後漢以前，多數是用銅造的（參看《日知錄》「銅」條）。然鹽鐵，《管子》書已並視爲國家重要的財源（見第八章），而《漢書．地理志》說，江南之俗，還是「火耕水耨」。可見南方的農業，遠不如北方的發達。古代礦業的發明，一定是南先於北，所以蚩尤尸作兵之名。然到後來，南方的文明程度，轉落北方之後，則實以農業進步遲速之故。南方善造銅兵，北方重視鐵鑄的農器，正可爲其代表。管子雖有鹽鐵國營之議，然鐵礦和冶鑄，仍入私人之手。只看漢世所謂「鹽鐵」者（此所謂鹽鐵，指經營鹽鐵事業的人而言），聲勢極盛，而自先秦時代殘留下來的鹽官、鐵官，則奄奄無生氣可知，後世也還是如此。國家自己開的礦是很少的，民間所開，大抵以金屬之礦爲多。採珠南海有之。玉多來自西域。

工業：在古代，簡單的是人人能做的。其較繁難的，則有專司其事的人。此等人，大抵由於性之所近，有特別的技巧。後來承襲的人，則或由社會地位關係，或由其性之所近。《考工記》所謂「知者創物，巧者述之，守之世，謂之工。」此等專門技術，各部族的門類，各有不同。在這一部族，是普通的事，人人會做的，在別一部族，可以成爲專門之技。所以《考工記》說：「粵無鎛，燕無函，秦無廬，胡無弓車。」（謂無專制此物之人）。又說：「粵之無鎛也，非無鎛也（言非無鎛其物），夫人而能爲鎛也。」燕之函，秦之廬，胡之弓車說亦同。此等規模，該是古代公產部族，相傳下來的。後世的國家沿襲之，則爲工官。《考工記》的工官有兩種：一種稱某人，一種稱某氏。稱某人的，當是技術傳習，不以氏族爲限的，稱某氏的則不然。工用高曾之規矩，古人傳爲美談。此由（一）古人生活恬淡，不甚喜矜奇鬥巧。（二）又古代社會，範圍窄狹，一切知識技能，得之於並時觀摩者少，得之於先世遺留者多，所以崇古之情，特別深厚。（三）到公產社會專司一事的人，變成國家的工官，則工業成爲政治的一部分。政治不能廢督責，督責只能以舊式爲標準。司製造的人，遂事事依照程式，以求免過。（《禮記・月令》說：「物勒工名，以考其成。」《中庸》說：「日省月試，餼廩稱事，所以來百工也。」可見古代對於工業督責之嚴）。（四）封建時代，人的生活是有等級的，也是有軌範的。競造新奇之物，此兩者均將被破壞。所以《禮記・月令》說：「毋或作爲淫巧，以蕩上心。」《荀子・王制》說：「雕琢文采，不敢造於家。」而《禮記・王制》竟說：「作奇技奇器以疑衆者殺。」此等制度，後人必將議其阻礙工業的進步，然在保障生活的軌範，使有權力和財力的人，不能任意享用，而使其餘的人，（甲）看了起不平之念；（乙）或者不顧財力，互相追逐，致以社會之生活程度衡之，不免流於奢侈，是有相當價值的，亦不可以不知道。即謂專就技巧方面立論，此等制度阻礙進步也是冤枉的。爲什麼呢？

社會的組織，暗中日日變遷，而人所設立的機關，不能與之相應，有用的逐漸變為無用，而逐漸破壞。這在各方面皆然，工官自亦非例外。（一）社會的情形變化了，而工官未曾擴充，則所造之物，或不足以給民用。（二）又或民間已發明新器，而工官則仍守舊規，則私家之業漸盛。（三）又封建制度破壞，被滅之國，被亡之家，所設立之機關，或隨其國家之滅亡而被廢，技術人員也流落了。如此，古代的工官制度，就破壞無餘了。《史記·貨殖列傳》說：「用貧求富，農不如工，工不如商。」《漢書·地理志》所載，至漢代尚存的工官，寥寥無幾；都代表這一事實。《漢書·宣帝紀贊》，稱讚他「信賞必罰，綜覈名實」，「技巧工匠，自元成間鮮能及之」。陳壽《上諸葛氏集表》，亦稱其「工械技巧，物究其極」（《三國蜀志·諸葛亮傳》），實在只是一部分官制官用之物罷了，和廣大的社會工業的進退，是沒有關係的。當這時代，工業的進化安在呢？世人每舉歷史上幾個特別智巧的人，幾件特別奇異之器，指為工業的進化，其實是不相干的。公輸子能削竹木以為鵲，飛之三日不下（見《墨子·魯問篇》、《淮南子·齊俗訓》）。這自然是瞎說，《論衡·儒增篇》，業經駁斥他了。然如後漢的張衡、曹魏的馬鈞、南齊的祖沖之、元朝的郭守敬（馬鈞事見《三國魏志·杜夔傳》《注》，餘皆見各史本傳），則其事蹟絕不是瞎說的。他們所發明的東西安在呢？崇古的人說：「失傳了。這只是後人的不克負荷，並非中國人的智巧，不及他國人。」喜新的人不服，用滑稽的語調說道：「我將來學問夠了，要做一部中國學術失傳史。」（見從前北京大學所出的《新潮雜誌》）。其實都不是這一回事。一種工藝的發達，是有其社會條件的。指南針，世界公認是中國人發明的。古代曾用以駕車，現在為什麼沒有？還有那且走且測量路線長短的記里鼓車，又到什麼地方去了？諸葛亮改良連弩，馬鈞說：我還可以再改良，後來卻不曾實行，連諸葛亮發明的木牛流馬，不久也失傳了。假使不在征戰之世，諸葛亮的心思，也未必用之於連弩。假使當時魏蜀的爭戰，再劇烈些，別方面的勢力，再均平些，竟要靠連弩以決勝負，魏國也未必有馬鈞而不用。假使魏晉以後，在商業上，有運巴蜀之粟，以給關中的必要，木牛流馬，自然會大量製造，成爲社會上的交通用具的。不然，誰會來保存它？同理：一時代著名的器物，如明朝宣德、成化，清朝康熙、雍正、乾隆年間的瓷器，爲什麼現在沒有了？這都是工業發達的社會條件。還有技術方面，也不是能單獨發達的。一器之成，必有互相連帶的事物。如公輸子以竹木爲鵲，飛之三日，固然是瞎說。王莽時用兵，募有奇技的人，有人自言能飛，試之，取大鳥翮爲兩翼，飛數百步而墜（見《漢書・王莽傳》）。卻絕不是瞎說的，其人亦不可謂之不巧。假使生在現在，斷不能謂其不能發明飛機。然在當日，現今飛機上所用種種機械，一些沒有，自然不能憑空造成飛行器具。所以社會條件不備具；技術的發展，而不依著一定的順序；發明是不會憑空出現的。即使出現了，也只等於曇花一現。以爲只要消費自由，重賞之下，必有勇夫，工藝自然會不斷的進步，只是一個淺見。

工官制度破壞後，中國工業的情形，大概是這樣的：根於運輸的情形，尋常日用的器具，往往合若干地方，自成一個供求的區域。各區域之間，製造的方法，和其所用的原料等，不必相同。所以各地方的物品，各有其特色。（一）此等工人，其智識，本來是蹈常習故的。（二）加以交換制度之下，商品的生產，實受銷場的支配，而專司銷售的商人，其見解往往是陳舊的。因爲舊的東西，銷路若干，略有一定，新的就沒有把握了。因此，商人不歡迎新的東西，工人亦愈無改良的機會。（三）社會上的風氣，也是蹈常習故的人居其多數，所以其進步是比較遲滯的。至於特別著名的工業品，行銷全國的，亦非沒有。則或因（一）天產的特殊，而製造不能不限於其地。（二）或因運輸的方便，別地方的出品，不能與之競爭。（三）亦或困歷史上技術的流傳，限於一地。如湖筆、徽墨、湘繡等，即其一例。

近代的新式工業，是以機製品爲主的。自非舊式的手工業所能與之競爭。經營新式工業，既需人才，又需資本，中外初通時的工商家，自不足以語此，自非賴官力提倡不可。然官家的提倡，亦殊不得法。同治初年，製造局、造船廠等的設立，全是爲軍事起見，不足以語於實業。光緒以後所辦的開平煤礦、甘肅羊毛廠、湖北鐵廠、紗廠等，亦因辦理不得其法，成效甚少。外貨既滔滔輸入，外人又欲在通商口岸設廠製造，利用我低廉的勞力，且省去運輸之費。自咸豐戊午、庚申兩約定後，各國次第與我訂約，多提出此項要求，中國始終堅持未許。到光緒甲午和日本戰敗，訂立《馬關條約》，才不得已而許之。我國工業所受的壓迫，遂更深一層，想掙扎更難了。然中國的民智，卻於甲午之後漸開，經營的能力，自亦隨之而俱進。近數十年來，新興的工業，亦非少數，惜乎興起之初，未有通盤計畫，而任企業之家，人自爲戰，大多數都偏於沿江沿海。二十六年，戰事起後，被破壞的，竟達百分之七十，這亦是一個很大的創傷。然因此而（一）中國的寶藏，獲得開發，交通逐漸便利。（二）全盤的企業，可獲得一整個的計畫，非復枝枝節節而爲之。（三）而政治上對於實業的保障，如關稅壁壘等，亦將於戰後獲得一條出路。因禍而爲福，轉敗而爲功，就要看我們怎樣盡力奮鬥了。

商業當興起時，和後來的情形，大不相同。《老子》說：「郅治之極，鄰國相望，雞犬之聲相聞，民各甘其食，美其服，安其俗，樂其業，至老死不相往來。」這是古代各部族最初孤立的情形。到後來，文化逐漸進步，這種孤立狀況，也就逐漸打破了。然此時的商人，並非各自將本求利，乃係爲其部族做交易。部族是主人，商人只是夥友，盈虧都由部族擔負，商人只是替公衆服務而已。此時的生意，是很難做的。（一）我們所要的東西，哪一方面有？哪一方面價格低廉？（二）與人交換的東西，哪一方面要？哪一方面價格高昂？都非如後世的易於知道。（三）而重載往來，道途上且需負擔危險。

商人竭其智力，爲公衆服務，實在是很可敬佩的。而商人的才智，也特別高。如鄭國的弦高，能卻秦師，即其一證（《左氏》僖公三十三年）。此等情形，直到東西周之世，還有留詒。《左氏》昭公十六年，鄭國的子產，對晉國的韓宣子說：「昔我先君桓公，與商人皆出自周。庸次比耦，以艾殺此地，斬之蓬蒿藜藿而共處之。」開國之初，所以要帶著一個商人走，乃是因爲草創之際，必要的物品，難免闕乏，庚財（見第五章），乞糴，都是不可必得的。在這時候，就非有商人以濟其窮不可了。衛爲狄滅，文公立國之後，要注意於通商（《左氏》閔公二年），亦同此理。此等商人，眞正是消費者和生產者的朋友。然因社會組織的變遷，無形之中，卻逐漸變做他們的敵人而不自知了。因爲交換的日漸繁盛，各部族舊有的經濟組織，遂不復合理，而逐漸的遭遇破壞。舊組織既破壞，而無新組織起而代之。人遂不復能更受社會的保障，其作業，亦非爲社會而作，於是私產制度興起了。在私產制度之下，各個人的生活，是要自己設法的。然必不能物物皆自爲而後用之。要用他人所生產的東西，只有（一）掠奪和（二）交換兩種方法。掠奪之法，是不可以久的，於是交易大盛。然此時的交易，非復如從前行之於團體與團體之間，而是行之於團體之內的。人人直接交易，未免不便，乃漸次產生居間的人。一方面買進，一方面賣出，遂成爲現在的所謂商業。非交易不能生活，非藉居間的人不能交易，而商業遂隱操社會經濟的機鍵。在私產制度之下，人人的損益都是要自己打算的，各人盡量尋求自己的利益。而生產者要找消費者、消費者要找生產者極難，商人卻處於可進可退的地位，得以最低價（只要生產者肯忍痛賣）。買進，最高價（只要消費者能夠忍痛買）；賣出，生產者和消費者，都無如之何。所以在近代工業資本興起以前，商人在社會上，始終是一個優勝的階級。

商業初興之時，只有現在所謂定期貿易。《易經・繫辭傳》說：神農氏「日中爲市，致天下之民，聚天下之貨，交易而退，各得其所」，就指示這一事實的。此等定期貿易，大約行之於農隙之時，收成之後。所以《書經．酒誥》說：農功既畢，「肇牽車牛遠服賈」。《禮記．郊特牲》說：「四方年不順成，八蠟不通」；「順成之方，其蠟乃通。」（蠟祭是行於十二月的。因此，舉行定期貿易）。然不久，經濟愈形進步，交易益見頻繁，就有常年設肆的必要了。此等商肆，大者設於國中，即《考工記》所說「匠人營國，面朝後市」。小者則在野田墟落之間，隨意陳列貨物求售，此即《公羊》何《注》所謂「因井田而爲市」（宣公十五年）。《孟子》所謂「有賤丈夫焉，必求龍斷而登之」，亦即此類，其說已見第八章了。《管子．乘馬篇》說：「聚者有市，無市則民乏。」可見商業和人民的關係，已密接而不可分離了。古代的大商人，國家管理之頗嚴，《管子．揆度篇》說：「百乘之國，中而立市，東西南北，度五十里。」千乘之國、萬乘之國，也是如此，這是規定設市的地點的。《禮記．王制》列舉許多不鬻於市的東西。如（一）圭璧金璋，（二）命服命車，（三）宗廟之器，（四）犧牲，（五）錦文珠玉成器，是所以維持等級制度的，（六）奸色亂正色，（七）衣服飲食，是所以矯正人民的生活軌範的，（八）布帛精粗不中度，幅廣狹不中量，（九）五穀不時，（十）果實未熟，（十一）木不中伐，（十二）禽獸魚鱉不中殺，是所以維持社會的經濟制度，並保障消費人的利益的。總之，商人的交易，受著干涉的地方很多。《周官》司市以下各官，則是所以維持市面上的秩序的。我們可想見，在封建制度之下，商人並不十分自由。封建政體破壞了，此等規則，雖然不能維持，但市總還有一定的區域。像現在通衢僻巷，到處可以自由設肆的事，是沒有的。北魏胡靈后時，稅入市者人一錢，即其明證。《唐書．百官志》說：「市皆建標築土爲候。凡市日，擊鼓三百以會衆，日入前七刻，擊鉦三百而散。」則市之聚集，仍有定期，更無論非市區了。現在設肆並無定地，交易亦無定時，這種情形，大約是唐中葉以後，逐漸興起的。看宋朝人所著的《東京夢華錄》（孟元老著）、《武林舊事》（周密著）等書可見。到這地步，零售商逐漸增多，商業和人民生活的關係，亦就更形密切了。

商業初興時，所運銷的，還多數是奢侈品，所以專與王公貴人爲緣。子貢結駟連騎，束帛之幣，以聘享諸侯（《史記·貨殖列傳》）。鼂錯說漢朝的商人，「交通王侯，力過吏勢」（《漢書·食貨志》）。即由於此。此等商人，看似勢力雄厚，其實和社會的關係，是比較淺的。其廁身民衆之間，做屯積和販賣的工作的，則看似低微，而其和社會的關係，反較密切，因爲這才眞正是社會經濟的機鍵。至於古代的賤視商人，則（一）因封建時代的人，重視掠奪，而賤視平和的生產事業。（二）因當時的商業，多使賤人爲之。如刁間收取桀黠奴，使之逐漁鹽商賈之利是（《史記·貨殖列傳》）。此等風氣，以兩漢時代爲最甚。後世社會階級，漸漸平夷，輕視商人，亦就不如此之甚了；抑商則另是一事。輕商是賤視其人；抑商則敵視其業，因爲古人視商業爲末業，以爲不能生利。又因其在社會上是剝削階級，然抑商的政令，在事實上，並不能減削商人的勢力。

國際間的貿易，自古即極興盛。因爲兩國或兩民族，地理不同，生產技術不同，其需要交易，實較同國同族人爲尤甚。試觀《史記·貨殖列傳》所載，凡和異國異族接境之處，商務無不興盛（如天水、隴西、北地、上郡、巴、蜀、上谷至遼東等），便可知道。漢朝尙絕未知西域爲何地，而邛竹杖、蜀布，即已遠至其地，商人的輾轉販運，其能力亦可驚異了。〈貨殖傳〉又說：番禺爲珠璣、瑇瑁、果、布之湊。這許多，都是後來和外洋互市的商品（布當即綿布）。可知海路的商業，發達亦極早。中國和西域的交通，當分海、陸兩路。以陸路論：《漢書·西域傳》載杜欽諫止遣使報送罽賓使者的話，說得西域的路，阻礙危險，不可勝言，而其商人，竟能冒險而來。以海路論：《漢書·地理志》載中國人當時的海外航線，係自廣東的徐聞出發。所經歷的地方，雖難悉考，其終點黃支國，據近人所考證，即係印度的建志補羅（馮承鈞《中國南洋交通史》上編第一章）。其後大秦王安敦，自日南徼外，遣使通中國，爲中歐正式交通之始。兩晉南北朝之世，中國雖然喪亂，然河西、交、廣，都使用金銀。當時的中國，是並不以金銀爲貨幣的，獨此兩地，金銀獲有貨幣的資格，即由於與外國通商之故。可見當中國喪亂時，中外的貿易，依然維持著。承平之世，特別如唐朝、元朝等，疆域擴張，聲威遠播之時，更不必說了，但此時所販運的總帶有奢侈品性質（如香藥寶貨便是，參看第八章）。對於普通人民的生活，關係並不深切。到近代產業革命以後，情形就全不相同了。

第十二章　貨幣

交換是現社會重要的經濟機構，貨幣則是交換所藉之以行的。所以貨幣制度的完善與否，和經濟的發達、安定，都有很大的關係。中國的貨幣制度，是不甚完善的。這是因為（一）中國的經濟學說，注重於生產消費，而不甚注重於交換，於此部分，缺乏研究。（二）又疆域廣大，各地方習慣不同，而行政的力量甚薄，不能控制之故。

中國古代，最普遍的貨幣，大約是貝。所以凡貨財之類，字都從貝，這是捕漁的民族所用。亦有用皮的，所以國家以皮幣行聘禮、婚禮的納徵，亦用鹿皮，這當是遊獵民族所用。至農耕社會，才普遍使用粟帛，所以《詩經》說「握粟出卜」，又說「抱布貿絲」。珠玉金銀銅等，都係貴族所需要。其中珠玉之價最貴，金銀次之，銅又次之，所以《管子》說：「以珠玉為上幣，黃金為中幣，刀布為下幣。」（〈國蓄〉）。古代的銅價，是比較貴的。《史記·貨殖列傳》、《漢書·食貨志》，說當時的糶價，都是每石自二十文至八十文。當時的衡量，都約當現代五分之一。即當時的五石，等於現在的一石（當時量法用斛，衡法稱石，石與斛的量，大略相等）。其價為一百文至四百文。漢宣帝時，穀石五錢，則現在的一石穀，只值二十五文。如此，零星貿易，如何能用錢？所以孟子問陳相：許行的衣冠械器，從何而來？陳相說：都是以粟易之。（〈滕文公上篇〉）。而漢朝的賢良文學，說當時買肉吃的人，也還是「負粟而往，易肉而歸」（《鹽鐵論·散不足篇》）。可見自周至漢，銅錢的使用，並不十分普遍。觀此，才知道古人所以有許多主張廢除貨幣的。若古代的貨幣使用，其狀況一如今日，則古人即使有這主張，亦必審慎考慮，定有詳密的辦法，然後提出，不能說得太容易了。自周至漢，尚且如此，何況夏殷以前？所以《說文》說：「古者貨貝而寶龜，周而有泉，至秦廢貝行錢。」《漢書·食貨志》說貨幣的狀況：「自夏殷以前，其詳靡記」，實在最爲確實。《史記·平準書》說：「虞夏之幣，金爲三品：或黃，或白，或赤，或錢，或布，或刀，或龜貝。」《平準書》本非《史記》原文，這數語又附著篇末，其爲後人所竄入，不待言而可明瞭。《漢書·食貨志》又說：「大公爲周立九府圜法。黃金方寸而重一斤。錢圜函方（函即俗話錢眼的眼字），輕重以銖。布帛廣二尺二寸爲輻，長四丈爲匹。大公退，又行之於齊。」案《史記·貨殖列傳》說：「管子設輕重九府。」〈管晏列傳〉說：「吾讀管氏〈牧民〉、〈山高〉、〈乘馬〉、〈輕重〉、〈九府〉」，則所謂九府圜法，確係齊國的制度，但其事起於何時不可知。說是太公所立，已嫌附會，再說是太公爲周所立，退而行之於齊，就更爲無據了。古代的開化，東方本早於西方。齊國在東方，經濟最稱發達。較整齊的貨幣制度，似乎就是起於齊國的。《管子·輕重》諸篇，多講貨幣貨物相權之理，可見其時貨幣的運用，已頗靈活。《管子》雖非管仲所著，卻不能不說是齊國的書。《說文》說周而有泉，可見銅錢的鑄造，是起於周朝，而逐漸普遍於各地方的。並非一有銅錢，即各處普遍使用。

古代的銅錢，尚且價格很貴，而非普通所能使用，何況珠玉金銀等呢？這許多東西，何以會與銅錢並稱爲貨幣？這是因爲貨幣之始，乃是用之於遠方，而與貴族交易的。《管子》說：「玉起於禺氏，金起於汝、漢，珠起於赤野。東西南北，距周七千八百里（《通典》引作七八千里），水絕壤斷，舟車不能通。先王爲其途之遠，其至之難，故托用於其重。」（〈國蓄〉）。又說：「湯七年旱，禹五年水，湯以莊山之金，禹以歷山之金鑄幣，而贖人之無饘賣子者。」（〈山權數〉）。此等大批的賣買，必須求之於貴族之家。因爲當時，只有貴族，才會有大量的穀物存儲（如〈山權數〉篇又言丁氏之家粟，可食三軍之師）。於此，可悟古代商人，多與貴族交接之理，而珠玉金銀等的使用，亦可無疑義了。珠玉金銀等，價均太貴，不適宜於普通之用。只有銅，價格稍賤，而用途極廣，是普通人所寶愛，而亦是其所能使用的。銅遂發達而成普通的貨幣，具有鑄造的形式。其價值極貴的，則漸以黃金爲主，而珠玉等都被淘汰。

錢圜函方，一定是取象於貝的。所以錢的鑄造，最初即具有貨幣的作用。其爲國家因民間慣用貝，又寶愛銅，而鑄作此物，抑係民間自行製造不可知。觀《漢書》「輕重以銖」四字，可見齊國的銅錢，輕重亦非一等。限制其輕重必合於銖的整數，正和限制布帛的長闊一樣，則當時的錢，種類似頗複雜。觀此，銅錢的鑄造，其初似出於民間，若原出國家，則必自始就較整齊了。此亦可見國家自能發動的事情，實在很少，都不過因社會固有的事物，從而整齊之罷了。到貨幣廣行以後，大量的鑄造，自然是出於國家。因爲非國家，不能有這大量的銅，但這只是事實如此，貨幣不可私鑄之理，在古代，似乎不甚明白的，所以漢文帝還放民私鑄。

《漢書·食貨志》說：「秦併天下，幣爲二等。黃金以鎰爲名，上幣。銅錢質如周錢，文曰半兩，重如其文。而珠玉龜貝銀錫之屬，爲器飾寶藏，不爲幣。然各隨時而輕重無常。」可見當時的社會，對於珠玉、龜貝、銀錫等，都雜用爲交易的媒介，而國家則於銅錢之外，只認黃金。這不可謂非幣制的一進化。〈食貨志〉又說，漢興，以爲秦錢重，難用，更令民鑄莢錢。〈高后本紀〉：二年，行八銖錢。應劭曰：「本秦錢。質如周錢，文曰半兩，重如其文。即八銖也。漢以其太重，更鑄莢錢，今民間名榆莢錢是也。民患其太輕，至此復行八銖錢。」六年，行五分錢。應劭曰：「所謂莢錢者，文帝以五分錢太輕小，更作四銖錢，文亦曰半兩，今民間半兩錢最輕小者是也。」案既經鑄造的銅錢，自與生銅不同。但幾種貨幣雜行於市，民必信其重者，而疑其輕者；信其鑄造精良者，而疑其鑄造粗惡者，這是無可如何之事。古代貨幣，雖有多種並行，然其價格，隨其大小而不齊，則彼此不會互相驅逐。今觀《漢書．食貨志》說：漢行莢錢之後，米至石萬錢，馬至匹百金。漢初雖有戰爭，並未至於白骨蔽野，千里無人煙，物價的昂貴，何得如此？況且物價不應同時並長。同時並長，即非物價之長，而為幣價之跌，其理甚明。古一兩重二十四銖，八銖之重，只得半兩錢三分之二；四銖只得三分之一；而其文皆曰半兩，似乎漢初貨幣，不管其實重若干，而強令其名價相等。據此推測，漢初以為秦錢重難用，似乎是一個藉口。其實是藉發行輕貨，以為籌款之策的，所以物價因之增長，其時又不知貨幣不可私鑄之理。文帝放民私鑄，看《漢書》所載賈誼的奏疏，其詒害可謂甚烈。漢武帝即位後，初鑄三銖錢，又鑄赤仄，又將鹿皮造成皮幣，又用銀錫造作白金三等，紛擾者久之。後來乃將各種銅錢取消，專鑄五銖錢。既禁民私鑄，並不許郡國鑄造，而專令上林三官鑄（謂水衡都尉屬官均官、鐘官、辨銅三令丞）。無形中暗合貨幣學理。幣制至此，始獲安定。直至唐初，才另鑄開元通寶錢。自此以前，歷朝所鑄的錢，都以五銖為文，五銖始終是最得人民信用的錢。

漢自武帝以後，幣制是大略穩定的。其間唯王莽一度改變幣制，為五物、六名、二十八品（金、銀、龜、貝、錢、布為六名；錢布均用銅，故為五物；其值凡二十八等）。然旋即過去。至後漢光武，仍恢復五銖錢。直至漢末，董卓壞五銖錢，更鑄小錢，然後錢法漸壞。自此經魏、晉、南北朝，政治紊亂，幣制迄未整飭。其中最壞的，如南朝的鵝眼、綖環錢，至於「入水不沉，隨手破壞」。其時的交易，則多用實物做媒介。和外國通商之處，則或兼用金銀。如《隋書·食貨志》說：梁初，只有京師及三吳、荊、郢、江、襄、梁、益用錢。其餘州郡，則雜以穀帛，交廣全用金銀。又說：陳亡之後，嶺南諸州，多以錢米布交易。河西諸郡，或用西域金銀之錢都是。直到唐初，鑄開元通寶錢，幣制才算復一整理，然不久私鑄即起。

用金屬做貨幣，較之珠玉布帛等，固然有種種優點，但亦有兩種劣點。其（一）是私銷私鑄的無法禁絕。私鑄，舊說以「不愛銅不惜工」敵之。即是使鑄造的成本高昂，私鑄無利可圖。但無嚴切的政令以輔之，則惡貨幣驅逐良貨幣，既爲經濟上不易的原則，不愛銅，不惜工，亦徒使國家增加一筆銷耗而已。至於私銷，則簡直無法可禁。其（二）爲錢之不足於用。社會經濟，日有進步，交易必隨之而盛。交易既盛，所需的籌碼必多。然銅係天產物，開礦又極勞費，其數不能驟增，此係自然的原因。從人爲方面論，歷代亦從未注意於民間貨幣的足不足，而爲之設法調劑，所以貨幣常感不足於用。南北朝時，雜用實物及外國貨幣，幣制的紊亂，固然是其一因，貨幣數量的缺乏，怕亦未嘗非其一因。此等現象，至唐代依然如故，玄宗開元二十二年，詔莊宅口馬交易，並先用絹布、綾羅、絲棉等。其餘市買，至一千以上，亦令錢物並用，違者科罪，便是一個證據。當這時代，紙幣遂應運而生。

紙幣的前身是飛錢。《唐書·食貨志》說：貞元時，商賈至京師，委錢諸道進奏院及諸軍諸使富家，以輕裝趨四方，合券乃取之，號飛錢。這固然是匯兌，不是紙幣，然紙幣就因之而產生了。《文獻通考·錢幣考》說：初蜀人以鐵錢重，私爲券，謂之交子，以便貿易。富人十六戶主之，其後富人稍衰，不能償所負，爭訟數起。寇瑊嘗守蜀，乞禁交子。薛田爲轉運使，議廢交子則貿易不便。請官爲置務，禁民私造。詔從其請，置交子務於益州。《宋史·薛田傳》說：未報，寇瑊守益州，卒奏用其議，蜀人便之。〈食貨志〉說：真宗時，張詠鎮蜀。患蜀人鐵錢重，不便貿易，設質劑之法。一交一緡，以三年爲一界而換之，六十五年爲二十二界，謂之交子。富民十六戶主之，三說互歧，未知孰是。總之一交一緡，以三年爲一界，總是事實。一交爲一緡，則爲數較小，人人可以使用。以三年爲一界，則爲時較長，在此期間，即具有貨幣的效用，眞可謂之紙幣，而非復匯兌券了。然云廢交子則貿易不便，則其初，亦是以搬運困難，而圖藉此以省費的。其用意，實與飛錢相類，所以說紙幣是從匯兌蛻化而出的。

交子務既由官置，交子遂變爲官發的紙幣。神宗熙寧間，因河東苦鐵錢，置務於潞州，後又行之於陝西。徽宗崇寧時，蔡京又推行之於各處。後改名爲錢引，其時唯閩、浙、湖、廣不行，推行的區域，已可謂之頗廣了。此種紙幣，係屬兌換性質。必須可兌現錢，然後能有信用，然當時已有濫發之弊。徽宗時，遂跌至一緡僅値錢數十。幸其推行的範圍雖廣，數量尙不甚多，所以對於社會經濟，不發生甚大的影響。南宋高宗紹興元年，令榷貨務造關子；二十九年，戶部始造會子，仍以三年爲一界，行至十八界爲止，第十九界，賈似道仍改造關子。南宋的交子，有展限和兩界並行之弊，因之各界價格不等。寧宗嘉定四年，遂令十七、十八兩界，更不立限，永遠行使，這很易至於跌價。然據《宋史．食貨志》：度宗咸淳四年，以近頒關子，貫作七百七十文足。十八界會子，貫作二百五十七文足。三准關子一，同現錢行使。此時宋朝已近滅亡，關子僅打七七折，較諸金朝，成績好得多了。

金朝的行紙幣，始於海陵庶人貞元二年。以一貫、二貫、三貫、五貫、十貫爲大鈔，一百、二百、三百、五百、七百爲小鈔。當時說是銅少的權制，但（一）開礦既非易事；括民間銅器以鑄；禁民間私藏銅器及運銅器出境，都是苛擾的事。鑄錢因此不易積極進行。（二）當時亦設有鑄錢的監，乃多毀舊錢以鑄。新錢雖然鑄出，舊錢又沒有了。（三）既然錢鈔並行，循惡貨幣驅逐良貨幣的法則，人民勢必將現錢收藏，新鑄的錢，轉瞬即行匿跡。因此，銅錢永無足時，紙幣勢必永遠行使。然使發行得法，則紙幣與銅錢並行，本來無害，而且是有益的。所以《金史・食貨志》說：章宗即位之後，有人要罷鈔法。有司說：「商旅利其致遠，往往以錢買鈔。公私俱便之事，豈可罷去？」這話自是事實。有司又說：「止因有釐革之限，不能無疑。乞削七年釐革之限，令民得常用。」（歲久字文磨滅，許於所在官庫納舊換新，或聽便支錢）。做〈食貨志〉的人說：「自此收斂無術，出多入少，民浸輕之。」其實收斂和釐革，係屬兩事。苟能審察經濟情形，不至濫發，雖無釐革之限何害？若要濫發，即有釐革之限，又何難擴充其每界印造之數，或數界並行呢？所以章宗時的有司，實在並沒有錯。而後來的有司，「以出鈔為利，收鈔為諱」，卻是該負極大責任的。平時已苦鈔多，宣宗南遷以後，更其印發無限。貞祐二年，據河東宣撫使胥鼎說，遂致每貫僅值一文。

鈔法崩潰至此，業已無法挽救。銅錢則本苦其少，況經紙幣驅逐，一時不能復出，銀乃乘機而興。案金銀用為交易的媒介，由來已久，讀前文所述可見。自經濟進步以後，銅錢既苦其少，又苦運輸的困難，當這時候，以金銀與銅相輔而行，似極便利。然自金末以前，訖未有人想到這個法子，這是什麼理由呢？原來貨幣是量物價的尺，尺是可有一，不可有二的。既以銅錢為貨幣，即不容銅錢之外，更有他種貨幣。（一）廢銅錢而代以金銀，固然無此情理。（二）將金銀亦鑄為貨幣，與銅錢嚴定比價，這是昔人想不到的。如此，金銀自無可做貨幣的資格了。難者要說：從前的人，便沒有專用銅錢。穀物布帛等，不都曾看做貨幣的代用品麼？這話固然不錯，然在當時，金銀亦何嘗不是貨幣的代用品。不過其為用，不如穀物布帛的普遍罷了。金銀之用，為什麼不如穀帛的普遍，需知價格的根源，生於價值，金銀在現今，所以為大眾所歡迎，是因其為交換之媒介，既廣且久，大家對它，都有一種信心，拿出去，就什麼東西可以換到。尤其是現今世界各國，雖然都已用紙，而仍多用金銀爲準備。金銀換到貨幣最爲容易，且有定價，自然爲人所歡迎。這是貨幣制度替金銀造出的價值，並不是金銀本身自有價值。假使現在的貨幣，都不用金銀做準備，人家看了金銀，也不當它直接或間接的貨幣，而只當它貨物。眞要使用它的人，才覺得它有價值。如此，金銀的價值必縮小；要它的人亦必減少；金銀的用途，就將大狹了。如此，便可知道自金末以前，爲什麼中國人想不到用金銀做貨幣。因爲價格生於價值，其物必先有人要，然後可做交易的媒介，而金銀之爲物，在從前是很少有人要的。因爲其爲物，對於多數人是無價值（金銀本身之用，不過製器具，供玩好，兩者都非通常人所急）。

到金朝末年，經濟的情形，又和前此不同了。前此貨幣紊亂之時，係以惡的硬幣，驅逐良的硬幣；此時則係以紙幣驅逐硬幣。漢時錢價甚昂，零星交易，並不用錢，已如前述。其後經濟進步，交易漸繁，貨幣之數，勢必隨公鑄私造而加多。貨幣之數既多，其價格必日跌，於是零星貿易，漸用貨幣；大宗支付，轉用布帛。銅錢爲紙幣驅逐以盡，而紙幣起碼是一百文，則零星貿易，無物可用了。勢不能再回到古代的以粟易之，而布帛又不可尺寸分裂，乃不得已而用銀。所以銀之起，乃是所以代銅錢供零星貿易之用的，並非嫌銅錢質重值輕，用之以圖貯藏和運輸之便。所以到清朝，因鑄錢的勞費，上諭屢次勸人民兼用銀兩，人民總不肯聽，這個無怪其然，因爲他們心目之中，只認銅錢爲貨幣。貯藏了銀兩，銀兩對銅錢漲價，固然好了，對銅錢跌價，他們是要認爲損失的，他們不願做這投機事業。到清末，要以銀爲主幣，銅爲輔幣，這個觀念，和普通一般人說明，還是很難的，因爲他們從不了解有兩種東西可以同時並認爲貨幣。你對他說：以銀爲主幣，銅爲輔幣，這個銅幣，就不該把它看做銅，也不該把它看做銅幣，而該看作銀圓的幾分之幾，他們亦很難了解。這似乎是他們的愚笨，其實他們的意見是對的，因爲既不看做銅，又不看做銅幣，那末，爲什麼不找一種本無價值的東西，來做銀圓的代表，而要找銅幣呢？銅的本身是有價值的，因而是有價格的，維持主輔幣的比價，雖屬可能，究竟費力。何不用一張紙，寫明銅錢若干文，派它去充個代表，來得直捷痛快呢？他們的意見是對的，他們而且已經實行了，那便是飛錢、交子等物。這一種事情，如能順利發達，可使中國貨幣的進化，早了一千年。因爲少數的交易用銅錢，多數的授受，嫌錢笨重的，則以紙做錢的代表，如此，怎樣的巨數，亦可以變爲輕齎，而伸縮又極自由，較之用金銀，實在合理得許多。而惜乎國家攫取其發行之權，以濟財政之急，把這自然而合理的進化拗轉了。

於此，又可知道紙幣之敝。黃金爲什麼不起而代之，而必代之以銀。從前的人，都說古代的黃金是多的，後世卻少了，而歸咎於佛事的消耗（顧炎武《日知錄》、趙翼《二十二史箚記》、《陔餘叢考》，都如此說）。其實不然。王莽敗亡時，省中黃金萬斤爲一匱者，尚有六十匱，其數爲六十萬斤。古權量當今五之一，則得今十二萬斤，即一百九十二萬兩。中國人數，號稱四萬萬。女子當得半數，通常有金飾的，以女子爲多。假使女子百人之中，有一人有金飾，其數尚不及一兩。現在民間存金之數，何止如此？《齊書·東昏侯紀》，謂其「後宮服御，極選珍奇。府庫舊物，不復周用。貴市民間，金銀寶物，價皆數倍，京邑酒租，皆折使輸金，以爲金塗」。這幾句話，很可說明歷史記載，古代金多，後世金少的原因。古代人民生活程度低，又封建之世，服食器用，皆有等差，平民不能僭越。珠玉金銀等，民間收藏必極少。這個不但金銀如此，怕銅亦是如此。秦始皇的銷兵，人人笑其愚笨。然漢世盜起，必劫庫兵。後漢時羌人反叛，因歸服久了，無復兵器，多執銅鏡以像兵，可見當時民間兵器實不多，不但兵器不多，即銅亦不甚多。所以賈誼整理幣制之策，是「收銅勿令布」。若銅器普遍於民間，亦和後世一樣，用什麼法子收之勿令布呢？銅尚且如此，何況金銀？所以古代所謂金多，並非金眞多於後世，乃是以聚而見其多。後世人民生活程度漸高；服食器用，等差漸破；以朝廷所聚之數，散之廣大的民間，就自然不覺其多了。讀史的人，恆不免爲有明文的記載所蔽，而忽略於無字句處。我之此說，一定有人不信，因爲古書明明記載漢時黃金的賞賜，動輒數十斤、數百斤，甚且有至數千斤的，如何能不說古代的黃金，多於後世呢？但是我有一個證據，可以折服他。王莽時，黃金一斤直錢萬，朱提銀八兩爲一流，直錢一千五百八十，他銀一流直錢千，則金價五倍於銀。《日知錄》述明洪武初，金一兩等於銀五兩，則金銀的比價，漢末與明初相同。我們既不見古書上有大量用銀的記載，亦不聞佛法輸入以後，銀有大量的消耗，然則古書所載黃金大量使用之事，後世不見，並非黃金眞少，只是以散而見其少，其事了然可見了。大概金銀的比價，在前代，很少超過十倍的。然則在金朝末年，社會上白銀固多，黃金亦不甚少。假使用銀之故，是嫌銅幣的笨重，而要代之以質小値巨之物，未嘗不可捨銀而取金，至少可以金銀並用。然當時絕不如此，這明明由於銀之起，乃所以代銅錢，而非以與銅錢相權，所以於金銀兩者之中，寧取其價之較低者。於此，可見以金銀銅三品，或金銀二品，或銀銅二品爲貨幣，並非事勢之自然。自然之勢，是銅錢嫌重，即走向紙幣一條路的。

金銀兩物，舊時亦皆鑄有定形。《清文獻通考》說：「古者金銀皆有定式，必鑄成幣而後用之。顏師古注《漢書》，謂舊金雖以斤爲名，而官有常形制，亦猶今時吉字金錠之類。武帝欲表祥瑞，故改鑄爲麟趾褭蹄之形，以易舊制。然則麟趾褭蹄，即當時金幣式也。漢之百選與銀貨，亦即銀幣之式。《舊唐書》載內庫出方圓銀二千一百七十二兩，是唐時銀亦皆係鑄成。」案金屬貨幣之必須鑄造，一以保證其成色，一亦所以省秤量之煩。古代金銀雖有定形，然用之必仍以斤兩計，似乎其分量的重輕，並無一定。而其分量大抵較重，尤不適於零星貿易之用。《金史・食貨志》說：「舊例銀每錠五十兩，其直百貫。民間或有截鑿之者，其價亦隨低昂。」每錠百貫，其不能代銅錢可知。章宗承安二年，因鈔法既敝，乃思乞靈於銀，改鑄銀，名承安寶貨。自一兩至十兩，分為五等，每兩折鈔二貫，公私同見錢行使，亦用以代鈔本。後因私鑄者多，雜以銅錫，浸不能行。五年，遂罷之。宣宗時，造貞祐寶券及興定寶泉，亦皆與銀相權，然民間但以銀論價。於是限銀一兩，不得超過寶泉三百貫（案寶泉法價，每二貫等於銀一兩）。物價在三兩以下者，不許用銀。以上者三分為率，一分用銀，二分用寶泉。此令既下，「商旅不行，市肆晝閉」，乃復取消。至哀宗正大間，民間遂全以銀市易。《日知錄》說：「此今日上下用銀之始。」其時正值無錢可用的時候，其非用以與錢相權，而係以之代錢，顯然可見了。

元明兩朝，當開國之初，都曾躊躇於用錢用鈔之間。因銅的缺乏，卒仍捨錢而用鈔。元初有行用鈔，其制無可考。世祖中統元年，始造交鈔，以絲為本。是年十月，又造中統寶鈔，分十、二十、三十、五十、一百、二百、五百、一貫、二貫（此據〈食貨志〉。〈王文統傳〉云：中統鈔自十文至二貫凡十等。疑〈食貨志〉奪三百一等）。每一貫同交鈔一兩，兩貫同白銀一兩，又以文綾織為中統銀貨，分一兩、二兩、三兩、五兩、十兩五等，每兩同白銀一兩，未曾發行。至元十二年，添造釐鈔，分一文、二文、三文三等。十五年，以不便於民罷。二十四年，造至元鈔，自二貫至五文，凡十一等。每一貫當中統鈔五貫，二貫等於銀一兩，二十貫等於金一兩。武宗至大二年，以物重鈔輕，改造至大銀鈔，自二兩至二釐，共十三等。每一兩准至元鈔五貫，白銀一兩，赤金一錢。仁宗即位，以倍數太多，輕重失宜，罷至大銀鈔，其中統至元二鈔，則終元世常行。案元朝每改鈔一次，輒准舊鈔五倍，可見當其改鈔之時，即係鈔價跌至五分之一之時。貨幣跌價，自不免影響於民生，所以「實鈔法」實在是當時的一個大問題。元初以絲為鈔本，絲價漲落太大，用作鈔本，是不適宜的。求其價格變動較少的，自然還是金屬。金屬中的金銀，都不適於零星貿易之用。釐鈔及十文、五文之鈔，行用亦實不適宜。所以與其以金銀為鈔本，實不如以銅錢為鈔本。元朝到順帝至正年間，丞相脫脫才有此議。下詔：以中統鈔一貫，權銅錢一千，准至元鈔二貫。鑄至正通寶錢，與歷代銅錢並用，這實在是一個賢明的辦法。然因海內大亂，軍儲賞犒，每日印造，不可數計，遂至「交料散滿人間」，「人視之若敝楮」了。明初，曾設局鑄錢，至洪武七年，卒因銅之不給，罷鑄錢局而行鈔。大明寶鈔，以千文准銀一兩，四貫准黃金一兩。後因鈔價下落，屢次鬻官物，或稅收限定必納寶鈔以收鈔。然終於不能維持，至宣宗宣德三年，遂停止造鈔。其時增設新稅，或加重舊稅的稅額，專收鈔而焚之。鈔法既平之後，有些新稅取消，稅額復舊，有的就相沿下去了，鈔關即是其中之一。自此租稅漸次普遍收銀，銀兩真成為通用的貨幣了。

主幣可以用紙，輔幣則必須用金屬。因其授受繁，紙易敝壞，殊不經濟。所以以銅錢與紙幣並行，實最合於理想。元明兩朝，當行鈔之時，並不鑄錢。明朝到後來，鑄錢頗多，卻又並不行鈔了，清朝亦然。順、康、雍、乾四朝，頗能實行昔人不愛銅不惜工之論。案分釐在古代，本係度名而非衡名。衡法以十黍為累，十累為銖，二十四銖為兩。因其非十進，不便計算，唐朝鑄開元通寶錢，乃以一兩的十分之一，即二銖四累，為其一個的重量。宋太宗淳化二年，乃改衡法，名一兩的十分之一為一錢，一錢的十分之一為一分，一分的十分之一為一釐，錢即係以一個銅錢之重為名。分釐之名，則係借諸度法的。依照歷朝的成法，一個銅錢，本來只要重一錢。順、康、雍、乾四朝所鑄，其重量卻都超過一錢以上，鑄造亦頗精工，可謂有意於整頓幣制了。惜乎於貨幣的原理未明，所以仍無成效可見。怎樣說清朝的貨幣政策，不合貨幣原理呢？案（一）貨幣最宜舉國一律。這不是像郵票一般，過了若干時間，就不復存在的。所以郵票可以花樣翻新，貨幣則不宜然。此理在唐朝以前，本來明白。所以漢朝的五銖錢，最得人民信用，自隋以前，所鑄的銅錢，即多稱五銖。唐初改鑄開元通寶，大約是因當時錢法大壞，想與民更始的，揣度當時的意思，或者想以開元爲全國唯一通行的錢。所以後世所鑄的錢，仍係開元通寶（高宗的乾封泉寶、肅宗的乾元重寶、重輪乾元等，雖都冠之以年號，然皆非小平錢，當時不認為正式的貨幣）。不過其統一的目的，未能達到罷了。宋以後才昧於此理，把歷朝帝皇的年號，鑄在銅錢之上。於是換一個皇帝，就可以有一種錢文（年號時有改變，則還可以不止一種）。貨幣形式的不統一，不是事實使然，竟是立法如此了。甚至像明朝世宗，不但鑄嘉靖年號的銅錢，還補鑄前此歷朝未鑄的年號。這不是把銅錢不看做全國的通貨，而看做皇帝一個人的紀念品麼？若使每朝所鑄的，只附鑄一個年號，以表明其鑄造的年代，而其餘一切，都是一律，這還可以說得過去，而歷代又不能然，清朝亦是如此。且歷朝所鑄的銅錢，重量時有出入，這不是自己先造成不統一麼？（二）雖然如此，但得所鑄的錢，不至十分惡劣，則在專制時代，即但以本朝所鑄之錢爲限，而禁絕其餘的惡薄者，亦未始不可以小康。此即明代分別製錢和古錢的辦法（明天啓、崇禎間，括古錢以充廢銅，以統一幣制論，實在是對的）。但要行此法，有一先決問題，即必須先使貨幣之數足用。若貨幣之數，實在不足於用，交易之間，發生困難，就無論何等惡劣的貨幣，人民也要冒險使用，禁之不可勝禁，添出整理的阻力來了。自明廢除紙幣以後，直至清朝，要把銅錢鑄到人民夠用，是極不容易辦到的。當此之時，最好將紙幣和銅錢相權，而明清皆不知出此，聽任銀銅並行，又不知規定其主輔的關係。在明朝，租稅主於收銀，銅錢時有禁令，人民懷疑於銅錢之將廢，不敢收受，大爲銅錢流通之害。清朝則人民認銅錢爲正貨，不願收受銀兩。而政府想要強迫使用，屢煩文告，而卒不能勝。而兩種貨幣，同時並行，還生出種種弊竇（如租稅徵收等）。不明經濟原理之害，眞可謂生於其心，害於其政了。

外國銀錢的輸入，並不始於近代。《隋書·食貨志》說南北朝時河西、交廣的情形，已見前。《日知錄》引唐韓愈《奏狀》，說五嶺買賣一以銀。元稹奏狀，說自嶺以南，以金銀爲貨幣。張籍詩說：海國戰騎象，蠻州市用銀。《宋史·仁宗紀》：景祐二年，詔諸路歲輸緡錢，福建二廣以銀。《集釋》說：順治六七年間，海禁未設，市井貿易，多以外國銀錢。各省流行，所在多有。禁海之後，絕跡不見。這可見外國貨幣之侵入，必限於與外國通商之時，及與外國通商之地。前此中外交通，時有絕續；又多限於一隅；所以不能大量侵入。到五口通商以後，情形就大不相同了。外國鑄造的貨幣，使用的便利，自勝於我國秤量的金銀（其秤量之法，且不劃一）。外國銀圓，遂滔滔輸入，而以西班牙、墨西哥兩國爲多。中國的自鑄，始於光緒十三年（廣東總督張之洞所為）。重量形式，都模仿外國銀圓，以便流通。此時銅錢之數，頗感不足。光緒二十七年，廣東開鑄銅元，因其名價遠超於實價，獲利頗多。於是各省競鑄銅元，以謀餘利，物價爲之暴騰，小平錢且爲其驅逐以盡，民生大感困苦。光緒三十年，度支部奏釐定幣制，以銀圓爲本位貨幣，民國初年仍之。其時孫文創用紙幣之議，舉國的人多不解其理論，非難蜂起。直到最近，國民政府樹立法幣制度，才替中國的貨幣，畫一個新紀元。

第十三章　衣食

《禮記．禮運》說：「昔者先王未有宮室，冬則居營窟，夏則居橧巢。未有火化，食草木之實，鳥獸之肉，飲其血，茹其毛。未有麻絲，衣其羽皮。後聖有作，然後脩火之利。范金，合土，以爲臺榭、宮室，牖戶。以炮，以燔，以亨，以炙，以爲醴酪。治其麻絲，以爲布帛。」這是古人總述衣食住的進化的。（一）古代雖無正確的歷史，然其犖犖大端，應爲記憶所能及。（二）又古人最重古。有許多典禮，雖在進化之後已有新的、適用的事物，仍必保存其舊的、不適用的，以資紀念。如已有酒之後，還要保存未有酒時的明水（見下）。即其一例。此等典禮的流傳，亦使人容易記憶前代之事。所以〈禮運〉這一段文字，用以說明古代衣食住進化的情形，是有用的。

據這一段文字，古人的食料共有兩種：即（一）草木之實，（二）鳥獸之肉，（三）但還漏列了一種重要的魚，古人以魚鱉爲常食。《禮記．王制》說：「國君無故不殺牛，大夫無故不殺羊，士無故不殺犬豕。」又說：「六十非肉不飽。」《孟子》說：「雞、豚、狗、彘之畜、無失其時，七十者可以食肉矣。」（〈梁惠王上篇〉）。則獸肉爲貴者，老者之食。又說：「數罟不入洿池，魚鱉不可勝食也」與「不違農時，穀不可勝食也」並舉。《詩經．無羊篇》：「牧人乃夢，衆維魚矣。大人占之，衆唯魚矣，實維豐年。」

鄭《箋》說：「魚者，庶人之所以養也。今人衆相與捕魚，則是歲熟相供養之祥。」《公羊》宣公六年，晉靈公使勇士殺趙盾。窺其戶，方食魚飧。勇士曰：「嘻！子誠仁人也。爲晉國重卿，而食魚飧，是子之儉也。」均魚爲大衆之食之徵。此等習慣，亦必自隆古時代遺留下來的。我們可以說：古人主要的食料有三種：（一）在較寒冷或多山林的地方，從事於獵，食鳥獸之肉，飲其血，茹其毛，衣其羽皮。（二）在氣候炎熱、植物茂盛的地方，則食草木之實。衣的原料麻、絲，該也是這種地方發明的。（三）在河湖的近旁則食魚。

古代的食物雖有這三種，其中最主要的，怕還是第二種。因爲植物的種類多，生長容易。《墨子・辭過篇》說：「古之民，素食而分處。」孫詒讓《閒詁》說：「素食，謂食草木。素，疏之假字。疏，俗作蔬。」案古疏食兩字有兩義：（一）是穀物粗疏的。（二）指穀以外的植物。《禮記・雜記》：「孔子曰：吾食於少施氏而飽，少施氏食我以禮。吾祭，作而辭曰：疏食不足祭也。吾飧，作而辭曰：疏食也，不足以傷吾子。」《疏》曰：「疏粗之食，不可強飽，以致傷害。」是前一義。此所謂疏食，是後一義，因其一爲穀物，一非穀物，後來乃加一草字頭，以資區別。《禮記・月令》：仲冬之月，「山林藪澤，有能取蔬食，田獵禽獸者，野虞教道之。其有相侵奪者，罪之不赦」。《周官》太宰九職，八曰臣妾，聚斂疏材。《管子・七臣七主篇》云：「果蓏素食當十石」，〈八觀篇〉云：「萬家以下，則就山澤。」可見蔬食爲古代重要的食料，到春秋戰國時，還能養活很多的人口。至於動物，則其數量是比較少的。飲血茹毛，現在只當作形容野蠻人的話，其實在古代確是事實。《義疏》引「蘇武以雪雜羊毛而食之」，即其確證。隆古時代，蘇武在北海邊上的狀況，絕不是常人所難於遭遇的。《詩經・豳風》：「九月築場圃。」鄭《箋》云：「耕治之以種菜茹。」《疏》云：「茹者，咀嚼之名，以爲菜之別稱，故書傳謂菜爲茹。」菜即今所謂蔬，乃前所釋疏食中的第二義。後世的菜，亦是加以選擇，然後種植的，吃起來並不費力。古代的疏食，則是向山林藪澤中，隨意取得的野菜，其粗疏而有勞咀嚼，怕和鳥獸的毛，相去無幾。此等事實，均逼著人向以人工生產食物的一條路上走。以人工生產食料，只有畜牧和耕種兩法。畜牧需有適宜的環境，而中國無廣大的草原（古代黃河流域平坦之地，亦沮洳多沼澤），就只有走向種植一路了。

古人在疏食時代的狀況，雖然艱苦，卻替後人造下了很大的福利。因為所吃的東西多了，所以知道各種植物的性質。我國最古的藥書，名為《神農本草經》。《淮南子．修務訓》說：「神農嘗百草之滋味，水泉之甘苦，一日而遇七十毒。」此乃附會之辭，古所謂神農，乃農業兩字之義，並非指姜姓的炎帝其人。《禮記．月令》說「毋發令而待，以妨神農之事」，義即如此。《孟子．滕文公上篇》「有為神農之言者許行」，義亦如此。《神農本草經》乃農家推原草木性味之書，斷非一個人的功績。此書為中國幾千年來藥物學的根本。其發明，全是由於古代的人們，所吃的植物種類甚多之故。若照後世人的吃法，專於幾種穀類和菜蔬、果品，便一萬年，也不會發明什麼《本草》的。

一方面因所食之雜，而發現各種植物的性質；一方面即從各種植物中，淘汰其不適宜於為食料的，而栽培其宜於作食物的。其第（一）步，係從各種植物中，取出穀類，作為主食品。其第（二）步，則從穀類之中，再淘汰其粗的，而存留其精的。所以古人說百穀，後來便說九穀，再後來又說五穀。到現在，我們認為最適宜的主食品，只有稻和麥兩種了。《墨子．辭過篇》說：「聖人作，誨男耕稼樹藝，以為民食。其為食也，足以增氣充虛，強體適腹而已矣。」《呂氏春秋．審時篇》說：「得時之稼，其臭香，其味甘，其氣章。百日食之，耳目聰明，心意睿智，四衛變強（《注》：「四衛，四肢也。」）殈氣不入，身無苛殃。黃帝曰：四時之不正也，正五穀而已矣。」觀此，便知農業的發明、進步，和人民的營養、健康，有如何重要的關係了。

古人所豢養的動物，以馬、牛、羊、雞、犬、豕爲最普通，是爲六畜（《周官》職方氏，謂之六擾。名見鄭《注》）。馬牛都供交通耕種之用，故不甚用爲食料；羊的畜牧，需要廣大的草地，也是比較貴重的；雞、犬、豕則較易畜養，所以視爲常食。古人去漁獵時代近，男子畜犬的多。《管子．山權數》說：「若歲凶旱，水泆，民失本，則修宮室臺榭，以前無狗，後無彘者爲庸。」可見狗的畜養，和豬一樣普遍。大概在古代，狗是男子所常畜，豬則是女子所畜的。家字從宀從豕，後世人不知古人的生活，則覺其難於解釋。若知道古代的生活情形，則解釋何難之有？豬是沒有自衛能力的，放浪在外，必將爲野獸所吞噬，所以不得不造屋子給牠住，這種屋子，是女子所專有的。所以引伸起來，就成爲女子的住所的名稱了。《儀禮．鄉飲酒禮》記：「其牲狗」，《禮記．昏義》：「舅姑入室，婦以特豚饋。」可見狗是男子供給的肉食，豬是女子供給的肉食。後來肉食可以賣買，男子就有以屠狗爲業的了。牛馬要供給交通耕種之用，羊沒有廣大的草地可資放牧，這種情形，後世還是和古代一樣的，狗卻因距離遊獵時代遠，畜養的人少了，豬就成爲通常食用的獸。

烹調方法的進步，也是食物進化中一種重要的現象，其根本，由於發明用火。而陶器製造的成功，也是很有關係的。〈禮運〉云：「夫禮之初，始諸飲食。其燔黍而捭豚，汙尊而抔飲，蕢桴而土鼓，猶若可以致其敬於鬼神。」《注》云：「中古未有釜甑，釋米，捭肉，加於燒石之上而食之耳。今北狄猶然。」此即今人所謂「石烹」。下文的《注》云：「炮，裹燒之也。燔，加於火上。亨，煮之鑊也。炙，貫之火上。」其中只有烹，是陶器發明以後的方法。據社會學家說：陶器的發明，實因燒熟食物時，怕其枯焦，塗之以土，此正鄭《注》所謂裹燒。到陶器發明以後，食物煮熟時，又可加之以水，有種質地，就更易融化，調味料亦可於取熟時同煮，烹調之法，就更易進行了。烹調之法，不但使（一）其味加美，亦能（二）殺死病菌，（三）使食物易於消化，於衛生是很有關係的。

飲食的奢侈，亦是以漸而致的。《鹽鐵論・散不足篇》：賢良說：「古者燔黍食稗，而燁豚以相饗（燁當即捭字）。其後鄉人飲酒，老者重豆，少者立食，一醬一肉，旅飲而已。及其後，賓昏相召，則豆羹白飯，綦膾熟肉。今民間酒食，殽旅重疊，燔炙滿案。古者庶人糲食藜藿，非鄉飲酒，膢臘，祭祀無酒肉。今閭巷縣伯，阡陌屠沽，無故烹殺，相聚野外，負粟而往，挈肉而歸。古者不粥絍（當作飪，熟食也），不市食。及其後，則有屠沽、沽酒、市脯、魚鹽而已。今熟食遍列，肴施成市。」可見漢代人的飲食，較古代爲侈。然《論衡・譏日篇》說：「海內屠肆，六畜死者，日數千頭。」怕只抵得現在的一個上海市。《隋書・地理志》說：梁州、漢中的人，「性嗜口腹，多事田漁。雖蓬室柴門，食必兼肉」。其生活程度，就又非漢人所及了。凡此，都可見得社會的生活程度，在無形中逐漸增高。然其不平均的程度，亦隨之而加甚。《禮記・王制》說：「三年耕，必有一年之食，九年耕，必有三年之食。以三十年之通，雖有凶旱水溢，民無菜色，然後天子食，日舉，以樂。」〈玉藻〉說：「至於八月不雨，君不舉。」〈曲禮〉說：「歲凶，年不順成，君膳不祭肺，馬不食穀，大夫不食粱，士飲酒不樂。」這都是公產時代同甘共苦的遺規。然到戰國時，孟子就以「庖有肥肉，廄有肥馬，民有飢色，野有餓莩」，責備梁惠王了。我們試看《周官》的〈膳夫〉，《禮記》的〈內則〉，便知道當時的人君和士大夫的飲食，是如何奢侈。「朱門酒肉臭，路有凍死骨，榮枯咫尺異，惆悵難再述」，正不待盛唐的詩人，然後有這感慨了。

《戰國策・魏策》說：「昔者帝女令儀狄作酒而美，進之禹。禹飲而甘之。遂疏儀狄，絕旨酒，曰：後世必有以酒亡其國者。」昔人據此，遂以儀狄爲造酒的人。然儀狄只是作酒而美，並非發明造酒。古人所謂某事始於某人，大概如此。看《世本·作篇》，便可知道。酒是要用穀類釀造的（《儀禮·聘禮》注：「凡酒，稻為上，黍次之，粟次之。」）其發明，必在農業興起之後。《禮運》說：「汙尊而抔飲。」鄭《注》說：「汙尊，鑿地爲尊也。抔飲，手掬之也。」這明明是喝的水。《儀禮·士昏禮》《疏》引此，謂其時未有酒醴，其說良是。〈禮運〉《疏》說鑿地而盛酒，怕就未必然了。《明堂位》說：「夏后氏尚明水，殷人尚醴，周人尚酒。」凡祭祀所尚，都是現行的東西，前一時期的東西。據此，則釀酒的發明，還在夏后氏之先。醴之味較酒爲醇，而殷人尚醴，周人尚酒；《周官》酒正，有五齊、三酒、四飲，四飲最薄，五齊次之，三酒最厚，而古人以五齊祭，三酒飲，可見酒味之日趨於厚。讀《書經》的〈酒誥〉，《詩經》的〈賓之初筵〉等篇，可見古人酒德頗劣。現在的中國人，卻沒有酗酒之習，較之歐美人，好得多了。

就古書看起來，古人的酒量頗大。《史記·滑稽列傳》載淳於髡說：臣飲一斗亦醉，一石亦醉，固然是諷諭之辭，然《考工記》說：「食一豆肉，飲一豆酒，中人之食。」《五經異義》載〈韓詩〉說：古人的酒器：「一升曰爵，二升曰觚，三升曰觶，四升曰角，五升曰散。」古《周禮》說：「爵一升，觚三升，獻以爵而酬以觚，一獻而三酬，則一豆矣。」一豆就是一斗。即依《韓詩》說，亦得七升。古量法當今五之一，普通人亦無此酒量。案《周官》漿人，六飲有涼。鄭司農云：「以水和酒也。」此必古有此事，不然，斷不能臆說的。竊疑古代獻酬之禮，酒都是和著水喝的，所以酒量各人不同，而獻酬所用的酒器，彼此若一。

刺激品次於酒而興起的爲茶。茶之本字爲荼。《爾雅·釋木》：「檟，苦荼。」《注》云：「樹小如梔子，冬生葉，可煮作羹飲。今呼早採者爲荼，晚取者爲茗，一名荈。蜀人名之苦荼。」案荼係苦菜之稱，荼之味微苦。我們創造一句新的言語，是不容易的。遇有新事物需命名時，往往取舊事物和它相類的，小變其音，以為新名。在單音語盛行時，往往如此。而造字之法，亦即取舊字而增減改變其筆畫，以為新字。如角甪，刀刁，及現在所造的乒乓等字皆其例。所以從荼字會孕育出茶的語言文字來（語言從魚韻轉入麻韻，文字減去一畫）。茶是出產在四川，而流行於江南的。《三國吳志·韋曜傳》說：孫皓強迫群臣飲酒時，常密賜茶荈以當酒。《世說新語》謂王濛好飲茶。客至，嘗以是餉之。士大夫欲詣濛，輒曰：今日有水厄。即其證。《唐書·陸羽傳》說：「羽嗜茶。著經三篇，言茶之源、之法、之具尤備。天下益知飲茶矣。其後尚茶成風，回紇入朝，始驅馬市茶。」則茶之風行全國，浸至推及外國，是從唐朝起的。所以唐中葉後，始有茶稅。然據《金史》說：金人因所需的茶，全要向宋朝購買，認為費國用而資敵。章宗承安四年，乃設坊自造，至泰和五年罷。明年，又定七品以上官方許食茶。據此，即知當時的茶，並不如今日的普遍。如其像現在一樣，全國上下，幾於無人不飲，這種禁令，如何能立呢？平話中《水滸傳》的藍本，是比較舊的。現行本雖經金聖嘆改竄，究竟略存宋元時的舊面目。書中即不甚見飲茶，渴了只是找酒喝，此亦茶在宋元時還未如今日盛行的證據。《日知錄》引唐綦毋煚《茶飲序》云：「釋滯消壅，一日之利暫佳，瘠氣侵精，終身之害斯大。」宋黃庭堅〈茶賦〉云：「寒中瘠氣，莫甚於茶。」則在唐宋時，茶還帶有藥用的性質，其刺激性，似遠較今日之茶為烈。古人之茶係煎飲，亦較今日的用水泡飲為煩。如此看來，茶的名目，雖今古相同，其實則大相殊異了。這該是由於茶的製法今古不同，所以能減少其有害的性質，而成為普遍的飲料，這亦是飲食進化的一端。

次於茶而興起的為菸草，其物來自呂宋，名為菸，亦名淡巴菰。（見《本草》）。最初莆田人種之。王肱枕《蚓庵瑣語》云：「菸葉出閩中，邊上人寒疾，非此不治。關外至以一馬易一觔。崇禎中，下令禁之，民間私種者問徒刑。利重法輕，民冒禁如故。尋下令：犯者皆斬。然不久，因軍中病寒不治，遂弛其禁。予兒時尚不識菸爲何物，崇禎末，三尺童子，莫不吃菸矣。」（據《陔餘叢考》轉引）。據此，則菸草初行時，其禁令之嚴，幾與現在的鴉片相等。菸草可治寒疾，說係子虛，在今日事極明白。軍中病寒，不過弛禁的一藉口而已。予少時曾見某書，說明末北邊的農夫，有因吸菸而醉倒田中的（此係予十餘齡時所見，距今幾四十年，不能憶其書名。藏書毀損大半，僅存者尚在遊擊區中，無從查檢）。在今日，無論旱菸、水菸、捲菸，其性質之烈，均不能至此。則菸草的製法，亦和茶一般，大有改良了。然因此而引起抽吸大菸，則至今仍詒害甚烈。

罌粟之名，始見於宋初的《開寶本草》。宋末楊士瀛的《直指方》，始云其殼可以治痢。明王璽《醫林集要》，才知以竹刀刮出其津，置瓷器內陰乾。每服用小豆一粒，空心溫水化下，然皆以作藥用。俞正燮《癸巳類稿》云：「明四譯館同文堂外國來文八冊，有譯出暹羅國來文，中有進皇帝鴉片二百斤，進皇后鴉片一百斤之語。又《大明會典》九十七、九十八，各國貢物，暹羅、爪哇、榜葛剌三國，俱有烏香，即鴉片。」則明時此物確係貢品。所以神宗皇帝久不視朝，有疑其爲此物所困的，然其說亦無確據。今人之用作嗜好品，則實由菸草引起。清黃玉圃《臺海使槎錄》云：「鴉片菸，用麻葛同雅土切絲，於銅鐺內煎成鴉片拌菸。用竹筒，實以棕絲，群聚吸之。索直數倍於常菸。」《雍正硃批諭旨》：七年，福建巡撫劉世明，奏漳州知府李國治，拿得行戶陳達私販鴉片三十四斤，擬以軍罪，臣提案親訊。陳達供稱鴉片原係藥材，與害人之鴉片菸，並非同物。當傳藥商認驗。僉稱此係藥材，爲治痢必須之品，並不能害人。唯加入菸草同熬，始成鴉片菸。李國治妄以鴉片爲鴉片菸，甚屬乖謬，應照故入人罪例，具本題參。則其時的鴉片，尚未能離菸草而獨立。後來不知如何，單獨抽吸，其害反十百倍於菸草了。

中國食物從外國輸入的甚多。其中最重要的，自然當推蔗糖，其法系唐太宗時，得之於摩揭它的，見《唐書·西域傳》。前此的飴，是用米麥製的。大徐《說文》新附字中，始有糖字。字仍從米，釋以飴而不及蔗，可見宋初蔗糖尚未盛行。北宋末，王灼撰《糖霜譜》，始備詳其產地及製法。到現在，蔗糖卻遠盛於飴糖了。此外菜類如苜蓿，果品如西瓜等，自外國輸入的還很多，現在不及備考。

中國人烹調之法，在世界上是首屈一指的。康有為《歐洲十一國遊記》，言之最詳。但調味之美，和營養之佳良，係屬兩事，不可不知。又就各項費用在全體消費中所占的成分看，中國人對於飲食，是奢侈的。康有為《物質救國論》說：國民的風氣，侈居為上，侈衣次之，侈食為下，這亦是我國民不可不猛省的。

衣服的進化，當分兩方面講：一是材料，一是裁製的方法。

《禮運》說「未有麻絲，衣其羽皮」。這只是古人衣服材料的一種。還有一種，是用草的。《禮記·郊特牲》說：「黃衣黃冠而祭，息田夫也。野夫黃冠。黃冠，草服也。大羅氏，天子之掌鳥獸者也，諸侯貢屬焉。草笠而至，尊野服也。」《詩經》：「彼都人士，臺笠緇撮。」《毛傳》：「臺所以禦暑，笠所以禦雨也。」《鄭箋》：「臺，夫須也。都人之士，以臺為笠。」《左氏》襄公十四年，晉人數戎子駒支道：「乃祖吾離，被苫蓋。」《注》：「蓋，苫之別名。」《疏》云：「言無布帛可衣，唯衣草也。」《墨子·辭過》云：「古之民未知為衣服時，衣皮帶茭。」孫詒讓《閒詁》說：「帶茭，疑即〈喪服〉之絞帶，亦即〈尚賢篇〉所謂帶索。」案《儀禮·喪服傳》云：「絞帶者，繩帶也。」又《孟子·盡心上篇》：「舜視棄天下，猶棄敝屣也。」《注》云：「屣，草履。」《左氏》僖公四年，「共其資糧屝屨」，《注》云：「屝，草屨。」可見古人衣服冠履，都有用草製的。大概古代漁獵之民，以皮為衣服的材料。所以

《詩經．采菽》鄭《箋》說韍道：「古者田漁而食，因衣其皮，先知蔽前，後知蔽後。」（參看下文）。而後世的甲，還是用革製的。戴在頭上的有皮弁，束在身上的有革帶，穿在腳上的有皮屨（夏葛屨，冬皮屨，見《儀禮．士冠禮》、〈士喪禮〉，履以絲為之，見〈方言〉）。農耕之民，則以草爲衣服的材料。所以〈郊特牲〉說黃衣黃冠是野服。《禹貢》：揚州島夷卉服，冀州島夷皮服（島當作鳥，《疏》言偽孔讀鳥為島可見）。觀野蠻人的生活，正可知道我族未進化時的情形。

麻絲的使用，自然是一個大發明。絲的使用，起於黃帝元妃嫘祖，說不足信，已見上章。麻的發明，起於何時，亦無可考。知用麻絲之後，織法的發明，亦爲一大進步。《淮南子．氾論訓》說：「伯余之初作衣也，緂麻索縷，手經指掛，其成猶網羅。後世爲之機杼勝復，以領其用，而民得以掩形禦寒。」手經指掛，是斷乎不能普遍的。織法的發明，眞是造福無窮的了，但其始於何時，亦不可考。絲麻發明以後，皮和草的用途，自然漸漸的少了。皮的主要用途只是甲；至於裘，則其意不僅在於取暖，而兼在於美觀。所以古人的著裘，都是把毛著在外面，和現在人的反著一樣（《新序．雜事》：「虞人反裘而負薪，彼知惜其毛，不知皮盡而毛無所傅。」）外面罩著一件衣服，謂之裼衣。行禮時，有時解開裼衣，露出裡面的裘來，有時又不解開，把它遮掩掉，前者謂之裼，後者謂之襲，藉此變化，以示美觀（無裼衣謂之「表裘」為不敬。絺綌之上，亦必加以禪衣謂之袗）。窮人則著毛織品，謂之褐，褐倒是專爲取暖起見的。現在畜牧和打獵的事業都衰了，絲棉較皮貨爲賤。古代則不然，裘是比較普遍的，絲棉更貴。二十可以衣裘帛（《禮記．內則》），五十非帛不暖（《禮記．王制》）。庶人亦得衣犬羊之裘，即其明證。絲棉新的、好的謂之纊，陳舊的謂之絮（見《說文》）。

現在衣服材料，爲用最廣的是木棉，其普遍於全國，是很晚的。

此物，《南史．林邑傳》謂之吉貝，誤爲木本。《新唐書》作古貝，才知爲草本。《南史》姚察門生送南布一端；白居易〈布裘詩〉：「桂布白似雪」，都是指棉布而言，但只限於交廣之域。宋謝枋得〈謝劉純父惠木棉詩〉：「嘉樹種木棉，天何厚八閩？」才推廣到福建。《元史．世祖本紀》：至元二十六年，置浙江、江東西、湖廣、福建木棉提舉司，則推廣到長江流域了。其所以能推廣，和紡織方法，似乎很有關係的。《宋史．崔與之傳》：瓊州以吉貝織爲衣衾，工作由婦人。陶宗儀《輟耕錄》說：松江土田磽瘠，謀食不給，乃覓木棉種於閩、廣。初無踏車椎弓之制，其功甚難，有黃道婆，自崖州來，教以紡織，人遂大獲其利。未幾，道婆卒，乃立祠祀之。木棉嶺南久有，然直至宋元間才推行於北方，則因無紡織之法，其物即無從利用，無利之可言了。所以農、工兩業，是互相倚賴，互相促進的（此節略據《陔餘叢考》）。

衣服裁製的方法：最早有的，當即後來所謂韍，亦作韠。此物在後來，是著在裳之外，以爲美觀的。但在邃初，則當係親體的。除此之外，全身更無所有。所以《詩經》《鄭箋》說：「古者田漁而食，因衣其皮，先知蔽前，後知蔽後。」衣服的起源，從前多以爲最重要的原因是禦寒，次之是蔽體，其實不然。古人冬則穴居，並不藉衣服爲禦寒之具。至於裸露，則野蠻人絕不以爲恥，社會學上證據甚多。衣服的緣起，多先於下體，次及上體；又多先知蔽前，後知蔽後；這是主張衣服緣起，由於以裸露爲恥者最大的證據。據現在社會學家的研究，則非由於以裸露爲恥，而轉係藉裝飾以相挑誘。因爲裸露是人人所同，裝飾則非人人所有，加以裝飾，較諸任其自然，刺激性要重些。但蔽其前爲韍，兼蔽其後即爲裳了。裳而加以褲管，古人謂之襱。短的謂之褌，長的謂之褲，所以《說文》稱袴爲脛衣，昔人所謂貧爲褲，褌還是有的，並非裸露。又古人的褲、襠都是不縫合的，其縫合的謂之窮褲，轉係特別的。見《漢書．外戚傳》。這可見褌和褲，都是從裳變化出來的，裳在先，褌和褲在後。裳幅前三後四，都正裁。吉服襞積（打裥）。無數，喪服三襞積（《儀禮・喪服》鄭《注》）。著在上半身的謂之衣；其在內的：短的謂之襦，長的，有著（裝綿）。謂之袍，無著謂之衫。古代袍、衫不能爲禮服，其外必再加以短衣和裳。戴在頭上的，最尊重的是冕。把木頭做骨子，外面把布糊起來，上面是玄色，下面是朱色。戴在頭上，前面是低一些的，前有旒，據說是把五彩的繩，穿了一塊塊的玉，垂在前面。其數，天子是十二，此外九旒、七旒等，以次減殺。兩旁有纊，是用黃綿，大如丸，掛在冕上面的，垂下來，恰與兩耳相當。後來以玉代黃綿，謂之瑱。冕，當係野蠻時代的裝飾留下來的。所以其形狀，在我們看起來，甚爲奇怪，古人卻以爲最尊之服。次於冕者爲弁，以皮爲之。其形狀亦似冕，但無旒及纊等，戴起來前後平。冠是所以豢髮的，其形狀，同現在舊式喪禮中孝子帶的喪冠一樣。中間有一個梁，闊兩寸。又以布圍髮際，自前而後，謂之武。平居的冠，和武是連在一起的，否則分開，臨時才把它合起來。又用兩條組，連在武上，引至頤下，將它結合，是爲纓。有餘，就把它垂下來，當作一種裝飾，謂之緌。冠不用簪，冕弁則用簪。簪即女子之笄，古人重露髮，必先把「縚纚」套起來，結之爲紒，然後固之以冠。冠用纓，冕弁則把一條組結在右笄上，垂下來，經過頤下，再繞上去，結在左笄上。冠是成人的服飾，亦是貴人的服飾，所以有罪要免冠。至於今之脫帽，則自免冑蛻化而來。冑是武人的帽子，因爲怕受傷之故，下垂甚深，幾於把臉都遮蔽掉了，看不見。所以要使人認識自己，必須將冑免去。《左氏》哀公十六年，楚國白公作亂，國人專望葉公來救援。葉公走到北門，「或遇之，曰：君胡不冑？國人望君，如望慈父母焉。盜賊之矢若傷君，是絕民望也。若之何不冑？乃冑而進。」又遇一人，曰：「君胡冑？國人望君，如望歲焉，日日以幾，若見君面，是得艾也。民知不死，其亦夫有奮心。猶將旌君以徇於國，而又掩面以絕民望，不亦甚乎？乃免冑而進。」可見冑的作用。現在的脫帽，是採用歐洲人的禮節。歐洲人在中古時代，戰爭是很劇烈的。免冑所以使人認識自己，握手所以表示沒有兵器。後遂相沿，爲尋常相見之禮。中國人模仿它，其實是無謂的。有人把脫帽寫作免冠，那更和事實不合了。古代庶人是不冠的，只用巾，用以覆髻，則謂之幘。《後漢書·郭泰傳》《注》引周遷《輿服雜事》說：「巾以葛爲之，形如幍，本居士野人所服。」〈玉篇〉：「幍，帽也。」《隋書·輿服志》：「帽，古野人之服。」則巾和帽是很相近的。著在腳上的謂之韈，其初亦以革爲之，所以其字從韋作韤。韈之外爲屨，古人升堂必脫屨。脫屨則踐地者爲韈，立久了，未免汙溼，所以就坐又必解韈（見《左氏》哀公二十五年）。後世解韈與否無文，然脫屨之禮，則相沿甚久。所以劍履上殿，看做一種殊禮。《唐書》：棣王琰有兩妾爭寵，求巫者密置符於琰履中。或告琰厭魅，帝伺其朝，使人取其履驗之，果然。則唐時入朝，已不脫履。然劉知幾以釋奠皆衣冠乘馬，奏言冠履只可配車，今韈而鐙，跣而鞍，實不合於古，則祭祀還是要脫履的。大概跣禮之廢，（一）由於靴之漸行，（二）由於席地而坐，漸變爲高坐（參看後文及下章自明），古人亦有現在的綁腿，謂之逼，亦謂之邪幅，又謂之行滕。本是上路用的，然亦以之爲飾。宋綿初《釋服》說「解韈則見逼。《詩》云：邪幅在下，正是燕飲而跣以爲歡之時」，則逼著在韈內。《日知錄》說：「今之村民，往往行縢而不韈，古人之遺制也。吳賀邵美容止，常著韈，希見其足，則漢魏之世，不韈而見足者尚多。」又說韈字的從衣，始見於此，則漸變而成今日的韈了。竊疑韈本亦田獵之民之服，農耕之民，在古代本是跣足的。中國文化，本來起自南方，所以行禮時還必跣。

衣服的初興，雖非以蔽體爲目的，然到後來，著衣服成了習慣，就要把身體的各部分，都遮蔽起來，以爲恭敬了。所以《禮記》的〈深衣篇〉說：「短毋見膚。」做事以短衣爲便，今古皆然。古代少者賤者，是多服勞役的。《禮記．曲禮》說：「童子不衣裘裳。」〈內則〉說：「十年，衣不帛，襦褲。」襦就是短衣，褲就是不裳。《左氏》昭公二十五年，師己述童謠，說「鸜鵒跦跦，公在乾侯，徵褰與襦。」褰即是褲（《說文》）。此皆服勞役者不著裳之證。然襦褲在古人，不能算做禮服，外必加之以裳。既然如此，自以照現在人的樣子，於襦褲之外，罩上一件長衫爲便。然古人習於衣裳、袍衫之外，亦必加之以裳。於是從古代的衣裳，轉變到現在的袍衫，其間必以深衣爲過渡。深衣的意思，是和現在的女子所著的衣裙合一的衣服差不多的。形式上是上衣下裳，實則縫合在一起。他的裳分爲十二幅，前後各六，中間四幅對開，邊上兩幅斜裁，成兩三角形，尖端在上，所以其裳之下端與上端（腰間），是三與二之比。如此，則不需襞績，自亦便於行動了。深衣是白布做的，卻用紬鑲邊，謂之純。無純的謂之襤褸，尤爲節儉（今通作藍縷，其義為破，此又是一義）。士以上別有朝祭之衣，庶人則即以深衣爲吉服，未成年者亦然。所以戴德《喪服．變除》說：「童子當室（為父後），其服深衣不裳。」然自天子至於士，平居亦都是著一件深衣的。這正和現在的勞動者平時著短衣，行禮時著袍衫，士大夫階級，平時著袍衫，行禮時別有禮服一樣。然古人苟非極隆重的典禮，亦都可以著深衣去參與的。所以說「可以爲文，可以爲武，可以擯相，可以治軍旅」（《禮記．深衣》）。民國以來，將平時所著的袍和馬褂，定爲常禮服，既省另製禮服之費，又省動輒更換之煩，實在是很合理的。

《儀禮．士喪禮》疏，謂上下通直，不別衣裳者曰「通裁」，此爲深衣改爲長袍之始，然古人用之殊不廣。後漢以後，始以袍爲朝服。《續漢書．輿服志》說：若冠通天冠，則其服爲深衣服。有袍，隨五時色。劉昭《注》云：「今下至賤吏、小史，皆通製袍、禪衣、皂緣領袖爲朝服。」《新唐書．車服志》：中書令馬周上議：「禮無服衫之文。三代之制有深衣，請加襴袖褾襈，爲士人上服。開胯者名曰缺胯，庶人服之。」據此，則深衣與袍衫之別，在於有緣無緣。其缺胯，就是現在的袍衫了。任大椿《深衣釋例》說：「古以殊衣裳者爲禮服，不殊衣裳者爲燕服。後世自冕服外，以不殊衣裳者爲禮服，以殊衣裳者爲燕服。」此即所謂裙襦。婦人以深衣之製禮服，不殊衣裳。然古樂府《陌上桑》云：「湘綺爲下裳，紫綺爲上襦」，則襦與裳亦個別，然仍沒有不著裳的。隋唐以來，乃有所謂褲褶（〈急就篇〉注云：「褶，其形若袍，短身廣袖。」）天子親征及中外戒嚴時，百官服之，實爲戎服。

曾三異《同話錄》云：「近歲衣制，有一種長不過腰，兩袖僅掩肘，名曰貉袖。起於御馬院圉人。短前後襟者，坐鞍上不妨脫著，以其便於控馭也。」此即今之馬褂。《陔餘叢考》說：就是古代的半臂。《三國魏志．楊阜傳》說：明帝著帽，披綾半袖，則其由來已久。〈玉篇〉說：裲襠，其一當胸，其一當背。《宋書．薛安都傳》載他著絳衲兩當衫，馳入賊陣。《隋書．輿服志》：諸將軍侍從之服，有紫衫金玳瑁裝裲襠甲，紫衫金裝裲襠甲，絳衫銀裝裲襠甲。《宋史．輿服志》：范質議：《開元禮》：武官陪立大仗，加螣蛇裲襠甲，《陔餘叢考》說：就是今演劇時將帥所被金銀甲。案現在我們所著，長不過腰，而無兩袖的，北方謂之坎肩，南方有若干地方，謂之馬甲，大概係因將帥服之之故，宋人謂之背子（見《石林燕語》）。

衣服不論在什麼時代，總是大同小異的。強人人之所好，皆出於同，自然絕無此理。何況各地方的氣候，各種人的生活，還各有不同呢？但衣服既和社交有關，社會亦自有一種壓力。少數的人，總要改從多數的。昔人所謂「十履而一跣，則跣者恥；十跣而一履，則履者恥」。其間別無他種理由可言。《禮記．王制》：「關執禁以譏，禁異服，察異言。」其意乃在盤詰形跡可疑的人，並不在於劃一服飾。《周官》大司徒，以本俗六安萬民，六曰同衣服，意亦在於禁奢，非強欲使服飾齊一。服飾本有一種社會壓力，不會大相懸殊的。至於小小的異同，則無論何時，皆不能免。《禮記．儒行》：「魯哀公問於孔子曰：夫子之服，其儒服與？孔子對曰：丘少居魯，衣逢掖之衣。長居宋，冠章甫之冠。丘聞之也，君子之學也博，其服也鄉。丘不知儒服。」觀此數語，衣服因地方、階級，小有異同，顯然可見。降逮後世，叔孫通因高祖不喜儒者，改著短衣楚制（見《史記》本傳）。《鹽鐵論》載桑弘羊之言，亦深譏文學之儒服（見〈相刺篇〉、〈刺議篇〉），可見其情形還是一樣的。因爲社會壓力，不能施於異地方和異階級的人。然及交通進步，各階級的交往漸多，其壓力，也就隨之而增大了。所以到現代，全世界的服飾，且幾有合同而化之觀。日本變法以後，幾於舉國改著西裝。中國當戊戌變法時，康有爲亦有改服飾之議，因政變而未成。後來自刻《戊戌奏稿》，深悔其議之孟浪，而自幸其未果行。在所著《歐洲十一國遊記》中，尤極稱中國服飾之美，其意是（一）中國的氣候，備寒、溫、熱三帶，所以其材料和製裁的方法，能適應多種氣候，合於衛生。（二）絲織品的美觀，爲五洲所無。（三）脫穿容易。（四）貴族、平民，服飾有異，爲中西之所同。中國從前，平民是衣白色的，歐洲則衣黑色。革命時，歐人疾等級之不平，乃強迫全國上下，都著黑色，中國則不然。等級漸即平夷，采章遂遍及於氓庶。質而言之：西洋是強貴族服平民之服，中國則許平民服貴族之服。所以其美觀與否，大相懸殊。這一點，西人亦有意見相同的。民國元年，議論服製時，曾有西人作論載諸報端，說西方的服飾，千篇一律，並無趣味，勸中國人不必模仿。我以爲合古今中外而觀之，衣服不過南北兩派。南派材料輕柔，裁制寬博；北派材料緊密，裁製狹窄。這兩派的衣服，本應聽其並行，且折衷於兩者之間，去其極端之性的。歐洲衣服，本亦有南北兩派，後來改革之時，偏重北派太甚了。中國則頗能折兩者之中，保存南派的色彩較多。以中西的服飾相較，大體上，自以中國的服飾爲較適宜。現在的崇尚西裝，不過一時的風氣罷了。

中國的衣服，大體上可謂自行進化的。其仿自外國的，只有靴。《廣韻》八戈引《釋名》，說「靴本胡服，趙武靈王所服」。《北史》載慕容永被擒，居長安，夫妻賣靴以自活。北齊亡後，妃嬪入周的亦然。可見南北朝時，漢人能製靴者尚少，其不甚用靴可知。然唐中葉以後，朝會亦漸漸的穿靴，朱文公《家禮》，並有襴衫帶靴之製了。《說文》：「鞮，革履也。」《韻會》引下有「胡人履連脛，謂之絡鞮」九字。此非《說文》之文，必後人據靴製增入。然可悟靴所以廣行之故。因爲連脛，其束縛腿部較緊，可以省卻行縢。而且靴用革製，亦較能抵禦寒溼，且較綢布製者，要堅固些（此以初興時論，後來靴亦不用革）。

古代喪服，以布之精粗爲度，不是講究顏色的。素服則用白絹，見《詩經．棘人》疏。因爲古代染色不甚發達，上下通服白色，所以顏色不足爲吉凶之別。後世彩色之服，行用漸廣，則忌白之見漸生。宋程大昌《演繁露》說：「《隋志》：宋齊之間，天子宴私著白高帽。隋時以白帢通爲慶吊之服。國子生亦服白紗巾。晉人著白接籬，竇蘋《酒譜》曰：接籬，巾也。南齊桓崇祖守壽春，著白紗帽，肩輿上城。今人必以爲怪。古未有以白色爲忌也。郭林宗遇雨墊巾，李賢《注》云：周遷《輿服雜事》曰：巾以葛爲之，形如帢。本居士野人所服。魏武造帢，其巾乃廢。今國子學生服焉，以白紗爲之。是其制皆不忌白也。《樂府白紵歌》曰：質如輕雲色如銀，製以爲袍餘作巾。今世人麗妝，必不肯以白紵爲衣。古今之變，不同如此。《唐六典》：天子服有白紗帽。其下服如裙、襦、襪皆以白。視朝聽訟，燕見賓客，皆以進御。然其下注云：亦用烏紗。則知古制雖存，未必肯用，習見忌白久矣。」讀此，便知忌白的由來。案染色之法，見於《周官》天官染人，地官染草，及《考工記》鍾氏，其發明亦不可謂不早。但其能普遍於全社會，卻是另一問題。繪繡之法，見《書經．

皋陶謨》（今本《益稷》），《疏》。昔人誤以繪爲畫，其實繪之本義，乃謂以各色之絲，織成織品。見於宋綿莊《釋服》，其說是不錯的。染色、印花等事，只要原料減賤，機器發明，製造容易，所費人工不多，便不得謂之奢侈。唯有手工，消費人工最多，總是奢侈的事。現在的刺繡，雖然是美術，其實是不值得提倡的，因爲天下無衣無褐的人，正多著呢。

第十四章　住行

住居，亦因氣候地勢的不同，而分爲巢居、穴居兩種。《禮運》說：「冬則居營窟，夏則居橧巢。」（見上章）。《孟子》亦說：「下者爲巢，上者爲營窟。」（〈滕文公下篇〉）。大抵溫熱之地爲巢，乾寒之地，則爲營窟。巢居，現在的野蠻人，猶有其制。乃將大樹的枝葉，接連起來，使其上可以容人，而將樹幹鑿成一級一級的，以便上下。亦有會造梯的，人走過後，便將梯收藏起來。《淮南子·本經訓》所謂「托嬰兒於巢上」，當即如此。後來會把樹木砍伐下來，隨意植立，再於其上橫架許多木材，就成爲屋子的骨幹。穴居又分復穴兩種：（一）最初當是就天然的洞窟，匿居其中的。（二）後來進步了，則能於地上鑿成一個窟窿，而居其中，此之謂穴。古代管建設的官，名爲司空，即由於此。（三）更進，能在地面上把土堆積起來，堆得像土窯一般，而於其上開一個窟窿，是之謂復，亦作復。再進化而能版築，就成爲牆的起源了。以棟梁爲骨格，以牆爲肌肉，即成所謂宮室。所以直至現在，還稱建築爲土木工程。

中國民族，最初大約是湖居的。（一）水中可居之處稱洲，人所聚居之地稱州，州、洲雖然異文，實爲一語，顯而易見（古州島同音，洲字即島字）。（二）古代有所謂明堂，其性質極爲神祕，一切政令，都自此而出（讀惠棟《明堂大道錄》可見）。阮元說：這是由於古代簡陋，一切典禮，皆行於天子之後，後乃禮備而地分（《揅經室集明堂說》），這是不錯的。《史記·封禪書》載公玉帶上《明堂圖》，水環宮垣，上有樓，從西南入，名為昆侖，正是島居的遺像。明堂即是大學，亦稱辟雍。辟壁同字，正謂水環宮垣。雍即今之壅字，壅塞、培壅，都指土之增高而言，正像湖中島嶼。（三）《易經》泰卦上六爻辭，「城復於隍」。《爾雅·釋言》：「隍，壑也。」壑乃無水的低地，意思還和環水是一樣的。然則不但最初的建築如明堂者，取法於湖居，即後來的造城，必環繞之以濠溝，還是從湖居的遺制，蛻化而出的。

文化進步以後，不藉水為防衛，則能居於大陸之上。斯時藉山以為險阻。讀第四、第八、第九三章，可見。章炳麟《太炎文集》有《神權時代天子居山說》，可以參考。再進步，則城需造在較平坦之地，而藉其四周的山水以為衛，四周的山水，是不會周匝無缺的，乃用人工造成土牆，於其平夷無險之處，加以補足，是之謂郭。郭之專於一面的，即為長城。城是堅實可守的，郭則工程並不堅實，而且其占地太大，必不能守。所以古代只有守城，絕無守郭之事，即長城亦是如此。中國歷代，修造長城，有幾個時期。（一）為戰國以前。齊國在其南邊，造有長城，秦、趙、燕三國，亦在北邊造有長城。後來秦始皇把它連接起來，就是俗話所稱為萬里長城的。此時南方的淮夷，北方的匈奴，都是小部落。到漢朝，匈奴強大了，入塞的動輒千騎萬騎，斷非長城所能禦；而前後兩呼韓邪以後，匈奴又賓服了；所以終兩漢四百年，不聞修造長城。魏晉時，北方喪亂，自然講不到什麼遠大的防禦規模。拓跋魏時，則於北邊設六鎮，藉兵力以為防衛，亦沒有修造長城的必要。（二）然至其末年，情形就大不相同了，隋代遂屢有修築，此為修造長城的第二時期。隋末，突厥強大了，又非長城所能禦，後來的回紇、契丹亦然，所以唐朝又無修築長城之事。（三）契丹亡後，北方的遊牧部族，不能統一，又成小小打搶的局面。所以金朝又要修造一道邊牆，從靜州起，迤邐東北行，達女眞舊地，此爲修造長城的第三時期。元朝自然無庸修造長城。（四）明時，既未能將蒙古征服，而蒙古一時亦不能統一。從元朝的漢統斷絕以後，至達延汗興起以前，蒙古對中國，並無侵犯，而只有盜塞的性質，所以明朝又修長城，以爲防衛。現代的長城，大概是明朝遺留下來的。總而言之，小小的寇盜，屯兵防之，未免勞費，無以防之又不可。造長城，實在是最經濟的方法。從前讀史的人，有的稱秦始皇造長城，能立萬世夷夏之防，固然是夢話；有的議論他勞民傷財，也是胡說的。鼂錯說秦朝北攻胡貉，置塞河上，只是指秦始皇時使蒙恬新闢之土。至於其餘的長城，因戰國時秦、趙、燕三國之舊，繕修起來的，卻並沒有費什麼工力。所以能在短時間之內，即行成功。不然，秦始皇再暴虐，也無法於短時間之內，造成延袤萬餘里的長城的。漢代的人，攻擊秦朝暴虐的很多，未免言過其實，然亦很少提及長城的，就是一個證據。

古代的房屋，有平民之居和士大夫之居兩種。士大夫之居，前爲堂，後爲室。室之左右爲房，堂只是行禮之地，人是居於室中的（室之户在東南，牖在西南，北面亦有牖，謂之北牖。室之西南隅，即牖下，地最深隱，尊者居之，謂之奥。西北隅為光線射入之地，謂之屋漏。東北隅稱宧，宧養也，為飲食所藏。東南隅稱窔，亦深隱之義。室之中央，謂之中霤，為雨水所溜入。此乃穴居時代，洞穴開口在上的遺像。古之牖即今之窗，是開在牆上的。其所謂窗，開在屋頂上，今人謂之天窗）。平民之居，據鼂錯《移民塞下疏》說：「古之徙遠方以實廣虛也，先爲築室。家有一堂二內。」《漢書》注引張晏曰：「二內，二房也。」此即今三開間的屋。據此，則平民之居，較之士大夫之居，就是少了一個堂，這個到現在還是如此。士大夫之家，前有廳事，即古人所謂堂。平民之家無有，以中間的一間屋，行禮待客，左右兩間供住居，即是一堂二內之制。簡而言之，就是以室爲堂，以房爲室罷了。古總稱一所屋子謂之宮，《禮記．內則》說：「由命士以上，父子皆異宮」，則一對成年的夫妻，就有一所獨立的屋子。後世則不然，一所屋子，往往包含著許多進的堂和內，而前面只有一個廳事。這就是許多房和室，合用一個堂，包含在一個宮內，較古代經濟多了。這大約因爲古代地曠人希，地皮不甚值錢，後世則不然之故。又古代建築技術的關係淺，人人可以自爲，士大夫之家，又可役民爲之。後世則建築日益專門，非僱人爲之不可（《論衡．量知篇》：「能斫削柱梁，謂之木匠。能穿鑿穴坎，謂之土匠。」則在漢代，民間建築，亦已有專門的人）。這亦是造屋的人，要謀節省的一個原因。

古人造樓的技術，似乎是很拙的。所以要求眺望之所，就只得於城闕之上，闕是門旁牆上的小屋，天子諸侯的宮門上，也是有的。因其可以登高眺遠，所以亦謂之觀。《禮記．禮運》：「昔者仲尼與於蠟賓，事畢，出遊於觀之上」，即指此。古所謂縣法象魏者，亦即其地。魏與巍同字，大概因其建築高，所以稱之爲魏。象字當本指法象言，與建築無涉。因魏爲縣法之地，單音字變爲複音詞時，就稱其地爲象魏了。《爾雅．釋宮》：「四方而高曰臺，有木者謂之榭，陝而修曲曰樓。」（陝同狹）。《注》云：「臺，積土爲之。」榭是在土臺之上，再造四方的木屋。樓乃榭之別名，不過其形狀有正方修曲之異而已，這都是供遊觀眺望之所，並不是可以住人的。《孟子．盡心下篇》：「孟子之滕，館於上宮。」趙《注》說：「上宮，樓也。」這句話恐未必確。因爲造樓之技甚拙，所以中國的建築，是向平面發展，而不是向空中發展的。所謂大房屋，只是地盤大，屋子多，將許多屋連結而成，而兩層三層的高樓很少。這個和建築所用的材料，亦有關係。因爲中國的建築，用石材很少，所用的全是土木，木的支持力固不大，土尤易於傾圮。煉熟的土，即磚瓦，要好些，然其發達似甚晚。《爾雅．釋宮》：「瓴甋謂之甓」、「廟中路謂之唐」，甓即磚。《詩經・陳風》說「中唐有甓」，則磚僅用以鋪路。其牆，大抵是用土造的。土牆不好看，所以富者要被以文錦。我們現在婚、喪、生日等事，以綢緞等物送人，謂之幛，還是這個遺俗；而紙糊牆壁，也是從此蛻化而來的。《晉書・赫連勃勃載記》說他蒸土以築統萬城，可見當時磚尚甚少。不然，何不用磚砌，而要臨時蒸土呢？無怪古代的富者，造屋只能用土牆了。建築材料，多用土木，和古代建築的不能保存，也有關係。因爲其不如石材的能持久，而用木材太多，又易於引起火患。前代的杭州，近代的漢口，即其殷鑑。

建築在中國，是算不得發達的。固然，研究起世界建築史來，中國亦是其中的一系（東洋建築，有三大系統：（一）中國，（二）印度，（三）回教，見伊東忠太《中國建築史》，商務印書館本）。歷代著名的建築，如秦之阿房宮，漢之建章宮，陳後主的臨春、結綺、望春三閣，隋煬帝的西苑，宋徽宗的艮岳，清朝的圓明園、頤和園，以及私家的園林等，講究的亦屬不少。然以中國之大言之，究係滄海一粟。建築的技術，詳見宋朝的《營造法式》，明朝的《天工開物》等書。雖然亦有可觀，然把別種文明比例起來，則亦無足稱道。此其所以然：（一）因（甲）古代的造屋，乃係役民爲之，濫用民力，是件暴虐的事。（乙）又古代最講究禮，生活有一定的軌範，苟非無道之君，即物力有餘，亦不敢過於奢侈。所以政治上相傳，以卑宮室爲美談，事土木爲大戒。（二）崇閎壯麗的建築，必與迷信爲緣。中國人對於宗教的迷信，是不深的。祭神只是臨時設壇或除地，根本便沒有建築。對於祖宗的祭祀，雖然看得隆重，然廟寢之制，大略相同。後世立家廟等，亦受古禮的限制，不能任意奢侈。佛教東來，是不受古禮限制的，而且其教義很能誘致人使其布施財物。道家因之，亦從事於模仿，寺觀遂成爲有名的建築，印度的建築術，亦因此而輸入中國。南朝四百八十寺，多少樓臺煙雨中，一時亦呈相當的盛況。然此等迷信，宋學興起以後，又漸漸的淡了。現在佛寺、道觀雖多，較之緬甸、日本等國，尚且不逮。十分崇閎壯麗的建築，亦復很少，不過因其多在名山勝地，所以爲人所讚賞罷了。（三）遊樂之處，古代謂之苑囿。苑是只有草木的，囿是兼有禽獸的。均係將天然的地方，劃出一區來，施以禁禦，而於其中射獵以爲娛，收其果實等以爲利，根本沒有什麼建築物，所以其大可至於方數十里（文王之囿，方七十里，齊宣王之囿，方四十里，見《孟子．梁惠王下篇》）。至於私家的園林，則其源起於園。園乃種果樹之地，因於其間疊石穿池，造幾間房屋，以資休憩，亦不是什麼奢侈的事。後來雖有踵事增華，刻意經營的人，究竟爲數亦不多，而且其規模亦不大。以上均係中國建築不甚發達的原因，揆厥由來，乃由於（一）政治的比較清明，（二）迷信的比較不深，（三）經濟的比較平等。以物質文明言，固然較之別國，不免有愧色，以文化論，倒是足以自豪的。

朱熹說：「教學者如扶醉人，扶得東來西又倒。」個人的爲學如是，社會的文化亦然。奢侈之弊，中國雖比較好些，然又失之簡陋了。《日知錄》「館舍」條說：「讀孫樵《書褒城驛壁》，乃知其有沼，有魚，有舟。讀杜子美《秦州雜詩》，又知其驛之有池，有林，有竹。今之驛舍，殆於隸人之垣矣。予見天下州之爲唐舊治者，其城郭必皆寬廣，街道必皆正直。廨舍之爲唐舊刱者，其基址必皆宏敞。宋以下所置，時彌近者制彌陋。」亭林的足跡，所至甚多，而且是極留心觀察的人，其言當極可信。此等簡陋苟且，是不能藉口於節儉的。其原因安在呢？亭林說：是由於「國家取州縣之財，纖豪盡歸之於上，而吏與民交困，遂無以爲修舉之資」，這固然是一個原因。我以爲（一）役法漸廢，公共的建築，不能徵工，而必須僱工。（二）唐以前古市政的規制猶存，宋以後逐漸破壞（如第十一章所述，唐設市還有定地，開市還有定期，宋以後漸漸不然，亦其一證），亦是重要的原因。

從西歐文明輸入後，建築之術，較之昔日，可謂大有進步了；所用的材料亦不同；這確是文明進步之賜。唯住居與衣食，關係民生，同樣重要。處處需顧及大多數人的安適，而不容少數人恃其財力，任意橫行，和別種事情，也是一樣的。古代的居民，本來有一定的規畫。〈王制〉所謂「司空執度以度地，居民山川沮澤（看地形），時四時（看氣候）。」即其遺制。其大要，在於「地、邑、民居，必參相得」。地就是田，有多少田，要多少人種，就建築多少人守衛所要的城邑，和居住所需的房屋。據此看來，現在大都市中的擁擠，就是一件無法度而不該放任的事情了。宮室的等級和限制，歷代都是有的（可參看《明史・輿服志》所載宮室制度）。依等級而設限制，現在雖不容仿效，然限制還是該有的。對外的觀瞻，也並不係於建築的侈儉。若因外使來遊，而拆毀貧民住居的房子，這種行爲，就要成爲隋煬帝第二了。

講宮室既畢，請再略講室中的器用。室中的器用，最緊要的，就是桌椅床榻等。這亦是所以供人居處，與宮室同其功的。古人都席地而坐。其坐，略似今日的跪，不過腰不伸直。腰伸直便是跪，頓下便是坐，所以古禮跪而行之之時頗多，因爲較直立反覺便利。其憑藉則用几，據阮諶《禮圖》，長五尺，廣一尺，高一尺二寸（《禮記・曾子問》《疏》引）。較現在的凳還低，寢則有床。所以《詩經》說：「乃生男子，載寢之床。」後來坐亦用床。所以《高士傳》說：管寧居遼東，坐一木榻，五十餘年，未嘗箕股，其榻當膝處皆穿（《三國魏志》本傳《注》引）。觀此，知其坐亦是跪坐。現在的垂足而坐，是胡人之習，從西域輸入的。所坐的床，亦謂之胡床。從胡床輸入後，桌椅等物，就漸漸興起了。古人室中，亦生火以取暖。

《漢書・食貨志》說：「冬民既入，婦人同巷相從夜績。」「必相從者，所以省費燎火。」顏師古說：「燎所以爲明，火所以爲溫也。」這種火，大約是熅火，是貧民之家的樣子。《左氏》昭公十年說，宋元公（為太子時）惡寺人柳，欲殺之。到元公的父親死了，元公繼位爲君，柳伺候元公將到之處，先熾炭於位，將至則去之，到葬時，又有寵。又定公三年，說邾子自投於床，廢於爐炭（《注》「廢，墮也。」），遂卒。則貴族室中取暖皆用炭，從沒有用炕的。《日知錄》說：「《舊唐書．東夷高麗傳》：冬月皆作長坑，下然熖火以取暖，此即今之土炕也，但作坑字。」則此俗源於東北夷。大約隨女眞輸入中國北方的，實不合於衛生。

論居處及所用的器物既竟，還要略論歷代的葬埋。古代的葬有兩種：孟子所謂「其親死，則舉而委之於壑。」（〈滕文公上篇〉）。蓋田獵之民所行。《易經．繫辭傳》說：「古之葬者，厚衣之以薪，葬之中野」，則農耕之民之俗。一個貴族，有其公共的葬地。一個都邑，亦有其指定卜葬的區域。《周官》塚人掌公墓之地，墓大夫掌凡邦墓之地域是其制。後世的人說：古人重神不重形，其理由：是古不墓祭。然孟子說齊有東郭墦間之祭者（〈離婁下篇〉），即是墓祭。又說孔子死後，子貢「築室於場，獨居三年然後歸」（〈滕文公上篇〉），此即後世之廬墓。《禮記．曲禮》：「大夫士去其國，止之曰：奈何去墳墓也？」〈檀弓〉：「去國則哭於墓而後行，反其國不哭，展墓而入。」又說：「大公封於營丘，比及五世，皆反葬於周。」則古人視墳墓，實不爲不重。大概知識程度愈低，則愈相信虛無之事。愈高，則愈必耳聞目見，而後肯信。所以隨著社會的開化，對於靈魂的迷信，日益動搖，對於體魄的重視，卻日益加甚。〈檀弓〉說：「延陵季子適齊。比其反也，其長子死，葬於嬴博之間。」「既封，左袒，右還其封，且號者三，曰：骨肉歸復於土，命也。若魂氣，則無不之也，無不之也，而遂行。」這很足以表示重視精神，輕視體魄的見解，怕反是吳國開化較晚，才如此的。如此，富貴之家，有權力的，遂盡力於厚葬。厚葬之意，不徒愛護死者，又包含著一種誇耀生人的心思，而發掘墳墓之事，亦即隨之而起，讀《呂覽》〈節喪〉、〈安死〉兩篇可知。當時墨家主張薄葬，儒家反對他，然儒家的葬禮，較之流俗，亦止可謂之薄葬了。學者的主張，到底不能挽回流俗的波靡。自漢以後，厚葬之事，還書不勝書。且將死者的葬埋，牽涉到生人的禍福，而有所謂風水的迷信。死者無終極（漢劉向《諫成帝起昌陵疏》語），人人要保存其棺槨，至於無窮，其勢是絕不能行的。佛教東來，火葬之俗，曾一時盛行（見《日知錄》「火葬」條），實在最爲合理。惜乎宋以後，受理學的反對，又漸漸的式微了。現在有一部分地方，設立公墓，又有提倡深葬的，然公墓究仍不免占地，深葬費人力過多，似仍不如火葬之爲得。不過風俗是守舊的，斷非一時所能改變罷了。

交通、通信，向來不加區別，其實兩者是有區別的。交通是所以運輸人身，通信則所以運輸人的意思。自有通信的方法，而後人的意思，可以離其身體而獨行，於精力和物力方面，有很大的節省。又自電報發明後，意思的傳達，可以速於人身的運輸，於時間方面，節省尤大。

交通的發達，是要看地勢的，水陸是其大別。水路之中，河川和海道不同，海道之中，沿海和遠洋的航行，又有區別。即陸地，亦因其爲山地、平地、沙漠等而有不同。野蠻時代，各部族之間，往往互相猜忌，不但不求交通的便利，反而有意阻塞交通，其時各部族所居之地，大概是頗險峻的。對外的通路，只有曲折崎嶇的小路，異部族的人，很難於發現使用。《莊子．馬蹄篇》說：古代「山無徯隧，澤無舟梁」，所指的，便是這時代。到人智稍進，能夠降丘宅土，交通的情形，就漸和往昔不同了。

中國的文化，是導源於東南，而發達於西北的。東南多水，所以水路的交通，南方較北方爲發達。西北多陸，所以陸路的交通，很早就有可觀。陸路交通的發達，主要的是由牛馬的使用，和車的發明。此兩者，都是大可節省人力的。《易經．繫辭傳》說「服牛乘馬，引重致遠」，雖不能確定其在何時，然其文承黃帝、堯、舜垂衣裳而天下治之下，可想見黃帝、堯、舜時，車的使用，必已很爲普遍了。車有兩種：一種是大車，用牛牽曳的，用以運輸；一種是小車，即兵車，人行亦乘之，駕以馬，用人力推曳的謂之輦，《周官·鄉師》《注》引《司馬法》，說夏時稱爲餘車，共用二十人，殷時稱胡奴車，用十人，周時稱爲輜輦，用十五人。這是供戰時運輸用的，所以其人甚多。《說文》：「輦，挽車也。從車扶。」扶訓並行，雖不必定是兩人，然其人數必不能甚多，這是民間運輸用的。貴族在宮中，亦有時乘坐。《周官》巾車，王后的五路，有一種喚做輦車，即其物，此制在後世仍通行。

道路：在都邑之中，頗爲修整。《考工記·匠人》：國中經塗九軌，野塗亦九軌，環塗（環城之道）。七軌。《禮記·王制》：「道路，男子由右，婦人由左，車從中央。」俱可見其寬廣。古代的路，有一種是路面修得很平的，謂之馳道，非馳道則不能盡平。國中之道，應當都是馳道。野外則不然，古代田間之路，謂之阡陌，與溝洫相輔而行。所以《禮記·月令》《注》說：「古者溝上有路。」溝洫阡陌之制，照《周官》遂人等官所說，是占地頗多的。雖亦要因自然的地勢，未必盡合乎準繩，然亦必較爲平直。不過書上所說的，是理想中的制度，事實上未必盡能如此。《左氏》成公五年，梁山崩，晉侯以傳召伯宗。行辟重（使載重之車讓路），重人曰：「待我，不如捷之速也。」可見驛路上還不能並行兩車。《儀禮·既夕禮》：「商祝執功布，以御柩執披。」《注》云：「道有低仰傾虧，則以布爲左右抑揚之節，使引者執披者知之。」《禮記·曲禮》：「送葬不避塗潦」，可見其路之不盡平坦。後人誇稱古代的道路如何寬平，恐未必盡合於事實了。大抵古人修造路面的技術甚拙，其路面，皆如今日的路基，只是土路，所以時時要修治，不修治，就「道茀不可行」。

水路：初有船的時候，只是現在所謂獨木舟。《易經·繫辭傳》說「刳木爲舟，剡木爲楫」，《淮南子·說山訓》說「古人見窾木而知舟」，所指的都是此物。稍進，乃知集版以為舟。《詩經》說：「就其深矣，方之舟之。」《疏》引《易經》云：「利涉大川，乘木舟虛。」又引《注》云：「舟謂集版，如今船，空大木為之曰虛，總名皆曰舟。」案方、旁、比、並等字，古代同音通用。名舟為方，正因其比木為之之故，此即後世的舫字。能聚集許多木版，以成一舟，其進步就容易了。渡水之法，大抵狹小的水，可以乘其淺落時架橋，橋亦以木為之。即《孟子》所說的「歲十一月徒杠成，十二月輿梁成」（〈離婁下篇〉）。《爾雅·釋宮》：「石杠謂之倚。」又說：「堤謂之梁。」《注》云：「即橋也。或曰：石絕水者為梁，見《詩傳》。」則後來亦用石了。較闊的水，則接連了許多船渡過去。此即《爾雅》所說的「天子造舟」，後世謂之浮橋。亦有用船渡過去的，則《詩經》所說的「誰謂河廣，一葦杭之」。然徒涉的仍不少，觀《禮記·祭義》，謂孝子「道而不徑，舟而不遊」可見。航行的技術，南方是勝於北方的。觀《左氏》所載，北方只有僖公十三年，晉饑，乞糴於秦，秦輸之粟，自雍及絳相繼，命之曰泛舟之役，為自水路運輸，此外泛舟之事極少。南方則吳楚屢有水戰，而哀公十年，吳徐承且率舟師自海道伐齊。可見不但內河，就沿海交通，亦已經開始了。《禹貢》九州貢路，都有水道。《禹貢》當是戰國時書，可以窺見當時交通的狀況。

從平地發展到山地，這是陸地交通的一個進步，可以騎馬的發達為征，古書不甚見騎馬之事，後人因謂古人不騎馬，只用以駕車。《左氏》昭公二十五年，「左師展將以公乘馬而歸。」《疏》引劉炫說，以為是騎馬之漸。這是錯誤的，古書所以不甚見騎馬，（一）因其所載多貴族之事，貴族多是乘車的。（二）則因其時的交通，僅及於平地。《日知錄》說：「春秋之世，戎狄雜居中夏者，大抵在山谷之間，兵車之所不至。齊桓、晉文，僅攘而卻之，不能深入其地者，用車故也。中行穆子之敗狄於大鹵，得之毀車崇卒。而智伯欲伐仇猶，遺之大鐘以開其道，其不利於車可知矣。勢不得不變而爲騎。騎射，所以便山谷也。胡服，所以便騎射也。」此雖論兵事、交通的情形，亦可以借鑑而明。總而言之，交通所至之地愈廣，而道路大抵失修，用車自不如乘馬之便。騎乘的事，就日盛一日了。

「水性使人通，山性使人塞」。水性是流動的，雖然能阻礙人，使其不得過去，你只要能利用它，它卻可以幫你活動，節省你的勞力。山卻不然，會多費你的抵抗力的。所以到後世，水路的交通，遠較陸路交通爲發達。長江流域的文明，本落黃河流域之後，後來卻反超過其上，即由於此。唐朝的劉晏說：「天下諸津，舟航所聚，旁通巴漢，前指閩越，七澤十藪，三江五湖，控引河洛，兼包淮海，弘舸巨艦，千軸萬艘，交貿往來，昧旦水日。」可以見其盛況了。《唐語林補遺》說：「凡東南都邑，無不通水。故天下貨利，舟楫居多。舟船之盛，盡於江西。編蒲爲帆，大者八十餘幅。江湖語曰：水不載萬，言大船不過八九千石。」明朝鄭和航海的船，長四十四丈，寬十八丈，共有六十二只，可以見其規模的弘大了。

因爲水路交通利益之大，所以歷代開鑿的運河極多，長在一千里以下的運河，幾乎數不著它。中國的大川，都是自西向東的，南北的水路交通，很覺得不便。大運河的開鑿，多以彌補這闕憾爲目的。《左氏》哀公九年，「吳城邗，溝通江淮」，此即今日的淮南運河。《史記·河渠書》說：「滎陽下引河東南爲鴻溝，以通宋、鄭、陳、蔡、曹、衛，與濟、汝、淮、泗會。」鴻溝的遺跡，雖不可悉考，然其性質，則極似現在的賈魯河，乃是所以溝通河淮兩流域的。至後漢明帝時：則有從滎陽通至千乘的汴渠。此因當時的富力，多在山東，所以急圖東方運輸的便利。南北朝以後，富力集中於江淮，則運輸之路亦一變。隋開通濟渠，自東都引谷洛兩水入河。又自河入汴，自汴入淮，以接淮南的邗溝。自江以南，則自京口達餘杭，開江南河八百里，此即今日的江南運河。唐朝江淮漕轉，二月發揚州。四月，自淮入汴。六七月到河口，八九月入洛。自此以往，因有三門之險，乃陸運以入於謂。宋朝建都汴京，有東西南北四河。東河通江淮，亦稱里河；西河通懷、孟；南河通潁、壽（亦稱外河，現在的惠民河，是其遺跡）；北河通曹、濮。四河之中，東河之利最大。淮南、浙東西、荊湖南北之貨，都自此入汴京。嶺表的金、銀、香、藥，亦陸運至虔州入江。陝西的貨，有從西河入汴的，亦有出劍門，和四川的貨，同至江陵入江的。宋史說東河所通，三分天下有其二，雖是靠江淮等自然的動脈，運河連接之功，亦不可沒的。元朝建都北平，交通之目的又異。乃引汶水分流南北，而現在的大運河告成。

海路的交通，已略見第十一章。唐咸通時，用兵交阯，湖南、江西，運輸甚苦，潤州人陳磻石創議海運。從揚子江經閩、廣到交阯。大船一艘，可運千石、軍需賴以無缺，是爲國家由海道運糧之始。元、明、清三代，雖有運河，仍與海運並行。海運所費，且較河運爲省。近代輪船未行以前，南北海道的運輸，亦是很盛的。就到現在，南如寧波，北如營口，帆船來往的仍甚多。

水道的交通，雖極發達，陸路的交通，卻是頗爲腐敗的。《日知錄》說當時的情形：「塗潦遍於郊關，汙穢鐘於輦轂。」（「街道」條）。又說：「古者列樹以表道。」「下至隋唐之代，而官槐官柳，亦多見之詩篇。」「近代政廢法弛，任人斫伐。周道如砥，若彼濯濯。」（「官樹」條）。「《唐六典》：凡天下造舟之梁四，石柱之梁四，木柱之梁三，巨梁十有一，皆國工修之。其餘皆所管州縣，隨時營葺。其大津無梁，皆給船人，量其大小難易，以定其差等。今畿甸荒蕪，橋梁廢壞。雄莫之間，秋水時至，年年陷絕。曳輪招舟，無賴之徒，藉以爲利。潞河舟子，勒索客錢，至煩章劾。司空不修，長吏不問，亦已久矣（《原注》：「成化八年，九月，丙申，順天府府尹李裕言：本府津渡之處，每歲水漲，及天氣寒沍，官司修造渡船，以便往來。近為無賴之徒，冒貴戚名色，私造渡船，勒取往來人財物，深為民害。乞敕巡按御史，嚴為禁止，從之。」）況於邊陲之境，能望如趙充國治湟陿以西道橋七十所，令可至鮮水，從枕席上過師哉？」（「橋梁」條）。觀此，知路政之不修，亦以宋以後爲甚。其原因，實與建築之頽敗相同。前清末年，才把北京道路，加以修理。前此是與顧氏所謂「塗潦遍於郊關，汙穢鐘於輦轂」，如出一轍的。全國除新開的商埠外，街道比較整齊寬闊的，沒有幾處。南方多走水道，北方旱路較多，亦無不崎嶇傾仄。間有石路，亦多年久失修。路政之壞，無怪全國富庶之區，都偏於沿江沿海了。

因路政之壞，交通乃不能利用動物之力而多用人力。《史記·夏本紀》：「山行乘欙」，《河渠書》作「山行即橋」。案禹乘四載，又見《呂覽·愼勢》，《淮南·齊俗訓》、〈修務訓〉，《漢書·溝洫志》。又《史記集解》引《尸子》及徐廣說，所作字皆互異。山行欙與橋外，又作梮，作蔂，作樏，作欙，蔂、樏、欙，係一字，顯而易見。梮字見〈玉篇〉，云「輿，食器也。又土轝也。」雷浚《說文外編》云：「土轝之字，《左傳》作梮。」（案見襄公九年）。《漢書·五行志》引作輂，《說文》：「輂，大車駕馬也。」案《孟子》：「反虆梩而掩之。」《趙注》云：「虆梩，籠臿之屬，可以取土者也。」蔂、樏、欙並即虆梩，與梮並爲取土之器，駕馬則稱爲輂，亦以音借而作橋。後又爲之專造轎字，則即淮南王《諫伐閩越書》所謂「輿轎而逾嶺」。其物本亦車屬，後因用諸山行，乃以人舁之。所以韋昭說：「梮木器，如今輿狀，人舉以行。」此物在古代只用諸山行，後乃漸用之平地。王安石終身不乘肩輿，可見北宋時用者尚少，南渡以後，臨安街道，日益狹窄，乘坐的人，就漸漸的多了（《明史·輿服志》：宋中興以後，以征伐道路險阻，詔百官乘轎，名曰竹轎子，亦曰竹輿）。

行旅之人不論在路途上，以及到達地頭之後，均需有歇宿之所。古代交通未盛，其事率由官營。《周官》野廬氏，「比國郊及野之道路，宿息，井樹。」遺人，「凡國野之道：十里有廬，廬有飲食。三十里有宿，宿有路室，路室有委。五十里有市，市有候館，候館有積。」都是所以供給行旅的。到達之後，則「卿館於大夫，大夫館於士，士館於工商」（《儀禮·覲禮》）。此即《禮記·曾子問》所謂「卿大夫之家曰私館」。另有「公宮與公所爲」，謂之公館。當時的農民，大概無甚往來，所以只有卿士大夫和工商之家，從事於招待，但到後來，農民出外的也多了。新旅客的增加，必非舊式的招待所能普遍應付，就有藉此以圖利的，是爲逆旅。《商君書·墾令篇》說：「廢逆旅，則奸僞躁心私交疑農之民不行。逆旅之民，無所於食，則必農。」這只是陳舊的見解。《晉書·潘岳傳》說，當時的人，以逆旅逐末廢農，姦淫亡命之人，多所依湊，要把它廢掉。十里置一官欜，使老弱貧戶守之。差吏掌主，依客舍之例收錢。以逆旅爲逐末廢農，就是商君的見解。《左氏》僖公二年，晉人假道於虞以伐虢，說「虢爲不道，保於逆旅，以侵敝邑之南鄙」。可見晉初的人，說逆旅使姦淫亡命，多所依湊，也是有的。但以大體言之，則逆旅之設，實所以供商賈之用，乃是隨商業之盛而興起的。看潘岳的駁議，便可明白。無法廢絕商業，就無法廢除逆旅。若要改爲官辦，畀差主之吏以管理之權，一定要弊餘於利的。潘岳之言，亦極有理。總而言之：（一）交通既已興盛，必然無法遏絕，且亦不宜遏絕。（二）官吏經營事業，其秩序必尙不如私人。兩句話，就足以說明逆旅興起的原因了。漢代的亭，還是行人歇宿之所。甚至有因一時沒有住屋，而借居其中的（見《漢書·息夫躬傳》）。魏晉以後，私人所營的逆旅，日益興盛，此等官家的事業，就愈益廢墜，而寖至於滅絕了。

接力賽跑，一定較諸獨走長途，所至者要遠些，此爲郵驛設置的原理。《說文》：「郵，境上行書舍也。」是專以通信爲職的；驛則所以供人物之往來，二者設置均甚早。人物的往來，並不眞要靠驛站。官家的通信，卻非有驛站不可。在郵政電報開辦以前，官家公文的傳遞，實利賴之，其設置遍於全國。元代疆域廣大，藩封之地，亦均設立，以與大汗直轄之地相連接，規模不可謂不大。惜乎歷代郵驛之用，都止於投遞公文，未能推廣之以成今日的郵政。民間寄書，除遣專使外，就需輾轉託人，極爲不便。到清代，人民乃有自營的信局。其事起於寧波，逐漸推廣，幾於遍及全國，而且推及南洋。其經營的能力，亦不可謂之不偉大了。

鐵路、輪船、摩托車、有線、無線電報的發明，誠足使交通、通信煥然改觀。這個，誠然是文明進步之賜，然亦看用之如何。此等文明利器，能用以開發世界上尚未開發的地方，誠足爲人類造福。若只在現社會機構之下，爲私人所有，用以爲其圖利的手段，則其爲禍爲福，誠未易斷言，現代的物質文明，有人歌誦它，有人咒詛它。其實物質文明的本身，是不會構禍的，就看我們用之是否得當。中國現在的開發西南、西北，在歷史上，將會成爲一大事。交通起於陸地，進及河川、沿海，再進及於大洋，回過來再到陸地，這是世界開發必然的程序。世界上最大、最未開發的地方，就是亞洲的中央高原，其中又分爲兩區：（一）爲蒙古、新疆等沙漠地帶，（二）爲西康、青海、西藏等高原。中國現在開發西南、西北，就是觸著這兩大塊未開闢之地。我們現在還不覺得，將來這兩件事的成功，會使世界煥然改觀，成爲另一個局面。

第十五章　教育

現在所謂教育，其意義，頗近乎從前所謂習。習是人處在環境中，於不知不覺之間，受其影響，不得不與之俱化的。所謂入芝蘭之室，久而不聞其香；居鮑魚之肆，久而不知其臭。所以古人教學者，必須慎其所習。孟母教子，要三次遷居，古訓多重親師取友，均係此意。因此，現代所謂教育，要替學者另行布置出一個環境來，此自非古人所及。古人所謂教，只是效法的意思。教人以當循之道謂之斅；受教於人而效法之，則謂之學；略與現在狹義的教育相當。人的應付環境，不是靠生來的本能，而是靠相傳的文化。所以必須將前人之所知所能，傳給後人。其機關，一為人類所附屬的團體，即社團或家庭，一為社會中專司保存智識的部分，即教會。

讀史的人，多說歐洲的教育學術和宗教的關係深，中國的教育學術和宗教的關係淺。這話誠然不錯，但只是後世如此。在古代，中國的教育學術和宗教的關係，也未嘗不密切。這是因為司高等教育的，必為社會上保存智識的一部分，此一部分智識，即所謂學術，而古代的學術，總是和宗教有密切關係的緣故。古代的大學，名為辟雍，與明堂即係同物（已見第七、第十四兩章）。所以所謂大學，即係王宮的一部分。蔡邕《明堂論》引《易傳》說：「太子旦入東學，晝入南學，暮入西學。在中央曰太學，天子之所自學也。」（脱北學一句）。又引《禮記．保傅篇》說：「帝入東學，上親而貴仁，入西學，上賢而貴德。入南學，上齒而貴信。入北學，上貴而尊爵。入太學，承師而問道。」所指的，都是此種王宮中的太學。後來文化進步，一切機關，都從王宮中分析出來，於是明堂之外，別有所謂太學。此即《禮記．王制》所說的「太學在郊」。〈王制〉又說「小學在公宮南之左」，案小學亦是從王宮中分化出來的。古代門旁邊的屋子喚做塾，《禮記．學記》說：「古之教者家有塾。」可見貴族之家，子弟是居於門側的。《周官》教國子的有師氏、保氏。師氏居虎門之左，保氏守王闈。蔡邕說南門稱門，西門稱闈。漢武帝時，公玉帶上《明堂圖》，水環宮垣，上有樓，從西南入（見第十四章）。可見古代的明堂，只西南兩面有門，子弟即居於此（子弟居於門側，似由最初使壯者任守衛之故）。後來師氏、保氏之居門闈，小學之在公宮南之左，地位方向，還是從古相沿下來的。師氏所教的爲三德（一曰至德，以為道本。二曰敏德，以為行本。三曰孝德，以知逆惡。案至德，大概是古代宗教哲學上的訓條，孝德是社會政治上的倫理訓條）、三行（一曰孝行，以親父母。二曰友行，以尊賢良。三曰順行，以事師長），保氏所教的爲六藝（一曰五禮，二曰六樂，三曰五射，四曰五御，五曰六書，六曰九數）、六儀（一曰祭祀之容，二曰賓客之容，三曰朝廷之容，四曰喪紀之容，五曰軍旅之容，六曰車馬之容）。這是古代貴族所受的小學教育。至於太學，則〈王制〉說「春秋教以禮樂，冬夏教以詩書」。此所謂禮樂，自與保氏所教六藝中的禮樂不同，當是宗教中高等的儀式所用。詩即樂的歌辭，書當係教中的古典。古代本沒有明確的歷史，相沿的傳說，都是和宗教夾雜的，印度即係如此。然則此等學校中，除迷信之外，究竟還有什麼東西沒有呢？有的：（一）爲與宗教相混合的哲學。先秦諸子的哲學、見解，大概都自此而出，看第十七章可明。（二）爲涵養德性之地。梁啓超是不信宗教的，當他到美洲去時，每逢星期日，卻必須到教堂裡去坐坐。意思並不是信它的教，而是看他們禮拜的秩序，聽其音樂，以安定精神。這就是子夏說「學而優則仕，仕而優則學」之理（《論語・子張篇》）。仕與事相通，仕就是辦事，辦事有餘力，就到學校中去涵養德性，一面涵養德性，一面仍應努力於當辦之事，正是德育、智育並行不悖之理。管太學的官，據〈王制〉是大樂正，據《周官》是大司樂。俞正燮《癸巳類稿》有《君子小人學道是弦歌義》，說古代樂之外無所謂學，尤可見古代大學的性質。古代鄉論秀士，升諸司徒，司徒升之於學，學中的大樂正，再升諸司馬，然後授之以官。又諸侯貢士，天子試之於射宮。其容體比於禮，其節比於樂，而中多者，則得與於祭（均見第七章）。這兩事的根源，是同一的。即人之用捨，皆決之於宗教之府。「出征執有罪，反釋奠於學」（《禮記・王制》），這是最不可解的。爲什麼明明是用武之事，會牽涉到學校裡來呢？可見學校的性質，絕不是單純的教育機關了。然則古代所以尊師重道，太學之禮，雖詔於天子，無北面（《禮記・學記》），養老之禮，天子要袒而割牲，執醬而饋，執爵而酳（《禮記・樂記》），亦非徒以其爲道之所在，齒德俱尊，而因其人本爲教中尊宿之故。凡此，均可見古代的大學和宗教關係的密切。貴族的小學教育，出於家庭；平民的小學教育，則仍操諸社團之手。《孟子》說：「夏曰校，殷曰序，周曰庠，學則三代共之。」學指太學言，校、序、庠都是民間的小學。第五章所述：平民住居之地，在其中間立一個校室，十月裡農工完了，公推有年紀的人，在這裡教育未成年的人，就是校的制度。所以《孟子》說「校者教也」。又說「序者射也，庠者養也」，這是行鄉射和鄉飲酒禮之地。孔子說：「君子無所爭，必也射乎？揖讓而升，下而飲，其爭也君子。」（《論語・八佾篇》）。又說一看鄉飲酒禮，便知道明貴賤，辨隆殺，和樂而不流，弟長而無遺，安燕而不亂等道理。所以說：「吾觀於鄉，而知王道之易易也。」（《禮記・鄉飲酒義》）。然則庠序都是行禮之地，使人民看了，受其感化的。正和現在開一個運動會，使人看了，知道武勇、剛毅、仁俠、秩序等等的精神，是一樣的用意。行禮必作樂，古人稱禮樂可以化民，其道即由於此。並非是後世的王禮，天子和百官行之於廟堂之上，而百姓不聞不見的。漢朝人所謂庠序，還係如此。與現在所謂學校，偏重智識傳授的，大不相同。古代平民的教育，是偏重於道德的。所以興學必在生計問題既解決之後。孟子說庠序之制，必與制民之產並言（見《梁惠王·滕文公上篇》）。〈王制〉亦說：「食節事時，民咸安其居，樂事勸功，尊君親上，然後興學。」生計問題既解決之後，教化問題，卻係屬必要。所以又說：「飽食暖衣，逸居而無教，則近於禽獸。」（《孟子·滕文公上篇》）。又說：「君子如欲化民成俗，其必由學乎？」（《學記》）。

以上是古代社會，把其傳統的所謂做人的道理，傳給後輩的途徑（貴族有貴族立身的方法，平民有平民立身的方法，其方法雖不同，其為立身之道則一）。至於實際的智識技能，則得之必由於實習。實習即在辦理其事的機關裡，古稱爲宦。《禮記·典禮》說「宦學事師」，《疏》引熊氏云：「宦謂學仕官之事。」官就是機關，仕官，就是在機關裡辦事。學仕官之事，就是學習在機關裡所辦的事。這種學習，是即在該機關中行之的，和現在各機關裡的實習生一般。《史記·秦始皇本紀》：昌平君發卒攻，戰咸陽，斬首數百，皆拜爵。及宦者皆在戰中，亦拜爵一級。〈呂不韋列傳〉：諸客求宦爲嫪毒舍人千餘人。《漢書·惠帝紀》：即位後，爵五大夫，吏六百石以上，及宦皇帝而知名者，有罪當盜械者，皆頌繫。此所謂宦，即係學仕於其家。因爲古代卿大夫及皇太子之家，都係一個機關。嫪毒之家，食客求宦者至千餘人，自然未必有正經的事情可辦，亦未必有正經的事情可以學習。正式的機關則不然，九流之學，必出於王官者以此（參看第十七章）。子路說：「有民人焉，有社稷焉，何必讀書，然後爲學？」（《論語·先進篇》）。就是主張人只要在機關裡實習，不必再到教會所設的學校裡，或者私家教授，而其宗旨與教會教育相同的地方去學習（《史記·孔子世家》說，孔子以詩、書、禮、樂教，可見孔子的教育，與古代學校中傳統的教育相近），並不是說不要學習，就可以辦事。

古代的平民教育，有其優點，亦有其劣點。優點是切於人的生活；劣點則但把傳統的見解，傳授給後生，而不授以較高的智識。如此，平民就只好照著傳統的道理做人，而無從再研究其是非了。太學中的宗教哲學，雖然高深，卻又去實際大遠。所以必須到東周之世，各機關中的才智之士，將其（一）經驗所得的智識，及（二）太學中相傳的宗教哲學，合而爲一，而學術才能開一新紀元。此時的學術，既非傳統的見解所能限，亦非復學校及機關所能容，乃一變而爲私家之學。求學問的，亦只得拜私人爲師。於是教育之權，亦由官家移於私家，乃有先秦諸子聚徒講學之事。

社會上新舊兩事物衝突，新的大概都是合理的。因爲必舊的搖動了，然後新的會發生，而舊的所以要搖動，即由於其不合理。但此理是不易爲昔人所承認的，於是有秦始皇和李斯的辦法：「士則學習法令辟禁。」「欲學法令，以吏爲師。」這是想恢復到政教合一之舊。所以要恢復政教合一，則因他們認爲「人善其所私學，以非上之所建立」，是天下所以不治；而當時的人，所以要善私學以非上所建立，全是出於朋黨之私，所謂「飾虛言以亂實」（《史記·秦始皇本紀》三十四年）。這固然不無相當的理由，然古代社會矛盾不深刻，政治所代表的，就是社會的公意，自然沒有人出來說什麼話。後世社會複雜了，各方面的矛盾，漸漸深刻，政治總只代表得一方面，其（一）反對方面，以及（二）雖非站在反對方面，而意在顧全公益的人，總不免有話說。這正是（一）有心求治者所樂聞，（二）即以手段而論，防民之口，甚於防川，亦是秉政者所應希望其宣洩的。而始皇、李斯不知「天下有道，則庶人不議」（《論語·季氏篇》）。誤以爲庶人不議，則天下有道；至少庶人不議，天下才可以走上有道的路，這就和時勢相反了。人的智識，總不免於落後，這也無怪其然。但社會學的公例，是不因人之不知，而加以寬恕的，該失敗的總是要失敗，而秦遂因之傾覆（秦朝的滅亡，固非儒生所為，然人心之不平，實為其最大原因之一，而儒生亦是其中的一部分）。

漢朝的設立學校，事在武帝建元五年。此時並未立學校之名，僅爲五經博士置弟子。在內由太常擇補；在外由縣、道、邑的長官，上所屬二千石，二千石察其可者，令與所遣上計之吏，同詣京師，這就是公孫弘所說的「因舊官而興焉」（不另設新機關）。但因博士弟子，都有出身，所以傳業者浸盛（以上見《史記》、《漢書．儒林傳》）。至後漢，則光武帝下車即營建太學。明、章兩代，屢次駕幸，順帝又增修校舍，至其末年，遊學諸生，遂至三萬餘人，爲至今未曾再有的盛況。案趙翼《陔餘叢考》有一條，說兩漢受學者都詣京師，其實亦不盡然。後漢所立，不過十四博士，而《漢書．儒林傳》說：「大師衆至千餘人。」《漢書．儒林傳》，不能證明其有後人增竄之跡，則此語至少當在東漢初年。可見民間傳業，亦並非不盛。然漢代國家所設立的太學，較後世爲盛；事實上比較的是學問的重心，則是不誣的。此因（一）當時社會，學問不如後世的廣布，求學的自有走集學問中心地的必要。（二）則利祿使然，參看第七章自明。前漢時，博士弟子雖有出路，究係平流而進。後漢則黨人劫持選舉，而太學爲私黨聚集、聲氣標榜之地。又此時學術在社會上漸占重要地位。功臣外戚及官吏等，亦多遣子弟入學。於是紈褲子弟，摻雜其中，不能認眞研究，而易與政治接近，就成《後漢書．儒林傳》所說的：「章句漸疏，多以浮華相尙」了。漢末喪亂，既不能研究學問，而以朋黨劫持選舉的作用亦漸失。魏文帝所立的太學，遂成學生專爲避役而來，博士並無學問可以教授的現狀，詳見《三國．魏志．王肅傳》注引《魏略》。

魏晉以後，學校僅爲粉飾升平之具。所謂粉飾升平，並不是學校能積極的替政治上裝飾出什麼東西來，而是消極的，因爲倘使連學校都沒有，未免說不過去。所以苟非喪亂之時，總必有所謂學校。至其制度，則歷代又略有不同。晉武帝咸寧二年，始立國子學。案今文經說，只有太學。大司樂合國之子弟，是出於《周官》的，是古文經說。兩漢的政治制度，大抵是根據今文學說的。東漢之世，古學漸興，魏晉以後，今文傳授的統緒遂絕，所以此時的政治制度，亦漸採用古文學說了。自此以後，元魏國子、太學並置。周只有太學，齊只有國子學。隋時，始令國子學不隸太常，獨立爲一監。唐有國子學、太學、四門學、律學、書學、算學，都屬國子監。後律學改隸詳刑，書學改隸蘭臺，算學改隸祕閣。律學、書學、算學專研一種學問藝術，係專門學校性質。國子學、太學、四門學，則係普通性質。國子學、太學，都只收官吏子弟，只有四門學收一部分庶人，成爲階級性質了，這都是古文學說的流毒（四門學在歷史上，有兩種性質：有時以為小學。此時則模仿《禮記，王制》之說：王太子、王子、群后的太子、卿大夫元士的適子，都可以直接入學，庶人則須節級而升，因令其先入四門小學。然古代所謂學校，本非研究學問之地。鄉論秀士，升諸司徒，司徒升之於學，大樂正再升諸司馬，不過是選舉的一途。貴族世襲之世，得此已算開明。後世則用人本無等級，學校為研究學問之地，庶人的學問，未必劣於貴族，而令其節級而升，未免不合於理。將庶人及皇親、國戚、官吏子弟所入的學校分離，那更是造出等級來了）。又有弘文館屬門下省，是專收皇親的。崇文館屬東宮，是收皇太后、皇后親屬兼及官吏子孫的。總之，學校只是政治上的一個機關，學生只是選舉上的一條出路，和學術無甚關係（學校中未必真研究學術，要研究學術，亦不一定要入學）。

把學校看作提倡學術，或興起教化之具，其設立，是不能限於京師的。漢武帝時，雖興起太學，尙未能注意地方。其時只有賢長官如文翁等，在其所治之地，自行提倡（見《漢書·循吏傳》）。到元帝令郡國皆設五經百石卒史，才可算中央政府，以命令設立地方學校的權輿。但漢朝人眼光中，所謂庠序，還不是用以提倡學術，而是用以興起教化的。所以元帝所爲，在當時的人看起來，只能算是提倡經學，並不能算是設立地方學校。這個，只要看《漢書·禮樂志》的議論，便可知道。隋唐時，各州縣都有學（隋文帝曾盡裁太學、四門學及州縣學，僅留國子生七十人，煬帝時恢復）。然只法令如此。在唐時，大概只有一筆釋奠之費，以祭孔子，事見《唐書·劉禹錫傳》。案明清之世，亦正是如此。所謂府、州、縣學，尋常人是不知其爲學校，只知其爲孔子廟的。所以有人疑惑：「爲什麼佛寺、道觀，都大開了門，任人進去，獨有孔子廟卻門禁森嚴？」當變法維新之初，有人想把孔子抬出來，算做中國的教主，以和基督教相抗，還有主張把文廟開放，和教堂一樣的，殊不知中國本無所謂孔子廟，孔子乃是學校裡所祭的先聖或先師（《禮記·文王世子》：「凡入學，必釋奠於先聖、先師。」先聖是發明家；先師是把發明家的學問，流傳下來的人。此項風氣，在中國流行頗廣。凡百事業，都有其所崇奉的人，如藥業崇奉神農，木匠崇奉魯班，都是把他認作先聖。儒家是傳孔子之道的，所以把孔子認作先聖，傳經的人，認作先師。古文學說既行，認為孔子所傳的，只是古聖王之道，尤其直接模範的是周公。周朝集古代治法的大成，而其治法的制定，皆由於周公。所以周公可以看作發明家的代表。於是以周公為先聖，孔子為先師。然孔子為中國所最尊的人，僅僅乎把他看做傳述者，不足以饜足宗教心理，於是仍改奉孔子為先聖。自宋學興起以後，所謂孔子之道者又一變。認為漢唐傳經儒生，都不足以代表孔子之學。宋代諸儒，崛起於千載之後，乃能遙接其道統。於是將宋以後的理學家，認為先師，此即所謂從祀。漢至唐傳經諸儒，除品行惡劣者外，亦不廢黜，是為歷代所謂先聖、先師者的變遷）。寺廟可以公開，學校是辦不到的。現在的學校，從前的書院、義塾，又何嘗能大開其門，任人出入呢？然令流俗之人，有此誤會，亦可見學校的有名無實了。

魏晉以後，看重學校的有兩個人：一個是王安石，一個是明太祖。王安石的意思，是人才要由國家養成的。科舉只是取人才，不是養人才，不能以此爲已足。照安石的意思，改革科舉，只是暫時的事，論根本，是要歸結到學校養士的。所以於太學立三舍之法，即外舍、內舍、上舍，學生依次而升。到升入上舍，則得免發解及禮部試，而特賜之以進士第。哲宗元符二年，令諸州行三舍法。歲貢其上舍生，附於外舍。徽宗遂特建外學，以受諸州貢士，並令太學內的外舍生，亦出居外學。遂令取士悉由學校升貢，其州郡發解及禮部試並停。後雖旋復，然在這一時期中的立法，亦可謂很重視學校了。案（一）凡事都由國家主持，只有國小而社會情形簡單的時代，可以辦到。國大而社會複雜，根本是不可能的，因爲（甲）國家不但不能勝此繁重的職務；（乙）並不能盡知社會的需要。因（甲）則其所辦之事，往往有名無實，甚或至於有弊。因（乙）則其所辦之事，多不能與社會趨勢相應，甚或頑固守舊，阻礙進步。所以許多的事情，根本是不宜於國家辦的。現在政治學上，雖亦有此項主張，然其理論漏洞甚多，至多只可用以應急，施諸特殊的事務，斷非可以遍行常行的道理。這話太長了，現在不能詳論。然可用以批評宋時的學校，總是無疑的。所以當時的學校，根本不會辦得好。（二）而況自亡清以前（學堂獎勵章程廢止以前），國家把學校科舉，都看作登庸官吏之法，入學者和應科舉者一樣，都是爲利祿而來，又何以善其後呢？（其中固有少數才智之士，然亦如昔人論科舉的話，「乃人才得科舉，非科舉得人才」。此等人在學校中，並不能視為學校所養成）。安石變科舉法後，感慨道：「本欲變學究爲秀才，不料變秀才爲學究。」秀才是科舉中最高的一科，學究則是最低的。熙寧貢舉法所試，較諸舊法，不能不說是有用些。成績之所以不良，則由學問的好壞，甚而至於可以說是有無，都判之於其眞假，眞就是有，假就是無。眞假不是判之於其所研究的門類、材料，而是判之於其研究的態度、方法的。態度和方法，判之於其有無誠意。所以以利用爲目的，以學習爲手段，學到的，至多是技術，絕不是學問。此其原理，在學校與科舉中，並無二致。以得獎勵爲目的的學校，其結果，只能與科舉一樣。

凡國家辦的事，往往只能以社會上已通行的，即大衆所公認的理論爲根據。而這種理論，往往是已經過時的，至少是比較陳舊的。因爲不如此，不會爲大衆所承認。其較新鮮的，方興的，則其事必在逐漸萌芽，理論必未甚完全，事實亦不會有什麼轟轟烈烈的，提給大衆看，國家當然無從依據之以辦事。所以政治所辦理的事情，往往較社會上自然發生的事情爲落後。教育事業，亦是如此。學問是不宜於孤獨研究的，因爲（一）在物質方面，供給不易完全；（二）在精神方面，亦不免孤陋寡聞之誚。所以研究學問的人，自然會結成一種團體，這個團體，就是學校。學校的起源，本是純潔的，專爲研究學問的；惜乎後來變爲國家養成人才之所。國家養成人材，原是很好的事；但因（一）事實上，國家所代表的，總是業經通行、已占勢力的理論。所以公家所立的學校，其內容，總要比較陳舊些。社會上新興的，即在前途有眞正需要，而並非在過去占有勢力的學科，往往不能盡力提倡。（二）而且其本身，總不免因利祿關係而腐化。於是民間有一種研究學問的組織興起來，這便是所謂書院。書院是起於唐五代之間的。宋初，有所謂四大書院者，朝廷咸賜之額（曰白鹿，在廬山白鹿洞，為南唐升元中所建。曰石鼓，唐元和中衡州守李寬所建。曰應天，宋真宗時，府民曹誠所建。曰岳麓，宋開寶中，潭州守朱洞所建，此係據《通考》，《玉海》有嵩陽而無石鼓。嵩陽，在登封縣太室山下，五代時所建）。此外賜額、賜田、賜書的還很多，但書院並不靠朝廷的獎勵和補助。書院之設，大概由（一）有道德學問者所提倡，（二）或爲好學者的集合，（三）或則有力者所興辦。他是無所爲而爲之的，所以能夠眞正研究學問。而且眞能跟著風氣走。在理學盛行時代，則爲講學的中心；在考據之學盛行的時代，亦有許多從事於此的書院，即其確證。新舊兩勢力，最好是能互相調和。以官辦的學校，代表較舊的、傳統的學術；以私立的學校，代表較新的、方興的學術，實在是最好的辦法。

宋朝國勢雖弱，然在文化上，不能說是沒有進步的。文化既進步，自然覺得有多設學校的必要。元朝的立法，就受這風氣的影響。元朝的國子監，本是蒙古、色目和漢人，都可以進的（蒙古人試法從寬，授官六品；色目人試法稍密，授官七品；漢人試法最密，授官從七品；則係階級制度）。然在京師，又有蒙古國子學，諸路有蒙古字學。仁宗延祐元年，又立回回國子學，以肄習其文字，諸路、府、州、縣皆有學。世祖至元二十八年，又令江南諸路學及各縣學內設小學，選老成之士教之。或自願招師，或自受家學於父兄者，亦從其便。其他先儒過化之地，名賢經行之所，與好事之家，出錢米贍學者，並立爲書院。各省設提舉二員，以提舉學校之事。官家竭力提倡，而仍承認私家教育的重要，不可謂非較進步的立法。此項法令，能否眞正實行，固未可知，然在立法上，總是明朝的前驅。

明朝的學校，立法是很完密的。在昔時把學校看做培植人才（政治上的人才），登庸官吏的機關，而不視爲提高文化、普及教育的工具，其立法不過如此而止，其擴充亦只能到這地步了。然而其法並不能實行，這可見法律的拗不過事實。明朝的太學，名爲國子監，太祖看國子監是極重的。所用的監官，都是名儒，規則極嚴，待諸生甚厚。又創歷事之法，使在各機關中實習，曾於一日之間，擢用國子生六十餘人爲布、按兩司官。其時國子諸生，揚厲中外者甚衆，可謂極看重學校的了。然一再傳後，科舉積重，學校積輕，舉貢的選用，遂遠不能與進士比。而自納粟入監之例開後，且被視爲異途。國子生本是從府縣學裡來的，府縣學學生升入國子監的，謂之貢生。有歲貢（按年依定額升入）、選貢（選拔特優的）、恩貢（國家有慶典時，特許學生升入國學，即以當充歲貢者充之，而以其次一名充歲貢）、納貢（府州縣學生納粟出學）之別。舉人亦可入監，後又取副榜若干，令其入監讀書。府、州、縣學，府有教授，州有學正，縣有教諭，其副概稱訓導，學生各有定額。初設的都由學校供給飯食，後來增廣學額，則不能然。於是稱初設的為廩膳生員，增廣的為增廣生員，後又推廣其額，謂之附學生員。於是新取入學的，概稱附學生員。依考試的成績，遞升為增廣、廩膳。廩膳生資格深的，即充歲貢。入學和判定成績的考試，並非由教諭、訓導舉行，而是另行派員主持的。入學之試，初由巡按御史或布、按兩司及府、州、縣官，後特置提督學政，巡歷舉行（僻遠之地，為巡歷所不能至者，或仍由巡按御史及分巡道）。學政任期三年，三年之中，考試所屬府、州、縣學生兩次：一次稱歲考，是用以判定成績優劣的；一次稱科考，在舉行科場之年，擇其優者，許應鄉試。國子監生畢業後可以入官的，府、州、縣學生，則無所謂畢業。其出路：只有（一）應科舉中式，（二）貢入國子監，如其不然，則始終只是一個學生。要到五十歲之後，方許其不應歲試。未滿五十而不應歲試（試時亦可請假，但下屆需補。清制，闕至三次者，即需斥革），其學籍，是要取消掉的。非府、州、縣學生不能應科舉，府、州、縣學生除貢入太學外，亦非應科舉不能得出路，這是實行宋以來學校、科舉相輔而行的理想的。在當時，確是較進步的立法，然而法律拗不過事實。事實上，國家所設的學校，一定要人來讀書，除非（一）學校中真有學問，為在校外所學不到的。（二）法令嚴切，不真在校學習，即不能得到出路。但當時的學校，即使認真教授，其程度，亦不會超過民間的教育，而況並不教授？既然並不教授，自無從強迫學生在學。於是除國子監在京師首善之地，且沿明初認真辦理之餘，不能竟不到監，乃斤斤和監官計較「坐監」的日數外，府、州、縣學，皆闃無其人，人家仍只目它爲文廟。學校的有名無實，一方面，固表現政治的無力；一方面，也表示社會的進步。因爲社會進步了，到處都有指導研究的人，供給研究的器，人家自然無庸到官立的學校裡來了。我們現在，如其要讀中國的舊書，並不一定要進學校。如其要研究新學問，有時非進學校不可，甚至有非到外國去不可的。就因爲此種學術，在社會上還未廣布。

清朝的學制，是和明朝大同的。所不同的，則明朝國子監中的蔭生，分爲官生、恩生。官生是限以官品的（學生父兄的官品）。恩生則出自特恩，不拘品級。清制分爲難蔭及恩蔭，恩蔭即明代的官生，難蔭謂父兄殉難的，其條件較恩蔭爲優。又清制，除恩副歲貢生外，又有優、拔兩貢。優貢三歲一行：每一督學使者，歲科兩試俱訖後，就教官所舉優行生，加以考試，再擇優送禮部考試，許其入國子監讀書。拔貢十二年舉行一次：合歲科兩試優等生，欽命大臣會同督撫複試。送吏部再應廷試，一二等錄用，三等入監，但入監都是有名無實的。

以上所述的，大體都是官辦的學校，爲政治制度的一部分，和選舉制度有關。其非官辦的，亦或具有學校的性質，如書院是。至於不具學校形式的。則有（一）私人的從師讀書，（二）或延師於家教授。其教授的內容，亦分爲兩種：（一）是以應科舉爲目的的，可謂士人所受的教育。（二）又一種，但求粗知文義，爲農、工、商家所受。前者既不足以語於學問，後者又不切於實用。這是因爲從前對於教育，無人研究，不過模模糊糊，蹈常習故而行之而已。至清末變法以來，才有所謂新式的教育，就是現行的制度。對於文化的關係，人所共知，不煩深論。學校初興時，還有所謂獎勵。大學畢業視進士，大學預科、高等學堂視舉人，中等學校以下，分別視貢生及附生等，這還帶有政治的性質。民國時代，把獎勵章程廢去，才全和科舉絕緣。

第十六章　語文

語言文字的發明，是人類的一個大進步。（一）有語言，然後人類能有明晰的概念。（二）有語言，然後這一個人的意思，能夠傳達給那一個人。而（甲）不需人人自學。（乙）且可將個人的行爲，化作團體的行爲。單有語言，還嫌其空間太狹，時間太短，於是又有文字，賦語言以形，以擴充其作用。總之，文字語言，是在空間上和時間上，把人類連結爲一的。人類是非團結不能進化的，團結的範圍愈廣，進化愈速，所以言語文字，實爲文化進化中極重要的因素。

以語言表示意思，以文字表示語言，這是在語言文字發達到一定階段之後看起來是如此。在語言文字萌芽之始，則並不是如此的，代表意思多靠身勢，其中最重要的是手勢。中國文字中的「看」字，義爲以手遮目，最能表示身勢語的遺跡。與語言同表一種意象的，則有圖畫。圖畫簡單化，即成象形文字。圖畫及初期的象形文字，都不是代表語言的。所以象形文字，最初未必有讀音，圖畫更無論了。到後來，事物繁複，身勢不夠表示，語言乃被迫而增加。語言是可以增加的，（一）圖畫及象形文字，則不能爲無限的增加，且其所能增加之數極爲有限；（二）而凡意思皆用語言表示，業已成爲習慣；於是又改用文字代表語言。文字既改爲代表語言，自可用表示聲音之法造成，而不必專於象形，文字就造的多了。

中國文字的構造，舊有六書之說。即（一）象形，（二）指事，（三）會意，（四）形聲，（五）轉注，（六）假借。六者之中，第五種爲文字增加的一例，第六種爲文字減少的一例，只有前四種是造字之法。許愼《說文解字・序》說：「黃帝之史倉頡，見鳥獸蹄迒之跡，知分理之可相別異也，初造書契。」又說：「倉頡之初作書，蓋依類象形，故謂之文。其後形聲相益，即謂之字。」按許氏說倉頡造字，又說倉頡是黃帝之史，這話是錯的，其餘的話，則大概不錯。字是用文拼成的，所以文在中國文字中，實具有字母的作用。舊說謂之偏旁。象形、指事、會意、形聲四種中，只有象形一種是文，餘三種都是字。象形就是畫成一種東西的形狀，如、、、（此字需橫看）。（《說文》：「象臂脛之形。」案此所畫係人的側面，而又略去其頭未畫）；（上係頭，中係兩臂，小孩不能自立，故下肢並而為一）；（《說文》：「象人形。」案此係人的正面形，而亦略畫其頭。只有子字是連頭畫出的。案畫人無不畫其頭之理，畫人而不畫其頭，則已全失圖畫之意矣。於此，可悟象形文字和圖畫的區別）等字是。（一）天下的東西，不都有形可畫。（二）有形可畫的，其形亦往往相類。畫的詳細了，到足以表示其異點，就圖畫也不能如此其繁。於是不得不略之又略，至於僅足以略示其意而止。倘使不加說明，看了它的形狀，是萬不能知其所指的；即或可以猜測，亦必極其模糊，此爲象形文字與圖畫的異點，象形文字所以能脫離圖畫而獨立者以此。然如此，所造的字，絕不能多。指事舊說是指無形可象的事，如人類的動作等，這話是錯的。指，就是指定其所在；事物兩字，古代通用。指事，就是指示其物之所在。《說文》所舉的例，是上下兩字。衛恆《四體書勢》說「在上爲上，在下爲下」，其語殊不可解。我們看《周官・保氏》《疏》說「人在一上爲上，人在一下爲下」，才知道《四體書勢》，實有脫文。《說文》中所載古文丄丅兩字，乃係省略之形。其原形當如篆文作。一畫的上下係人字，借人在一畫之上，或一畫之下，以表示上下的意思（這一畫，並非一二的一字，只是一個界畫，《說文》中此例甚多）。用此法，所造的字，亦不能多。會意的會訓合，會意，就是合兩個字的意思，以表示一個字的意思。如《說文》所舉人言爲信，止戈爲武之類。此法所造的字，還是不能多的。只有形聲字，原則上是用兩個偏旁，一個表示意義，一個表示聲音。凡是一句話，總自有其意義，亦自有其聲音的。如此，造字的人，就不必多費心思，只要就本語的意義，本語的聲音，各找一個偏旁來表示它就夠了。造的人既容易，看的人也易於了解。而且其意義，反較象形、指事、會意爲確實。所以有形聲之法，而「文字之用，遂可以至於無窮」。轉注，《說文》所舉的例，是考、老兩字。聲音相近，意義亦相近。其根源本是一句話，後來分化爲兩句的。語言的增加，循此例的很多。文字所以代表語言，自亦當跟著語言的分化而分化，這就是昔人的所謂轉注（夥、多兩字，與考、老同例）。假借則因語言之用，以聲音爲主，文字所以代表語言，亦當以聲音爲主。語文合一之世，文字不是靠眼睛看了明白的，還要讀出聲音來。耳朵聽了（等於聽語言）。而明白其意義。如此，意義相異之語，只要聲音相同，就可用相同的字形來代表它，於是（一）有些字，根本可以不造。（二）有些字，雖造了，仍廢棄不用，而代以同音的字，此爲文字之所以減少。若無此例，文字將繁至不可勝識了。六書之說，見於許《序》及《漢書．藝文志》（作象形、象事、象意、象聲、轉注、假借）。《周官．保氏》《注》引鄭司農之說（作象形、會意、轉注、處事、假借、諧聲）。昔人誤以爲造字之法，固屬大謬。即以爲保氏教國子之法，亦屬不然。教學童以文字，只有使之識其形，明其音義，可以應用，斷無涉及文字構造之理。以上所舉六書之說，當係漢時研究文字學者之說，其說是至漢世才有的。《周官》保氏，教國子以六書，當與《漢書．藝文志》所說太史以六體試學童的六體是一，乃係字的六種寫法，正和現在字的有行、草、篆、隸一樣（《漢書·藝文志》說：「古者八歲入小學，故《周官》保氏，掌養國子，教之六書。謂象形、象事、象意、象聲、轉注、假借，造字之本也。漢興，蕭何草律，亦著其法，曰：太史試學童，能諷書九千字以上，乃得為史。又以六體試之。課最者以為尚書、御史、史書、令史。吏民上書，字或不正，輒舉劾。六作者，古文，奇字，篆書，隸書，繆篆，蟲書，皆所以通知古今文字，摹印章，書幡信也。」「謂象形、象事、象意、象聲、轉注、假借、造字之本也」十八字，定係後人竄入。唯保氏六書和太史六體是一，所以說亦著其法，若六書與六體是二，這亦字便不可通了）。以六書說中國文字的構造，其實是粗略的（讀拙撰《字例略說》可明，商務印書館本），然大體亦尚可應用。舊時學者的風氣，本來是崇古的；一般人又誤以六書爲倉頡造字的六法，造字是昔時視爲神聖事業的，更無人敢於置議，其說遂流傳迄今。《荀子·解蔽篇》說：「故好書者衆矣，而倉頡獨傳者，壹也。」可見倉頡只是一個會寫字的人。然將長於某事的人，誤認作創造其事的人，古人多有此誤（如暴辛公善塤，蘇成公善篪，《世本·作篇》即云：暴辛公作塤，蘇成公作篪，譙周《古史考》已駁其繆。見《詩·何人斯》《疏》）。因此，生出倉頡造字之說。漢代緯書，皆認倉頡爲古代的帝皇（見拙撰《中國文字變遷考》第二章，商務印書館本）。又有一派，因《易經·繫辭傳》說「上古結繩而治，後世聖人易之以書契」，蒙上「黃帝、堯、舜，垂衣裳而天下治」，認爲上古聖人，即是黃帝。司記事者爲史官，因以倉頡爲黃帝之史。其實二者都是無稽的。還有《尚書》僞孔安國《傳序》，以三墳爲三皇之書，五典爲五帝之典，而以伏羲、神農、黃帝爲三皇，就說文字起於伏羲時，那更是無據之談了。

文字有形、音、義三方面，都是有變遷的。形的變遷，又有改變其字的構造和筆畫形狀之異兩種，但除筆畫形狀之異一種外，其餘都非尋常人所知（字之有古音、古義，每為尋常人所不知。至於字形構造之變，則新形既行，舊形旋廢，人並不知有此字）。所以世俗所謂文字變遷，大概是指筆畫形狀之異。其大別爲篆書、隸書、眞書、草書、行書五種。

（一）篆書是古代的文字，流傳到秦漢之世的。其文字，大抵刻在簡牘之上，所以謂之篆書（篆就是刻的意思）。又因其字體的不同，而分爲（甲）古文，（乙）奇字，（丙）大篆，（丁）小篆四種。大篆，又稱爲籀文。《漢書·藝文志》，小學家有《史籀》十五篇。自注：「周宣王太史作。」《說文解字·序》：「《史籀》者，周時史官教學童書也。」又說：「《倉頡》七章者，秦丞相李斯所作也。《爰歷》六章者，車府令趙高所作也。《博學》七章者，太史令胡毋敬所作也。文字多取《史籀篇》，而篆體復頗異，所謂秦篆者也。」然則大篆和小篆，大同小異。現在《說文》所錄籀文二百二十餘，該就是其相異的，其餘則與小篆同。小篆是秦以後通行的字；大篆該是周以前通行的字；至於古文，則該是在大篆以前的，即自古流傳的文字，不見於《史籀》十五篇中的；奇字即古文的一部分，所不同者，古文能說得出它字形構造之由，奇字則否。所謂古文，不過如此。《漢書·藝文志》、〈景十三王傳〉、〈楚元王傳〉載劉歆〈移讓大常博士書〉，都說魯共王壞孔子宅，在壁中得到許多古文經傳。其說本屬可疑，因爲（一）秦始皇焚書，事在三十四年。自此至秦亡，止有七年。即下距漢惠帝四年除挾書律，亦只有二十三年。孔壁藏書，規模頗大，度非一二人所爲，不應其事遂無人知，而有待於魯恭王從無意中發現。（二）假使果有此事，則在漢時實爲一大事。何以僅見於《漢書》中這三處，而他書及《漢書》中這三處以外，絕無人提及其事（凡歷史上較重大之事，總和別的事情有關係的，也總有人提及其事，所以其文很易散見於各處）。此三處：〈魯恭王傳〉，不將壞孔子宅之事，接敘於其好治宮室之下，而別爲數語，綴於傳末，其爲作傳時所無有（傳成之後，再行加綴於末），顯而易見。

《移讓大常博士》，本係劉歆所說的話；《藝文志》也是以劉歆所做的《七略》為本的。然則這兩篇，根本上還是劉歆一個人的話。所以漢代得古文經一事，極為可疑。然自班固以前，還不過說是得古文經；古文經的本子、字句，有些和今文經不同而已，並沒有說古文經的字，為當時的人所不識。到王充作《論衡》，其〈正說篇〉，才說魯共王得百篇《尚書》，武帝使使者取視，莫能讀者。《尚書偽孔安國傳序》，則稱孔壁中字為科斗書。謂科斗書廢已久，時人無能知者。孔安國據伏生所傳的《尚書》，考論文義（意謂先就伏生所傳各篇，認識其字，然後再用此為根據，以讀其餘諸篇），才能多通得二十五篇。這純是以意揣度的野言，古人並無此說。凡文字，總是大衆合力，於無形中逐漸創造的，亦總是大衆於無形之間，將其逐漸改變的。由一人制定文字，頒諸公衆，令其照用，古無此事；亦不會兩個時代中，有截然的異同，至於不能相識。

（二）篆書是圓筆，隸書是方筆。隸書的初起，因秦時「官獄多事」（《漢志》語。官指普通行政機關，獄指司法機關），「令隸人佐書」（四體書勢語）。故得此名。徒隸是不會寫字的人，畫在上面就算，所以筆畫形狀，因此變異了。然這種字寫起來，比篆書簡便得多，所以一經通行，遂不能廢。初寫隸書的人是徒隸，自然畫在上面就算，不求美觀。既經通行，寫的人就不僅徒隸了，又漸求其美觀，於是變成一種有挑法（亦謂之波磔）的隸書。當時的人，謂之八分書，帶有美術性質的字，十之八九都用它。

（三）其實用的字，不求美觀的，則仍無挑法，謂之章程書，就是我們現在所用的正書。所以八分書是隸書的新派，無挑法的係隸書的舊派。現在的正書，係承接舊派的，所以現在的正書，昔人皆稱為隸書。王羲之，從來沒有看見他寫一個八分書，或者八分書以前的隸字，而《晉書》本傳，卻稱其善隸書。

（四）正書，亦作眞書，其名係對行草而立。草書的初起，其作用，當同於後來的行書，是供起草之用的。《史記‧屈原列傳》說：楚懷王使原造憲令，草稿未上，上官大夫見而欲奪之。所謂草稿，就是現在所謂起草。草稿是只求自己認得，不給別人看的，其字，自然可以寫得將就些。這是大家都這樣做的，本不能算創造一種字體，自更說不上是誰所創造。到後來，寫的人，不求其疾速，而務求其美觀。於是草書的字體，和眞書相去漸遠。導致只認得眞書的人，不能認得草書，於是草書距實用亦漸遠。然自張芝以前，總還是一個一個字分開的。到張芝出，乃「或以上字之下，爲下字之上」，其字竟至不可認識了。後人稱一個一個字分開的爲章草，張芝所創的爲狂草。

（五）狂草固不可用，即章草亦嫌其去正書稍遠。（甲）學的人，幾乎在正書之外，又要認識若干草字。（乙）偶然將草稿給人家看，不識草字的人，亦將無從看起（事務繁忙之後，給人家看的東西，未必一定能謄真的）。草書至此，乃全不適於實用。然起草之事，是絕不能沒有的。於是另有一種字，起而承其乏，此即所謂行書。行書之名，因「正書如立，行書如行」而起。其寫法亦有兩種：（子）寫正書的人，把它寫得潦草些，是爲眞行。（丑）寫草書的人，把它寫得凝重些，是爲行草（見張懷瓘《書議》）。從實用上說，字是不能沒有眞、草兩種，而亦不能多於眞、草兩種的。因爲看要求其清楚，寫要求其捷速；若多於眞、草兩種，那又是浪費了（孟森說）。中國字現在書寫之所以煩難，是由於都寫眞書。所以要都寫正書，則由於草書無一定的體式。草書所以無一定的體式，則因字體的變遷，都因美術而起。美術是求其多變化的，所以字體愈寫愈紛歧，這是因向來講究寫字的人，多數是有閒階級；而但求應用的人，則根本無暇講究寫字之故，這亦是社會狀況所規定。今後社會進化，使用文字的地方愈多。在實用上，斷不能如昔日僅恃潦草的正書。所以制定草體，實爲當務之急。有人說：草體離正書太遠了，幾乎又要認識一種字，不如用行書。這話，從認字方面論，固有相當的理由。

但以書寫而論，則行書較正書簡便得沒有多少。現在人所寫潦草的正書，已與行書相去無幾。若求書寫的便利，至少該用行草。在正書中，無論筆畫如何繁多的字，在草書裡，很少超過五畫的。現在求書寫的便利，究竟該用行書，還該用草書，實在是一個有待研究的問題。至於簡筆字，則是不值得提倡的。這眞是徒使字體紛煩，而書寫上仍簡便得有限（書寫的煩難，亦由於筆畫形狀的工整與流走，不盡由於筆畫的多少）。

中國現在古字可考的，仍以《說文》一書爲大宗。此書所載，百分之九十幾，係秦漢時通行的篆書。周以前文字極少，周以前的文字，多存於金石刻中（即昔人刻在金石上的文字），但其物不能全眞，而後人的解釋，亦不能保其沒有錯誤。亡清光緒二十四五年間，河南安陽縣北的小屯，發現龜甲、獸骨，其上有的刻有文字。據後人考證，其地即《史記．項羽本紀》所謂殷墟，認其字爲殷代文字。現在收藏研究的人甚多，但自民國十七年中央研究院和河南省合作發掘以前所發現之品，僞造者極多。詳見《安陽發掘報告書》第一期所載《民國十七年十月試掘安陽小屯報告書》，及《田野考古報告》第一期所載《安陽侯家莊出土之甲骨文字》；又吳縣所出《國學論衡》某冊所載章炳麟之言，及《制言雜誌》第五十期章炳麟《答金祖同論甲骨文第二書》。所以在中央研究院發掘所得者外，最好不必信據，以昭謹愼。

古人多造單字，後世則單音語漸變爲複音，所增非複單音的字，而是複音的辭。大抵春秋戰國之時，爲增造新字最多的時代。《論語．衛靈公篇》：子曰：「吾猶及史之闕文也」，「今亡已夫」！這就是說：從前寫字的人，遇見寫不出的字，還空著去請教人，現在卻沒有了，都杜造一個字寫進去。依我推想起來，孔子這種見解，實未免失之於舊。因爲前此所用的文字少，寫來寫去，總是這幾個字；自己不知道，自然可問之他人。現在所用的字多了，口中的語言，向來沒有文字代表它的，亦要寫在紙上。既向無此字，問之於人何益？自然不得不杜造了。（一）此等新造的字，既彼此各不相謀。（二）就舊字也有（甲）訛，（乙）變。一時文字，遂頗呈紛歧之觀。《說文解字．序》說七國之世，「文字異形」，即由於此。然（子）其字雖異，其造字之法仍同；（丑）而舊有習熟的字，亦絕不會有改變；大體還是統一的。所以《中庸》又說：「今天下」，「書同文」。《史記．秦始皇本紀》：二十六年，「書同文字」。此即許《序》所說：「秦始皇帝初兼天下，丞相李斯乃奏同之，罷其不與秦文合者。」此項法令，並無效驗。《漢書．藝文志》說：閭裡書師，合〈倉頡〉、〈爰歷〉，〈博學〉三篇，斷六十四字以爲一章，凡五十五章，併爲〈倉頡篇〉。這似乎是把三書合而爲一，大體上把重複之字除去。假定其全無複字，則秦時通行的字，共得三千三百。然此三書都是韻文，除盡複字，實際上怕不易辦到，則尚不及此數。而《說文》成於後漢時，所載之字，共得九千九百一十三。其中固有籀文及古文、奇字，然其數實不多，而音義相同之字，則不勝枚舉。可見李斯所奏罷的字，實未曾罷，如此下去，文字勢必日形紛歧，這是一個很嚴重的問題。幸得語言從單音變爲複音，把這種禍患，自然救止了。用一個字代表一個音，實在是最爲簡易之法。因爲複音詞可以日增，單音字則只有此數。識字是最難的事，過時即不能學的。單音無甚變遷，單字即無甚增加，亦無甚改變。讀古書的，研究高深文學的，所通曉的辭類及文法，雖較常人爲多，所識的單字，則根本無甚相異。認識了幾千個字，就能讀自古至今的書，也就能通並時的各種文學，即由於此。所以以一字代表一音，實在是中國文字的一個進化。至此，文字才眞正成了語言的代表。這亦是文字進化到相當程度，然後實現的。最初並非如此，《說文》：犙，三歲牛。馴，馬八歲。犙從參聲，馴從八聲，筆之於書，則有牛馬旁，出之於口，與「三八」何異？聽的人焉知道是什麼話？然則犙絕非讀作參，馴絕非讀作八；犙馴兩字，絕非代表參八兩個音，而係代表三歲牛，馬八歲兩句話。兩句話只要寫兩個字，似乎簡便了，然以一字代表一音純一之例破壞，總是弊餘於利的。所以寧忍書寫之煩，而把此等字淘汰去。這可見自然的進化，總是合理的。新造的氯氮等字，若讀一音，則人聞之而不能解，徒使語言與文字分離，若讀兩音，則把一字代表一音的條例破壞，得不償失。這實在是退化的舉動，所以私智穿鑿，總是無益有損的。

語言可由分歧而至統一，亦可由統一而至分歧。由分歧而至統一，係由各分立的部族，互相同化。由統一而至分歧，則由交通不便，語音逐漸訛變；新發生的事物，各自創造新名；舊事物也有改用新名的。所以（一）語音，（二）詞類，都可以逐漸分歧。只有語法，是不容易變化的。中國語言，即在此等狀況下統一，亦即在此等狀況下分歧。所以語音、詞類，各地方互有不同，語法則無問題。在崇古的時代，古訓是不能不研究的。研究古訓，需讀古書。古書自無所謂不統一，古書讀得多的人，下筆的時候，自然可即寫古語。雖然古語不能盡達現代人的意思，然（一）大體用古語，而又依照古語的法則，增加一二俗語；（二）或者依據古語的法則，創造筆下有而口中無的語言，自亦不至爲人所不能解。遂成文字統一，語言分歧的現象，論者多以此自豪。這在中國民族統一上，亦確曾收到相當的效果。然但能統一於紙上，而不能統一於口中，總是不夠用的。因爲（一）有些地方，到底不能以筆代口。（二）文字的進化，較語言爲遲，總感覺其不夠用。（三）文字總只有一部分人能通。於是發生（一）語言統一，（二）文言合一的兩個問題。

語言統一，是隨著交通的進步而進步的。即（一）各地方的往來頻繁。（二）（甲）大都會，（乙）大集團的逐漸發生。用學校教授的方法，收效必小。因爲語言是實用之物，要天天在使用，才能夠學得成功，成功了不致於忘掉。假使有一個人，生在窮鄉僻壤，和非本地的人永無交接，單用學校教授的形式，教他學國語，是斷不會學得好，學好了，亦終於要忘掉的。所以這一個問題，斷不能用人爲的方法，希望其在短時間之內，有很大的成功。至於言文合一，則乾脆的只要把口中的語言寫在紙上就夠了。這在一千年以來，語體文的逐漸流行，逐漸擴大，早已走上了這一條路，但還覺得其不夠，而在近來，又發生一個文字難於認識的問題，於是有主張改用拼音字的。而其議論，遂搖動及於中國文字的本身。

拼音字是將口中的語言，分析之而求其音素，將音素製成字母，再將字母拼成文字的。這種文字，只要識得字母，懂得拼法，識字是極容易的，自然覺得簡便。但文字非自己發生，而學自先進民族的，可以用此法造字。文字由自己創造的民族，是絕不會用此法的。因爲當其有文字之初，尚非以之代表語言，安能分析語言而求其音素？到後來進化了，知道此理，而文字是前後相銜的，不能捨舊而從新，拼音文字，就無從在此等民族中使用了。印度是使用拼音文字的，中國和印度交通後，只採用其法於切音，而卒不能改造文字，即由於此。使用拼音文字於中國，最早的，當推基督教徒。他們鑑於中國字的不易認識，用拉丁字母拼成中國語，以教貧民，頗有相當的效果。中國人自己提倡的，起於清末的勞乃宣。後來主張此項議論的，亦不乏人。以傳統觀念論，自不易廢棄舊文字。於是由改用拼音字，變爲用注音字注舊文字的讀音。遂有教育部所頒布的注音符號。然其成效殊鮮，這是由於統一讀音和統一語音，根本是兩件事。因語音統一，而影響到讀音，至少是語體文的讀音，收效或者快些。想靠讀音的統一，以影響到語音，其事的可能性怕極少。因爲語言是活物，只能用之於口中。寫在紙上再去讀，無論其文字如何通俗，總是讀不成語調的。而語言之所以不同，並非語音規定語調，倒是語調規定語音。申言之：各地方人的語調不同，並非由其所發的一個個音不同，以至積而成句，積而成篇，成爲不同的語調。倒是因其語調不同，一個個音，排在一篇一句之內，而其發音不得不如此。所以用教學的方法傳授一種語言，是可能的。用教學的方法，傳授讀音，希望其積漸而至於統一語言，則根本不會有這回事。果眞要用人爲的方法，促進語言的統一，只有將一地方的言語，定爲標準語，即以這地方的人作爲教授的人，散布於各地方去教授，才可以有相當的效果。教授之時，宜專於語言，不必涉及讀書。語言學會了，自會矯正讀音，至於某程度。即使用教學的方法，矯正讀音，其影響亦不過如是而止，絕不會超過的。甚或兩個問題，互相牽制，收效轉難。注音符號，意欲據全國人所能發的音，製造成一種語言。這在現在，實際上是無此語言的。所以無論什麼地方的話，總不能與國語密合。想靠注音符號等工具，及教學的方法，造成一種新語言，是不容易的。所以現在所謂能說國語的人，百分之九十九，總還夾雜土話。既然總不密合，何不揀一種最近於國語的言語，定爲標準語，來得痛快些呢？

至於把中國文字，改成拼音文字，則我以爲在現在狀況之下，聽憑兩種文字同時並行，是最合理的。舊日的人視新造的拼音文字爲洪水猛獸，以爲將要破壞中國的舊文化，因而使中國人喪失其民族性；新的人，以爲舊文字是阻礙中國進化的，也視其爲洪水猛獸，都是一偏之見。認識單字，與年齡有極大的關係。超過一定年齡，普通的人，都極難學習，即使勉強學習，其程度也很難相當的。所以中國的舊文字，絕不能施之成人。即年齡未長，而受教育時間很短的人，也是難學的。因爲幾千個單字，到底不能於短時間之內認識。如平民千字識字課等，硬把文字之數減少，也是不適於用的。懷抱舊見解的人，以爲新文字一行，即將把舊文化破壞淨盡，且將使中國民族喪失其統一性。殊不知舊文字本只有少數人通曉，兼用拼音字，這少數通曉舊文字的人，總還是有的。使用新文字的人，則本來都是不通舊文字的，他們所濡染的中國文化，本非從文字中得來，何至因此而破壞中國的舊文化，及民族的統一性？就實際情形平心而論，中國舊文化，或反因此而得新工具，更容易推廣，因之使中國的民族性，更易於統一呢？吳敬恆說：「中國的讀書人，每拘於下筆千秋的思想，以爲一張紙寫出字來，即可以傳之永久。」於是設想：用新文字寫成的東西，亦將像現在的舊書一般，汗牛充棟，留待後人的研究，而中國的文化，就因之喪失統一性了。殊不知這種用新文字寫成的東西，都和現在的傳單報紙一般，閱過即棄，至於有永久性的著作，則必是受教育程度稍深的人然後能爲，而此種人，大都能識得舊文字。所以依我推想，即使聽新舊文字同時並行，也絕不會有多少書籍堆積起來。而且只能學新文字的人，其生活和文字本來是無緣的。現在雖然勉強教他以幾個文字，他亦算勉強學會了幾個文字，對於文字的關係，總還是很淺的，怕連供一時之用的宣傳品等，還不會有多少呢。何能因此而破壞中國的文化和民族統一性？准此以談，則知有等人說：中國現在語言雖不統一，文字卻是統一的。若拼音字不限於拼寫國語，而許其拼寫各地方的方言，將會有礙於中國語言的統一，也是一樣的謬見。因爲（一）現在文字雖然統一，絕不能以此爲工具，進而統一語言的。（二）而只能拼寫方言的人，亦即不通國語的人，其語言，亦本來不曾統一。至於說一改用拼音文字，識字即會遠較今日爲易，因之文化即會突飛猛進，也是痴話。生活是最大的教育，除少數學者外，讀書對於其人格的關係，是很少的。即使全國的人，都能讀相當的書，亦未必其人的見解，就會有多大改變。何況識得幾個字的人，還未必都會去讀書呢？拼音文字，認識較舊文字爲易是事實，其習熟則並無難易之分。習熟者的讀書，是一眼望去便知道的，並不是一個個字拼著音去認識，且識且讀的。且識且讀，拼音文字是便利得多了。然這只可偶一爲之，豈能常常如此？若常常如此，則其煩苦莫甚，還有什麼人肯讀書？若一望而知，試問Book與書有何區別？所以拼音文字在現在，只是供一時一地之用的。其最大的作用，亦即在此。既然如此，注音符號、羅馬字母等等雜用，也是無妨的，並不值得爭論。主張採用羅馬字母的人，說如此我們就可以採用世界各國的語言，擴大我國的語言，這也是痴話。採用外國的語言，與改變中國的文字何涉？中國和印度交通以來，佛教的語言輸入中國的何限？又何嘗改用梵文呢？

語言和中國不同，而採用中國文字的，共有三法：即（一）徑用中國文，如朝鮮是。（二）用中國文字的偏旁，自行造字，如遼是。（三）用中國字而別造音符，如日本是。三法中，自以第三法爲最便，第二法最爲無謂。所以遼人又別有小字，出於回鶻，以便應用。大抵文字非出於自造，而取自他族的，自以用拼音之法爲便。所以如遼人造大字之法，畢竟不能通行。又文字所以代表語言，必不能強語言以就文字。所以如朝鮮人，所做華文，雖極純粹，仍必另造諺文以應用（契丹文字，係用隸書之半，增損為之，見《五代史》。此係指契丹大字而言，據《遼史・太祖本紀》，事在神冊五年。小字出於回鶻，為迭剌所造，見〈皇子表〉）。

滿、蒙、回、藏四族，都是使用拼音文字的。回文或說出於猶太，或說出於天主教徒，或說出於大食，未知孰是（見《元史・譯文證補》）。藏文出於印度，是唐初吐蕃英主棄宗弄贊，派人到印度去留學，歸國後所創制的（見《蒙古源流考》）。蒙古人初用回文，見《元史・塔塔統阿傳》。《脫卜察安》（《元祕史》。元朝人最早自己所寫的歷史），即係用回文所寫。後來世祖命八思巴造字，則是根據藏文的。滿文係太祖時額爾德尼所造，太宗時，達海又加以圈點（一種符號），又以蒙文爲根據。西南諸族，唯倮儸有文字，卻是本於象形字的。於此，可見文字由於自造者，必始象形，借自他族者，必取拼音之理。

文字的流傳，必資印刷。所以文字的爲用，必有印刷而後弘，正和語言之爲用，必得文字而後大一樣。古人文字，要保存永久的，則刻諸金石。此乃以其物之本身供衆覽，而非用以印刷，只能認爲印刷的前身，不能即認爲印刷事業，漢代的石經，還係如此。後來就此等金石刻，加以摹拓。摹拓既廣，覺得所摹拓之物，不必以之供衆覽，只需用摹拓出來的東西供覽即可。於是其雕刻，專爲供印刷起見，就成爲印刷術了。既如此，自然不必刻金石，而只要刻木。刻板之事，現在可考的起於隋。陸深《河汾燕閒錄》說，隋文帝開皇十三年，敕廢像遺經，悉令雕版。其時爲民國紀元前一三一九年，公元五九三年。《敦煌石室書錄》有《大隋永陀羅尼本經》，足見陸說之確。唐代雕本，宋人已沒有著錄的，唯江陵楊氏，藏有《開元雜報》七葉。日本亦有永徽六年（唐高宗年號。民國紀元前一二五七年，公元六五五年）。《阿毗達磨大毗婆裟論》。後唐明宗長興三年（民國紀元前九八〇年，公元九三二年）。宰相馮道、李愚，請令判國子監田敏，校正九經，刻板印賣，是爲官刻書之始，歷二十年始成（周太祖廣順三年）。宋代又續刻義疏及諸史，書賈因牟利，私人因愛好文藝而刻的亦日多。仁宗慶曆中（民國紀元前八七一至八六四年，公元一〇四一至一〇四八年），畢昇又造活字（係用泥製。元王禎始刻木為之，明無錫華氏始用銅，清武英殿活字亦用銅製）。於是印刷事業，突飛猛進，宋以後書籍，傳於後世的，其數量，就遠非唐以前所可比了（此節據孫毓修《中國雕板源流考》，其詳可參考原書，商務印書館本）。

第十七章　學術

學術思想，是一個民族的靈魂。看似虛懸無薄，實則前進的方向全是受其指導。中國是一個學術發達的國家，幾千年來，學術分門別類，各致其精。如欲詳述之，將數十百萬言而不能盡。現在所講的，只是思想轉變的大略，及其和整個文化的關係。依此講，則中國的學術思想，可分爲三大時期：

（一）自上古至漢魏之際。

（二）自佛學輸入至亡清。其中又分爲（甲）佛學時期，（乙）理學時期。

（三）自西學輸入以後。

現在研究先秦諸子的人，大都偏重於其哲學方面，這個實在是錯誤的。先秦諸子的學術，有兩個來源：其（一）從古代的宗教哲學中，蛻化而出。其（二）從各個專門的官守中，孕育而成。前者偏重玄學方面，後者偏重政治社會方面。《漢書·藝文志》說諸子之學，其源皆出於王官。《淮南要略》說諸子之學，皆出於救時之弊。一個說其因，一個說其緣，都不及古代的哲學。尤可見先秦諸子之學，實以政治社會方面爲重，玄學方面爲輕。此意，近人中能見得的，只有章炳麟氏。

從古代宗教中蛻化而出的哲學思想，大致是如此的：（一）因人有男女，鳥有雌雄，獸有牝牡，自然界又有天地日月等現象，而成立陰陽的概念。（二）古代的工業，或者是分做水、火、木、金、土五類的。實際的生活影響於哲學思想，遂分物質爲五行。（三）思想進步，覺得五行之說，不甚合理，乃認萬物的原質爲一個，而名之曰氣。（四）至此，遂並覺陰陽兩力，還不是宇宙的根源（因為最後的總是唯一的，也只有唯一的能算最後的）。乃再成立一個唯一的概念，是即所謂太極。（五）又知質與力並非兩物，於是所謂有無，只是隱顯。（六）隱顯由於變動，而宇宙的根源，遂成爲一種動力。（七）這種動力，是頗爲機械的。一發動之後，其方向即不易改變。所以有謹小、愼始諸義。（八）自然之力，是極其偉大的。只有隨順，不能抵抗，所以要法自然，所以貴因。（九）此種動力，其方向是循環的，所以有禍福倚伏之義，所以貴知白守黑，知雄守雌。（十）既然萬物的原質，都是一個，而又變化不已，則萬物根本只是一物。天地亦萬物之一，所以惠施要提倡汎愛，說天地萬物一體，而物論可齊（論同倫，類也）。（十一）因萬物即是一物，所以就雜多的現象，仍可推出其總根源。所謂「窮理盡性，以至於命」。此等思想，影響於後來，極爲深刻。歷代的學術家，幾乎都奉此爲金科玉律。誠然，此等寬廓的說法，不易發現其誤繆。而因其立說的寬廓，可以容受多方面的解釋，即存其說爲弘綱，似亦無妨。但有等錯誤的觀念，業已不能適用的，亦不得不加以改正。如循環之說，古人大約由觀察晝夜寒暑等現象得來。此說施諸自然界，雖未必就是，究竟還可應用；若移用於社會科學，就不免誤繆了。明明是進化的，如何說是循環？

先秦諸子，關於政治社會方面的意見，是各有所本的，而其所本亦分新舊。依我看來：（一）農家之所本最舊，這是隆古時代農業部族的思想。（二）道家次之，是遊牧好侵略的社會的反動。（三）墨家又次之，所取法的是夏朝。（四）儒家及陰陽家又次之，這是綜合自上古至西周的政治經驗所發生的思想。（五）法家最新，是按切東周時的政治形勢所發生的思想。以上五家，代表整個的時代變化，其關係最大。其餘如名家，專講高深玄遠的理論。縱橫家、兵家等，只效一節之用，其關係較輕。

怎說農家是代表最古的思想的呢？這只要看許行的話，便可明白。許行之說有二：（一）君臣並耕，政府毫無威權。（二）物價論量不論質。如非根據於最古、最簡陋的社會的習俗，絕不能有此思想（見《孟子·滕文公上篇》）。

怎說道家所代表的，是遊牧好侵略的社會的逆反思想呢？漢人率以黃、老並稱。今《列子》雖係僞書，然亦有其所本（此凡偽書皆然，不獨《列子》。故偽書既知其偽之後，在相當條件下，其材料仍可利用）。此書「天瑞篇」有「黃帝書」兩條，其一同《老子》。又有黃帝之言一條。「力命篇」有「黃帝書」一條，與《老子》亦極相類。《老子》書（一）多係三四言韻語。（二）所用名詞，極爲特別（如有雌雄牝牡而無男女字）。（三）又全書之義，女權皆優於男權，足征其時代之古。此必自古口耳相傳之說，老子著之竹帛的，絕非老子所自作。黃帝是個武功彪炳的人，該是一個好侵略的部族的酋長。侵略民族，大抵以過剛而折。如夷羿、殷紂等，都是其適例。所以思想上發生一種反動，要教之以守柔。《老子》書又主張無爲。無爲兩字的意義每爲後人所誤解爲訓化。《禮記·雜記》：子曰：「張而不弛，文武不能也。弛而不張，文武不爲也。」此係就農業立說。言弛而不張，雖文武亦不能使種子變化而成穀物。賈誼《諫放民私鑄疏》：「奸錢日多，五穀不爲」（今本作「五穀不為多」，多字係後人妄增），正是此義。野蠻部族往往好慕效文明，而其慕效文明，往往犧牲了多數人的幸福（（一）因社會的組織，隨之變遷。（二）因在上的人，務於淫侈，因此而刻剝其下）。所以有一種反動的思想，勸在上的人，不要領導著在下的人變化。在下的人，「化而欲作」，還該「鎮之以無名之樸」。這正和現今人因噎廢食，拒絕物質文明一樣。

怎樣說墨家所代表的，是夏代的文化呢？《漢書．藝文志》說墨家之學，「茅屋采椽，是以貴儉（古人的禮，往往在文明既進步之後，仍保存簡陋的樣子，以資紀念。如既有酒，祭祀仍用水，便是其一例。漢武帝時，公玉帶上明堂圖，其上猶以茅蓋，見《史記．封禪書》，可見《漢志》此說之確）。養三老五更，是以兼愛（三老五更，乃他人的父兄）。選士大射，是以尚賢（平民由此進用。參看第七章）。宗祀嚴父，是以右鬼（人死曰鬼）。順四時而行，是以非命（命有前定之義。順四時而行，即〈月令〉所載的政令。據〈月令〉說：政令有誤，如孟春行夏令等，即有災異，此乃天降之罰。然則天是有意志，隨時監視著人的行動，而加以賞罰的。此為墨子天志之說所由來。他家之所謂命，多含前定之義，則近於機械論了）。以孝視天下（視同示）。是以上同。」都顯見得是明堂中的職守，所以《漢志》說他出於清廟之官（參看第十五章）。《呂覽．當染篇》說：「魯惠公使宰讓請郊廟之禮於天子。天子使史角往，惠公止之。其後在魯，墨子學焉。」此爲墨學出於清廟之官的確證。清廟中能保存較古之學說，於理是可有的。墨家最講究實用，而〈經〉、〈經說〉、〈大小取〉等篇，講高深的哲學，爲名家所自出的，反在墨家書中，即由於此。但此非墨子所重，墨子的宗旨，主於兼愛。因爲兼愛，所以要非攻。又墨子是取法乎夏的，夏時代較早，又值水災之後，其生活較之殷、周，自然要簡樸些，所以墨子的宗旨，在於貴儉。因爲貴儉，所以要節用，要節葬，要非樂。又夏時代較早，迷信較深，所以墨子有天志、明鬼之說。要講天志、明鬼，即不得不非命。墨家所行的，是凶荒劄喪的變禮（參看第五章）。其所教導的，是淪落的武士（參看第四章），其實行的精神，最爲豐富。

怎樣說儒家、陰陽家是西周時代所產生的思想呢？荀子說：「父子相傳，以持王公，三代雖亡，治法猶存，官人百吏之所以取祿秩也。」（〈榮辱篇〉）。國雖亡而治法猶存，這是極可能的事。然亦必其時代較近，而後所能保存的才多。又必其時的文化，較爲發達，然後足爲後人所取法。如此，其足供參考的，自然是夏、殷、周三代。所以儒家有通三統之說（封本朝以前、兩代之後以大國，使之保存其治法，以便與本朝之治，三者輪流更換。《史記．高祖本紀贊》所謂「三王之道若循環」，即是此義）。這正和陰陽家所謂五德終始一樣（五德終始有兩說：舊說以所克者相代。如秦以周為火德，自己是水德；漢又自以為土德是。前漢末年，改取相生之說。以周為木德，説秦朝是閏位，不承五行之運，而自以為是火德，後來魏朝又自以為是土德）。《漢書．嚴安傳》：載安上書，引鄒子之說，說「政教文質者，所以云救也。當時則用，過則捨之，有易則易之。」可見五德終始，乃係用五種治法，更迭交換。鄒衍之學，所以要本所已知的歷史，推論未知；本所已見的地理，推所未見；正是要博觀衆事，以求其公例。治法隨時變換，不拘一格，不能不說是一種進步的思想。此非在西周以後，前代的治法，保存的已多，不能發生。陰陽家之說，缺佚已甚，其最高的蘄向如何，已無可考。儒家的理想，頗爲高遠。看第五章所述大同、小康之說可見。《春秋》三世之義，據亂而作，進於升平，更進於太平，明是要將亂世逆挽到小康，再逆挽到大同。儒家所傳的，多是小康之義。大同世之規模，從升平世進至太平世的方法，其詳已不可得聞。幾千年來，崇信儒家之學的，只認封建完整時代，即小康之世的治法，爲最高之境，實堪惋惜。但儒家學術的規模，是大體尙可考見的。它有一種最高的理想，企圖見之於人事。這種理想，是有其哲學上的立足點的。如何次第實行，亦定有一大體的方案。儒家之道，具於六經。六經之中，《詩》、《書》、《禮》、《樂》，乃古代大學的舊教科，說已見第十五章。《易》、《春秋》則爲孔門最高之道所在。《易》言原理，《春秋》言具體的方法，兩者互相表裡，所以說「《易》本隱以之顯，《春秋》推見至隱」。儒家此等高義，既已隱晦；其盛行於世，而大有裨益於中國社會的，乃在個人修養部分。（一）在理智方面，其說最高的是中庸。其要在審察環境的情形，隨時隨地定一至當不易的辦法。此項至當不易的辦法，是隨時隨地，必有其一，而亦只能有一的，所以貴擇之精而守之堅。（二）人之感情，與理智不能無衝突。放縱感情，固然要撞出大禍；抑壓感情，也終於要潰決的，所以又有禮樂，以陶冶其感情。（三）無可如何之事，則勸人以安命。在這一點，儒家亦頗有宗教家的精神。（四）其待人之道，則爲絜矩（兩字見《大學》）。消極的「己所不欲，勿施於人」；積極的則「所求乎子以事父，所求乎臣以事君，所求乎弟以事兄，所求乎朋友先施之」。我們該怎樣待人，只要想一想，我們希望他怎樣待我即得，這是何等簡而賅。怎樣糊塗的人，對這話也可以懂得，而聖人行之，亦終身有所不能盡，這眞是一個妙諦。至於（五）性善之說，（六）義利之辨，（七）知言養氣之功，則孟子發揮，最爲透澈，亦於修養之功，有極大關係。儒家之遺害於後世的，在於大同之義不傳，所得的多是小康之義。小康之世的社會組織，較後世爲專制。後人不知此爲一時的組織，而認爲天經地義，無可改變，欲強已進步的社會以就之，這等於以杞柳爲杯棬，等於削足以適屨，所以引起糾紛，而儒學盛行，遂成爲功罪不相掩之局。這只可說是後來的儒家不克負荷，怪不得創始的人，但亦不能一定怪後來的任何人。因儒學是在這種社會之中，逐漸發達的。凡學術，固有變化社會之功，同時亦必受社會的影響，而其本身自起變化，這亦是無可如何的事。

怎樣說法家之學，是按切東周時代的情形立說的呢？這時候，最要緊的，是（一）裁抑貴族，以剷除封建勢力。（二）富國強兵，以統一天下。這兩個條件，秦國行之，固未能全合乎理想，然在當時，畢竟是最能實行的，所以卒併天下。致秦國於富強的，前有商鞅，後有李斯，都是治法家之學的。法家之學的法字，是個大名。細別起來，則治民者謂之法，裁抑貴族者謂之術，見《韓非子・定法篇》。其富國強兵之策，則最重要的，是一民於農戰。《商君書》發揮此理最透，而《管》、《韓》兩子中，亦有其理論。法家是最主張審察現實，以定應付的方法的，所以最主張變法而反對守舊，這確是法家的特色。其學說之能最新，大約即得力於此。

以上所述五家，是先秦諸子中和中國的學術思想及整個的文化最有關係的。雖亦有其高遠的哲學，然其所想解決的，都是人事問題。而人事問題，則以改良社會的組織爲其基本。粗讀諸子之書，似乎所注重的，都是政治問題。然古代的政治問題，不像後世單以維持秩序爲主，而整個的社會問題，亦包括在內。所以古人說政治，亦就是說社會。

諸家之學，並起爭鳴，經過一個相當時期之後，總是要歸於統一的。統一的路線有兩條：（一）淘汰其無用，而存留其有用的。（二）將諸家之說，融合爲一。在戰國時，諸家之說皆不行，只有法家之說，秦用之以併天下，已可說是切於時務的興，而不切於時務的亡了。但時異勢殊，則學問的切於實用與否，亦隨之而變。天下統一，則需要與民休息；民生安定，則需要興起教化。這兩者，是大家都會感覺到的。秦始皇坑儒時說：「吾前收天下書不中用者盡去之，悉召文學方術士甚衆，欲以致太平，方士欲練，以求奇藥。」興太平指文學士言。可見改正制度，興起教化，始皇非無此志，不過天下初定，民心未服，不得不從事於鎮壓；又始皇對外，頗想立起一個開拓和防禦的規模來，所以有所未遑罷了。秦滅漢興，此等積極的願望，暫時無從說起，最緊要的，是與民休息。所以道家之學，一時甚盛。然道家所謂無爲而治，乃爲正常的社會說法。社會本來正常的，所以勸在上的人，不要領導其變化；且需鎮壓之，使不變化，這在事實上雖不可能，在理論上亦未必盡是，然尚能自成一說。若漢時，則其社會久已變壞，一味因循，必且遷流更甚。所以改正制度，興起教化，在當時，是無人不以爲急務的。看賈誼、董仲舒的議論，便可明白。文帝亦曾聽公孫臣的話，有意於興作，後因新垣平詐覺，牽連作罷。這自是文帝腦筋的糊塗，做事的因循，不能改變當時的事勢。到武帝，儒學遂終於興起了。儒學的興起，是有其必然之勢的，並非偶然之事。因爲改正制度，興起教化，非儒家莫能爲。論者多以爲武帝一人之功，這就錯了。武帝即位時，年僅十六，雖非昏愚之主，亦未聞其天稟夙成，成童未幾，安知儒學爲何事？所以與其說漢武帝提倡儒學，倒不如說儒學在當時自有興盛之勢，武帝特順著潮流而行。

儒學的興起，雖由社會情勢的要求，然其得政治上的助力，確亦不少。其中最緊要的，便是爲五經博士置弟子。所謂「設科射策，勸以官祿」，自然來者就多了。儒學最初起的，是《史記·儒林傳》所說的八家：言《詩》：於魯，自申培公；於齊，自轅固生；於燕，自韓太傅。言《書》，自濟南伏生。言《禮》，自魯高堂生。言《易》，自菑川田生。言《春秋》：於齊、魯自胡毋生，於趙自董仲舒。東漢立十四博士：《詩》齊、魯、韓；《書》歐陽、大小夏侯；《禮》大小戴；《易》施、孟、梁丘、京；《春秋》嚴、顏（見《後漢書·儒林傳》。《詩》齊、魯、韓下衍毛字）。大體仍是這八家之學（唯京氏《易》最可疑）。但是在當時，另有一種勢力，足以促令學術變更。那便是第五章所說：在當時，急需改正的，是社會的經濟制度。要改正社會經濟制度，必須平均地權，節制資本。而在儒家，是只知道前一義的，後者之說，實在法家。當時儒家之學，業已成爲一種權威，欲圖改革，自以自托於儒家爲便，儒家遂不得不廣採異家之學以自助，於是有所謂古文之學。讀第五章所述，已可明白了。但是學術的本身，亦有促令其自起變化的，那便是由專門而趨於通學。

先秦學術，自其一方面論，可以說是最精的。因爲它各專一門，都有很高的見解。自其又一方面說，亦可以說是最粗的。因爲它只知道一門，對於他人的立場，全不了解。譬如墨子所主張，乃凶荒劄喪的變禮，本不謂平世當然，而荀子力駁他，說天下治好了，財之不足，不足爲患，豈非無的放矢？理論可以信口說，事實上，是辦不到只顧一方面的。只顧一方面，一定行不通。所以先秦時已有所謂雜家之學，《漢志》說：雜家者流，出於議官。可見國家的施政，不得不兼顧到各方面了。情勢如此，學術自然不得不受其影響，而漸趨於會通，古文之學初興時，實係兼採異家之說，後來且自立新說，實亦受此趨勢所驅使。倘使當時的人，痛痛快快，說儒家舊說不夠用了，我所以要兼採異說；儒家舊說，有所未安，我所以要別立新說，豈不直捷？無如當時的思想和風氣，不容如此。於是一方面說儒家之學，別有古書，出於博士所傳以外（其中最重要的，便是孔壁一案，參看第十六章）；一方面，自己研究所得，硬說是某某所傳（如《毛詩》與《小序》為一家言，《小序》明明是衛宏等所作，而毛公之學，偏要自謂子夏所傳）；糾紛就來得多了。流俗眩於今古文之名，以爲今古文經，文字必大有異同，其實不然。今古文經的異字，備見於《儀禮》鄭《注》（從今文處，則出古文於注。從古文處，則出今文於注），如古文位作立，儀作義，義作誼之類，於意義毫無關係，他經度亦不過如此，有何關係之可言？今古文經的異同，實不在經文而在經說。其中重要問題，略見於許慎的《五經異義》。自大體言之：今文家說，都係師師相傳；古文家說，則自由研究所得。不爲古人的成說所囿，而自出心裁，從事研究，其方法似覺進步。但（一）其成績並不甚佳。又（二）今文家言，有傳訛而無臆造。傳訛之說，略有其途徑可尋，所以其說易於還原。一經還原，即可見古說的眞相（其未曾傳訛的，自然更不必說）。古文家言，則各人憑臆爲說，其根源無可捉摸。所以把經學當作古史的材料看，亦以今文家言價値較高。

然古學的流弊，亦可說仍自今學開之。一種學術，當其與名利無關時，治其學者，都係無所爲而爲之，只求有得於己，不欲炫耀於人，其學自無甚流弊，到成爲名利之途則不然。治其學者，往往不知大體，而只斤斤計較於一枝一節之間；甚或理不可通，穿鑿立說；或則廣羅異說，以自炫其博。引人走入旁門，反致拋荒正義。從研究眞理的立場上言，實於學術有害。但流俗的人，偏喜其新奇，以爲博學。此等方法，遂成爲譁世取寵之資。漢代此等風氣，由來甚早，《漢書．夏侯勝傳》說：「勝從父子建，師事勝及歐陽高，左右採獲。又從五經諸儒問與《尚書》相出入者，牽引以次章句，具文飾說。勝非之曰：建所謂章句小儒，破碎大道。建亦非勝爲學疏略，難以應敵。」專以應敵爲務，眞所謂徇外爲人。此種風氣既開，遂至專求聞見之博，不顧義理之安；甚且不知有事理。如鄭玄，遍注群經，在漢朝，號稱最博學的人，而其說經，支離滅裂，於理絕不可通，以及自相矛盾之處，就不知凡幾。此等風氣既盛，治經者遂多變爲無腦筋之徒。雖有耳目心思，都用諸瑣屑無關大體之處。而於此種學問，所研究的，究屬宇宙間何種現象？研究之究有何益？以及究應如何研究？一概無所聞見。學術走入此路，自然只成爲有閒階級，消耗日力精力之資，等於消閒遣興，於國家民族的前途，了無關係了。此等風氣，起於西漢中葉，至東漢而大盛，直至南北朝、隋唐而未改。漢代所謂章句，南北朝時所謂義疏，都係如此。讀《後漢書》及《南北史》《儒林傳》，最可見得。古學既繼今學而起，到漢末，又有所謂僞古文一派。據近代所考證：王肅爲其中最重要的一個人。肅好與鄭玄立異，而無以相勝。乃僞造《孔子家語》，將己說竄入其中，以折服異己，經學中最大的《僞古文尚書》一案，雖不能斷爲即肅之所造，然所謂《僞孔安國傳》者，必係與肅同一學派之人所爲，則無可疑（《偽古文尚書》及《偽孔安國傳》之偽，至清閻若璩作《古人尚書疏證》而其論略定。偽之者為哪一派人，至清丁晏作《尚書餘論》而其論略定）。此即由當時風氣，專喜廣搜證據，只要所搜集者博，其不合理，並無人能發覺，所以容得這一班人作僞。儒學至此，再無西漢學者經世致用的氣概。然以當時學術界的形勢論，儒學業已如日中天。治國安民之責，在政治上，在社會上，都以爲唯儒家足以負之。這一班人，如何當得起這個責任？他們所想出來的方案，無非是泥古而不適於時，專事模仿古人的形式。這個如何足以爲治？自然要激起有思想的人的反對了。於是魏晉玄學，乘機而起，成爲儒佛之間的一個過渡。

魏晉玄學，人多指爲道家之學，其實不然，玄學乃儒、道兩家的混合。亦可說是儒學中注重原理的一派，與拘泥事蹟的一派相對立。先秦諸子的哲學，都出自古代的宗教哲學，大體無甚異同，說已見前。儒家之書，專談原理的是《易經》。《易》家亦有言理、言數兩派。言理的，和先秦諸子的哲學，無甚異同；言數的，則與古代術數之學相出入。《易》之起源，當和術數相近；孔門言易，則當注重於其哲學；這是通觀古代學術的全體，而可信其不誣的。今文《易》說，今已不傳；古文《易》說，則無一非術數之談。《漢書·藝文志》：易家有〈淮南〉〈道訓〉兩篇。自注云：「淮南王安，聘明《易》者九人，號九師說。」此書，當即今《淮南子》中的〈原道訓〉。今《淮南子》中，引《易》說的還有幾條，都言理而不及數，當係今文《易》說之遺。然則儒家的哲學，原與道家無甚出入。不過因今文《易》說失傳，其殘存的，都被後人誤認爲道家之說罷了。如此說來，則魏晉玄學的興起，並非從儒家轉變到道家，只是儒家自己的轉變。不過此種轉變，和道家很爲接近，所以其人多兼採道家之學。觀魏晉以後的玄學家，史多稱其善《易》《老》可知。儒學的本體，乃以《易》言原理，《春秋》則據此原理，而施之人事。魏晉的玄學家，則專研原理，而於措之人事的方法，不甚講求。所以實際上無甚功績可見，並沒有具體可見之施行的方案。然經此運動之後，拘泥古人形式之弊遂除。凡言法古的，都是師其意而不是回復其形式。泥古不通之弊，就除去了，這是他們摧陷廓清莫大的功績（玄學家最重要的觀念，為重道而遺跡。道即原理，跡即事物的形式）。

從新莽改革失敗以後，澈底改變社會的組織，業已無人敢談。解決人生問題的，遂轉而求之個人方面。又玄學家探求原理，進而益上，其機，殊與高深玄遠的哲學相近。在這一點上，印度的學術，是超過於中國的，佛學遂在這種情勢之下興起。

佛，最初係以宗教的資格輸入中國的，但到後來，則宗教之外，別有其學術方面。

佛教，普通分爲大、小乘。依後來詳細的判教，則小乘之下，尚有人天（專對人天説法，不足以語四聖。見下）；大乘之中，又分權實。所謂判教，乃因一切經論（佛所説謂之經，菩薩以下所説謂之論，僧、尼、居士等所應守的規條謂之律，經、律、論謂之三藏），立說顯有高低，所以加以區別，說佛說之異，乃因其所對待的人不同而然。則教外的人，不能因此而詆佛教的矛盾，教中的人，亦不必因此而起爭辯了。依近來的研究：佛教在印度的興起，並不在其哲學的高深，而實由其能示人以實行的標準。緣印度地處熱帶，生活寬裕，其人所究心的，實爲宇宙究竟、人生歸宿等問題。所以自古以來，哲學思想即極發達。到佛出世時，各家之說（所謂外道），已極高深，而其派別亦極繁多了。群言淆亂，轉使人無所適從。釋迦牟尼出，乃截斷無謂的辯論，而教人以實行修證的方法。從之者乃覺得所依歸，而其精神乃覺安定。故佛非究竟眞理的發現者（中國信佛的人，視佛如此），而爲時代的聖者。佛滅後百年之內，其說無甚異同，近人稱爲原始佛教，百年之後而小乘興，五六百年之後而大乘出，則其說已有改變附益，而非復佛說之舊了。然則佛教的輸入中國，所以前後互異，亦因其本身的前後，本有不同，並非在彼業已一時具足，因我們接受的程度，先後不同，而彼乃按其深淺，先後輸入的了。此等繁碎的考據，今可勿論，但論其與中國文化的關係。

佛教把一切有情，分爲十等：即（一）佛，（二）菩薩，（三）

緣覺，（四）聲聞，是爲四聖。（五）天，（六）人，（七）阿修羅，（八）畜生，（九）餓鬼，（十）地獄，是爲六凡。輾轉於六凡之中，不得超出，謂之六道輪迴。佛不可學，我們所能學的，至菩薩而止。在小乘中，緣覺、聲聞，亦可成佛，大乘則非菩薩不能。所謂菩薩，繫念念以利他爲主，與我們念念都以自己爲本位的，恰恰相反。至佛則並利他之念而亦無之，所以不可學了。緣覺、聲聞鑑於人生不能離生、老、病、死諸苦。死後又要入輪迴；我們幸得爲人，尙可努力修持，一旦墮入他途便難了（畜生、餓鬼、地獄亦稱三途，不必論了。阿修羅神通廣大，易生嗔怒；諸天福德殊勝，亦因其享受優越，轉易墮落；所以以修持論，皆不如人）。所以覺得生死事大，無常迅速，實可畏怖，生前不得不努力修持。其修持之功，固然堅苦卓絕，極可佩服；即其所守戒律，亦復極端利他。然根本觀念，終不離乎自利，所以大乘斥其不足成佛，此爲大、小乘重要的異點。亦即大乘教理，較小乘爲進化之處。又所謂佛在小乘即指釋迦牟尼其人。大乘則佛有三身：（一）佛陀其人，謂之報身，是他造了爲人之因，所以在這世界上成爲一個人的。生理心理等作用，一切和我們一樣。不吃也要餓，不著也要冷，置諸傳染病的環境中，也會害病；餓了、冷了、病重了，也是會死的。（二）至於有是而無非，威權極大。我們動一善念，動一惡念，他都無不知道。善有善報，惡有惡報，絲毫不得差錯。是爲佛之法身，實即自然力之象徵。（三）一心信佛者，臨死或在他種環境中，見有佛來接引拯救等事，是爲佛之化身。佛在某種環境中，經歷一定的時間，即可修成。所以過去已有無數的佛，將來還有無數的佛要成功，並不限於釋迦牟尼一人。大乘的說法，當他宗教信，是很能使人感奮的。從哲學上說，其論亦圓滿具足，無可非難。宗教的進化，可謂至斯而極。

佛教的宇宙觀，係以識爲世界的根本。有眼、耳、鼻、舌、身、意，即有色、聲、香、味、觸、法。此爲前六識，爲人人所知。第七識爲末那，第八識爲阿賴耶，其義均不能譯，故昔人唯譯其音。七識之義，爲「恆審思量，常執有我」。我們念念以自己爲本位（一切現象，都以自己為本位而認識。一切利害，都以自己為本位而打算），即七識之作用。至八識則爲第七識之所由生，爲一切識的根本，必須將它滅盡，才得斬草除根。但所謂滅識，並不是將它剷除掉，至於空無所有。有無，佛教謂之色空。色空相對，只是凡夫之見，佛說則「色即是空，空即是色」（如在晝間，則晝為色，夜為空。然夜之必至，其確實性，並不減於晝之現存。所以當晝時，夜之現象，雖未實現，夜之原理，業已存在。凡原理存在者，即與其現象存在無異。已過去之事，為現在未來諸現象之因。因果原係一事，所以已過去的事，亦並未消滅）。所以所謂滅識，並非將識消滅，而係「轉識成智」。善惡同體，佛說的譬喻，是如水與波。水爲善，動而爲波即成惡。按照現在科學之理，可以有一個更妙的譬喻，即生理與病理。病非別有其物，只是生理作用的異常。去病得健，亦非把病理作用的本體消滅，只是使它回復到生理作用。所以說「眞如無明，同體不離」（真如為本體，無明為惡的起點）。行爲的好壞，不是判之於其行爲的形式的，而是判之於其用意，所以所爭的只在迷悟。迷時所做的事，悟了還是可以做的。不過其用意不同，則形式猶是，而其內容卻正相反，一爲惡業，一爲淨業了。喻如母親管束子女，其形式，有時與廠主管理童工是一樣的。所以說：「共行只是人間路，得失誰知霄壤分。」佛教爲什麼如此重視迷悟呢？因爲世界紛擾的起因，不外乎（一）懷挾惡意，（二）雖有善意，而失之愚昧。懷挾惡意的，不必論了，失之愚昧的，雖有善意，然所做的事，無一不錯，亦必伏下將來的禍根。而愚昧之因，又皆因眼光只限於局部，而不能擴及全體（兼時間、空間言）。所以佛說世俗之善，「如以少水而沃冰山，暫得融解，還增其厚」。此悟之所以重要，佛教的人生問題，依以上所說而得解答。至於你要追問宇宙問題的根源，如空間有無界限，時間有無起訖等，則佛教謂之「戲論」，置諸不答（外道以此為問，佛不答，見《金七十論》）。這因為：我們所認識的世界，完全是錯誤的。其所以錯誤，即因我們用現在的認識方法去認識之故。要把現在的認識方法放下，換一種方法去認識，自然不待言而可明。若要就現在的認識方法，替你說明，則非我的不肯說，仍係事之不可能。要怎樣才能換用別種認識方法呢？非修到佛地位不可。佛所用的認識方法，是怎樣的呢？固非我們所能知，要之是和我們現在所用，大不相同的。這個，我們名之曰證。所以佛教中最後的了義，「唯佛能知」，探求的方法，「唯證相應」。這不是用現在的方法，所能提證據給你看的，信不信只好由你。所以佛教說到最後，總還是一種宗教。

佛教派別很多，然皆小小異同，現在不必一一論述。其中最有關係的，（一）為天臺、唯識、華嚴三宗。唯識宗亦稱相宗，乃就我們所認識的相，闡發萬法唯識之義。天臺亦稱性宗，則係就識的本身，加以闡發，實為一說的兩面。華嚴述菩薩行相，即具體的描寫一個菩薩的樣子給我們看，使我們照著他做。此三宗，都有很深的教理，謂之教下三家。（二）禪宗則不立文字，直指心源，專靠修證，謂之教外別傳。（甲）佛教既不用我們的認識，求最後的解決，而要另換一種認識方法（所謂轉識成智），則一切教理上的啓發、辯論，都不過把人引上修證之路，均係手段而非目的。所以照佛教發達的趨勢，終必至於諸宗皆衰，禪宗獨盛為止。（乙）而社會上研究學問的風氣，亦是時有轉變的。佛教教理的探求，極為繁瑣，實與儒家的義疏之學，途徑異而性質相同。中唐以後，此等風氣，漸漸衰息，諸宗就不得不衰，禪宗就不得不獨盛了。（三）然（子）禪宗雖不在教義上為精深的探討，繁瑣的辯論，而所謂禪定，理論上也自有其相當的高深的。（丑）而修習禪定，亦非有優閒生活的人不能，所以仍為有閒階級所專有。然佛教此時的聲勢，是非發達到普及各階層不可的，於是適應大衆的淨土宗復興。所謂淨土宗，係說我們所住的世界，即娑婆世界的西方，另有一個世界，稱爲淨土。諸佛之中，有一個喚做阿彌陀佛的，與娑婆世界特別有緣。曾發誓願：有一心皈依祂的，到臨終之時，阿彌陀佛便來接引他，往生淨土。往生淨土有什麼利益呢？原來成佛極難，而修行的人，不到得成佛，又終不免於退轉。如此示人以難，未免使人灰心短氣。然（A）成佛之難，（B）以及非成佛則不能不退轉，又經前此的教義，說得固定了，無可動搖。於是不得不想出一個補救的方法，說我們所以易於退轉，乃因環境不良使然。倘使環境優良，居於其中，徐徐修行，雖成佛依舊艱難，然可保證我們不致中途墮落。這不啻給與我們以成佛的保證，而且替我們祛除了沿路的一切危險、困難，實給意志薄弱的人以一個大安慰、大興奮。而且淨土之中，有種種樂，無種種苦，也不啻給與祈求福報的人以一個滿足。所以淨土宗之說，實在是把佛教中以前的某種說法取消掉了的。不過其取消之法很巧妙，能使人不覺得其立異罷了。其修持之法，亦變艱難而歸簡易。其法：爲（a）觀，（b）想，（c）持名，三者並行，謂之念佛。有一佛像當前，而我們一心注視著祂，謂之觀。沒有時，心中仍想像其有，謂之想。口誦南無阿彌陀佛（自然心也要想著祂），謂之持名。佛法貴止觀雙修，止就是心住於其所應住之處，不起妄念。觀有種種方法。如（a）我們最怕死，乃設想尖刀直刺吾胸，血肉淋漓；又人誰不愛女人，乃設想其病時的醜惡，死後的腐朽，及現時外觀雖美，而軀殼內種種汙穢的情形，以克服我們的情意。（b）又世事因緣複雜，常人非茫無所知，即認識錯誤，必須仔細觀察。如兩人爭鬥，粗觀之，似由於人有好鬥之性。深觀之，則知其實由教化的不善；而教化的不善，又由於生計的窘迫；生計的窘迫，又由於社會組織的不良，如此輾轉推求，並無止境。要之觀察得愈精細，措施愈不至有誤，這是所以增長我們的智識的。止觀雙修，意義誠極該括，然亦斷非愚柔者所能行，淨土宗代之以念佛，方法簡易，自然可普接利鈍了。所以在佛教諸宗皆衰之後，禪宗尚存於上流社會中，淨土宗則行於下流社會，到現在還有其遺跡。

佛教教義的高深，是無可否認的事實。在它，亦有種種治國安民的理論，讀《華嚴經》的五十三參可知。又佛學所爭，唯在迷悟。既悟了，一切世俗的事情，仍無有不可做的，所以也不一定要出家。然佛教既視世法皆非了義，則終必至於捨棄世事而後止。以消滅社會爲解決社會之法，斷非社會所能接受。於是經過相當的期間，而反動又起。

佛教反動，是爲宋學。宋學的遠源，昔人多推諸唐之韓愈。然韓愈闢佛，其說甚粗，與宋學實無多大關係。宋學實至周、張出而其說始精，二程繼之而後光大，朱、陸及王陽明又繼之，而其義蘊始盡。

哲學是不能直接應用的，然萬事萬物，必有其總根源；總根源變，則對於一切事情的觀點，及其應付的方法，俱隨之而變。所以風氣大轉變時，哲學必隨之而變更。宋儒的哲學，改變佛學之處安在呢？那就是抹殺認識論不談，而回到中國古代的宇宙論。中國古代的哲學，是很少談到認識論的。佛學卻不然，所注重的全在乎此。既注重於認識論，而又參以宗教上的悲觀，則勢必至於視世界爲空虛而後止，此爲佛教入於消極的眞原因。宋學的反佛，其最重要的，就在此點。然從認識論上駁掉佛說，是不可能的。乃將認識論抹殺不談，說佛教的談認識論便是錯。所以宋學反佛的口號，是「釋氏本心，吾徒本天」。所謂本心，即是佛家萬法唯識之論；所謂本天，則是承認外界的實在性。萬事萬物，其間都有一個定理，此即所謂天理。所以宋學的反佛，是以唯物論反對唯心論。

宋學中自創一種宇宙觀和人生觀的，有周敦頤、張載、邵雍三人。周敦頤之說，具於《太極圖說》及《通書》。他依據古說，假定宇宙的本體爲太極。太極動而生陽，靜而生陰。動極復靜，靜極復動。如此循環不已，因生水、火、木、金、土五種物質。此五種物質，是各有其性質的。人亦係此五種物質所構成，所以有智（水）、禮（火）、仁（木）、義（金）、信（土）五種性質。及其見諸實施，則不外乎仁、義二者（所以配陰陽）。仁義的性質，都是好的，然用之不得其當，則皆可以變而爲惡（如寒、暑都是好的，不當寒而寒，不當暑而暑則為惡），所以要不離乎中正（所以配太極）。不離乎中正謂之靜。所以說：「聖人定之以仁義中正而主靜，立人極焉。」張載之說，具於《正蒙》，其說：亦如古代，以氣爲萬物的原質。氣是動而不已的，因此而有聚散。有聚散則有疏密，密則爲吾人所能知覺，疏則否，是爲世俗所謂有、無，其實則是隱顯，隱顯即是幽明。所以鬼神之與人物，同是一氣。氣之運動，自有其一定的法則。在某種情形之下，則兩氣相迎；在某種情形之下，則兩氣相距，是爲人情好惡之所由來（此說將精神現象的根源，歸諸物質，實為極澈底的一元論）。然此等自然的迎距，未必得當。好在人的精神，一方面受制於物質，一方面仍有其不受制於物質者存。所以言性，當分爲氣質之性（受制於物質的）。與義理之性（不受制於物質的）。人之要務，爲變化其氣質，以求合乎義理，此爲張氏修己之說。張氏又本其哲學上的見地，創萬物一體之說，見於其所著的《西銘》，與惠施汎愛之說相近。邵雍之說，與周、張相異，其說乃中國所謂術數之學。中國學術，是重於社會現象，而略於自然現象的。然亦有一部分人，喜歡研究自然現象。此等人，其視萬物，皆爲物質所構成。既爲物質所構成，則其運動，必有其定律可求。人若能發現此定律，就能知道萬物變化的公例了。所以此等人的願望，亦可說是希冀發現世界的機械性的。世界廣大，不可遍求，然他們既承認世界的規律性，則研究其一部分，即可推之於其餘。所以此一派的學者，必重視數。他們的意思，原不過藉此以資推測，並不敢謂所推之必確，安敢謂據此遂可以應付事物？然（一）既曾盡力於研求，終不免有時想見諸應用。（二）又此學的初興，與天文曆法關係極密，古人迷信較深，不知世界的規律性不易發現，竟有謂據此可以逆臆未來的。（三）而流俗之所震驚，亦恆在於逆臆未來，而不在乎推求定理。所以此派中亦多逆臆未來之論，遂被稱爲術數之學。此派學者，雖係少數，著名的亦有數家，邵雍爲其中之最善者。雍之說，見於《觀物內外篇》及《皇極經世書》。《觀物篇》稱天體爲陰陽，地體爲剛柔，又各分太少兩者（日為太陽，月為太陰，星為少陽，辰為少陰，火為太剛，水為太柔，石為少剛，土為少柔。其説曰：陽燧取於日而得火，火與日相應也。方諸取於月而得水，水與月一體也。星隕為石；天無日月星之處為辰，地無山川之處為土；故以星與石，辰與土相配。其餘一切物與陰陽剛柔相配，皆准此理），以說明萬物的性質及變化。《皇極經世書》以十二萬九千六百年爲一元（日之數一為元，月之數十二為會，星之數三百六十為運，辰之數四千三百二十為世。一世三十年，以三十乘四千三百二十，得十二萬九千六百）。他說：「一元在天地之間，猶一年也。」這和揚雄作《太玄》，想本一年間的變化，以窺測悠久的宇宙一樣。邵雍的宗旨，在於以物觀物。所謂以物觀物，即係除盡主觀的見解，以冀發現客觀的眞理，其立說精湛處甚多。但因術數之學，不爲中國所重視，所以在宋學中不被視爲正宗。

經過周、張、邵諸家的推求，新宇宙觀和新人生觀可謂大致已定。二程以下，乃努力於實行的方法。大程名顥，他主張「識得此理，以誠敬存之」。但何以識得此理呢？其弟小程名頤，乃替他補充，說「涵養須用敬，進學在致知」。致知之功，在於格物。即萬事而窮其理，以求一旦豁然貫通，這話驟聽似乎不錯的。人家駁他，說天下之物多著呢，如何格得盡？這話也是誤解。因爲宋儒的所求，並非今日物理學家之所謂物理，乃係吾人處事之法。如曾國藩所謂：「冠履不同位，鳳凰鴟鴞不同棲，物所自具之分殊也。鯀湮洪水，舜殛之，禹郊之，物與我之分際殊也。」天下之物格不盡，吾人處事的方法，積之久，是可以知識日臻廣博，操持日益純熟的。所以有人以爲格物是離開身心，只是一個誤解。問題倒在（一）未經修養過的心，是否能夠格物？（二）如要修養其心，其方法，是否以格物爲最適宜？所以後來陸九淵出，以即物窮理爲支離，要教人先發其本心之明，和贊成小程的朱熹，成爲雙峰並峙之局。王守仁出，而其說又有進。守仁以心之靈明爲知，即人所以知善知惡，知是知非。此知非由學得；無論如何昏蔽，亦不能無存；所以謂之良知。知、行即是一事，《大學》說「如惡惡臭，如好好色」。知惡臭之惡，好色之好，是知一方面事；惡惡臭，好好色，是行一方面事。人們誰非聞惡臭即惡，見好色即好的？誰是聞惡臭之後，別立一心去惡？見好色之後，別立一心去好？然則「知而不行，只是未知」。然因良知無論如何昏蔽，總不能無存，所以我們不怕不能知善知惡，知是知非，只怕明知之而不肯遵照良心去做。如此，便要在良知上用一番洗除障翳的功夫，此即所謂致知。至於處事的方法，則雖聖人亦有所不能盡知。然苟得良知精明，毫無障翳，當學時，他自會指點你去學；當用人時，他自會指點你去求助於人；正不必以此爲患。心之靈明謂之知，所知的自然有一物在。不成天下之物都無了，只剩一面鏡子，還說這鏡子能照。所以即物窮理，功夫亦仍是用在心上。而心當靜止不動時，即使之靜止不動，亦即是一種功夫。所以「靜處體悟，事上磨練」，兩者均無所不可。程朱的涵養須用敬，進學在致知，固然把道德和知識，分成兩截。陸九淵要先發人本心之明，亦不過是把用功的次序倒轉了，並沒有能把兩者合而爲一。王守仁之說，便大不相同了。所以理學從朱、陸到王，實在是一個辯證法的進步。但人之性質，總是偏於一方面的，或喜逐事零碎用功夫，或喜先提挈一個大綱。所以王守仁之說，仍被認爲近於陸九淵，並稱爲陸王。人的性質，有此兩種，是一件事實，是一件無可變更的事實。有兩種人自然該有兩種方法給他用，而他們亦自然會把事情做成兩種樣子。所以章學誠說：「朱陸爲千古不可無之同異，亦爲千古不能無之同異。」（見《文史通義·

朱陸篇》）其說最通。

以一種新文化，替代一種舊文化，此新文化，必已兼攝舊文化之長，此爲辯證法的眞理。宋學之於佛學，亦係如此。宋學兼攝佛學之長，最顯著的有兩點：（一）爲其律己之嚴。（二）爲其理論的澈底。論治必嚴王霸之辨，論人必嚴君子小人之分，都係由此而出。此等精嚴的理論，以之律己則可，以之論事，則不免多所窒礙。又宋學家雖反對佛教的遺棄世事，然其修養的方法，受佛教的影響太深了。如其說而行之，終不免偏於內心的修養，甚至學問亦被拋荒，事爲更不必說，所以在宋代，宋學中的永嘉、永康兩派，就對此而起反動（永嘉派以葉適、陳傅良為魁首，反對宋學的疏於事功，疏於實學的考究。永康派以陳亮為魁首，對於朱熹王霸之辨，持異議頗堅，亦是偏於事功的）。到清代，顏元、李塨一派，亦是對此力加攻擊的。然永嘉、永康兩派和朱陸，根本觀念上，實無甚異同，所爭的只是程度問題，無關宏指。顏李一派，則專講實務，而反對在心上用功夫，幾乎把宋學根本取消了。近來的人，因反對中國的學者多尚空言而不能實行，頗多稱道顏李的。然顏、李的理論，實極淺薄，不足以自成一軍。因爲世界進步了，分工不得不精。一件事，合許多人而分工，或從事於研究，或從事於實行，和一個人幼學壯行，並無二致。研究便是實行的一部。顏、李之說，主張過甚，勢必率天下人而閉目妄行。即使主張不甚，亦必變精深爲淺薄，所以其說實不能成立。從理論上反對宋儒的，還有戴震。謂宋儒主張天理人欲之辨太過，以致（一）不顧人情。視斯民飲食男女之欲，爲人生所不能無的，都以爲毫無價值而不足恤。（二）而在上者皆得據理以責其下，下情卻不能上達，遂致有名分而無是非，人與人相處之道，日流於殘酷。此兩端：其前一說，乃宋學末流之弊，並非宋學的本意。後一說則由宋學家承認封建時代的秩序爲社會合理的組織之故。戴氏攻之，似得其當。然戴氏亦不知其病根之所在，而說只要捨理而論情，人與人的相處，就可以無問題，其說更粗淺牽強了。在現在的文化下所表現出來的人情，只要率之而行，天下就可以太平無事麼？戴氏不是盲目的，何以毫無所見？

所以宋學衰敝以後，在主義上，能卓然自立，與宋學代興的，實無其人。梁啓超說：清代的學術，只是方法運動，不是主義運動（見所著《清代學術概論》），可謂知言了。質實言之，清代考證之學，不過是宋學的一支派。宋學中陸王一派，是不講究讀書的，程朱一派本不然，朱子就是一個讀書極博的人，其後學如王應麟等，考據尤極精審。清學的先驅，是明末諸大儒，其中顧炎武與清代考證之學，關係尤密，也是程朱一派（其喜言經世，則頗近永嘉）。清代所謂純漢學，實至乾嘉之世而後形成，前此還是兼採漢、宋，擇善而從的；其門徑，和宋學並無區別。清學的功績，在其研究之功漸深，而日益趨於客觀。因務求古事的眞相，覺得我們所根據的材料，很不完全，很不正確；材料的解釋，又極困難。乃致力於校勘；致力於輯佚；對於解釋古書的工具（即訓詁），尤爲盡心。其結果，古書已佚而復見的，古義已晦而復明的不少，而其解決問題的方法，亦因經驗多了，知道憑臆判斷，自以爲得事理之平，遠不如調查其來路，而憑以判斷者之確。於是折衷漢、宋，變爲分別漢、宋，其主意，亦從求是變而爲求眞了（非不求是，乃以求真為求是）。清學至此，其所至，已非復宋儒所能限；然仍是一種方法的轉變，不足以自成一軍。

清學在宗旨上，漸能脫離宋學而自立，要到道咸時今文之學興起以後。西漢經師之說，傳自先秦，其時社會的組織，還和秦漢以後不同。有許多議論，都不是東漢以後人所能了解的。自今文傳授絕後，久被擱置不提了。清儒因分別學派，發現漢儒亦自有派別，精心從事於搜剔，而其材料始漸發現，其意義亦漸明白。今學中有一派，專務材料的搜剔，不甚注意於義理。又一派則不然，常州的莊（存與）、劉（逢祿）。號稱此學的開山，已漸注意於漢儒的非常異義。龔（自珍）。魏（源）。兩氏繼之，其立說彌以恢廓。到廖平、康有爲出，就漸漸的引上經世一路，非復經生之業了。

廖平晚歲的學說，頗涉荒怪。然其援據緯說，要把孔道的規模，擴充到無限大，也仍是受世變的影響的。但廖氏畢竟是個經生，其思想，雖亦受世變的影響，而其所立之說，和現代的情形，隔膜太甚。所以對於學術界，並不能發生多大的影響。康氏就不然了，康氏的經學遠不如廖氏的精深。然其思想，較之廖氏，遠覺闊大而有條理。他懷抱著一種見解，借古人之說爲材料而說明之。以《春秋》三世之義，說明進化的原理，而表明中國現在的當改革，而以孔子托古改制之說輔之。其終極的目的，則爲世界大同。恰和中國人向來懷抱的遠大的思想相合，又和其目前急需改革的情形相應，所以其說能風靡一時。但康有爲的學說，仍只成爲現代學術思想轉變的一個前驅。這是爲什麼呢？因爲學術是利於通的，物窮則變，宋明以來的文化，現在也幾乎走到盡頭了。即使沒有西學輸入，我們的學術思想，也未必不變。但既與西洋學術相值，自然樂得借之以自助。何況現在西洋的科學方法，其精密，確非我們之所及呢？所以近數十年來，中國學術思想的變化，雖然靠幾個大思想家做前驅，而一經發動之後，其第二步，即繼之以西洋學術的輸入。和中國學術思想的轉變最有關係的人是梁啓超。梁氏的長處：在其（一）對於新科學，多所了解。（二）最能適應社會的程度，從事於介紹。（三）且能引學說以批評事實，使多數人感覺興味，即此趨勢的說明。

西洋學術輸入以來，中國人對之之態度，亦經數變。（一）其初是指採用西法者爲用夷變夏，而極力加以排斥的。（二）繼則變爲中學爲體，西學爲用。（三）再進一步，就要打倒孔家店，指舊禮教爲吃人，歡迎德謨克拉西先生、賽因斯先生，並有主張全盤西化的了。其實都不是這麼一回事，歐美近代，最初發達的是自然科學。因此引起的整個學術思想的變化（即對於一切事情的觀點及其應付方法），較諸舊說，都不過是程度問題，後來推及社會科學亦然。現在文化前途的改變，乃是整個社會組織的改變，並非一枝一節的問題。這個問題，乃中國與西洋之所同，而非中國之所獨。具體言之，即是中國與西洋，以及全世界的各民族，都要攜手相將，走上一條新的徑路。其間固無一個民族，能夠守舊而不變，也斷非哪一個民族，盡棄其所固有，而仿效別一個民族的問題。因為照現狀，彼此都是壞的，而且壞得極相像。然則各種學術，能指示我們以前途，且成為各學之王，而使他種學術，奔走其下，各盡其一枝一節之用的，必然是社會學。一切現象，都是整個社會的一枝一節，其變化，都是受整個社會的規定的。唯有整個社會，能說明整個社會。亦唯有整個社會，能說明一枝一節的現象的所以然。人們向來不知，只是把一枝一節的現象，互相說明，就錯了。這是因為從前的人，不知道整個社會，可成為研究的對象，所以如此。現在便不同了，所以只有最近成立的社會學，為前此之所無。亦只有整個的社會學，能夠說明文化之所由來，而評判其得失，而指示我們以當走的路徑。即如文明愈進步，則風俗愈薄惡，這是一件衆所周知的事實，而亦是向來所視為無可如何的事實。毀棄文明固不可，亦不能。任社會風俗之遷流，而日趨於薄惡，也不是一回事。提倡道德、改良政治等，則世界上無論哪一個文明國，都已經努力了幾千年，而證明其無效的了。人道其將終窮乎？從社會學發明以來，才知道風俗的薄惡，全由於社會組織的不良，和文明進步，毫無關係。我們若能把社會組織澈底改良，則文明進步，就只有增加人類的福利了。這是社會學指示給我們前途最大的光明，而社會學之所以能發明，則和現代各地方蠻人風俗的被重視，以及史前史的發現，有極大的關係。因此，我們才知道社會的組織，可以有多種。目前的組織，只是特種事實所造成，並非天經地義，必不可變。變的前途，實有無限的可能。變的方法，我們所知道的，亦與前人迥異了。

以上論中國學術思想轉變的大概，以下再略論中國的文學和史學。

文學的發達，韻文必先於散文，中國古代，亦係如此。現存的先秦古書，都分明包含著兩種文字：一種是辭句整齊而有韻的；一種則參差不齊，和我們的口語一樣。前者是韻文，後者是散文。散文的發達，大約在東周之世，至西漢而達於極點。散文發達了，我們的意思，才能夠盡量傾吐（因為到這時候，文字和語言，才真正一致），所以是文學的一個大進步。西漢末年，做文章的，漸漸求其美化。其所謂美是：（一）句多偶麗。（二）不用過長過短之句。（三）用字務求其足以引起美感。其結果，逐漸成漢魏體的駢文。漢魏體的駢文，只是字句修飾些，聲調嘽緩些，和散文相去，還不甚遠。以後一直向這趨勢發達，至齊梁時代，遂浮靡而不能達意了。此時供實用之文，別稱爲筆。然筆不過參用俗字俗語；用字眼、用典故，不及文來得多；其語調還和當時的文相近，與口語不合，還是不適於用。積重之勢，已非大改革不可。改革有三條路可走：（一）徑用口語。這在昔日文字爲上中流社會所專有的時代，是不行的。（二）以古文爲法。如蘇綽的擬《大誥》是。這還是不能達意，只有第（三）條路，用古文的義法（即文字尚未浮靡時的語法），以運用今人的言語，是成功的。唐朝從韓柳以後，才漸漸的走上這條路。散文雖興，駢文仍自有其用，駢散自此遂分途。宋朝爲散文發達的時代，其時的駢文，亦自成一格，謂之宋四六，氣韻生動，論者稱爲駢文中的散文。

詩歌另是一體。文是導源於語言，詩是導源於歌謠的。所以詩體，當其發生之時，即非口語之調。近人以隨意寫來的散文，亦稱爲詩（新詩）。這至少要改變向來詩字的定義然後可。古代的詩，大抵可歌，傳於後世的，便是《詩經》和《楚辭》。到漢朝，風尚變了。制氏雅樂雖存，不爲人之所好。漢武帝立新聲樂府，採趙、代、秦、楚之謳，使李延年協其律，司馬相如等爲之辭，是爲漢代可歌的詩。古代的詩，則變爲五言詩，成爲只可吟誦之物。論者多以此爲詩體的退化，這是為尊古之見所誤。其實凡事都到愈後來愈分化，吟誦的詩和合樂的詩的判而為二，正是詩體的進化。歌唱的音調，和聽者的好尚的變遷，是無可如何的事。隋唐時，漢代的樂府，又不為人之所好，而其辭亦漸不能合樂了。聽者的好尚，移於外國傳來的燕樂，按其調而塡詞，謂之詞，極盛於兩宋之世。至元以後，又漸成為但可吟誦，不能協律之作，而可歌的限於南北曲。到清朝，按曲譜而塡詞的，又多可誦而不可歌了。中國的所謂詩，擴而充之，可以連樂府、詞、曲，都包括在內。因為其起源，同是出於口中的歌的。一個民族的歌謠，不容易改變。試看現代的山歌，其音調，還與漢代的樂府一樣，便可知道。所以現在，非有新音樂輸入，詩體是不會變化的。現在萬國交通，新音樂輸入的機會正多。到我國人的口耳與之相習，而能利用之以達自己的美感時，新詩體就可產生了。

文學初興之時，總是與語言相合的。但到後來，因（一）社會情形的複雜，受教育的程度，各有不同；（二）而時間積久了，人的語言，不能不變，寫在紙上的字，卻不能再變；言文就漸漸的分離了。合於口語的文字，是歷代都有的。如（一）禪宗和宋儒的語錄，（二）元代的詔令，（三）寒山、拾得的詩，（四）近代勸人為善的書都是，（五）而其用之，要以平話為最廣，這是非此不可的。從前文言、白話，各有其分野，現在卻把白話的範圍推廣了。這因（一）受教育的人漸多，不限於有閒階級；而所受的教育，亦和從前不同；不能專力於文字。（二）世變既亟，語言跟著擴充、變化，文字來不及相隨，乃不得不即用口語。此乃事勢的自然，無人提倡，也會逐漸推廣的。守舊的人，竭力排斥白話，固然是不達；好新的人，以此沾沾自喜，也是貪天之功，以為己力的。所謂古文，大部分係古代的言語。其中亦有一部分，係後人依據古代的語法所造的，從未宣諸脣吻，只是形之楮墨。然楮墨之用，亦係一種廣義的語言，既有其用，自不能廢；而況紙上的言語，有時亦可為口語所採用。所以排斥文言，也是偏激之論。

文以載道，文貴有用之說，極爲近人所詆毀。此說固未免於迂，然亦不能謂其全無道理。近人襲西洋文學的理論，貴純文學而賤雜文學，這話固然不錯。然以爲說理論事之作，必是雜文學，必寫景言情之作，而後可以謂之純文學，則是皮相之談。美的原質，論其根柢，實在還是社會性。社會性有從積極方面流露的，如屈原、杜甫的忠愛是；有從消極方面流露的，如王維、孟浩然的閒適是。積極的人人所解，消極的似乎適得其反，其實不然。積極的是想把社會改好，消極的則表示不合作。雖然無所作爲，然（一）使人因此而悟現社會之壞，（二）至少亦使社會減少一部分惡勢力，其功效也還是一樣的。文字上的所謂美，表面上雖若流連風景，其暗中深處，都藏有這一個因素在內。詩詞必須有寄託，才覺得有味，真正流連風景的，總覺得淺薄，就是爲此。然則文字的美惡，以及其美的程度，即視此種性質之有無多寡以爲衡，其藉何種材料而表現，倒是沒有關係的。憂國憂民，和風花雪月，正是一樣。以說理論事，或寫景言情，判別文學的爲純、爲雜，又是皮相之談了。文以載道、文貴有用等說，固然不免於迂腐。然載道及有用之作，往往是富於社會性的，以此爲第一等文字，實亦不爲無見；不過拋荒其美的方面，而竟以載道和有用爲目的，不免有語病罷了。

中國的有史籍甚早。《禮記·玉藻》說：「動則左史書之，言則右史書之。」鄭《注》說：「其書，《春秋》、《尚書》其存者。」（《漢書·藝文志》說「右史記事，左史記言」是錯的。《禮記·祭統》說「史由君右，執策命之」，即右史記言之證）。這大約是不錯的。《周官》還有小史，記國君及卿大夫的世系，是爲〈帝系〉及〈世本〉。我國最古的史籍《史記》，其本紀及世家，似係據《春秋》和〈系〉、〈世〉編纂而成，列傳則源出記言之史。記言之史，稱爲《尚書》。乃因其爲上世之書而得此名，其原名似稱爲語。語之本體，當係記人君的言語，如現在的訓辭、講演之類。後來擴充之，則及於一切嘉言。嘉言的反面是莠言，間亦存之以昭炯戒。記錄言語的，本可略述其起因及結果，以備本事。擴充之則及於一切懿行，而其反面即爲惡行。此體後來附庸蔚爲大國，名卿大夫，及學術界鉅子，大抵都有此等記錄，甚至帝王亦有之。其分國編纂的，則謂之《國語》。關於一人的言行，分類編纂的，則謂之《論語》。記載一人的大事的，則如《禮記·樂記》，述武王之事，謂之《牧野之語》都是。《史記》的列傳，在他篇中提及多稱爲語（如〈秦本紀〉述商鞅說孝公變法事曰：「其事在〈商君語〉中。」）可見其源出於語，推而廣之，則不名爲語的，其實亦係語體。如《晏子春秋》及《管子》中的《大中小匡》等是。八書是記典章經制的，其源當亦出於史官，不過不能知其爲何官之史罷了。史官以外，還有民間的傳述。有出於學士大夫之口的，如魏絳、伍員述少康、羿、浞之事是（見《左氏》襄公四年、哀公元年，及《史記·吳太伯世家》）。亦有出於農夫野老之口的，如孟子斥咸丘蒙所述爲齊東野人之語是。古史的來源，大略如此。秦始皇燒書，《史記·六國表》說「諸侯史記尤甚」，大約史官所記載，損失極多。流行民間之書，受其影響當較少。口耳相傳，未著竹帛的，自然更不必說了。

有歷史的材料是一事，有史學上的見地又係一事。古代史官，雖各有專職，然大體不過奉行故事。民間傳述，或出驚奇之念，或出仰慕之忱（所謂多識前言往行，以蓄其德），亦說不上什麼史學上的見地。到司馬談、遷父子出，才網羅當時所有的史料，編纂成一部大書。這時的中國，在當時人的眼光中，實已可謂之天下（因為所知者限於此。在所知的範圍中，並沒有摒斥異國或異族的史料不載）。所以《太史公書》（這是《史記》的本名。《漢書·藝文志》著錄即如此。《史記》乃史籍通名，猶今言歷史。《太史公書》，為史部中最早的著述，遂冒其一類的總名），實自國別史進於世界史，爲史體一大進步。

從此以後，國家亦漸知史籍的重要了。後漢以後，乃有詔蘭臺、東觀中人述作之事。魏晉以後，國家遂特設專官。此時作史的，在物力上，已非倚賴國家不行（一因材料的保存及搜集，一因編纂時之費用）。至於撰述，則因材料不多，還爲私人之力所能及。所以自南北朝以前，大率由國家供給材料及助力，而司編撰之事的，則仍係一二人，爲私家著述性質。唐以後史料更多，不徒保存、搜集，即整理、排比，亦非私人之力所及，於是獨力的著述，不得不變爲集衆纂修之局了。私家著述及集衆纂修，昔人的議論，多偏袒前者，這亦是一偏之見。姑無論材料既多，運用爲私人之力所不及。即捨此勿論，而昔時的正史，包括的門類很多，亦非一人所能兼通。所以即就學術方面論，兩者亦各有長短。唐修《新晉書》（即今正史中的《晉書》），其志非前人所能及，即其一證。關於正史的歷史，可參看《史通》的〈六家〉、〈二體〉、〈古今正史〉、〈史官建置〉各篇，及拙撰《史通評》中這幾篇的評（商務印書館本）。

從前的歷史，係偏重於政治方面的。而在政治方面，則所注重的，爲理亂興衰，典章經制兩類。正史中的紀傳，是所以詳前者的，志則所以詳後者，已見《緒論》中。編年史偏詳前者。《通典》、《通考》一類的書，則偏詳後者，都不如紀傳表志體的完全。所以後來功令，獨取紀傳表志體爲正史。然編年體和政書（《通典》、《通考》等），在觀覽上亦各有其便，所以其書仍並爲學者所重。這是中國舊日所認爲史部的重心的。紀傳體以人爲單位，編年史以時爲系統，欲句稽一事的始末，均覺不易。自袁樞因《通鑑》作《紀事本末》後，其體亦漸廣行。

中國的史學，在宋時，可謂有一大進步。（一）獨力著成一史的，自唐已後，已無其事。宋則《新五代史》出歐陽修一人；《新唐書》雖出修及宋祁兩人，亦有私家著述性質；事非易得。（二）編年之史，自三國以後，久已廢闕。至宋則有司馬光的《資治通鑑》，貫串古今。朱熹的《通鑑綱目》，敘事雖不如《通鑑》的精，體例卻較《通鑑》爲善（《通鑑》有目無綱，檢閱殊為不便。司馬光因此，乃有《目錄》之作，又有《舉要》之作。《目錄》既不與本書相附麗。舉要則朱子《答潘正叔書》，譏其「詳不能備首尾，略不可供檢閱」，亦係實情。所以《綱目》之作，確足以改良《通鑑》的體例）。（三）講典章經制的書，雖起於唐杜佑的《通典》，然宋馬端臨的《文獻通考》，搜集尤備，分類亦愈精。又有會要一體，以存當代的掌故，並推其體例，以整理前代的史實。（四）鄭樵《通志》之作，網羅古今。其書雖欠精審，亦見其魄力之大。（五）當代史料，搜集綦詳。如李燾《續資治通鑑長編》、李心傳《建炎以來繫年要錄》、徐夢莘《三朝北盟會編》、王偁《東都紀略》等都是。（六）自周以前的古史，實係別一性質，至宋而研究加詳。如劉恕《通鑑外紀》、金履祥《通鑑綱目前編》、蘇轍《古史考》、胡宏《皇王大紀》、羅泌《路史》等都是。（七）研究外國史的，宋朝亦加多。如葉隆禮《契丹國志》、孟珙《蒙韃備錄》等是。（八）考古之學，亦起於宋時。如歐陽修的《集古錄》、趙明誠的《金石錄》等，始漸求材料於書籍之外。（九）倪思的《班馬異同評》、吳縝的《新唐書糾繆》等，皆出於宋時。史事的考證，漸見精核。綜此九端，可見宋代史學的突飛猛進，元明時代復漸衰。此因其時之學風，漸趨於空疏之故。但關於當代史料，明人尚能留心收拾。到清朝，文字之獄大興，士不敢言當代的史事；又其時的學風，偏於考古，而略於致用；當代史料，就除官書、碑傳之外，幾乎一無所有了。但清代考據之學頗精，推其法以治史，能補正前人之處亦頗多。

研究史法之作，專著頗少。其言之成理，而又有條理系統的，當推劉知幾的《史通》。《史通》是在大體上承認前人的史法爲不誤，而爲之彌縫匡救的。其回到事實上，批評歷代的史法，是否得當，以及研究今後作史之法當如何的，則當推章學誠，其識力實遠出劉知幾之上，此亦時代爲之。因爲劉知幾之時，史料尚不甚多，不慮其不可遍覽，即用前人的方法撰述已足。章學誠的時代，則情形大不同，所以迫得他不得不另覓新途徑了。然章氏的識力，亦殊不易及。他知道史與史材非一物，保存史材，當務求其備，而作史則當加以去取，以及作史當重客觀等（見《文史通義・史德篇》），實與現在的新史學，息息相通。不過其時無他種科學，以爲輔助，所以其論不如現在新史學的精審罷了。然亦不過未達一間而已，其識力亦很可欽佩了。

第十八章　宗教

宗教的信仰，是不論哪一個民族都有的。在淺演之時固然，即演進較深之後，亦復如此。這是因爲：學問之所研究，只是一部分的問題，而宗教之所欲解決，則爲整個的人生問題。宗教的解決人生問題，亦不是全不顧知識方面的。它在感情方面，固然要與人以滿足；在知識方面，對於當時的人所提出的疑問，亦要與以一個滿意的解答。所以一種宗教，當其興起之時，總是足以解決整個人生問題的。但既興起之後，因其植基於信仰，其說往往不易改變；而其態度亦特別不寬容；經過一定時期之後，遂成爲進化的障礙，而被人斥爲迷信。

宗教所給予人的，既是當下感情上和知識上的滿足，其教義，自然要隨時隨地而異。一種宗教，名目未變，其教義，亦會因環境而變遷。原始的人，不知道自然界的法則。以爲凡事都有一個像人一般的東西，有知識，有感情，有意志，在暗中發動主持著。既不知道自然界的法則，則視外界一切變化，皆屬可能。所以其視環境，非常之可畏怖。而其視其所祈求的對象，能力之大，尤屬不可思議。有形之物，雖亦爲其所崇拜，然其所畏怖而祈求的，大概非其形而爲寓於其中的精靈。無形可見之物，怎會令人深信不疑呢？原來古人不知道生物與無生物之別，更不知道動物與植物、人與動物之別，一切都看做和自己一樣，而人所最易經驗到而難於解釋的，爲夢與死。明明睡在這裡沒有動，卻有所見，有所聞，有所作爲；明明還是這個人，而頃刻之間，有知已變爲無知了；安得不相信人身之中，別有一物以爲之主？既以爲人是如此，就推之一切物，以爲都是如此了。這是我們現在，相信人有靈魂；相信天地、日月、山川等，都有神爲之主；相信老樹、怪石、狐狸、蛇等等，都可以成爲精怪的由來。雖然我們現在，已知道自然界的法則了；知道生物與無生物、動物與植物、人與其他動物之別了；然此等見解，根株仍未拔盡。

人類所崇拜的靈界，其實是虛無縹緲的，都是人所想像造作出來的。所以所謂靈界，其實還是人間世界的反映。人類社會的組織變化了，靈界的組織，也是要跟著變化的。我們現在所看得到的，其第一步，便是從部族時代進於封建時代的變化。部族的神，大抵是保護一個部族的，和別一個部族，則處於敵對的地位。所以《左氏》僖公十年說：「神不歆非類，民不祀非族。」孔子也說：「非其鬼而祭之，諂也。」（《論語·為政》）。到封建時代，各個神靈之間，就要有一個聯繫。既要互相聯繫，其間自然要生出一個尊卑等級來。在此時代，宗教家所要做的工作就是：（一）把神靈分類。（二）確定每一類之中及各類之間尊卑等級的關係。我們在古書上看得見的，便是《周官·大宗伯》所分的（一）天神，（二）地祇，（三）人鬼，（四）物魅四類。四類相互之間，自然天神最尊，地祇次之，人鬼次之，物魅最下。天神包括日月、星辰、風雨等。地祇包括山嶽、河海等，但又有一個總天神和總地祇。人鬼：最重要的，是自己的祖宗，其餘一切有功勞、有德行的人，也都包括在內。物魅是列舉不盡的。天神、地祇、人鬼等，都是善性居多，物魅則善惡無定。這是中國人最普通的思想，沿襲自幾千年以前的。宗教發達到這一步，離一般人就漸漸的遠了。「天子祭天地，諸侯祭其境內名山大川」（《禮記·王制》），和一般人是沒有關係的。季氏旅於泰山，孔子就要譏其非禮了（《論語・八佾》），何況平民？昊天上帝之外，還有主四時化育的五帝：東方青帝靈威仰，主春生；南方赤帝赤熛怒，主夏長；西方白帝白招拒，主秋成；北方黑帝汁光紀，主冬藏；中央黃帝含樞紐，則兼主四時化育。每一朝天子的始祖，據說實在是上帝的兒子。譬如周朝的始祖后稷，他的母親姜嫄，雖說是帝嚳之妃，后稷卻不是帝嚳的兒子。有一次，姜嫄出去，見一個大的足印，姜嫄一隻腳，還不如他一個拇指大。姜嫄見了，覺得奇怪，把自己的腳，在這足印裡踏踏看呢，一踏上去，身體就覺得感動，從此有孕了。生了一個兒子，就是后稷。又如商朝的始祖契，他的母親簡狄，也是帝嚳之妃，然而契也不是帝嚳的兒子。簡狄有一次，到河裡去洗澡，有一隻玄鳥，掉下一個卵來，簡狄取來吞下去，因此有孕了，後來就生了契。這個謂之「感生」（見《詩・生民》及〈玄鳥〉。《史記・殷周本紀》述契、后稷之生，即係《詩說》。《周官》大宗伯，以禋祀祀昊天上帝。小宗伯，兆五帝於四郊。鄭玄謂天有六，即五帝和昊天上帝燿魄寶。可看《禮記・祭法疏》，最簡單明瞭。五帝之名，雖出緯候，然其說自係古說。所以《禮記・禮運》：「因名山以升中於天，因吉土以饗帝於郊」已經把天和帝分說了）。契、稷等因係上帝之子，所以其子孫得受命而為天子。按諸「神不歆非類，民不祀非族」之義，自然和平民無涉的，用不著平民去祭。其餘如「山林、川谷、丘陵，能出雲，為風雨，見怪物」，而且是「民所取材用」的（《禮記・祭法》），雖和人民有關係，然因尊卑等級，不可紊亂之故，也就輪不著人民去祭了。宗教發達到此，神的等級愈多，上級的神威權愈大，其去一般人卻愈遠，正和由部族之長，發展到諸侯，由列國並立的諸侯，進步到一統全國的君主，其地位愈尊，而其和人民相去卻愈遠一樣。

人，總是講究實際的。所敬畏的，只會是和自己切近而有關係的神。日本田崎仁義所著《中國古代經濟思想及制度》說：古代宗教思想，多以生物之功，歸之女性；又多視日爲女神。中國古代，最隆重的是社祭（《禮記·郊特牲》說：「唯為社事，單出里。唯為社田，國人畢作。唯社，丘乘共粢盛。」單同殫）。而這所謂社，則只是一地方的土神（據《禮記·祭法》，王、諸侯、大夫等，均各自立社），並不是與天神相對的後土。《易經·說卦傳》：離爲日，爲中女。《山海經》和《淮南子》，以生日馭日的羲和爲女神（《山海經·大荒南經》：「東南海之外，甘水之間，有羲和之國。有女子，名羲和，方浴日於甘淵。羲和者，帝俊之妻，生十日。」《淮南子·天文訓》：「至於悲泉，爰止其女，爰息其馬，是謂縣車。」），而《禮記·郊特牲》說，郊之祭，乃所以迎「長日之至」。可見以郊祭爲祭天，乃後起之事，其初只是祭日；而祭日與祭社，則同是所以報其生物之功。後來雖因哲學觀念的發達，而有所謂蒼蒼者天，摶摶者地，然這整個的天神和整個的地神，就和人民關係不切了，雖沒有政治上「天子祭天地」的禁令，怕也不會有什麼人去祭祂的。日月星辰風雨等，太多了，祭不勝祭；亦知道其所關涉者廣，用不著一地方去祭它。只有一地方的土神，向來視爲於己最親的，其祭祀還相沿不廢。所以歷代以來，民間最隆重的典禮是社祭，最熱鬧的節場是作社。還有所謂八蠟之祭，是農功既畢之後，舉凡與農事有關之神，一概祭饗祂一次（見〈郊特牲〉）。又古代視萬物皆有神，則有所謂中霤，有所謂門，有所謂行，有所謂戶，有所謂灶（均見〈祭法〉），此等崇拜，倒也有殘留到後世的。又如古代的司命，是主人的生死的（司命亦見《祭法》。《莊子·至樂》云：「莊子之楚，見髑髏而問之。夜半，髑髏見夢。莊子曰：吾使司命復生子形，為子骨肉肌膚，」知古謂人生死，皆司命主之）。後世則說南斗主生，北斗主死，所以南北斗去人雖遠，倒也有人崇拜它。諸如此類，悉數難終。總之於人有切近的關係的，則有人崇拜，於人無切近的關係的，則位置雖高，人視之，常在若有若無之間。現在人的議論，都說一神教比多神教進化，中國人所崇拜的對象太雜，所以其宗教，還是未甚進化的。其實不然，從前俄國在專制時代，人民捐一個錢到教堂裡去，名義上也要以俄皇的命令允許的。這和佛教中的阿彌陀佛有一個人皈依祂，到臨死時，佛都自己來接引他到淨土去一樣。中國的皇帝，向來是不管小事的，所以反映著人間社會而成的靈界組織，最高的神，亦不親細務。假使中國宗教上的靈界組織，是以一個大神，躬親萬事的，中國人也何嘗不會專崇拜這一個神？然而崇拜北斗，希冀長生，和專念阿彌陀佛，希冀往生淨土的，根本上有什麼區別呢？若說一神教的所謂一神，只是一種自然力的象徵，所以崇拜一神教的，其哲學上的見地，業已達於泛神論了，要比多神教高些。則崇拜一神教的，都是當它自然力的象徵崇拜的麼？老實說：泛神論與無神論，是一而二，二而一的。眞懂得泛神論的，也就懂得無神的意義，不會再有現在某些宗教家的頑固見解了。

較神的迷信進一步的，則爲術。術數兩字，古每連稱，其實兩者是不同的，已見上章。術之起源，由於因果的誤認。如說做一個木人，或者束一個草人，把它當做某人，用箭去射它，就會使這個人受傷。又如把某人貼身之物，加以破壞，就能使這個人受影響之類。萇弘在周朝，把狸首象徵不來的諸侯去射他，以致爲晉人所殺（見《史記・封禪書》）。豫讓爲趙襄子所擒，請襄子之衣，拔劍三躍而擊之，衣盡出血，襄子回車，車輪未周而亡，就是此等見解。凡厭勝咒詛之術，均自此而出。又有一種，以爲此地的某種現象，與彼地的某種現象；現在的某種現象，和將來的某種現象；有連帶關係的。因欲依據此時此地的現象，以測知彼時彼地的現象，是爲占卜之術所自始，此等都是所謂術。更進一步則爲數，《漢書・藝文志》說形法家之學道：「形人及六畜骨法之度數，器物之形容，以求其聲氣貴賤吉凶，猶律有長短，而各徵其聲，非有鬼神，數自然也。」全然根據於目可見、身可觸的物質，以說明現象的原因，而否認目不可見的神祕之說，卓然是科學家的路徑。惜乎這種學派中人，亦漸漸的枉其所信，而和術家混合爲一了。《漢志・術數略》，共分六家：曰天文，曰曆譜，曰五行，曰蓍龜，曰雜占，曰形法。蓍龜和雜占，純粹是術家言。天文、曆譜、五行、形法都饒有數的意味，和術家混合了，爲後世星相之學所自出。

中國古代所崇拜的對象，到後世，都合併起來，而被收容於道教之中。然所謂道教，除此之外，尙有一個元素，那便是神仙家。當春秋戰國時，就有所謂方士者，以不死之說，誑惑人主。《左氏》昭公二十年，齊景公問於晏子，說「古而無死，其樂何如」？古代無論哲學、宗教，都沒有持不死之說的，可見景公所問，爲受神仙家的誑惑了。此後齊威宣王、燕昭王亦都相信他，見於《史記・封禪書》；而秦始皇、漢武帝信之尤篤，其事爲人人所知，無煩贅述了。事必略有徵驗，然後能使人相信。說人可不死，是最無徵驗的。齊景公等都係有爲之主，何以都爲所蠱惑呢？以我推測，因燕齊一帶，多有海市。古人明見空中有人物、城郭、宮室，而不知其理，對於神仙之說，自然深信不疑了。神仙家，《漢志》列於方技，與醫經、經方、房中並列。今所傳最古的醫書《素問》，中亦多載方士之言。可見方士與醫藥，關係甚密。想藉修煉、服食、房中等術，以求長生，雖然誤繆，要不能視爲迷信。然此派在漢武時，就漸漸的和古代的宗教混合了。漢武時，所謂方士，實分兩派：一派講煉丹藥，求神仙，以求長生；一派則從事祠祭以求福。其事具見於《史記・封禪書》、《漢書・郊祀志》。〈郊祀志〉所載各地方的山川，各有其當祭之神，即由獻其說的方士主持。此乃古代各部族的宗教，遺留到後世的。《山海經》所載，某水某山有某神，當用何物祠祭，疑即此等方士所記載。此派至元帝后，多被廢罷；求神仙一派，亦因其太無效驗，不復爲時主所信；乃轉而誑惑人民。其中規模最大的，自然是張角，次之則是張魯。他們也都講祠祭，但因人民無求長生的奢望，亦無煉金丹等財力

（依《抱朴子》講，當時方士煉丹，所費甚巨。葛洪即自憾無此資財，未能從事），所以不講求神仙，而變爲以符咒治病了。符咒治病，即是祝由之術，亦古代醫術中的一科。其牽合道家之學，則自張魯使其下誦習《老子》五千言始。張魯之道，與老子毫無干涉，何以會使人誦習《老子》呢？依我推測，大約因漢時以黃老並稱，神仙家自托於黃帝，而黃帝無書，所以牽率及於老子。張魯等的宗教，有何理論可講？不過有一部書，以資牽合附會就夠了，管什麼實際合不合呢？然未幾，玄學大興，老子變爲時髦之學，神仙家誑惑上流社會的，亦漸藉其哲理以自文。老子和所謂方士，所謂神仙家，就都生出不可分離的關係來了。此等雜多的迷信，旁薄鬱積，畢竟要匯合爲一的。享其成的，則爲北魏時的寇謙之。謙之學張魯之術，因得崔浩的尊信，言於魏明元帝而迎之，尊之爲天師，道教乃成爲國家所承認的宗教，儼然與儒釋並列了。此事在民國紀元前一四八九年，公元四二三年（劉宋少帝景平元年，魏明元帝泰常八年）。後世談起道教來，均奉張陵爲始祖，陵乃魯之祖父。據《後漢書》說：陵客蜀，學道於鵠鳴山中。受其道者，輒出米五斗，故謂之米賊。陵傳子衡，衡傳於魯，然其事羌無證據。據《三國志注》引《典略》，則爲五斗米道的，實係張脩。脩乃與魯並受命於劉焉，侵據漢中，後來魯又襲殺脩而並其衆的。魯行五斗米道於漢中，一時頗收小效。疑其本出於脩，魯因其有治效而沿襲之，卻又諱其所自出，而自托之於父祖。歷史，照例所傳的，是成功一方面的人的話，張陵就此成爲道教的始祖了。

從外國輸入的宗教，最有權威的，自然是佛教。佛教的輸入，舊說都以爲在後漢明帝之世。說明帝夢見金人，以問群臣，傅毅對以西方有聖人，乃遣郎中蔡愔、博士弟子秦景等使於天竺。得佛經四十二章，及釋迦立像，與沙門攝摩騰、竺法蘭，以白馬負經而至，因立白馬寺於洛城西。此乃因其說見於《魏書．釋老志》，以爲出於正史之故。梁啓超作《佛教之初輸入》，考此說出於西晉道士王浮的《老子化胡經》，其意乃欲援釋入道，殊爲妖妄。然《魏書》實未以金人入夢，爲佛教入中國之始。據《魏書》之意，佛教輸入，當分三期：（一）匈奴渾邪王降，中國得其金人，爲佛教流通之漸。（二）張騫至大夏，知有身毒，行浮屠之教。哀帝元壽元年，博士弟子秦景憲，受大月氏使伊存口授浮屠經。（三）乃及明帝金人之夢，金人實與佛教無涉。大月氏使口授浮屠經，事若確實，當可稱爲佛教輸入之始。元壽元年，爲民國紀元前一九一三年，即公曆紀元前二年。然則佛教輸入中國，實在基督誕生後兩年了（基督降生，在紀元前四年。西人因紀年行用已久，遂未改正）。據《後漢書》所載，光武帝子楚王英業已信佛，可見其輸入必不在明帝之世。秦景憲與秦景，當即一人。此等傳說中的人物，有無尚不可知，何況確定其名姓年代？但大月氏爲佛教盛行之地；漢與西域，交通亦極頻繁；佛教自此輸入，理有可能。梁啓超以南方佛像塗金；《後漢書·陶謙傳》，說謙使笮融督廣陵、下邳、彭城運糧，融遂斷三郡委輸，大起浮屠寺，作黃金屠像；疑佛教本自南方輸入。然此說太近臆測，即謂其係事實，亦不能斷定其輸入在北方之先。梁氏此文，破斥舊說之功甚大，其所建立之說，則尚待研究。柳詒徵《梁氏佛教史評》，可以參看。佛教的特色在於（一）其說輪迴，把人的生命延長了，足以救濟中國舊說，（甲）限善報於今世及其子孫，及（乙）神仙家飛升尸解等說的太無徵驗，而滿足人的欲望。（二）又其宗旨偏於出世，只想以個人的修養，解脫苦痛，全不參加政治鬥爭。在此點，佛教與張角、張魯等，大不相同。所以不爲政治勢力所摧殘，而反爲其所扶植。（三）中國是時，尚缺乏統一全國的大宗教。一地方一部族之神，既因其性質偏狹而不適於用，天子所祭的天地等，亦因其和人民相去遠了，而在若無若有之間。張角、張魯等的宗教運動，又因其帶有政治鬥爭性質；且其教義怕太淺，而不足以饜上中流社會之望；並只適於祕密的結合，而不宜於平和的傳布；不能通行。只有佛教，既有哲理，又說福報，是對於上中下流社會都適宜的。物我無間，冤親平等，國界種界尚且不分，何況一國之中，各地方各民族等小小界限？其能風行全國，自然無待於言了。至佛教的哲理方面，及其重要宗派，上章已略言之，今不贅述。

把一個中空的瓶拋在水中，水即滔滔注入，使其中本有水，外面的水就不容易進去了。這是先入爲主之理，一人如是，一國亦然。佛教輸入時，中國的宗教界，尙覺貧乏，所以佛教能夠盛行。佛教輸入後，就不然了。所以其他外教，輸入中國的雖多，都不能如佛教的風行無阻，其和中國文化的關係亦較淺。

佛教以外，外國輸入的宗教，自以回教爲最大。此教緣起，人人知之，無待贅述。其教本名伊斯蘭，在中國則名清眞，其寺稱清眞寺，其經典名《可蘭》，原本爲阿拉伯文，非其教中有學問的人不能讀；而其譯本及教中著述，流布於社會上的很少；所以在中國，除教徒外，罕有了解回教教義的。又回教教規，極爲嚴肅。教徒生活，與普通人不甚相合。所以自元代盛行輸入以來，已歷七百年，仍不能與中國社會相融化。現在中國信奉回教的人約有五千萬。其中所包含的民族實甚多，然人皆稱爲回族，儼然因宗教而結合成一個民族了。因宗教而結合成一個民族，在中國，除回教之外，是沒有的。

中國人稱伊斯蘭教爲回教，乃因其爲回紇人所信奉而然。然回紇在漠北，實本信摩尼教。其信伊斯蘭教，乃走入天山南路後事。摩尼教原出火教，火教爲波斯國教，中國稱爲胡天。又造祆字，稱爲祆教（其字從示從天，讀它煙切。或誤為從夭，讀作於兆切，就錯了）。火教當南北朝時，傳至蔥嶺以東，因而流入中國。然信奉它的，只有北朝的君主。唐朝時，波斯爲大食所滅，中亞細亞亦爲所據，火教徒頗有東行入中國的，亦未和中國社會，發生什麼影響。摩尼教則不然，唐朝安史亂後，回紇人多入中國，其教亦隨之而入，自長安流行及於江淮。武宗時，回紇敗亡，會昌五年（公元八四五年，民國紀元前一〇六七年），中國乃加以禁斷，然其教流行至南宋時仍不絕，其人自稱爲明教。教外人財謂之吃菜事魔，以其教徒均不肉食之故。案宗教雖似專給人以精神上的慰安，實則仍和現實生活有關係。現實生活，經濟問題爲大。流行於貧苦社會中的宗教，有教人團結以和現社會相鬥爭的，如太平天國所創的上帝教，實行均田和共同生活之法是。有教教徒自相救恤，對於現社會的組織，則取放任態度的，如張魯在漢中，教人作義舍，置米肉其中，以便行人；令有小過者修路；禁酒，春夏禁殺；明教徒戒肉食，崇節儉，互相救恤是。入其教的，生活上既有實益，所以宋時屢加禁斷不能盡絕。然社會秩序未能轉變時，與之鬥爭的，固然不免滅亡；即欲自成一團體，獨立於現社會組織之外的，亦必因其和廣大的社會秩序不能相容，而終遭覆滅。所以到元朝以後，明教也就默默無聞了。張魯之治漢中，所以能經歷數十年，乃因其政治尚有規模，人民能與之相安，並非由其教義，則明教的流行較久，亦未必和其教義有甚關係了。火教及摩尼教流行中國的歷史，詳見近人陳垣所撰《火祆入中國考》。

基督教入中國，事在民國紀元前一二七四年，公元六三八，唐太宗貞觀十二年。波斯人阿羅本（Olopen）始賚其經典來長安。太宗許其建寺，稱爲波斯，玄宗因其教本出大秦，改寺名爲大秦寺。其教在當時，稱爲景教。德宗時，寺僧景淨，立《景教流行中國碑》，明末出土，可以考見其事的始末。蒙古時，基督教又行輸入，其徒謂之也里可溫，陳垣亦有考。元時，信奉基督教的，多是蒙古人，所以元亡而復絕。直到明中葉後，才從海路復行輸入。近代基督教的輸入，和中國衝突頗多。推其源，實出於政治上的誤解。基督教的教義，如禁拜天、拜祖宗、拜孔子等，固然和中國的風俗是衝突的。然前代的外教，教規亦何嘗不和中國風俗有異同？況近代基督教初輸入時，是並不禁拜天、拜祖宗、拜孔子的。明末相信基督教的，如徐光啓、李之藻輩，並非不了解中國文化的人。假使基督教義和中國傳統的風俗習慣實不相容，他們豈肯因崇信科學之故，把民族國家，一齊犧牲了？當時反對西教的，莫如楊光先，試看他所著的《不得已書》。他說他們「不婚不宦，則志不在小」。又說：「其製器精者，其兵械亦精。」又說：他們著書立說，謂中國人都是異教的子孫。萬一他們蠢動起來，中國人和他相敵，豈非以子弟敵父兄？又說：「以數萬里不朝不貢之人，來不稽其所從來，去不究其所從去；行不監押，止不關防。十三省山川形勢，兵馬錢糧，靡不收歸圖籍。百餘年後，將有知餘言之不得已者。」因而斷言：「寧可使中國無好曆法，不可使中國有西洋人。」原來中國歷代，軍政或者廢弛，至於軍械，則總是在外國之上的。到近代，西人的船堅炮利，中國才自愧弗如。而中國人迷信宗教，是不甚深的。西洋教士堅苦卓絕的精神，又非其所了解，自然要生出疑忌來了。這也是在當日情勢之下，所不能免的，原不足以為怪，然攻擊西教士的雖有，而主張優容的，亦不在少數。所以清聖祖初年，雖因光先的攻擊，湯若望等一度獲罪，然教禁旋復解除。康熙一朝，教士被任用者不少。於中國文化，裨益實非淺鮮。此亦可見基督教和中國文化，無甚衝突了。教禁之起，實由一七〇四年（康熙四十三年），教皇聽別派教士的話，以不禁中國教徒拜天、拜祖宗、拜孔子為不然，派多羅（Tourmon）到中國來禁止。此非但教義與中國相隔閡，亦且以在中國傳教的教士，而受命於外國的教皇，亦非當時中國的見解，所能容許，於是有康熙五十六年重申教禁之事。世宗即位後，遂將教徒一律安置澳門；各省的天主堂，盡行改為公廨了。自此以後，至五口通商後教禁解除之前，基督教在中國，遂變為祕密傳播的宗教。中國人既不知道它的真相，就把向來祕密教中的事情，附會到基督教身上。什麼挖取死人的眼睛咧，聚集教堂中的婦女，本師投以藥餌，使之雉鳴求牡咧，種種離奇怪誕之說，不一而足，都釀成於此時。五口通商以後，（一）中國人既懷戰敗之忿，視外國的傳教，爲藉兵力脅迫而成。（二）教民又恃教士的干涉詞訟爲護符，魚肉鄉里。（三）就是外國教士，也有倚勢妄爲，在中國實施其敲詐行爲的（見嚴復譯英人宓克所著《中國教案論》）。於是教案迭起，成爲交涉上的大難題了。然自庚子事變以後，中國人悟盲目排外之無益，風氣翻然一變，各省遂無甚教案，此亦可見中國人對於異教的寬容了。

基督教源出猶太，猶太教亦曾輸入中國，謂之一賜樂業教，實即以色列的異譯，中國謂之挑筋教，今存於河南的開封，據其教中典籍所記，其教當五代漢時（民國紀元前九六五至九六二，公元九四七至九五〇年），始離本土，至宋孝宗隆興元年（民國紀元前七四九，公元一一六三年），始在中國建寺。清聖祖康熙四十一年，有教徒二三千人。宣宗道光末，存者止三百餘，宣統元年二百餘，民國八年，止有一百二十餘人。初來時凡十七姓，清初，存者止有七姓了。詳見陳垣《一賜樂業教考》。

社會變亂之際，豪傑之士，想結合徒黨，有所作爲的，亦往往藉宗教爲工具。如前代的張角、孫恩，近代的太平天國等都是。此特其犖犖大者，其較小的，則不勝枚舉。此等宗教，大率即係其人所創造，多藉當時流行之說爲資料。如張角訛言「蒼天已死，黃天當立」（蒼，疑當作赤，為漢人所諱改），係利用當時五行生勝之說；白蓮教依託佛教；上帝教依託基督教是。然此實不過借爲資料（利用其業已流行於社會），其教理，實與其所依附之說，大不相同。其支離滅裂，往往使稍有智識之人，聞之失笑。上帝教和義和團之說，因時代近，傳者較多，稍一披覽，便可見得。然非此不足以搧動下流社會中人，我們現在的社會，實截然分爲兩橛。一爲上中流知識階級，一爲下流無知識階級。我們所見、所聞、所想，實全與廣大的爲社會基礎的下層階級相隔絕。我們的工作，所以全是浮面的，沒有眞正的功效，不能改良社會，即由於此，不可不猛省。

中國社會，迷信宗教，是不甚深的。此由孔教盛行，我人之所祈求，都在人間而不在別一世界之故。因此，教會之在中國，不能有很大的威權。因此，我們不以宗教問題和異族異國，起無謂的爭執，此實中國文化的一個優點。現今世界文化進步，一日千里。宗教因其性質固定之故，往往成爲進化的障礙。若與之爭鬥，則又招致無謂的犧牲，歐洲的已事，即其殷鑑。這似乎是文化前途一個很大的難題，然實際生活，總是頑強的觀念論的強敵。世界上任何宗教，其教義總有幾分禁欲性的，事實上，卻從沒看見多數的教徒，眞能脫離俗生活。文化愈進步，人的生活情形，變更得愈快。宗教阻礙進步之處，怕更不待以干戈口舌爭之了。這也是史事無復演，不容以舊眼光推測新變局的一端。

下冊

政治史

第十九章　中國民族的由來

在上編中，我曾按文化的項目，把歷代文化的變遷，敘述了一個大略，現在卻要依據時代，略敘我們這一個民族國家幾千年來盛衰的大略了。社會是整個的，作起文化史來，分門別類，不過是我們分從各方面觀察，講到最後的目的，原是要集合各方面，以說明一個社會的盛衰，即其循著曲線進化的狀況的。但是這件事很不容易，史事亡失的多了，我們現在對於各方面，所知道的多很模糊（不但古代史籍缺乏之時，即至後世，史籍號稱完備，然我們所要知道的事，仍很缺乏而多偽誤。用現代新史學的眼光看起來，現在人類對於過去的知識，實在是很貧乏的），貿貿然據不完不備的材料，來說明一時代的盛衰，往往易流於武斷。而且從中學到大學，永遠是以時爲經、以事爲緯的，將各時代的事情，複述一遍，雖然詳略不同，而看法失之單純，亦難於引起興趣。所以我這部書，變換一個方法，上編先依文化的項目，把歷代的情形，加以敘述，然後下編依據時代，略述歷代的盛衰。讀者在讀下編時，對於歷代的社會狀況，先已略有所知，則涉及時措辭可以從略，不至有頭緒紛繁之苦；而於歷代盛衰的原因，亦更易於明瞭了。

敘述歷代的盛衰，此即向來所謂政治史。中國從前的歷史，所以被人譏誚爲帝王的家譜，爲相斫書，都由其偏重這一方面之故。然而矯枉過正，以爲這一方面可以視爲無足重輕，也是不對的。現在的人民，正和生物在進化的中途需要外骨保護一樣。這話怎樣說呢？世界尚未臻於大同之境，人類不能免於彼此對立，就不免要靠著武力或者別種力量互相剝削，在一個團體之內，雖然有更高的權力以判其是非曲直，而制止其不正當的競爭，在各個團體之間卻至今還沒有，到被外力侵犯之時，即不得不以強力自衛，此團體即所謂國家。一個國家之中，總包含著許多目的簡單、有意用人力組成的團體，如實業團體、文化團體等都是。此等團體和別一個國家內性質相同的團體，是用不著分界限的，能合作固好，能合併則更好。無如世界上現在還有用強力壓迫人家，掠奪人家的事情，我們沒有組織，就要受到人家的壓迫、掠奪，而浸至無以自存了。這是現今時代國家所以重要，世界上的人多著呢，爲什麼有些人能合組一個國家，有些人卻要分做兩國呢？這個原因，最重要的，就是民族的異同，而民族的根柢，則爲文化。世界文化的發達，其無形的目的，總是向著大同之路走的，但非一蹴可幾。未能至於大同之時，則文化相同的人民可以結爲一體，通力合作，以共禦外侮；文化不相同的則不能然，此即民族國家形成的原理。在現今世界上，非民族的國家固多，然總不甚穩固。其內部能平和相處，強大民族承認弱小民族自決權利的還好，其不然的，往往演成極激烈的爭鬥；而一民族強被分割的，亦必出死力以求其合；這是世界史上屢見不鮮的事。所以民族國家，在現今，實在是一個最重要的組織，若干人民，其文化能互相融和而成爲一個民族，一個民族而能建立一個強固的國家，都是很不容易的事。苟其能之，則這一個國家，就是這一個民族在今日世界上所以自衛，而對世界的進化盡更大的責任的良好工具了。

中國是世界上最大的一個民族國家，這是無待於言的。一個大民族，固然總是融合許多小民族而成，然其中亦必有一主體。爲中國民族主體的，無疑是漢族了。漢族的由來，在從前是很少有人提及的。這是因為從前人地理知識的淺薄，不知道中國以外還有許多地方之故。至於邃古時代的記載，自然是沒有的。後來雖然有了，然距邃古的時代業已很遠；又為神話的外衣所蒙蔽。一個民族不能自知其最古的歷史，正和一個人不能自知其極小時候的情形一樣。如其開化較晚，而其鄰近有先進的民族，這一個民族的古史，原可藉那一個民族而流傳，中國卻又無有。那麼，中國民族最古的情形，自然無從知道了。直至最近，中國民族的由來，才有人加以考究，而其初還是西人，到後來，中國人才漸加注意。從前最占勢力的是「西來說」，即說中國民族，自西方高地而來。其中尤被人相信的，為中國民族來自黃河上源崑崙山之說。此所謂黃河上源，乃指今新疆省的于闐河；所謂崑崙山，即指于闐河上源之山。這是因為：（一）中國的開化，起於黃河流域。（二）漢武帝時，漢使窮河源，說河源出於于闐。《史記．大宛列傳》說，天子案古圖書，河源出於崑崙。後人因漢代去古未遠，相信武帝所案，必非無據之故。其實黃河上源，明明不出于闐，若說于闐河伏流地下，南出而為黃河上源，則為地勢所不容，明明是個曲說。而崑崙的地名，在古書裡也是很神祕的，並不能實指其處，這只要看《楚辭》的〈招魂〉、《淮南子》的〈地形訓〉和《山海經》便知。所以以漢族開化起於黃河流域，而疑其來自黃河上源，因此而信今新疆西南部的山為漢族發祥之地，根據實在很薄弱。這一說，在舊時諸說中，是最有故書雅記做根據的，而猶如此，其他更不必論了。

茫昧的古史，雖然可以追溯至數千年以上，然較諸民族的緣起，則是遠後的。所以追求民族的起源，實當求之於考古學，而不當求之於歷史。考古學在中國，是到最近才略見曙光的。其所發現的人類，最古的是一九〇三年河北房山縣周口店所發現的北京人（Peking Man，案此名為安特生所名，協和醫學院解剖學教授步達生（Davidson Black）名之為Sinanthropus Pekinensis，葉為耽名之曰震旦人，見所著《震旦人與周口店文化》，商務印書館本）。據考古學家的研究，其時約距今四十萬年。其和中國人有無關係，殊不可知，不過因此而知東方亦是很古的人類起源之地罷了。其和歷史時代可以連接的，則爲民國十年遼寧錦西沙鍋屯，河南澠池仰韶村，及十二、三年甘肅臨夏、寧定、民勤，青海貴德及青海沿岸所發現的彩色陶器，和俄屬土耳其斯單所發現的酷相似。考古家安特生（J. G. Andersson）因謂中國民族，實自中亞經新疆、甘肅而來。但彩陶起自巴比倫，事在公元前三五〇〇年，傳至小亞細亞、約在公元前二五〇〇年至前二〇〇〇年，傳至希臘，則在前二〇〇〇年至前一〇〇〇年，俄屬土耳其斯單早有銅器，河南、甘肅、青海之初期則無之，其時必在公元二五〇〇年之前，何以傳播能如是之速？製銅之術，又何以不與製陶並傳？斯坦因（Sir Aurel Stein）在新疆考古，所得漢、唐遺物極多，而先秦之物，則絕無所得，可見中國文化在先秦世實尚未行於西北，安特生之說，似不足信了（此說據金兆梓〈中國人種及文化由來〉，見《東方雜誌》第二十六卷第二期）。民國十九年以後，山東歷城的城子崖，滕縣的安上村，都發現了黑色陶器。江蘇武進的奄城，金山的戚家墩，吳縣的磨盤山、黃壁山，浙江杭縣的古蕩、良渚，吳興的錢山漾，嘉興的雙棲，平湖的乍浦，海鹽的澉浦，亦得有新石器時代的石器、陶器，其中杭縣的黑陶，頗與山東相類。又河域所得陶器，皆爲條文及席文，南京、江、浙和山東鄒縣，福建武平，遼寧金縣貔子窩及香港的陶器，則其文理爲幾何形。又山東、遼寧有有孔石斧，朝鮮、日本有有孔石廚刀，福建廈門、武平有有溝石錛，南洋群島有有溝石斧，大洋洲木器所刻動物形，有的和中國銅器上的動物相像，北美阿拉斯加的土器，也有和中國相像的。然則中國沿海一帶，實自有其文化。據民國十七年以後中央研究院在河南所發掘，安陽的侯家莊，濬縣的大賚店，兼有彩色、黑色兩種陶器，而安陽縣北的小屯村，即一八九八、一八九九年發現甲骨文字之處，世人稱爲殷墟的，亦有幾何文的陶器。又江、浙石器中，有戈、矛及鉞，河域唯殷墟有之。鬲爲中國所獨有，爲鼎之前身，遼東最多，仰韶亦有之，甘肅、青海，則至後期才有，然則中國文化，在有史以前，似分東西兩系。東系以黑陶爲代表，西系以彩陶爲代表，而河南爲其交會之地。彩陶爲西方文化東漸的，代表中國固有的文化的，實爲黑陶。試以古代文化現象證之：（一）「國君無故不殺牛，大夫無故不殺羊，士無故不殺犬豕」，而魚鱉則爲常食。（二）衣服材料以麻、絲爲主，裁製極其寬博。（三）古代的人民，是巢居或湖居的。（四）其貨幣多用貝。（五）在宗教上又頗敬畏龍蛇。皆足證其文化起於東南沿海之處；彩陶文化之爲外鑠，似無疑義了。在古代，亞洲東方的民族，似可分爲三系，而其處置頭髮的方法，恰可爲其代表，這是一件極有趣味的事，即北族辮髮，南族斷髮，中原冠帶。《爾雅·釋言》說：「齊，中也。」〈釋地〉說：「自齊州以南戴日爲丹穴，北戴斗極爲空同，東至日所出爲大平，西至日所入爲大蒙。」「齊」即今之「臍」字，本有中央之義。古代的民族，總是以自己所居之地爲中心的，齊州爲漢族發祥之地，可無疑義了。然則齊州究在何處呢？我們固不敢斷言其即後來的齊國，然亦必與之相近。又《爾雅·釋地》說「中有岱岳」，而泰山爲古代祭天之處，亦必和我民族起源之地有關。文化的發展，總是起於大河下流的，埃及和小亞細亞即其明證。與其說中國文化起於黃河上流，不如說其起於黃河下流的切於事情了。近來有些人，窺見此中消息，卻又不知中國和南族之別，甚有以爲中國人即是南族的，這個也不對。南族的特徵是斷髮紋身，斷髮即我國古代的髡刑，紋身則是古代的黥刑，以南族的裝飾爲刑，可見其曾與南族相爭鬥，而以其俘虜爲奴隸。近代的考古學證明長城以北的古物，可分爲三類：（一）打製石器，其遺跡西起新疆，東至東三省，而限於西遼河、松花江以北，環繞著沙漠。（二）細石器，限於興安嶺以西。與之相伴的遺物，有類似北歐及西伯利亞的，亦有類似中歐及西南亞的，兩者均係狩獵或畜牧民族所為。（三）磨製石器，北至黑龍江昂昂溪，東至朝鮮北境，則係黃河流域的農耕民族所為，其遺物多與有孔石斧及類鬲的土器並存，與山東龍口所得的土器極相似。可見我國民族，自古即介居南北兩民族之間，而為東方文化的主幹了（步達生言仰韶村、沙鍋屯的遺骸，與今華北人同，日本清野謙次亦謂貔子窩遺骸，與仰韶村遺骸極相似）。

第二十章　中國史的年代

講歷史要知道年代，正和講地理要知道經緯線一般。有了經緯線，才知道某一地方在地球面上的某一點，和其餘的地方距離如何，關係如何。有了年代，才知道某一件事發生在悠遠年代中的某一時，當時各方面的情形如何和其前後諸事件的關係如何。不然，就毫無意義了。

正確的年代，原於（一）正確，（二）不斷的記載。中國正確而又不斷的記載，起於什麼時候呢？那就是周朝厲、宣兩王間的共和元年，下距民國紀元前二七五二年，公曆紀元前八四一年，在世界各國中，要算是很早的了。但是比之於人類的歷史，還如小巫之見大巫。世界之有人類，其正確的年代雖不可知，總得在四五十萬年左右。歷史確實的紀年，只有二千餘年，正像人活了一百歲，只記得一年不到的事情，要做正確的年譜，就很難了。雖然歷史無完整的記載，歷史學家仍有推求之法。那便是據斷片的記載，涉及天地現象的，用曆法推算，中國用這方法的也很多。其中較爲通行的，一爲《漢書．律曆志》所載劉歆之所推算，一爲宋朝邵雍之所推算。劉歆所推算：周朝八百六十七年，殷朝六百二十九年，夏朝四百三十二年，虞舜在位五十年，唐堯在位七十年。周朝的滅亡，在民國紀元前二一六七年，公曆紀元前二五六年，則唐堯的元年，在民國紀元前四二一五年，公曆紀元前二三〇五年。據邵雍所推算，則唐堯元年，在民國紀元前四二六八年，公曆紀元前二三五七年。據曆法推算，本是極可信據的，但前人的記載，未必盡確，後人的推算，也不能無誤，所以也不可盡信。不過這所謂不可信，僅係不密合，論其大概，還是不誤的。《孟子．公孫丑下篇》說：「由周而來，七百有餘歲矣。」〈盡心下篇〉說：「由堯、舜至於湯，五百有餘歲；由湯至於文王，五百有餘歲；由文王至於孔子，五百有餘歲。」樂毅報燕惠王書，稱頌昭王破齊之功，說他「收八百歲之蓄積」。《韓非子．顯學篇》說：「殷、周七百餘歲，虞、夏二千餘歲。」（此七百餘歲但指周歲）。都和劉歆、邵雍所推算，相去不遠。古人大略的記憶，十口相傳，是不會大錯的。然則我國歷史上可知而不甚確實的年代，大約在四千年以上了。

自此以上，連斷片的紀錄，也都沒有，則只能據發掘所得，推測其大略，是爲先史時期。人類學家把人類所用的工具，分別他進化的階段，最早的爲舊石器時期，次之爲新石器時期，都在有史以前，更次之爲青銅器時期，更次之爲鐵器時期，就在有史以後了。我國近代發掘所得，據考古學家的推測：周口店的遺跡，約在舊石器前期之末，距今二萬五千年至七萬年。甘、青、河南遺跡，早的在新石器時期，在公曆紀元前二六〇〇至三五〇〇年之間；晚的在青銅器時期，在公曆紀元前一七〇〇至二六〇〇年之間。案古代南方銅器的發明，似較北方爲早，則實際上，我國開化的年代，或許還在此以前。

中國古書上，有的把古史的年代，說得極遠而且極確實的，雖然不足爲憑，然因其由來甚遠，亦不可不一發其覆。案《續漢書．律曆志》載蔡邕議曆法的話，說《元命苞》、《乾鑿度》都以爲自開闢至獲麟（獲麟是《春秋》的末一年，在公元前四八一年），二百七十六萬歲。司馬貞《補三皇本紀》，則說《春秋緯》稱自開闢至獲麟，凡三百二十七萬六千歲，分爲十紀。據《漢書．律曆志》劉歆的三統曆法，以十九年爲一章，四章爲一蔀，二十蔀爲一紀，三紀爲一元。二百七十五萬九千二百八十年，乃是六百一十三元之數，《漢書．王莽傳》說莽下三萬六千歲曆，三萬六千被乘於九十一，就是三百二十七萬六千年了。這都是鄉壁虛造之談，可謂毫無歷史上的根據。

第二十一章　古代的開化

中國俗說，最早的帝王是盤古氏。古書有的說他和天地開闢並生，有的說他死後身體變化而成日月、山河、草木等（徐整《三五曆記》說：「天地混沌如雞子，盤古生其中。萬八千歲，天地開闢，陽清為天，陰濁為地，盤古在其中。……天日高一丈，地日厚一丈，盤古日長一丈。如此萬八千歲，天數極高，地數極深，盤古極長。」《五運曆年記》說：「首生盤古，垂死化身；氣成風雲，聲為雷霆，左眼為日，右眼為月，四肢、五體為四極、五嶽，血液為江河，筋脈為地理，肌肉為田土，髮髭為星辰，皮毛為草木，齒骨為金石，精髓為珠玉，汗流為雨，身之諸蟲，因風所感，化為黎虻。」），這自然是附會之辭，不足爲據。《後漢書．南蠻傳》說：漢時長沙、武陵蠻（長沙、武陵，皆後漢郡名。長沙，治今湖南長沙縣，武陵，治今湖南常德縣）的祖宗，喚做盤瓠，乃是帝嚳高辛氏的畜狗。當時有個犬戎國，爲中國之患。高辛氏乃下令，說有能得犬戎吳將軍的頭的，賞他黃金萬鎰，還把自己的女兒嫁給他。令下之後，盤瓠銜了吳將軍的頭來。遂背了高辛氏的公主，走入南山，生了六男六女，自相夫妻，成爲長沙、武陵蠻的祖宗。現在廣西一帶，還有祭祀盤古的。閩浙的畲民，則奉盤瓠爲始祖，其畫像仍作狗形。有人說：盤古就是盤瓠，這話似乎很確。但是《後漢書》所記，只是長沙、武陵一支，而據古書所載，則盤古傳說，分布之地極廣，而且絕無爲帝嚳畜狗之說（據《路史》：會昌有盤古山，湘鄉有盤古堡，雩都有盤古祠，成都、淮安、京兆皆有盤古廟。會昌，今江西會昌縣。湘鄉，今湖南湘鄉縣。雩都，今江西雩都縣。成都，今四川成都縣。淮安，今江蘇淮安縣。京兆，今西京），則盤古、盤瓠，究竟是一是二，還是一個疑問。如其是一，則盤古本非中國民族的始祖；如其是二，除荒渺的傳說外，亦無事蹟可考；只好置諸不論不議之列了。

在盤古之後，而習慣上認爲很早的帝王的，就是三皇、五帝。三皇、五帝之名，見於《周官．外史氏》，並沒說他是誰。後來異說甚多（三皇異說：《白虎通》或說，無燧人而有祝融。《禮記．曲禮》《正義》說，鄭玄注《中候敕省圖》引《運鬥樞》，無燧人而有女媧。案《淮南子．天文訓》、《覽冥訓》，《論衡．談天》、《順鼓》兩篇，都說共工氏觸不周之山，天柱折，地維缺，女媧煉五色石以補天，斷鼇足以立四極，而司馬貞《補三皇本紀》說係共工氏與祝融戰，則女媧、祝融一人。祝融為火神，燧人是發明鑽木取火的，可見其仍係一個部族。五帝異說：則漢代的古學家，於黃帝、顓頊之間，增加了一個少昊，於是五帝變成六人。鄭玄注《中候敕省圖》，乃謂德合五帝坐星，即可稱帝，故「實六人而為五」，然總未免牽強。東晉晚出的《偽古文尚書》的《偽孔安國傳序》，乃將三皇中的燧人除去，而將黃帝上升為三皇，於是六人為五的不通，給他彌縫過去了。《偽古文尚書》今已判明其為偽，人皆不之信，東漢古學家之說，則尚未顯被推翻。但古學家此說，不過欲改五德終始說之相勝為相生，而又顧全漢朝之為火德，其作偽實無以異，而手段且更拙。案五德終始之說，創自鄒衍，本依五行相勝的次序。依他的說法，是虞土、夏木、殷金、周火，所以秦始皇自以為水德，而漢初自以為土德。到劉向父子出，改五德的次序為五行相生，又以漢為堯後。而黃帝的稱號為黃，黃為土色，其為土德，無可移易。如此，依五帝的舊次，顓頊金德，帝嚳水德，堯是木德，與漢不同德了。於其間增一少昊為金德，則顓頊水德，帝嚳木德，堯為火德，與漢相同；堯以後則虞土、夏金、殷水、周木，而漢以火德承之，秦人則被視為閏位，不算入五德相承次序。這是從前漢末年發生，至後漢而完成的一套五德終始的新說，其說明見於《後漢書·賈逵傳》，其不能據以言古代帝王的統系是毫無疑義的了），其較古的，還是《風俗通》引《含文嘉》，以燧人、伏羲、神農爲三皇，《史記·五帝本紀》以黃帝、顓頊、帝嚳、堯、舜爲五帝之說。燧人、伏羲、神農，不是「身相接」的，五帝則有世系可考（據《史記·五帝本紀》及《大戴禮記·帝系篇》，其統系如下）：

黃帝
- 去囂—蟜極—帝嚳—堯
- 昌意—帝顓頊
  - 窮蟬—敬康—句望—蟜牛—瞽叟—舜
  - 鯀—禹

案五帝之說，原於五德終始，五德終始之說，創自鄒衍，鄒衍是齊人，《周官》所述的制度，多和《管子》相合，疑亦是齊學。古代本沒有一個天子是世代相承的；即一國的世系較爲連貫的，亦必自夏以後。夏、殷兩代，後世的史家都認爲是當時的共主，亦是陷於時代錯誤的。據《史記·夏本紀》、〈殷本紀〉所載，明明還是盛則諸侯來朝，衰則諸侯不至，何況唐、虞以上？所以三皇、五帝，只是後人造成的一個古史系統，實際上怕全不是這麼一回事。但自夏以後，一國的世系，既略有可考；而自黃帝以後，諸帝王之間，亦略有不很正確的世系；總可藉以推測古史的大略了。

古代帝王的稱號，有所謂德號及地號（服虔說，見《禮記·月令》疏），德號是以其所做的事業爲根據的，地號則以其所居之地爲根據。案古代國名、地名，往往和部族之名相混，還可以隨著部族而遷移，所以雖有地號，其部族究在何處，仍難斷言。至於德號，更不過代表社會開化的某階段；或者某一個部族，特長於某種事業；並其所在之地而不可知，其可考見的眞相，就更少了。然既有這些傳說，究可略據之以爲推測之資。傳說中的帝王，較早而可考見社會進化的跡象的，是有巢氏和燧人氏。有巢氏教民構木爲巢，燧人氏教民鑽木取火，見於《韓非子》的〈五蠹篇〉。稍後則爲伏羲、神農。伏羲氏始畫八卦，作結繩而爲網罟，以佃以漁；神農氏斫木爲耜，揉木爲耒；日中爲市；見於《易經》的〈繫辭傳〉。有巢、燧人、神農都是德號，顯而易見。伏羲氏，《易傳》作包犧氏，包伏一聲之轉。據《風俗通》引《含文嘉》，是「下伏而化之」之意，羲化亦是一聲。他是始畫八卦的，大約在宗教上很有權威，其爲德號，亦無疑義。這些都不過代表社會進化的一個階段，究有其人與否，殊不可知。但各部族的進化，不會同時，某一個部族，對於某一種文化，特別進步得早，是可能有的。如此，我們雖不能說在古代確有發明巢居、取火、佃漁、耕稼的帝王，卻不能否認對於這些事業，有一個先進的部族。既然有這部族，其時地就該設法推考了。伏羲古稱爲太昊氏，風姓，據《左氏》僖公二十一年所載，任、宿、須句、顓臾四國，是其後裔。任在今山東的濟寧縣，宿和須句都在東平縣，顓臾在費縣。神農，《禮記．月令》疏引《春秋說》，稱爲大庭氏。《左氏》昭公十八年，魯有大庭氏之庫。魯國的都城，即今山東曲阜縣（《帝王世紀》說伏羲都陳，乃因左氏有「陳太昊之墟」之語而附會，不足信，見下文。又說神農氏都陳徙魯，則因其承伏羲之後而附會的）。然則伏羲、神農，都在今山東東南部，和第十九章所推測的漢族古代的根據地，是頗爲相合的了。

神農亦稱炎帝，炎帝之後爲黃帝，炎、黃之際，是有一次戰事可以考見的，古史的情形，就更較明白了。《史記．五帝本紀》說：「神農氏世衰，諸侯相侵伐，弗能征，而蚩尤氏最爲暴。」「黃帝乃征師諸侯，與蚩尤戰於涿鹿之野，遂擒殺蚩尤。」又說：「炎帝欲侵陵諸侯，諸侯咸歸軒轅。」（《史記·五帝本紀》說黃帝名軒轅，他書亦有稱為軒轅氏的。案古書所謂名，兼包一切稱謂，不限於名字之名）。軒轅「與炎帝戰於阪泉之野，三戰然後得其志。」其說有些矛盾。《史記》的《五帝本紀》，和《大戴禮記》的《五帝德》，是大同小異的，《大戴禮記》此處，卻只有和炎帝戰於阪泉，而並沒有和蚩尤戰於涿鹿之事。神農、蚩尤，都是姜姓。《周書·史記篇》說「阪泉氏徙居獨鹿」，獨鹿之即涿鹿，亦顯而易見。然則蚩尤、炎帝，即是一人，涿鹿、阪泉，亦係一地。《太平御覽·州郡部》引《帝王世紀》轉引《世本》，說涿鹿在彭城南，彭城是今江蘇的銅山縣（服虔謂涿鹿為漢之涿郡，即今河北涿縣。皇甫謐、張晏謂在上谷，則因漢上谷郡有涿鹿縣而云然，皆據後世的地名附會，不足信。漢涿鹿縣即今察哈爾涿鹿縣），《世本》是古書，是較可信據的，然則漢族是時的發展，仍和魯東南不遠了。黃帝之後是顓頊，顓頊之後是帝嚳，這是五帝說的舊次序。後人於其間增一少昊，這是要改五德終始之說相勝的次序爲相生，又要顧全漢朝是火德而云然，無足深論。但是有傳於後，而被後人認爲共主的部族，在古代總是較強大的，其事蹟仍舊值得考據，則無疑義。《史記·周本紀正義》引《帝王世紀》說：炎帝、黃帝、少昊都是都於曲阜的，而黃帝自窮桑登帝位，少昊氏邑於窮桑，顓頊則始都窮桑，後徙帝丘。他說「窮桑在魯北，或云窮桑即曲阜也」。《帝王世紀》，向來認爲不足信之書，但只是病其牽合附會，其中的材料，還是出於古書的，只要不輕信其結論，其材料仍可採用。《左氏》定公四年說伯禽封於少昊之墟，昭公二十年說：「少昊氏有四叔，世不失職，遂濟窮桑。」則窮桑近魯，少昊氏都於魯之說，都非無據。帝丘地在今河北濮陽縣，爲後來衛國的都城。顓頊徙帝丘之說，乃因《左氏》昭公十七年「衛顓頊之虛」而附會，然《左氏》此說，與「陳太昊之墟」，「宋大辰之虛」，

「鄭祝融之虛」並舉，大辰，無論如何，不能說爲人名或國名（近人或謂即《後漢書》朝鮮半島的辰國，證據未免太乏），則太昊、祝融、顓頊，亦係天神，顓頊徙都帝丘之說，根本不足信了。《史記·五帝本紀》說：「黃帝正妃嫘祖生二子，其後皆有天下。其一曰玄囂，是爲青陽，青陽降居江水」，此即後人指爲少昊的。「其二曰昌意，降居若水，生高陽。」高陽即帝顓頊。後人以今之金沙江釋此文的江水，鴉龍江釋此文的若水，此乃大誤。古代南方之水皆稱江。《史記·殷本紀》引《湯誥》，說「東爲江，北爲濟，西爲河，南爲淮，四瀆既修，萬民乃有居。」其所說的江，即明明不是長江（淮、泗、汝皆不入江，而《孟子·滕文公上篇》禹「決汝、漢，排淮泗，而注之江」，亦由於此）。《呂覽·古樂篇》說：「帝顓頊生自若水，實處空桑，乃登爲帝。」可見若水實與空桑相近。《山海經·海內經》說：「南海之內，黑水，青水之間，有木焉，名曰若木，若水出焉。」《說文》桑字作[illegible]，若水之若，實當作[illegible]，仍係桑字，特加口以象根形，後人認爲若字實誤。《楚辭》的若木，亦當作桑木，即神話中的扶桑，在日出之地（此據王筠說，見《說文釋例》）。然則顓頊、帝嚳，蹤跡仍在東方了。

繼顓頊之後的是堯，繼堯之後的是舜，繼舜之後的是禹。堯、舜、禹的相繼，據儒家的傳說，是純出於公心的，即所謂「禪讓」，亦謂之「官天下」。但《莊子·盜蹠篇》有堯殺長子之說，《呂覽·去私》、〈求人〉兩篇，都說堯有十子，而《孟子·萬章上篇》和《淮南子·泰族訓》，都說堯只有九子，很像堯的大子是被殺的（俞正燮即因此疑之，見所著《癸巳類稿·羄證》）。後來《竹書紀年》又有舜囚堯，並偃塞丹朱，使不與堯相見之說。劉知幾因之作《疑古篇》，把堯、舜、禹的相繼，看作和後世的篡奪一樣，其實都不是眞相。古代君位與王位不同，在第三章中，業經說過。堯、舜、禹的相繼，乃王位而非君位，這正和蒙古自成吉思汗以後的汗位一樣。成吉思汗以後的大汗，也還是出於公舉的（詳見第四十五章）。前一個王老了，要指定一人替代，正可見得此時各部族之間，已有較密切的關係，所以共主之位，不容空闕。自夏以後，變爲父子相傳，古人謂之「家天下」，又可見得被舉爲王的一個部族，漸次強盛，可以久居王位了。

堯、舜、禹之間，似乎還有一件大事，那便是漢族的開始西遷。古書中屢次說顓頊、帝嚳、堯、舜、禹和共工，三苗的爭鬥（《淮南子·天文訓》、〈兵略訓〉，都說共工與顓項爭，〈原道訓〉說共工與帝嚳爭。《周書·史記篇》說：共工亡於唐氏。《書經·堯典》說：舜流共工於幽州。《荀子·議兵篇》說：禹伐共工。《書經·堯典》又說：舜遷三苗於三危。〈甫刑〉說：「皇帝遏絕苗民，無世在下。」皇帝，《疏》引鄭注以為顓項，與《國語》、《楚語》相合。而《戰國策·魏策》、《墨子》的〈兼愛〉、〈非攻〉，《韓非子》的〈五蠹〉，亦均載禹征三苗之事）。共工、三苗都是姜姓之國，似乎姬、姜之爭，歷世不絕，而結果是姬姓勝利的。我的看法，卻不是如此。《國語·周語》說：「共工欲壅防百川，墮高堙卑，鯀稱遂共工之過，禹乃高高下下，疏川導滯。」似乎共工和鯀，治水都是失敗的，至禹乃一變其法。然《禮記·祭法篇》說「共工氏之霸九州也，其子曰後土，能平九州」，則共工氏治水之功，實與禹不相上下。後人說禹治水的功績，和唐、虞、夏間的疆域，大抵根據《書經》中的〈禹貢〉，其實此篇所載，必非禹時實事。《書經》的《皋陶謨》載禹自述治水之功道：「予決九川，距四海，濬畎澮距川。」九川特極言其多。四海的海字，乃晦暗之義。古代交通不便，又各部族之間，多互相敵視，本部族以外的情形，就茫昧不明，所以夷、蠻、戎、狄，謂之四海（見《爾雅·釋地》，中國西北兩面均無海，而古稱四海者以此）。州、洲本係一字，亦即今之島字，說已見第十四章。《說文》川部：「州，水中可居者。昔堯遭洪水，民居水中高土，故曰九州。」此係唐、虞、夏間九州的眞相，絕非如《禹貢》所述，跨今黃河、長江兩流域。同一時代的人，知識大抵相類，禹的治水，能否一變共工及鯀之法，實在是一個疑問。堙塞和疏導之法，在一個小區域之內，大約共工、鯀、禹，都不免要並用的。但區域既小，無論堙塞，即疏導，亦絕不能挽回水災的大勢，所以我疑心共工、鯀、禹，雖然相繼施功，實未能把水患解決，到禹的時代，漢族的一支，便開始西遷了。堯的都城，《漢書．地理志》說在晉陽，即今山西的太原縣。鄭玄《詩譜》說他後遷平陽，在今山西的臨汾縣。《帝王世紀》說舜都蒲阪，在今山西的永濟縣。又說禹都平陽，或於安邑，或於晉陽，安邑是今山西的夏縣，這都是因後來的都邑而附會。《太平御覽．州郡部》引《世本》說：堯之都後遷涿鹿；《孟子．離婁下篇》說：「舜生於諸馮，遷於負夏，卒於鳴條。」這都是較古之說。涿鹿在彭城說已見前。諸馮、負夏、鳴條皆難確考，然鳴條爲後來湯放桀之處，桀當時是自西向東走的，則鳴條亦必在東方。而《周書．度邑解》說：「自洛汭延於伊汭，居易無固，其有夏之居。」這雖不就是禹的都城，然自禹的兒子啓以後，就不聞有和共工、三苗爭鬥之事，則夏朝自禹以後，逐漸西遷，似無可疑。然則自黃帝至禹，對姜姓部族爭鬥的勝利，怕也只是姬姓部族自己誇張之辭，不過只有姬姓部族的傳說留遺下來，後人就認爲事實罷了。爲什麼只有姬姓部族的傳說留遺於後呢？其中仍有個關鍵，大約當時東方的水患是很烈的，而水利亦頗饒。因其水利頗饒，所以成爲漢族發祥之地。因其水患很烈，所以共工、鯀、禹相繼施功而無可如何。禹的西遷，大約是爲避水患的。當時西邊的地方，必較東邊爲瘠，所以非到水久治無功時，不肯遷徙。然既遷徙之後，因地瘠不能不多用人力，文明程度轉而因此進步，而留居故土的部族，反落其後了。這就是自夏以後，西方的歷史傳者較詳，而東方較爲茫昧之故。然則夏代的西遷，確是古史上的一個轉折，而夏朝亦確是古史上的一個界畫了。

第二十二章　夏殷西周的事蹟

夏代事蹟，有傳於後的，莫如太康失國少康中興一事。這件事，據《左氏》、《周書》、《墨子》、《楚辭》所載（《左傳》襄公四年、哀公元年，《周書・嘗麥解》，《墨子・非樂》，《楚辭・離騷》），大略是如此的。禹的兒子啓，荒於音樂和飲食。死後，他的兒子太康兄弟五人，起而作亂，是爲五觀。太康因此失國，人民和政權，都入於有窮後羿之手。太康傳弟仲康，仲康傳子相（夏朝此時失掉的是王位，並非君位，所以仍舊相傳）。羿因荒於遊畋，又爲其臣寒浞所殺。寒浞占據了羿的妻妾，生了兩個兒子：一個喚做澆，一個喚做豷。夏朝這時候，依靠他同姓之國斟灌和斟尋。寒浞使澆把他們都滅掉，又滅掉夏後相。使澆住在喚做過、豷住在喚做戈的地方。夏後相的皇后是仍國的女兒，相被滅時，正有身孕，逃歸母家，生了一個兒於，是爲少康，做了仍國的牧正。寒浞聽得他有才幹，使澆去尋找他。少康逃到虞國，虞國的國君，把兩個女兒嫁給他，又把喚做綸的地方封他。有一個喚做靡的，當羿死時，逃到有鬲氏，就從有鬲氏收合斟灌、斟尋的餘衆，把寒浞滅掉。少康滅掉了澆，少康的兒子杼又滅掉了澆，窮國就此滅亡。這件事，雖然帶些神話和傳說的性質，然其匡廓尚算明白，頗可據以推求夏代的情形。舊說的釋地，是全不足據的。《左氏》說「後羿自鉏遷於窮石」，又說羿「因夏民以代夏政」，則窮石即非夏朝的都城，亦必和夏朝的都城相近。《路史》說安豐有窮谷、窮水，就是窮國所在，其地在今安徽霍邱縣。《漢書・地理志》注引應劭說：有窮是偃姓之國，皋陶之後。據《史記・五帝本紀》，皋陶之後，都是封在安徽六安一帶的，過不可考。戈，據《左氏》，地在宋、鄭之間（見《左傳》哀公十二年）。《春秋》桓公五年，天王使仍叔之子來聘，仍，《穀梁》作任，地在今山東的濟寧縣。虞國當係虞舜之後，舊說在今河南的虞城縣。《周書》稱太康兄弟五人為「殷之五子」。又說：「皇天哀禹，賜以彭壽，思正夏略。」殷似即後來的亳殷，在今河南的偃師縣（即下文所引《春秋繁露》說湯作官邑於下洛之陽的。官宮兩字古通用，作官邑就是造房屋和城郭。商朝的都城所在，都稱為亳，此地大約本名殷，商朝所以又稱殷朝）。彭壽該是立國於彭城的。案《世本》說禹都陽城，地在今河南的登封縣，西遷未必能如此之速。綜觀自太康至少康之事，似乎夏朝的根據地，本在安徽西部，而逐漸遷徙到河南去，入於上章所引《周書》所說的「自洛汭延於伊汭」這一個區城的。都陽城該是夏朝後代的事，而不是禹時的事。從六安到霍邱，地勢比較高一些，從蘇北魯南避水患而遷於此，又因戰爭的激盪而西北走向河南，似乎於情事還合。

但在這時候，東方的勢力，亦還不弱，所以後來夏朝卒亡於商。商朝的始祖名契，封於商。鄭玄說地在大華之陽，即今陝西的商縣，未免太遠。《史記・殷本紀》說：「自契至於成湯八遷。」〈世本〉說契居蕃，契的兒子昭明居砥石，昭明的兒子相土居商丘，揚雄《兗州牧箴》說「成湯五徙，卒歸於亳」，合之恰得八數。蕃當即漢朝的蕃縣，為今山東的滕縣。商丘，當即後來宋國的都城，為今河南的商邱縣；五遷地難悉考。據《呂覽・慎大》、〈具備〉兩篇，則湯嘗居郼，郼即韋，為今河南的滑縣。《春秋繁露・三代改制質文篇》說「湯受命而王，作官邑於下洛之陽」，此當即亳殷之地。《詩・商頌》說：「韋，顧既伐，昆吾，夏桀。」顧在今山東的范縣。昆吾，據《左氏》昭公十二年《傳》楚靈王說「昔我皇祖伯父昆吾，舊許是宅」，該在今河南的許昌縣，而哀公十七年，又說衛國有昆吾之觀，衛國這時候，在今河北的濮陽縣，則昆吾似自河北遷於河南。《史記・殷本紀》說：「湯自把鉞以伐昆吾，遂伐桀。」「桀敗於有娀之虛，桀奔於鳴條。」《左氏》昭公四年「夏桀爲仍之會，有緡叛之」，《韓非子・十過篇》亦有這話，仍作娀，則有娀，即有仍。鳴條爲舜卒處，已見上章。合觀諸說，商朝似乎興於今魯、豫之間，湯先乎定了河南的北境，然後向南攻桀，桀敗後是反向東南逃走的。觀桀之不向西走而向東逃，可見此時伊、洛以西之地，還未開闢。

據《史記》的〈夏本紀〉、〈殷本紀〉，夏朝傳國共十七代，商朝則三十代。商朝的世數所以多於夏，大約是因其兼行兄終弟及之制而然。後來的魯國，自莊公以前，都是一生一及，吳國亦有兄終弟及之法，已見第二章，這亦足以證明商朝的起於東方。商朝的事蹟，較夏朝傳者略多。據《史記》：成湯以後，第四代大甲，第九代大戊，第十三代祖乙，第十九代盤庚，第二十二代武丁，都是賢君，而武丁之時，尤其強盛。商朝的都城，是屢次遷徙的。第十代仲丁遷於隞地，在今河南滎澤縣（隞，《書序》作囂，《書序》不一定可信，所以今從《史記》。隞的所在，亦有異說。但古書皆東周至漢的人所述，尤其大多數是漢朝人寫下來的，所以用的大抵多是當時的地名，所以古書的釋地，和東周、秦漢時地名相近的，必較可信。如隞即敖，今之滎澤縣，為秦漢間敖倉所在，以此釋仲丁所遷之隞，確實性就較大些。這是治古史的通例，不能一一具說，特於此發其凡）。第十二代河亶甲居相，在今河南內黃縣。第十三代祖乙遷於邢，在今河北邢臺縣，到盤庚才遷回成湯的舊居亳殷。第二十七代武乙，復去亳居河北。今河南安陽縣北的小屯村，即發現龜甲獸骨之處，據史學家所考證，其地即《史記・項羽本紀》所謂殷墟，不知是否武乙時所都。至其第三十代即最後一個君主紂，則居於朝歌，在今河南淇縣。綜觀商朝歷代的都邑，都在今河南省裡的黃河兩岸，還是湯居亳，營下洛之陽的舊觀。周朝的勢力，卻更深入西北部了。

周朝的始祖名棄，是舜之時居稷官的，封於邰。歷若干代，至不窋，失官，奔於戎狄之間。再傳至公劉，居邠，仍從事於農業。又十傳至古公亶父，復爲狄所逼，徙岐山下。邰，舊說是今陝西的武功縣，邠是今陝西的邠縣，岐是今陝西的岐山縣。近人錢穆說，《左氏》昭公元年說金天氏之裔子臺駘封於汾川，《周書．度邑篇》說武王升汾之阜以望商邑，汾即邠，邰則因臺駘之封而得名，都在今山西境內。亶父逾梁山而至岐，梁山在今陝西韓城縣，岐山亦當距梁山不遠（見所著《周初地理考》）。據他這說法，則後來文王居豐，武王居鎬，在今陝西鄠縣界內的，不是東下，乃是西上了。河、汾下流和渭水流域，地味最爲肥沃，周朝是農業部族，自此向西拓展，和事勢是很合的。古公亶父亦稱太王，周至其時始強盛。傳幼子季曆以及文王，《論語》說他「三分天下有其二」（見〈泰伯下篇〉）。文王之子武王，遂滅紂。文王時曾打破耆國，而殷人振恐，武王則渡孟津而與紂戰，耆國，在今山西的黎城縣，自此向朝歌，乃今出天井關南下的隘道，孟津在今河南孟縣南，武王大約是出今潼關到此的，這又可以看出周初自西向東發展的方向。然武王雖勝紂，並未能把商朝滅掉，仍以紂地封其子武庚，而使其弟管叔、蔡叔監之。武王崩，子成王幼，武王弟周公攝政，管蔡和武庚都叛。據《周書．作雒解》，是時叛者，又有徐、奄及熊、盈。徐即後來的徐國，地在泗水流域，奄即後來的魯國，熊爲楚國的氏族，盈即嬴，乃秦國的姓。可見東方諸侯，此時皆服商而不服周。然周朝此時頗有新興之氣，周公自己東征，平定了武庚和管叔、蔡叔，滅掉奄國。又使其子伯禽平定了淮夷、徐戎。於是封周公於魯，使伯禽就國，又封大公望於齊，又經營今洛陽之地爲東都，東方的舊勢力，就給西方的新勢力壓服了。周公平定東方之後，據說就制禮作樂，攝政共七年，而歸政於成王。周公死後，據說又有所謂「雷風之變」。這件事情，見於《書經》的〈金縢篇〉。據舊說：武王病時，周公曾請以身代，把祝策藏在金縢之匱中。周公死，成玉葬以人臣之禮。天大雷雨，又颼起大風，田禾都倒了，大木也拔了出來。成王大懼，開金縢之匱，才知道周公請代武王之事，乃改用王禮葬周公，這一場災異，才告平息。據鄭玄的說法，則武王死後三年，成王服滿了，才稱自己年紀小，求周公攝政。攝政之後，管叔、蔡叔散布謠言，說周公要不利於成王，周公乃避居東都，成王盡執周公的屬黨，遇見了雷風之變，才把周公請回來，周公乃重行攝政。此說頗不合情理，然亦不會全屬子虛。《左氏》昭公七年，昭公要到楚國去，夢見襄公和他送行。子服惠伯說：「先君未嘗適楚，故周公祖以道之，襄公適楚矣，而祖以道君。」據此，周公曾到過楚國，而《史記．蒙恬列傳》，亦有周公奔楚之說，我頗疑心周公奔楚及其屬黨被執，乃是歸政後之事。後來不知如何，又回到周朝。周公是否是善終，亦頗有可疑，殺害了一個人，因迷信的關係，又去求媚於其鬼魂，這是野蠻時代常有的事，不足爲怪。如此，則兩說可通爲一。楚國封於丹陽，其地實在丹、淅兩水的會口（宋翔鳳說，見《過庭錄．楚鬻熊居丹陽武王徙郢考》），正當自武關東南出之路，據周公奔楚一事，我們又可見得周初發展的一條路線了。

成王和他的兒子康王之時，稱爲西周的盛世。康王的兒子昭王，「南巡守不返，卒於江上。」（《史記．周本紀》文）。這一個江字，也是南方之水的通稱。其實昭王是伐楚而敗，淹死在漢水裡的，所以後來齊桓公伐楚，還把這件事情去詰問楚國（見《左傳》僖公四年）。周朝對外的威力，開始受挫了。昭王子穆王，西征犬戎。其時徐偃王強，《後漢書．東夷傳》謂其「率九夷以伐宗周，西至河上」。《後漢書》此語，未知何據（《博物志》亦載徐偃王之事，但《後漢書》所據，並不就是《博物志》，該是同據某一種古說的）。

《禮記．檀弓下篇》載徐國容居的話，說「昔我先君駒王，西討濟於河」。駒王疑即偃王，則《後漢書》之說亦非全屬子虛，被壓服的東方，又想恢復其舊勢了。然穆王使楚伐徐，偃王走死，則仍爲西方所壓服。穆王是周朝的雄主，在位頗久，當其時，周朝的聲勢，是頗振起的，穆王死後，就無此盛況了。穆王五傳至厲王，因暴虐，爲國人所逐，居外十四年。周朝的卿士周公、召公當國行政，謂之共和。厲王死於外，才立其子宣王。宣王號稱中興，然其在位之三十九年，與姜氏之戎戰於千畝，爲其所敗。千畝在今山西的介休縣，則周朝對於隔河的地方，業經控制不住，西方戎狄的勢力，也漸次抬頭了。至於幽王，遂爲犬戎和南陽地方的申國所滅。幽王滅亡的事情，《史記》所載的，恢詭有類平話，絕不是眞相。《左氏》昭公二十六年，載周朝的王子朝告諸侯的話，說這時候「攜王干命，諸侯替之，而建王嗣，用遷郟鄏」（即東都之地，見《左傳．宣公三年》）。則幽王死後，西畿之地，還有一個攜王。周朝當時，似乎是有內憂兼有外患的。攜王爲諸侯所廢，周朝對於西畿之地，就不能控制了，而且介休敗了；出武關向丹、淅的路，又已不通，只有對於東畿，還保存著相當的勢力。平王於是遷居洛陽，號稱東周，其事在公元前七七〇年。

第二十三章
春秋戰國的競爭和秦國的統一

文化是從一個中心點，逐漸向各方面發展的。西周以前所傳的，只有後世認爲共主之國一個國家的歷史，其餘各方面的情形，都很茫昧。固然，書闕有間，不能因我們之無所見而斷言其無有，然果有文化十分發達的地方，其事實也絕不會全然失傳的，於此，就可見得當時的文明，還是限於一個小區域之內了。東周以後則不然，斯時所傳者，以各強國和文化較發達的地方的事蹟爲多，所謂天子之國，轉若在無足重輕之列。原來古代所謂中原之地，不過自泰岱以西，華嶽以東，大行以南，淮、漢以北，爲今河南、山東的大部分，河北、山西的小部分。渭水流域的開發，怕還是西周興起以來數百年間之事。到春秋時代，情形就大不然了。當時號稱大國的，有晉、楚、齊、秦，其興起較晚的，則有吳、越，乃在今山西的西南境，山東的東北境，陝西的中部，甘肅的東部，及江蘇、浙江、安徽之境。在向來所稱爲中原之地的魯、衛、宋、鄭、陳、蔡、曹、許等，反夷爲二三等國了。這實在是一個驚人的文化擴張，其原因何在呢？居於邊地之國，因爲和異族接近，以競爭磨礪而強，而其疆域亦易於拓展，該是其中最主要的。

「周之東遷，晉、鄭焉依。」（見《左傳》隱公六年）。即此便可見得當時王室的衰弱。古代大國的疆域，大約方百里，至春秋時則夷爲三等國，其次等國大約方五百里，一等國則必方千里以上，已見第三章。當西周之世，合東西兩畿之地，僅足當春秋時的一個大國而有餘，東遷以後，西畿既不能恢復，東畿地方，又頗受列國的剝削，周朝自然要夷於魯、衛了。古語說「天無二日，民無二王」，這只是當時的一個希望。事實上，所謂王者，亦不過限於一區域之內，並不是普天之下，都服從他的。當春秋時，大約吳、楚等國稱雄的區域，原不在周朝所管轄的範圍內，所以各自稱王。周天子所管轄的區域，因強國不止一個，沒有一國能盡數攝服各國，所以不敢稱王，只得以諸侯之長，即所謂霸主自居，這話在第三章中，亦已說過。所以春秋時代，大局的變遷，繫於幾個霸國手裡。春秋之世，首起而稱霸的是齊桓公。當時異民族雜居中國的頗多，也有相當強盛的，同族中的小國，頗受其壓迫。（一）本來古代列國之間，多有同姓或婚姻的關係。（二）其不然的，則大國受了小國的朝貢，亦有加以保護的義務。（三）到這時候，文化相同之國，被文化不同之國所壓迫，而互相救援，那更有些甫在萌芽的微茫的民族主義在內了。所以攘夷狄一舉，頗爲當時之人所稱道。在這一點上，齊桓公的功績是頗大的。他曾卻狄以存邢、衛，又嘗伐山戎以救燕（這個燕該是南燕，在今河南的封邱縣。《史記》說它就是戰國時的北燕，在今河北薊縣，怕是弄錯了的，因為春秋時單稱為燕的，都是南燕。即北燕的初封，我疑其亦距封邱不遠，後來才遷徙到今薊縣，但其事無可考）。而他對於列國，征伐所至亦頗廣。曾南伐楚，西向干涉晉國內亂，晚年又曾經略東夷。古人說「五霸桓公爲盛」，信非虛語了。齊桓公的在位，係自前六八五至六四三年。

桓公死後，齊國內亂，霸業遽衰，宋襄公欲繼之稱霸。然宋國較小，實力不足，前六三八年，爲楚人所敗，襄公受傷而死，北方遂無霸主。前六三二年，晉文公敗楚於城濮（今山東濮縣），楚國的聲勢才一挫。此時的秦國，亦已盡取西周舊地，東境至河，爲西方一強國，然尚未能干涉中原之事。秦穆公初和晉國競爭不勝，前六二四年，打敗了晉國的兵，亦僅稱霸於西戎。中原之地，遂成爲晉、楚爭霸之局。前五九七年，楚莊王敗晉於邲（今河南鄭縣）稱霸，前五九一年卒。此時齊頃公亦圖與晉爭霸，前五八九年，爲晉所敗。前五七五年，晉厲公又敗楚於鄢陵（今河南鄢縣）。然楚仍與晉兵爭不息。至前五六一年，楚國放棄爭鄭，晉悼公才稱復霸。前五四六年，宋大夫向戍，善於晉、楚的執政，出而合二國之成，爲弭兵之會，晉、楚的兵爭，至此才告休息。自城濮之戰至此，凡八十七年。弭兵盟後，楚靈王強盛，北方諸侯多奔走往與其朝會。然靈王奢侈而好兵爭，不顧民力，旋因內亂被弒。此時吳國日漸強盛，而楚國政治腐敗，前五〇六年，楚國的都城，爲吳闔閭所破，楚昭王藉秦援，僅得復國，楚國一時陷於不振，然越國亦漸強，起而乘吳之後。前四九六年，闔閭伐越，受傷而死。前四九四年，闔閭子夫差破越。夫差自此驕侈，北伐齊、魯，與晉爭長於黃池（今河南封邱縣）。前四七三年，越句踐滅吳，越遂徙都琅邪，與齊，晉會於徐州（今山東諸城縣），稱爲霸王。然根基因此不固，至前三三三年而爲楚所滅。

此時已入於戰國之世了（春秋時代，始於周平王四十九年，即魯隱公元年，為公元前七二二年，終於前四八一年，共二百四十二年。其明年為戰國之始，算至前二二二年秦滅六國的前一年為止，共二百五十九年）。春秋之世，諸侯只想爭霸，即爭得二三等國的服從，一等國之間，直接的兵爭較少，有之亦不過疆埸細故，不甚劇烈。至戰國時，則（一）北方諸侯，亦不復將周天子放在眼裡，而先後稱王。（二）二三等國，已全然無足重輕，日益削弱，而終至於夷滅，諸一等國間，遂無復緩衝之國。（三）而其土地又日廣，人民又日多，兵甲亦益盛，戰爭遂更烈。始而要淩駕於諸王之上而稱帝，再進一步，就要徑圖併吞、實現統一的欲望了。春秋時的一等國，有發展過速，而其內部的組織，還不甚完密的，至戰國時，則臣強於君的，如齊國的田氏，竟廢其君而代之，勢成分裂的，如晉之趙、韓、魏三家，則索性分晉而獨立。看似力分而弱，實則其力量反更充實了。邊方諸國，發展的趨勢，依舊進行不已，其成功較晚的爲北燕。天下遂分爲燕、齊、趙、韓、魏、秦、楚七國。六國都爲秦所併，讀史的人，往往以爲一入戰國，而秦即最強，這是錯誤了的。秦國之強，起於獻公而成於孝公，獻公之立，在公元前三八五年，是入戰國後的九十九年，孝公之立，在公元前三六一年，是入戰國後的一百二十年了。先是魏文侯任用吳起等賢臣，侵奪秦國河西之地。後來楚悼王用吳起，南平百越，北併陳、蔡，卻三晉，西伐秦，亦稱雄於一時。楚悼王死於公元前三八一年，恰是入戰國後的一百年，於是楚衰而魏惠王起，曾攻拔趙國的邯鄲（今河北邯鄲縣）。後又伐趙，爲齊救兵所敗，秦人乘機恢復河西，魏遂棄安邑，徙都大樑（今河南開封縣）。秦人渡蒲津東出的路，就開通了。然前三四二年，魏爲逢澤之會（在開封），《戰國策．秦策》稱其「乘夏車，稱夏王（此「夏」字該是「大」字的意思），朝天子，天下皆從」，則仍處於霸主的地位。其明年，又爲齊所敗。於是魏衰而齊代起，宣王、湣王兩代，儼然稱霸東方，而湣王之時爲尤盛。相傳蘇秦約六國，合縱以擯秦，即在湣王之時。戰國七雄，韓、魏地都較小，又逼近秦，故其勢遂緊急，燕、趙則較偏僻，國勢最盛的，自然是齊、秦、楚三國。楚襲春秋以來的聲勢，其地位又處於中部，似乎聲光更在齊、秦之上，所以此時，齊、秦二國似乎是合力以謀楚的。《戰國策》說張儀替秦國去騙楚懷王：肯絕齊，則送他商於的地方六百里（即今商縣之地）。楚懷王聽了他，張儀卻悔約，說所送的地方只有六里。懷王大怒，興兵伐秦。兩次大敗，失去漢中。後來秦國又去誘他講和，前二九九年，懷王去和秦昭王相會，遂爲秦人所誘執。這種類乎平話的傳說，是全不足信的，事實上，該是齊、秦合力以謀楚。然而楚懷王入秦的明年，齊人即合韓、魏以伐秦，敗其兵於函谷（在今河南靈寶縣西南，此為自河南入陝西的隘道的東口，今之潼關為其西口）；前二九六年，懷王死於秦，齊又合諸侯以攻秦；則齊湣王似是合秦以謀楚，又以此爲秦國之罪而伐之的，其手段亦可謂狡黠了。先是前三一四年，齊國乘燕內亂攻破燕國。宋王偃稱強東方，前二八六年，又爲齊、楚、魏所滅。此舉名爲三國瓜分，實亦是以齊爲主的，地亦多入於齊。齊湣王至此時，可謂臻於極盛。然過剛者必折，前二八四年，燕昭王遂合諸侯，用樂毅爲將，攻破齊國，湣王走死，齊僅存聊、莒、即墨三城（聊，今山東聊城縣。莒，今山東莒縣。即墨，今山東平度縣）。後來雖藉田單之力，得以復國，然已失其稱霸東方的資格了。東方諸國中，趙武靈王頗有才略。他不與中原諸國爭衡，而專心向邊地開拓。先滅中山（今河北定縣），又向今大同一帶發展，意欲自此經河套之地去襲秦。前二九五年，又因內亂而死，七國遂唯秦獨強，秦人遂對諸侯施其猛烈的攻擊。前二七九年，秦自起伐楚，取鄢、鄧、西陵。明年，遂破楚都郢，楚東北徙都陳，後又遷居壽春（鄢，即鄢陵。鄧，今河南鄧縣。西陵，今湖北宜昌縣。郢，今湖北江陵縣西北。吳闔廬所入之郢，尚不在江陵，但其他不可考，至此時之郢，則必在江陵，今人錢穆、童書業説皆如此）。直逃到今安徽境內了。對於韓、魏，亦時加攻擊。前二六〇年，秦兵伐韓，取野王，上黨路絕，降趙，秦大敗趙兵於長平，坑降卒四十萬（野王，今河南沁陽縣。上黨，今山西晉城縣。長平，今山西長平縣），遂取上黨，北定太原。進圍邯鄲，爲魏公子無忌合諸國之兵所敗。前二五六年，周朝的末主赧王爲秦所滅。前二四九年，又滅其所分封的東周君。前二四六年，秦始皇立。《史記·秦本紀》說，這時候，呂不韋爲相國，招致賓客遊士，欲以併天下。大概併吞之計，和呂不韋是很有關係的。後來呂不韋雖廢死於蜀，然秦人仍守其政策不變。前二三〇年，滅韓。前二二八年，滅趙。燕太子丹使荊軻刺秦王，不中，秦大發兵以攻燕。前二二六年，燕王喜奔遼東。前二二五年，秦人滅魏。前二二三年，滅楚。前二二二年，發兵攻遼東，滅燕。前二二一年，即以滅燕之兵南滅齊，而天下遂統一。

秦朝的統一，絕不全是兵力的關係。我們須注意：此時交通的便利，列國內部的發達，小國的被夷滅，郡縣的漸次設立，在政治上、經濟上、文化上，本有趨於統一之勢，而秦人特收其成功。秦人所以能收成功之利，則（一）它地處西垂，開化較晚，風氣較爲誠樸。（二）三晉地狹人稠，秦地廣人稀，秦人因招致三晉之民，使之任耕，而使自己之民任戰。（三）又能奉行法家的政策，裁抑貴族的勢力，使能盡力於農戰的人民，有一個邀賞的機會，該是其最重要的原因。

第二十四章　古代對於異族的同化

中國民族，以同化力的偉大聞於天下，究竟我們對於異族的同化，是怎樣一回事呢？說到這一點，就不能不著眼於中國的地理。亞洲的東部，在世界上，是自成其爲一個文化區域的。這一個區域，以黃河、長江兩流域爲其文化的中心。其北爲蒙古高原，便於遊牧民族的住居。其南的粵江、閩江兩流域，則地勢崎嶇，氣候炎熱，開化雖甚早，進步卻較遲。黃河、長江兩流域，也不是沒有山地的，但其下流，則包括淮水流域（以古地理言之，則江、河之間，包括淮、濟二水。今黃河下流，為古濟水入海之道，黃河則在今天津入海），擴展爲一大平原，地味腴沃，氣候適宜，這便是中國民族的文化最初函毓之處。漢族，很早的就是個農耕民族，慣居於平地。其所遇見的民族，就其所居之地言之，可以分爲兩種：一種是住在山地的，古代稱爲「山戎」，多數似亦以農爲業，但其農業不及中國的進步；一種是住在平地，大約是廣大的草原上，而以畜牧爲業的，古人稱爲「騎寇」。春秋以前，我族所遇的，以山戎爲多，戰國以後，才開始和騎寇接觸。

夷、蠻、戎、狄，是按著方位分別之辭，並不能代表民族，但亦可見得一個大概。在古代，和中國民族爭鬥較烈的，似乎是戎狄。據《史記．五帝本紀》，黃帝就北逐獯粥，未知確否（如《史記》此說是正確的，則當時的獯粥，絕不在後來的獯粥所在之地）。到周朝初年，則和所謂獯粥或稱爲獫狁，犬戎或稱爲昆夷、串夷的，爭鬥甚烈（獫狁亦作玁狁，犬戎亦作畎戎，戎又作夷。此犬或畎字乃譯音，非賤視詆毀之辭，昆夷亦作混夷、緄夷，夷亦可作戎，和串夷亦都是犬字的異譯，說見《詩經・皇矣》《正義》），而後來周朝卒亡於犬戎。犬戎在今陝西的中部，甘肅的東部，涇、渭二水流域間，東周以後，大約逐漸爲秦人所征服。在其東方的，《春秋》所載，初但稱狄，後分爲赤狄、白狄。白狄在今陝西境內，向東蔓延到中山。赤狄在今山西、河北境內，大部爲晉所併（據《左傳》和杜預《注》，赤狄種類凡六：曰東山皋落氏，在今山西昔陽縣。曰廧咎如，在今山西樂平縣。曰潞氏，在今山西潞城縣。曰甲氏，在今河北雞澤縣。曰留籲，在今山西屯留縣。曰鐸辰，在今山西長治縣。白狄種類凡三：曰鮮虞，即戰國時的中山。曰肥，在今河北槁城縣。曰鼓，在今河北晉縣。又晉國呂相絕秦，說「白狄及君同州」，則白狄亦有在陝西的）。在周朝的西面的，主要的是後世的氐、羌。氐人在今嘉陵江流域，即古所謂巴。羌人，漢時在今黃河，大通河流域（大通河，古湟水）。據《後漢書》所載，其初本在黃河之東，後來爲秦人所攘斥，才逃到黃河以西去的。據《書經・牧誓》，羌人曾從武王伐紂。又《尚書大傳》說：武王伐紂的兵，前歌後舞，《後漢書》說這就是漢時所謂巴氐的兵。這話大約是對的，因爲漢世還有一種出於巴氐的巴渝舞，有事實爲證。然則這兩族，其初必不在今四川、甘肅境內，大約因漢族的開拓，而向西南方走去的。和巴連稱的蜀，則和後世的賨字是一音之轉，亦即近世之所謂暹。據〈牧誓〉，亦曾從武王伐紂。戰國時，還在今漢中之境，南跨成都。後因和巴人相攻，爲秦國所併。

在東北方的民族，古稱爲貉。此族在後世，蔓衍於今朝鮮半島之地，其文明程度是很高的，但《詩經》已說王錫韓侯，其追其貉（《韓奕》，追不可考）。《周官》亦有貉隸，可見此族本在中國，箕子所封的朝鮮，絕不在今朝鮮半島境內，怕還在山海關以內呢！在後世，東北之族，還有肅愼，即今滿洲人的祖宗。《左氏》昭公九年，周朝人對晉國人說，「自武王克商以來，肅愼、燕、亳，吾北土也。」此燕當即南燕，亳疑即湯所居之鄗，則肅愼亦在中國，後乃隨中國的拓展而東北徙。《國語・晉語》說：成王會諸侯於岐陽，楚與鮮卑守燎，則鮮卑本是南族，後來不知如何，也遷向東北了。據《後漢書》說：鮮卑和烏丸，都是東胡之後。此兩族風俗極相像，其本係一個部落，毫無可疑。東胡的風俗，雖少可考，然漢代歷史，傳者已較詳，漢人說他是烏丸、鮮卑所自出，其說該不至誤。南族斷髮，鮮卑婚姻時尙先髡頭，即其原出南族之證，然則東胡也是從中國遷徙出去的了。

在南方的有黎族，此即後世所謂俚。古稱三苗爲九黎之君，三苗係姜姓之國，九黎則係黎民（見《禮記・緇衣》《疏》引《書經・呂刑》鄭注）。此即漢時之長沙武陵蠻，爲南蠻的正宗。近世所云苗族，乃蠻字的轉音，和古代的三苗之國無涉，有人將二者牽合爲一，就錯了。《史記》說三苗在江、淮、荊州（《史記・五帝本紀》），《戰國策・魏策》，吳起說三苗之國，在洞庭、彭蠡之間（《史記・吳起列傳》同，又見《韓詩外傳》），則古代長江流域之地，主要的是爲黎族所占據，楚國達到長江流域後，所開闢的，大約是這一族的居地。在沿海一帶的，古稱爲越，亦作粵。此即現在的馬來人，分布在亞洲大陸的沿岸和南洋群島，地理學上稱爲亞洲大陸的眞沿邊的。此族有斷髮紋身和食人兩種風俗，在後世猶然，古代沿海一帶，亦到處有這風俗，可知其爲同族。吳、越的初期，都是和此族雜居的。即淮水流域的淮夷、徐戎、山東半島的萊夷，亦必和此族相雜（《禮記・王制》說：「東方曰夷，被髮紋身」，此被字為髮字之假借字，即斷髮，可見蠻夷之俗相同。《左傳》僖公十九年，「宋公使邾文公用鄫子於次睢之社，欲以屬東夷」，可見東夷亦有食人之俗。《續漢書・郡國志》：「臨沂有叢亭。」注引《博物志》曰：「縣東界次睢，有大叢社，民謂之食人社，即次睢之社。」臨沂今山東臨沂縣）。隨著吳、越等國的進步，此族亦漸進於文明了。西南的大族爲濮，此即現在的倮儸。其居地，本在今河南、湖北兩省間（《國語・鄭語》韋注：濮為南陽之國）。楚國從河南的西南部，發展向今湖北省的西部，所開闢的，大約是此族的居地。此族又從今湖北的西南境，向貴州、雲南分布。戰國時，楚國的莊蹻，循牂牁江而上，直達滇國（今雲南昆明縣）。所經的，也是這一族之地。莊蹻到滇國之後，楚國的巴（黔中郡，巴郡，今四川江北縣。黔中郡，今湖南沅陵縣），爲秦國所奪，莊蹻不能來，就在滇國做了一個王。其地雖未正式收入中國的版圖，亦已戴漢人爲君了。和現在西南土司，以漢人爲酋長的一樣了。

《禮記・王制》說：古代的疆域，「北不盡恆山」，此所謂恆山，當在今河北正定縣附近，即漢朝恆山郡之地（後避文帝諱改常山）。自此以南的平地，爲漢族所居，這一帶山地，則山戎所處，必得把他開拓了，才會和北方騎寇相接，所以漢族和騎寇的接觸，必在太原、中山和戰國時北燕之地開闢以後。做這件事業的，就是燕、趙兩國。趙武靈王開闢雲中、雁門、代郡，燕國則開闢上谷、漁陽、右北平、遼西、遼東五郡（雲中，今山西大同縣。雁門，今山西右玉縣。代郡，今山西代縣。上谷，今察哈爾懷來縣。漁陽，今河北密雲縣。右北平，今河北盧龍縣。遼西，今河北撫寧縣。遼東，今遼寧遼陽縣），把現在熱、察、綏、遼寧四省，一舉而收入版圖。

綜觀以上所述，漢族恃其文化之高，把附近的民族，逐漸同化，而漢族的疆域，亦即隨之拓展。和漢族接近的民族，當漢族開拓時，自然也有散向四方，即漢族的版圖以外去的，然亦多少帶了些中原的文化以俱去，這又是中國的文化擴展的路徑，這便是在古代中國同化異民族的眞相。

第二十五章　古代社會的綜述

周和秦，是從前讀史的人看作古今的界線的。我們任意翻閱舊書，總可見到「三代以上」，「秦、漢以下」等辭句。前人的見解，固然不甚確實，也不會全屬虛誣，而且既有這個見解，也總有一個來歷。然則所謂三代以上，到底是怎樣一個世界呢？

人，總是要維持其生命的；不但要維持生命，還要追求幸福，以擴大其生命的意義，這是人類的本性如此，無可懷疑。人類在生物史上，其互相團結，以謀生存，已不知其若干年了。所以其相親相愛，看得他人的苦樂，和自己的苦樂一般；喜歡受到同類的嘉獎，而不願意受到其批評；到人己利害不相容時，寧可犧牲自己，以保全他人；即古人之所謂仁心者，和其愛自己的心，一樣的深刻。專指七尺之軀爲我，或者專指一個極小的團體爲我，實在是沒有這回事的。人類爲要維持生命，追求幸福，必得和自然鬥爭。和自然鬥爭，一個人的力量，自然是不夠的，於是乎要合力；合力之道，必須分工，這都是自然的趨勢。分工合力，自然是範圍愈大，利益愈多，所以團體的範圍，總是在日擴而大。但是人類的能力是有限的，在進行中，卻不能不形成敵對的狀態，這是爲什麼呢？皇古之世，因環境的限制，把人類分做許多小團體。在一個團體之中，個個人的利害，都是相同的，在團體以外卻不然；又因物質的欲求，不能夠都給足；團體和團體間就開始有爭鬥，有爭鬥就有勝敗，有勝敗就有征服者和被征服者之分。「人不可以害人的，害人的必自害。」這句話，看似迂腐，其實卻是眞理。你把迷信者流因果報應之說去解釋這句話，自然是誣罔的，若肯博觀事實，而平心推求其因果，那正見得其絲毫不爽。對內競爭和對外競爭，雖競爭的對象不同，其爲競爭則一。既然把對物的爭鬥，移而用之於對人，自可將對外的爭鬥，移而用之於對內。一個團體之中，有征服者和被征服者之分，不必說了。即使無之，而當其爭鬥之時，基於分工的關係，自然有一部分人，專以戰爭爲事，這一部分人，自將處於特殊的地位。前此團體之中，個個人利害相同的，至此則形成對立。前此公衆的事情，是由公衆決定的，至此，則當權的一個人或少數人，漸漸不容公衆過問，漸漸要做違背公衆利益的措置，公衆自然不服，乃不得不用強力鎭壓，或者用手段對付。於是團體之中有了階級，而形成現代的所謂國家。以上所述，是從政治上立論的。其變遷的根源，實由於團體和團體的互相爭鬥，而團體和團體的互相爭鬥，則由於有些團體迫於環境，以掠奪爲生產的手段。所以其眞正的根源，還是在於經濟上。經濟的根柢是生產方法，在古代，主要的生業是農業，農業的生產方法，是由粗而趨於精，亦即由合而趨於分的，於是形成了井田制度，因而固定了五口、八口的小家族，使一個團體之中，再分爲無數利害對立的小團體。從前在一個團體之內，利害即不再對立的氏族制度，因此而趨於崩潰了。氏族既已崩潰，則專門從事於製造，而以服務性質，無條件供給大衆使用的工業制度，亦隨之而崩潰。人，本來是非分工合力不能生存的，至此時，因生活程度的增高，其不能不互相倚賴愈甚，分配之法既廢，交易之法乃起而代之，本行於團體與團體之間的商業，乃一變而行於團體之內人與人之間，使人人的利害，都處於對立的地位，於是乎人心大變。在從前，團體與團體之間，是互相嫉視的，在一個團體之內，是互視爲一體的。至此時，團體之內，其互相嫉視日深。在團體與團體之間，卻因生活的互相倚賴而往來日密，其互相了解的程度，即隨之而日深，同情心亦即隨之而擴大。又因其彼此互相仿效，以及受了外部的影響，而內部的組織，不得不隨之而起變化，各地方的風俗亦日趨於統一。民族的同化作用，即緣此而進行。政治上的統一，不過是順著這種趨勢推進。再澈底些說，政治上的統一，只是在當時情況之下，完成統一的一個方法。並不是政治的本身，眞有多大的力量。隨著世運的進展，井田制度破壞了。連公用的山澤，亦爲私人所占。工商業愈活躍，其剝削消費者愈深。在上的君主和貴族，亦困其日趨於腐敗、奢侈，而其剝削人民愈甚。習久於戰爭就養成一種特別階級，視戰鬥爲壯快、征服爲榮譽的心理，認爲與其出汗，毋寧出血，此即孔子和其餘的先秦諸子所身逢的亂世。追想前一個時期，列國之間，戰爭還不十分劇烈。一國之內，雖然已有階級的對立，然前此利害共同時的舊組織，還有存留，而未至於破壞淨盡。秩序還不算十分惡劣，人生其間的，也還不至於十分痛苦，好像帶病延年的人，雖不能算健康，還可算一個准健康體，此即孔子所謂小康。再前一個時期，內部毫無矛盾，對外毫無競爭，則即所謂大同了。在大同之世，物質上的享受，或者遠不如後來，然而人類最親切的苦樂，其實不在於物質，而在於人與人間的關係，所以大同時代的境界，永存於人類記憶之中。不但孔子，即先秦諸子，亦無不如此（道家無論已，即最切實際的法家亦然。如《管子》亦將皇、帝、王、霸分別治法的高下；《史記・商君列傳》亦載商君初說秦孝公以帝王之道，秦孝公不能用，乃說之以富國強兵之術都是）。這不是少數人的理想高尚，乃是受了大多數人的暗示而然的。人類生當此際，實應把其所以致此之由，澈底的加以檢討，明白其所以然之故，然後將現社會的組織，摧毀之而加以改造。這亦非古人所沒有想到，先秦諸子，如儒、墨、道、法諸家，就同抱著這個志願的，但其所主張的改革的方法，都不甚適合。道家空存想望，並沒有具體實行的方案的，不必說了。墨家不講平均分配，而專講節制消費，也是不能行的。儒家希望恢復井田，法家希望制止大工商業的跋扈；把大事業收歸官營；救濟事業亦由國家辦理，以制止富豪的重利盤剝，進步些了。然單講平均地權，本不能解決社會的經濟問題，兼講節制資本，又苦於沒有推行的機關。在政治上，因爲民主政治廢墜的久了，諸家雖都以民爲重，卻想不出一個使人民參與政治的辦法，而只希望在上者用溫情主義來撫恤人民，尊重輿論，用督責手段，以制止臣下的虐民。在國與國之間，儒家則希望有一個明王出來，能夠處理列國間的紛爭，而監督其內政；法家因爲興起較後，漸抱統一的思想，然秦朝的統一和貴族的被裁抑，都只是事勢的遷流，並不能實行法家的理想，所以要自此再進一步，就沒有辦法了。在倫理上，諸家所希望的，同是使下級服從上級，臣民該服從君主，兒子要服從父親，婦女要服從男子，少年該服從老人。他們以爲上級和下級的人，各安其分，各盡其職，則天下自然太平，而不知道上級的人受不到制裁，絕不會安其分而盡其職。總而言之，小康之世，所以向亂世發展，是有其深刻的原因的。世運只能向前進，要想改革，只能順其前進的趨勢而加以指導。先秦諸子中，只有法家最看得出社會前進的趨勢，然其指導亦未能全然得法。他家則都是想把世運逆挽之，使其回到小康以前的時代的，所以都不能行。

雖然如此，人類生來是避苦求樂的，身受的苦痛，是不能使人不感覺的，既然感覺了，自然要求擺脫。求擺脫，總得有個辦法，而人類憑空是想不出辦法來的。世運只有日新，今天之後，只會有明天，而人所知道的，最新亦只是今日以前之事，於是乎想出來的辦法，總不免失之於舊，這個在今日尚然，何況古代？最好的時代是過去了，但永存於人類想望記憶之中。雖回憶之，而並不知其眞相如何，乃各以其所謂最好者當之。合衆人的所謂最好者，而調和折衷，造成一個大略爲衆所共認的偶像，此即昔人所謂三代以前的世界。這個三代以前的世界，其不合實際，自然是無待於言的。這似乎只是一個歷史上的誤解，無甚關係，然奉此開倒車的辦法爲偶像而思實踐之，就不但不能達到希望，而且還要引起糾紛。

第二十六章　秦朝治天下的政策

秦始皇盡滅六國，事在公元前二二一年，自此至公元一八九年，董卓行廢立，東方州郡，起兵討卓，海內擾亂分裂，共四百年，稱爲中國的盛世。在這一時期之中，中國的歷史，情形是怎樣呢？「英雄造時勢」，只是一句誇大的話。事實上，英雄之所以成爲英雄，正因其能順著時勢，進行之故。「時勢造英雄」這句話倒是眞的，因爲他能決定英雄的趨向。然則在這一個時期之內，時勢的要求，是怎樣呢？依我們所見到的，可以分爲對內、對外兩方面：對內方面，在列國競爭之時，不能注全力於內治；即使注意到，亦只是局部的問題，而不能概括全體，只是一時的應付，而不能策畫永久。統一之後，就不然了。阻礙之力既去，有志於治平的，就可以行其理想。對外方面，當時的人看中國已經是天下的一大部分了。未入版圖的地方，較強悍的部落，慮其爲中國之患，該有一個對策；較弱小的，雖然不足爲患，然亦是平天下的一個遺憾，先知先覺的中國人，在力所能及的範圍內，亦有其應盡的責任。所以在當日，我們所需要的是：（一）對內建立一個久安長治的規模。（二）對外把力所能及的地方，都收入中國版圖之內，其未能的，則確立起一條防線來。

秦始皇所行的，正順著這種趨勢。

在古代，阻礙平天下最大的力量，自然是列國的紛爭。所以秦併吞六國之後，決計不再行封建，「父兄有天下，而子弟爲匹夫。」郡的設立，本來是軍事上控扼之點，第三章中業經說過。六國新滅，遺民未曾心服，自然有在各地方設立據點的必要。所以秦滅六國，多以其地設郡。至六國盡滅之後，則更合全國的情形，加以調整，分天下爲三十六郡。當時的郡守，就是一個不世襲的大國之君，自亦有防其專擅的必要。所以每郡又都派一個御史去監察他（當時還每郡都設立一個尉，但其權遠在郡守之下，倒是不足重視的）。

要人民不能反抗，第一步辦法，自然是解除其武裝。好在當時，金屬鑄成的兵器爲數有限，正和今日的槍械一般，大略可以收盡的。於是收天下之兵，聚之咸陽，鑄以爲金人和鍾、鐻（秦都咸陽，今陝西咸陽縣）。

最根本的，莫過於統一人民的心思了。原來古代社會，內部沒有矛盾，在下者的意見，常和在上者一致，此即所謂「天下有道，則庶人不議」（《論語・季氏》）。後世階級分化，內部的矛盾多了，有利於這方面的就不利於那方面。自然人民的意見，不能統一。處置之法，最好的，是使其利害相一致；次之則當求各方面的協調，使其都有發表意見的機會；此即今日社會主義和民主政治的原理。但當時的人，不知此理。他們不知道各方面的利害衝突了，所以有不同的見解，誤以爲許多方面，各有其不同的主張，以致人各有心，代表全國公益的在上者的政策不能順利進行。如此，自有統一全國人的心思的必要。所以在《管子・法禁》、《韓非子・問辯》兩篇中，早有焚書的主張。秦始皇及李斯就把它實行了。把關涉到社會、政治問題的「詩、書、百家語」都燒掉，只留下關係技術作用的醫藥、卜筮、種樹之書。涉及社會、政治問題的，所許學的，只有當代的法令；有權教授的人，即是當時的官吏。若認爲始皇、李斯此舉，不合時代潮流，他們是百口無以自解的，若認爲有背於古，則實在冤枉。他們所想回復的，正是古代「政教合一，官師不分」之舊。古代的情形是如此，清朝的章學誠是發揮得十分透澈的（坑儒一舉，乃因有人誹謗始皇而起，意非欲盡滅儒生，並不能與焚書之事並論）。

以上是秦始皇對內的政策。至於對外，則北自陰山以南，南自五嶺以南至海，秦始皇都認爲應當收入版圖。於是使蒙恬北逐匈奴，取河南之地（今之河套）。把戰國時秦、趙、燕三國北邊的長城連接起來，東起現在朝鮮境內（秦長城起自樂浪郡遂城縣，見《漢書・地理志》），西至現在甘肅的岷縣，成立了一道新防線。南則略取現在廣東、廣西和越南之地，設立了桂林、南海、象三郡（大略桂林是今廣西之地，南海是今廣東之地，象郡是今越南之地）。取今福建之地，設立了閩中郡。楚國莊蹻所開闢的地方，雖未曾正式收入版圖，亦有一部分曾和秦朝交通，秦於其地置吏。

秦始皇，向來都說他是暴君，把他的好處一筆抹殺了，其實這是冤枉的。看以上所述，他的政治實在是抱有一種偉大的理想的。這亦非他一人所能爲，大約是法家所定的政策，而他據以實行的。這只要看他用李斯爲宰相，言聽計從，焚詩書、廢封建之議，都出於李斯而可知。政治是不能專憑理想，而要顧及實際的情形的，即不論實際的情形能行與否，亦還要顧到行之之手腕。秦始皇的政策雖好，行之卻似過於急進。北築長城，南收兩越，除當時的征戰外，還要發兵戍守；既然有兵戍守，就得運糧餉去供給，這樣，人民業已不堪賦役的負擔。他還沿著戰國以前的舊習慣，虐民以自奉。造阿房宮，在驪山起墳塋（驪山，在今陝西臨潼縣），都窮極奢侈，還要到處去巡遊。統一雖然是勢所必至，然而人的見解，總是落後的，在當時的人，怕並不認爲合理之舉，甚而至於認爲反常之態。況且不必論理，六國夷滅，總有一班失其地位的人，心上是不服的，滿懷著報仇的憤恨和復舊的希望；加以大多數人民的困於無告而易於煽動，一有機會，就要乘機而起了。

第二十七章　秦漢間封建政體的反動

秦始皇帝以前二一〇年，東巡死於沙丘（今河北邢臺縣）。他大的兒子，名喚扶蘇，先已謫罰到上郡去（今陝西綏德縣）。做蒙恬軍隊中的監軍了。從前政治上的慣例，太子是不出京城，不做軍隊中的事務的，苟其如此，就是表示不擬立他的意思。所以秦始皇的不立扶蘇，是預定了的。《史記》說秦始皇的少子胡亥，寵倖宦者趙高，始皇死後，趙高替胡亥運動李斯，假造詔書，殺掉扶蘇、蒙恬而立胡亥，這話是不足信的（《史記・李斯列傳》所載的全是當時的傳說，並非事實，秦漢間的史實，如此者甚多）。胡亥既立，是爲二世皇帝。他誅戮群公子，又殺掉蒙恬的兄弟蒙毅。最後，連勞苦功高、資格很老的李斯都被殺掉。於是秦朝的政府，失其重心，再不能箝制天下了。皇帝的家庭之中，明爭暗鬥，向來是很多的，而於繼承之際爲尤甚。這個並不起於秦朝，但在天下統一之後，皇室所管轄的地方大了，因其內部有問題而牽動大局，使人民皆受其禍，其所牽涉的範圍，也就更廣大了。秦始皇之死，距其盡滅六國，不過十二年，而此禍遂作。

秦始皇死的明年，戍卒陳勝、吳廣起兵於蘄（今安徽宿縣），北取陳。勝自立爲王，號張楚。分兵四出徇地，郡縣多殺其守令以應。六國之後，遂乘機並起。秦朝政治雖亂，兵力尚強；諸侯之兵，多是烏合之衆；加以心力不齊，不肯互相救援；所以秦將章邯，倒也所向無敵。先鎮壓了陳勝、吳廣，又打死了新立的魏王。戰國時楚國的名將，即最後支持楚國而戰死的項燕的兒子項梁，和其兄子項籍，起兵於吳，引兵渡江而西（今江蘇之江南，古稱江東。古所謂江南，指今之湖南）。以居巢人范增的遊說，立楚懷王的後裔於盱眙（居巢，今安徽巢縣。盱眙，今安徽盱眙縣）。仍稱爲楚懷王，以祖謚爲生號。項梁引兵而北，兵鋒頗銳，連戰皆勝，後亦爲章邯所襲殺。章邯以爲楚地兵不足憂，乃北圍趙王於巨鹿（今河北平鄉縣）。北強南弱，乃是東晉以後逐漸轉變成功的形勢。自此以前，都是北方的軍隊，以節制勝，南方的軍隊，以剽悍勝的。尤其是吳、越之士，《漢書．地理志》上，還稱其「輕死好用劍」。項梁既死，楚懷王分遣項籍北救趙，起兵於沛的劉邦即漢高祖西入關（沛，今江蘇沛縣），項籍大破秦兵於巨鹿，漢高祖亦自武關而入，此時二世和趙高，不知如何又翻了臉，趙高弒二世，立其兄子嬰，嬰又刺殺高，正當紛亂之際，漢高祖的兵已到霸上（在今陝西長安縣東），子嬰只得投降，秦朝就此滅亡，此事在前二〇六年。

既稱秦之滅六國爲無道，斥爲強虎狼，滅秦之後，自無一人專據稱尊之理，自然要分封。但是分封之權，出於何人呢？讀史的人，都以爲是項籍。這是錯了的，項籍縱使在實際上有支配之權，形式上絕不能專斷，況且實際上也未必能全由項籍一個人支配，項籍既破章邯之後，亦引兵西入關。漢高祖先已入關了，即遣將守關。項羽怒，把他攻破。進兵至鴻門（在今陝西臨潼縣），和高祖幾乎開戰。幸而有人居間調解，漢高祖自己去見項籍，解釋了一番，戰事得以未成。此時即議定了分封之事。這一件事，《史記》的〈自序〉稱爲「諸侯之相王」，可見形式上是取決於公議的。其所封的：爲（一）六國之後，（二）亡秦有功之人，（三）而楚懷王則以空名尊爲義帝，（四）實權則在稱爲西楚霸王的項籍（都彭城，當時稱其地為西楚。

江陵為南楚，吳為東楚）。這是模仿東周以後，天子僅擁虛名，而實權在於霸主的。分封的辦法，我們看《史記》所載，並不能說他不公平。漢朝人說：楚懷王遣諸將入關時，與之約：先入關者王之，所以漢高祖當王關中，項籍把他改封在巴、蜀、漢中爲背約。姑無論這話的眞假，即使是眞的，楚懷王的命令，安能約束楚國以外的人呢？這且不必論他。前文業經說過：人的思想，總是落後的，觀於秦、漢之間而益信。封建政體既已不能維持，於是分封甫定，而叛亂即起於東方。項籍因爲是霸王，有征討的責任，用兵於齊。漢高祖乘機北定關中，又出關，合諸侯之兵，攻破彭城。項籍雖然還兵把他打敗，然漢高祖堅守滎陽、成皋（滎陽，今河南滎澤縣。成皋，今河南汜水縣），得蕭何鎮守關中，繼續供給兵員和糧餉。遣韓信渡河，北定趙、代，東破齊，彭越又直接擾亂項籍的後方。至前二〇二年，項籍遂因兵少食盡，爲漢所滅，從秦亡至此，不過五年。

事實上，天下又已趨於統一了。然而當時的人，怕不是這樣看法。當楚、漢相持之時，有一策士，名喚蒯徹，曾勸韓信以三分天下之計。漢高祖最後攻擊項籍時，和韓信、彭越相約合力，而信、越的兵都不會，到後來，約定把齊地盡給韓信，梁地盡給彭越，兩人才都引兵而來，這不是以君的資格分封其臣，乃是以對等的資格立分地之約。所以漢高祖的滅楚，以實在情形論，與其說是漢滅楚，毋寧說是許多諸侯，亦即許多支新崛起的軍隊，聯合以滅楚，漢高祖不過是聯軍中的首領罷了。楚既滅，這聯軍中的首領，自然有享受一個較衆爲尊的名號的資格，於是共尊漢高祖爲皇帝。然雖有此稱號，在實際上，未必含有沿襲秦朝皇帝職權的意義。做了皇帝之後，就可以任意誅滅廢置諸王侯，怕是當時的人所不能想像的，這是韓信等在當時所以肯尊漢高祖爲皇帝之故。不然，怕就沒有這麼容易了。漢初異姓之王，有楚王韓信、梁王彭越、趙王張敖、韓王信、淮南王英布、燕王臧荼、長沙王吳芮。這都是事實上先已存在，不得不封的，並非是皇帝的意思所設置。漢高祖滅楚之後，即從婁敬、張良之說，西都關中，當時的理由，是關中地勢險固，且面積較大，資源豐富，易於據守及用以臨制諸侯，可見他原只想做列國中最強的一國。但是事勢所趨，人自然會做出不被思想所拘束的事情來的。不數年間，而韓信、彭越都以漢朝的詭謀被滅，張敖以罪見廢，韓王信、英布、臧荼，都以反而敗。臧荼之後，立了一個盧綰，是漢高祖生平第一個親信人，亦因被讒而亡入匈奴。到前一九五年漢高祖死時，只剩得一個地小而且偏僻的長沙國了。天下至此，才眞正可以算是姓劉的天下。其成功之速，可以說和漢高祖的滅楚，同是一個奇蹟。這亦並不是漢高祖所能爲，不過封建政體，到這時候業已自趨於沒落罷了。

以一個政府之力統治全國，秦始皇是有此魄力的，或亦可以說是有此公心，替天下廢除封建，漢高祖卻無有了。既猜忌異姓，就要大封同姓以自輔，於是隨著異姓諸侯的滅亡，而同姓諸國次第建立。其中尤以高祖的長子齊王肥，封地既大，人民又多，且居東方形勝之地，爲當時所重視（又有淮南王長、燕王建、趙王如意、梁王恢、代王恆、淮陽王友，皆高帝子。楚王交，高帝弟；吳王濞，高帝兄子）。宗法社會中，所信任的，不是同姓，便是外戚。漢初功臣韓信、彭越等，不過因其封地大，所以特別被猜忌，其餘無封地，或者僅有小封土的，亦安能「與官同心」？漢高祖東征西討，頻年在外，中央政府所委任的，卻是何人呢？幸而他的皇后呂氏是很有能力的。她的母家，大約亦是當時所謂豪傑之流；她的哥哥呂澤和呂釋之，都跟隨高祖帶兵；妹夫樊噲，尤其是功臣中的佼佼者；所以在當時，亦自成爲一種勢力。高祖頻年在外，京城裡的事情，把持著的便是她，這只要看韓信、彭越都死在她手裡，便可知道。所以高祖死後，嗣子惠帝雖然懦弱，倒也安安穩穩的做了七年皇帝。惠帝死後，嗣子少帝，又做了四年。不知何故（呂后女魯元公主下嫁張敖，敖女為惠帝后。《史記》說他無子，佯為有身，取美人子，殺其母，名為己子。

惠帝崩，立，既長，聞其事，口出怨言，為呂后所廢。此非事實。張皇后之立，據《漢書》本紀，事在惠帝四年十月，至少帝四年僅七年，少帝至多不過七歲，安有知怨呂后之理），爲呂后所廢而立其弟，呂后臨朝稱制，又四年而死。呂后活著的時候，雖然封了幾個母家的人爲王，卻都沒有到國。呂后其實並無推翻劉氏、重用呂氏的意思，所任用的，還是漢初的幾個功臣，這班人究竟未免有些可怕，所以臨死的時候，吩咐帶北軍的呂祿、南軍的呂產（祿，釋之之子。產，澤子），「據兵衛宮」，不要出去送喪，以防有人在京城裡乘虛作亂。此時齊王肥已經死了，子襄繼爲齊王。其弟朱虛侯章在京城裡，暗中派人去叫他起兵。漢朝派功臣灌嬰去打他。灌嬰到滎陽，和齊王連和，於是前敵形成了僵局。丞相陳平、太尉周勃等，乃派人運動呂祿，交出兵權。呂祿猶豫未決，周勃用詐術突入北軍，運動軍人，反對呂氏，把呂祿、呂產和其餘呂氏的人都殺掉。於是陰謀說惠帝的兒子都不是惠帝所生的，就高帝現存的兒子中，擇其最長的，迎立了代王恆，是爲文帝。齊王一支人，自然是不服的。文帝乃運用手腕，即分齊地，封朱虛侯爲城陽王，朱虛侯之弟東牟侯興居爲濟北王（城陽治莒，今山東莒縣。濟北治盧，今山東長清縣）。城陽王不久就死了，濟北王以反被誅。漢初宗室、外戚、功臣的三角鬥爭，至此才告結束。

當時的功臣，所以不敢推翻劉氏，和漢朝同姓分封之多，確實是有關係的，所以封建不能說沒有一時之用。然而異姓功臣都滅亡後，所患的，卻又在於同姓了。要剷除同姓諸侯尾大不掉之患，自不外乎賈誼「衆建諸侯而少其力」一語。這話，當文帝時，其實是已經實行了的，齊王襄傳子則，則死後沒有兒子，文帝就把他的地方，分爲齊、濟北、濟南、菑川、膠西、膠東六國（濟南治東平陵，今山東歷城縣。菑川治劇，今山東壽光縣。膠西治高苑，今山東桓臺縣。膠東治即墨，今山東即墨縣），立了齊王肥的庶子六人，又把淮南之地，分成三國。但吳、楚仍是大國，吳王濞尤積有反心。鼂錯力勸文帝以法繩諸侯，文帝是個因循的人，沒有能澈底實行。前一五七年，文帝死，子景帝立。鼂錯做了御史大夫，即實行其所主張。前一五四年，吳王聯合楚、趙、膠西、膠東、菑川、濟南造反，聲勢很盛。幸而吳王不懂得兵謀，「屯聚而西，無他奇道」，爲周亞夫所敗。於是景帝改定制度，諸侯王不得治民，令相代治其國。到武帝，又用主父偃之計，令諸侯得以其地分封自己的子弟，在平和的手腕中，把「衆建諸侯而少其力」一語，澈底實行了。封建政體反動的餘波，至此才算解決。從秦二世元年六國復立起，到吳、楚之亂平定，共五十六年。

第二十八章　漢武帝的內政外交

在第二十六章裡所提出的對內對外兩個問題，乃是統一以後自然存在著的問題，前文業經說明瞭。這個問題，自前二〇六年秦滅漢興，至前一四一年景帝之死，共六十六年，久被擱置著不提了。這是因爲高帝、呂后時，忙於應付異姓功臣，文帝、景帝時，又存在著一個同姓諸王的問題；高帝本是無賴子，文、景兩帝亦只是個尋常人，凡事都只會蹈常習故之故。當這時候，天下新離兵革之患，再沒有像戰國以前年年打仗的事情了。郡縣長官比起世襲的諸侯來，自然權力要小了許多，不敢虐民。諸侯王雖有荒淫昏暴的，比之戰國以前，自然也差得遠了。這時候的中央政府，又一事不辦，和秦始皇的多所作爲，要加重人民負擔的，大不相同。在私有財產制度之下，人人都急於自謀，你只要不去擾累他，他自然會休養生息，日臻富厚。所以據《史記・平準書》說：在武帝的初年，海內是很爲富庶的。但是如此就算了麼？須知社會並不是有了錢就沒有問題的。況且當時所謂有錢，只是總算起來，富力有所增加，並不是人人都有飯吃，富的人富了，窮的人還是一樣的窮，而且因貧富相形，使人心更感覺不平、感覺不足，而對外的問題，時勢亦逼著我們不能閉關自守。漢武帝並不是眞有什麼本領的人，但是他的志願，卻較文、景兩帝爲大，不肯蹈常習故，一事不辦，於是久經擱置的問題，又要重被提起了。

當時對內的問題，因海內已無反側，用不到像秦始皇一般，注意於鎮壓，而可以謀一個長治久安之策。這個問題，在當時的人看起來，重要的有兩方面：一個是生計，一個是教化，這是理論上當然的結果。衣食足而知榮辱，生計問題，自然在教化之先；而要解決生計問題，又不過平均地權、節制資本兩途；這亦是理論上當然的結果。最能解決這兩個問題的，是哪一家的學術呢？那末，言平均地權和教化者，莫如儒家，言節制資本者，莫如法家。漢武帝，大家稱他是崇儒的人，其實他並不是真懂得儒家之道的。他所以崇儒，大約因為他的性質是誇大的，要做些表面上的事情，如改正朔、易服色等，而此等事情，只有儒家最為擅長之故。所以當時一個真正的儒家董仲舒，提出了限民名田的主張，他並不能行。他的功績，最大的，只是替《五經》博士置弟子，設科射策，勸以官祿，使儒家之學，得國家的提倡而地位提高。但是照儒家之學，生計問題本在教化問題之先；即以教化問題而論，地方上的庠序，亦重於京城裡的太學，這只要看《漢書．禮志》上的議論，便可以知道。武帝當日，對於庠序，亦未能注意，即因其專做表面上的事情之故。至於法家，他用到了一個桑弘羊，行了些榷鹽鐵、酒酤、均輸等政策。據《鹽鐵論》看來，桑弘羊是確有節制資本之意，並非專為籌款的。但是節制資本而藉官僚以行之，很難望其有利無弊，所以其結果，只達到了籌款的目的，節制資本，則徒成虛語，且因行政的腐敗，轉不免有使人民受累的地方。其餘急不暇擇的籌款方法，如算緡錢、舟車、令民生子三歲即出口錢，及令民入羊為郎、入穀補官等，更不必說了。因所行不順民心，不得不用嚴切的手段，乃招致張湯、趙禹等，立了許多嚴切的法令，以壓迫人民。秦以來的獄吏，本來是偏於殘酷的，加以此等法律，其詒害自然更深了。他用此等方法，搜括了許多錢來，做些什麼事呢？除對外的武功，有一部分可以算是替國家開拓疆土、防禦外患外，其餘如封禪、巡幸、信用方士、大營宮室等，可以說全部是浪費。山東是當時誅求剝削的中心，以致末年民愁盜起，幾至釀成大亂。

武帝對外的武功，卻是怎樣呢？當時還威脅著中國邊境的，自然還是匈奴。此外秦朝所開闢的桂林、南海、象三郡和閩中郡，秦末漢初，又已分離為南越、閩越、東甌三國了。現在的西康、雲、貴和四川、甘肅的邊境，即漢人所謂西南夷，則秦時尚未正式開闢。東北境，雖然自戰國以來，燕國人業已開闢了遼東，當時的遼東，且到現在朝鮮境內（漢初守燕國的舊疆，以浿水為界，則秦界尚在浿水以西，浿水，今大同江），然漢族的移殖，還不以此為限，自可更向外開拓。而從甘肅向西北入新疆，向西南到青海，也正隨著國力的擴張，而可有互相交通之勢。在這種情勢之下，推動雄才大略之主，向外開拓的，有兩種動機：其一，可說是代表國家和民族向外拓展的趨勢，又其一則為君主個人的野心。匈奴，自秦末乘中國內亂、戍邊者皆去，復入居河南。漢初，其雄主冒頓，把今蒙古東部的東胡、甘肅西北境的月氏，都征服了。到漢文帝時，他又征服了西域。西域，即今新疆省之地（西域兩字，義有廣狹。《漢書・西域傳》說西域之地，「南北有大山，中央有河，東則接漢，阨以玉門、陽關，西則限以蔥嶺。」北方的大山，即今天山，南方的大山，即沙漠以南的山脈，略為新疆與西藏之界。河係今塔里木河。玉門、陽關，都在今甘肅敦煌縣西。此乃今天山南路之地。其後自此西出，凡交通所及之地，亦概稱為西域，則其界限並無一定，就連歐洲也都包括在內）。漢時分為三十六國（後分至五十餘）。其種有塞，有氐羌。塞人屬於高加索種，都是居國，其文明程度，遠在匈奴、氐、羌等遊牧民族之上；匈奴設官以收其賦稅。漢高祖曾出兵征伐匈奴，被圍於平城（今山西大同縣）。七日乃解。此時中國初定，對內的問題還多，不能對外用兵，乃用婁敬之策，名家人子為長公主，嫁給冒頓，同他講和，是為中國以公主下嫁外國君主結和親之始。文、景兩代，匈奴時有叛服，文、景不過發兵防之而已，並沒建立一定的對策。到武帝，才大出兵以征匈奴，前一二七年，恢復河南之地，匈奴自此移於漠北。前一一九年，又派衛青、霍去病絕漠攻擊，匈奴損折頗多。此外較小的戰鬥，還有多次，兵事連亙，前後共二十餘年，匈奴因此又漸移向西北。漢武帝的用兵，是很不得法的，他不用功臣宿將，而專用衛青、霍去病等椒房之親。紀律既不嚴明，對於軍需，又不愛惜，以致士卒死傷很多，物質亦極浪費（如霍去病，《史記》稱其少而侍中，貴不省士。其用兵，「既還，重車餘棄粱肉，而士有飢者。在塞外，卒乏糧，或不能自振，而去病尚穿城蹋鞠，事多類此。」衛青、霍去病大出塞的一役，漢馬死者至十餘萬匹，從此以馬少則不能大舉兵事。李廣利再征大宛時，兵出敦煌的六萬人，私人自願從軍的還不在其內，馬三萬匹，回來時，進玉門關的只有一萬多人，馬一千多匹。史家說這一次並不乏食，戰死的也不多，所以死亡如此，全由將吏不愛士卒之故。可見用人不守成法之害）。只因中國和匈奴，國力相去懸絕，所以終能得到勝利。然此乃國力的勝利，並非戰略的勝利。至於其通西域，則更是動於侈心。他的初意，是聽說月氏爲匈奴所破，逃到今阿母河濱，要想報匈奴的仇，苦於無人和他合力，乃派張騫出使。張騫回來後，知道月氏已得沃土，無報仇之心，其目的已不能達到了。但武帝因此而知西域的廣大，以爲招致了他們來朝貢，實爲自古所未有，於是動於侈心，要想招致西域各國。張騫在大夏時，看見邛竹杖、蜀布，問他從哪裡來的？他們說從身毒買來（今印度）。於是臆想，從四川、雲南，可通西域。派人前去尋求道路，都不能通（當時蜀物入印度，所走的路，當係今自四川經西康、雲南入緬甸的路。自西南夷求通西域的使者，「傳聞其西可千餘里，有乘象國，名曰滇越，而蜀賈奸出物者或至焉」，即當今緬甸之地）。後來匈奴的渾邪王降漢，今甘肅西北部之地，收入中國版圖，通西域的路，才正式開通。前一〇四年，李廣利伐大宛（大宛都貴山城，乃今之霍闡），不克。武帝又續發大兵，前一〇一年，到底把它打下。大宛是離中國很遠的國，西域諸國，因此懾於中國兵威，相率來朝。還有一個烏孫，也是遊牧民族，當月氏在甘肅西北境時，烏孫為其所破，依匈奴以居。月氏為匈奴所破，是先逃到伊黎河流域的。烏孫借匈奴的助力，把它打敗，月氏才逃到阿母河流域，烏孫即占據伊犁之地。渾邪王降漢時，漢朝尚無意開其地為郡縣，張騫建議，招烏孫來居之。烏孫不肯來，而匈奴因其和中國交通，頗責怪它。烏孫恐懼，願「婿漢氏以自親。」於是漢朝把一個宗室女兒嫁給它。從此以後，烏孫和匈奴之間有問題，漢朝就不能置之不問，《漢書．西域傳》說「漢用憂勞無寧歲」，很有怨懟的意思。案西域都是些小國，漢攻匈奴，並不能得它的助力，而因此勞費殊甚，所以當時人的議論，大都是反對的。但是史事複雜，利害很難就一時一地之事論斷。（一）西域是西洋文明傳布之地。西洋文明的中心希臘、羅馬等，距離中國很遠，在古代只有海道的交通，交流不甚密切，西域則與中國陸地相接，自近代西力東漸以前，中西的文明，實在是恃此而交流的。（二）而且西域之地，設或為遊牧民族所據，亦將成為中國之患，漢通西域之後，對於天山南北路，就有相當的防備，後來匈奴敗亡後，未能侵入，這也未始非中國之福。所以漢通西域，不是沒有益處的。但這只是史事自然的推遷，並非當時所能豫燭。當時的朝鮮：漢初燕人衛滿走出塞，把箕子之後襲滅了，自王朝鮮。傳子至孫，於前一〇八年，為漢武帝所滅。將其地設置樂浪、臨屯、眞番、玄菟四郡（樂浪，今朝鮮平安南道及黃海、京畿兩道之地；臨屯為江原道地；玄菟為咸鏡南道；真番跨鴨綠江上流。至前八十二年，罷真番、臨屯，以併樂浪、玄菟）。朝鮮半島的主要民族是貉族，自古即漸染漢族的文化，經此長時期的保育，其漢化的程度愈深，且因此而輸入半島南部的三韓（馬韓，今忠清、全羅兩道。弁韓、辰韓，今慶尚道），和海東的日本，實為中國文化在亞洲東北部最大的根據地。南方的東甌，因為閩越所攻擊，前一三八年，徙居江、淮間。南越和閩越，均於前一一一年，為中國所滅。當時的西南夷：在今金沙江和黔江流域的，是夜郎、滇、邛都，在岷江和嘉陵江上源的，是徙、筰都、冉駹、白馬。在今橫斷山脈和瀾滄、金沙兩江間的，是巂昆明（夜郎，今貴州桐梓縣。滇，今雲南昆明縣。邛都，今西康西昌縣。徙，今四川天全縣。筰都，今西康漢源縣。冉駹，今四川茂縣。白馬，今甘肅成縣。巂昆明，在今昆明、大理之間，乃行國）。兩越既平，亦即開闢爲郡縣，確立了中國西南部的疆域。今青海首府附近，即漢人稱爲河湟之地的，爲羌人所據。這一支羌人，係屬遊牧民族，頗爲中國之患。前一一二年，漢武帝把他打破，設護羌校尉管理他，開闢了今青海的東境。

第二十九章　前漢的衰亡

漢武帝死後，漢朝是經過一次政變的，這件事情的眞相，未曾有傳於後。武帝因迷信之故、方士神巫，多聚集京師，至其末年，遂有巫蠱之禍，皇后自殺，太子據發兵，把誣陷他和皇后的江充殺掉。武帝認爲造反，亦發兵剿辦。太子兵敗出亡，後被發覺，自經而死。當太子死時，武帝兒子存在的，還有燕王旦、廣陵王胥、昌邑王髆，武帝迄未再立太子。前八十七年，武帝死，立趙婕妤所生幼子弗陵，是爲昭帝。霍光、上官桀、桑弘羊、金日磾同受遺詔輔政。趙婕妤先以譴死，褚先生《補外戚世家》說：是武帝怕身死之後，嗣君年少，母后專權，先行把她除去的。《漢書．霍光傳》又說：武帝看中了霍光，使畫工畫了一幅周公負成王朝諸侯的圖賞給他。武帝臨死時，霍光問當立誰？武帝說：「立少子，君行周公之事。」這話全出捏造。武帝生平溺於女色；他大約是個多血質的人，一生行事，全憑一時感情衝動；安能有深謀遠慮，預割孌愛？霍光乃左右近習之流，僅可以供驅使，上官桀是養馬的，金日磾係匈奴體屠王之子，休屠王與渾邪王同守西邊，因不肯降漢，爲渾邪王所殺，乃係一個外國人，與中國又有殺父之仇。朝臣中即使無人，安得托孤於這幾個人？當他們三個人以武帝遺詔封侯時，有一個侍衛，名喚王莽，他的兒子喚做王忽，揚言道：皇帝病時，我常在左右，哪裡有這道詔書？霍光聞之，切責王莽，王莽只得把王忽殺掉。然則昭帝之立，究竟是怎樣一回事，就可想而知了。昭帝既立，燕王謀反，不成而死。桑弘羊、上官桀都以同謀被殺。霍光的女兒，是上官桀的兒媳婦，其女即昭帝的皇后。上官桀大約因是霍光的親戚而被引用，又因爭權而翻臉的，殊不足論，桑弘羊卻可惜了（金日磾於昭帝元年即死，故不與此次政變）。前七十四年，昭帝死，無子。霍光迎立昌邑王的兒子賀，旋又爲光所廢，而迎太子據之孫病已於民間，是爲宣帝。昌邑王之廢，表面上是無道，然當昌邑群臣兩百餘人被殺時，在市中號呼道「當斷不斷，反受其亂」，則昌邑王因何被廢，又可想而知了。太子據敗時，妻妾子女悉被害，只有一個宣帝繫獄，此事在前九十一年。到前八十七年，即武帝死的一年，據說，有望氣者說：「長安獄中有天子氣。」武帝就派使者，「分條中都官獄繫者，輕重皆殺之。」幸而有個丙吉，「拒閉使者」，宣帝才得保全，因而遇赦。案太子死後，武帝不久即自悔。凡和殺太子有關的人，都遭誅戮。太子係閉門自縊，腳蹋開門和解去他自縊的繩索的人都封侯。上書訟太子冤的田千秋，無德無能，竟用爲丞相。武帝的舉動如此，宣帝安得繫獄五年不釋？把各監獄中的罪人，不問罪名輕重，盡行殺掉，在中國歷史上，是從來沒有這回事的，這是和中國，至少是有史以來的中國的文化不相容的，武帝再老病昏亂些，也發不出這道命令。如其發出了，拒絕不肯執行的，又豈止一個丙吉？然則宣帝是否武帝的曾孫，又很有可疑了。今即捨此勿論，而昌邑王以有在國時的群臣，爲其謀主，當斷不斷而敗，宣帝起自民間，這一層自然無足爲慮，這怕總是霍光所以迎立他的眞原因了罷。宣帝既立，自然委政於光，立六年而光死，事權仍在霍氏手裡。宣帝不動聲色地，逐漸把他們的權柄奪去，任用自己的親信。至前六十六年，而霍氏被誅滅。

霍光的事情，眞相如此。因爲漢時史料缺乏，後人遂認爲他的廢立是出於公心的，把他和向來崇拜的偶像伊尹連繫在一起，稱爲伊、霍，史家的易欺，眞堪驚嘆了。當時朝廷之上，雖有這種爭鬥，影響卻未及於民間。武帝在時，內行奢侈，外事四夷，實已民不堪命。霍光秉政，頗能輕傜薄賦，與民休息。宣帝起自民間，又能留意於吏治和刑獄。所以昭、宣兩帝之世，即自前八十六至前四十九年凡三十八年之間，政治反較武帝時爲清明，其時漢朝對於西域的聲威，益形振起。前六十年，設立西域都護，兼管南北兩道。匈奴內亂，五單於並立，後併於呼韓邪。又有一個郅支單于，把呼韓邪打敗。前五十一年，呼韓邪入朝於漢。郅支因漢擁護呼韓邪，遁走西域。前四十九年，宣帝崩，子元帝立。前三十六年，西域副都護陳湯矯詔發諸國兵襲殺郅支。漢朝國威之盛，至此亦達於極點。然有一事，係漢朝政治敗壞的根源，其端實開自霍光秉政之時的，那便是宰相之權，移於尙書。漢朝的宰相是頗有實權的，全國的政治，都以相府爲總匯，皇帝的祕書御史，不過是他的助手，尙書乃皇帝手下的管卷，更其說不著了。自霍光秉政，自領尙書，宰相都用年老無氣和自己的私人，政事悉由宮中而出，遂不能有正色立朝之臣。宣帝雖誅滅霍氏，於此卻未能矯正。宦者弘恭、石顯，當宣、元之世，相繼在內用事。元帝時，士大夫如蕭望之、劉向等，竭力和他們爭鬥，終不能勝。朝無重臣，遂至嬖倖得乾相位，外戚得移朝祚，西漢的滅亡，相權的喪失實在是一個重要的原因。而且其事不但關涉漢朝，歷代的政治，實都受其影響，參看第六章自明。

元帝以前三十三年死，子成帝立。成帝是個荒淫無度的人，喜歡了一個歌者趙飛燕，立爲皇后，又立其女弟合德爲婕妤。性又優柔寡斷，事權遂入於外家王氏之手。前七年，成帝崩，哀帝立，頗想效法武、宣，振起威權。然寵愛嬖人董賢，用爲宰相，朝政愈亂。此時王氏雖一時退避，然其勢力仍在。哀帝任用其外家丁氏，祖母族傅氏，其中卻並無人才，實力遠非王氏之敵。前一年，哀帝崩，無子，王莽乘機復出，迎立平帝。誅滅丁、傅、董賢，旋弒平帝而立孺子嬰

（哀、平二帝皆元帝孫，孺子為宣帝曾孫）。王莽從居攝改稱假皇帝，又從假皇帝變做眞皇帝，改國號爲新，而前漢遂亡，此事在公元九年。

第三十章　新室的興亡

前後漢之間是中國歷史的一個轉變。在前漢之世，政治家的眼光，看了天下，認爲不該就這麼苟安下去的。後世的政治家奉爲金科玉律的思想，所謂「治天下不如安天下，安天下不如與天下安」，是這時候的人所沒有的。他們看了社會還是可用人力控制的，一切不合理的事，都該用人力去改變，此即所謂「撥亂世，反之正」。出來負這個責任的，當然是賢明的君主和一班賢明的政治家。當漢昭帝時，有一個儒者，喚做眭弘，因災異，使其朋友上書，勸漢帝「求索賢人，禪以帝位，而退自封百里」。宣帝時，有個蓋寬饒，上封事亦說：「五帝官天下，三王家天下，家以傳子，官以傳賢，四序之運，成功者退，不得其人，則不居其位。」這兩個人，雖然都得罪而死，但眭弘，大約是霍光專政，怕人疑心他要篡位，所以犧牲了他，以資辨白的。況且霍光是個不學無術的人，根本不懂得什麼改革大計。蓋寬饒則因其剛直之性，既觸犯君主，又爲有權勢的人所忌，以致遭禍，都不是反對這種理論，視爲大逆不道。至於不關涉政體，而要在政務上舉行較根本的改革的，則在宣帝時有王吉，因爲宣帝是個實際的政治家，不能聽他的話。元帝即位，卻徵用了王吉及和他志同道合的朋友貢禹。王吉年老，在路上死了。貢禹征至，官至御史大夫，聽了他的話，改正了許多奢侈的制度，又行了許多寬恤民力的政事。其時又有個翼奉，勸元帝徙都成周。他說：長安的制度，已經壞了，因襲了這種制度，政治必不能改良，所以要遷都正本，與天下更始，則其規模更為闊大了。哀帝多病，而且無子，又有個李尋，保薦了一個賀良，陳說「漢歷中衰，當更受命」，勸他改號為陳聖劉皇帝。陳字和田字同音，田地兩字，古人通用，地就是土，陳聖劉皇帝，大約是說皇帝雖然姓劉，所行的卻是土德。西漢人五德終始之說，還不是像後世專講一些無關實際，有類迷信的空話的，既然要改變「行序」，同時就有一大套實際的政務，要跟著改變。這只要看賈誼說漢朝應當改革，雖然要「改正朔，易服色」，也要「法制度，定官名」，而他所草擬的具體方案，「為官名，悉更秦之故」，便可知道。五德終始，本來不是什麼迷信，而是一套有系統的政治方案，這在第十七章中，業經說過了。這種根本的大改革，要遭到不了解的人無意識的反對，和實際於他權利有損的人出死力的抵抗，自是當然之事。所以賀良再進一步要想改革實際的政務，就遭遇反對而失敗了，但改革的氣勢，既然如此其旁薄鬱積，自然終必有起而行之之人，而這個人就是王莽。所以王莽是根本無所謂篡竊的，他只是代表時代潮流，出來實行改革的人。要實行改革，自然要取得政權；要取得政權，自然要推翻前朝的皇帝；而因實行改革而推翻前朝的皇帝，在當時的人看起來，毋寧是天理人情上當然的事，所以應天順人（《易．鼎卦彖辭》：「湯武革命，順乎天而應乎人」），在當時也並不是一句門面話。

要大改革，第一步自然還是生計問題，王莽所實行的是：（一）改名天下的田為王田，這即是現在的宣布土地國有，和附著於土地的奴隸，都不准賣買，而舉當時所有的土田，按照新章，舉行公平的分配。（二）立六筦之法，將大事業收歸官營。（三）立司市、泉府，以平衡物價，使消費者、生產者、交換者，都不吃虧。收有職業的人的稅，以供（甲）要生利而無資本的人，及（乙）有正當消費而一時周轉不靈的人的借貸，其詳已見第五章。他的辦法，頗能綜合儒、法兩家，兼顧到平均地權和節制資本兩方面，其規模可稱闊大，思慮亦可謂周詳。但是徒法不能自行，要舉行這種大改革，必須民衆有相當的覺悟，且能做出相當的行動，專靠在上者的操刀代斫，是不行的。因爲眞正爲國爲民的人，總只有少數，官僚階級中的大多數人，其利害總是和人民相反的，非靠督責不行。以中國之大，古代交通的不便，一個中央政府，督責之力本來有所不及；而況當大改革之際，普通官吏，對於法令，也未必能了解，而作弊的機會卻特多；所以推行不易，而監督更難。王莽當日所定的法令，有關實際的，怕沒有一件能夠眞正推行，而達到目的，因此而生的流弊，則無一事不有，且無一事不厲害。其餘無關實際，徒資紛擾的，更不必說了。王莽是個偏重立法的人，他又「鋭思於製作」，而把眼前的政務擱起。尤其無謂的，是他的改革貨幣，麻煩而屢次改變，勢不可行，把商業先破壞了。新分配之法，未曾成立，舊交易之法，先已破壞，遂使生計界的秩序大亂，全國的人，無一個不受到影響。王莽又是個拘泥理論、好求形式上的整齊的人。他要把全國的政治區劃，依據地理，重行釐定，以制定封建和郡縣制度。這固然是一種根本之圖，然豈旦夕可致？遂至改革紛紜，名稱屢變，吏弗能紀。他又要大改官制，一時亦不能成功，而官吏因制度未定，皆不得祿，自然貪求更甚了。對於域外，也是這麼一套，如更改封號及印章等，無關實際、徒失交涉的圓滑，加以措置失宜，匈奴、西域、西南夷，遂至背叛。王莽對於西域，未曾用兵。西南夷則連年征討，騷擾殊甚。對於匈奴，他更有一個分立許多小單於而發大兵深入窮追，把其不服的趕到丁令地方去的一個大計畫（此乃欲將匈奴驅入今西伯利亞之地，而將漠北空出）。這個計畫，倒也是値得稱讚的，然亦談何容易？當時調兵運餉，牽動尤廣，屯守連年，兵始終沒有能夠出，而內亂卻已蔓延了。

莽末的內亂，是起於公元十七年的。今山東地方，先行吃緊。湖北地方，亦有飢民屯聚，剿辦連年弗能定。公元二十二年，藏匿在今當陽縣綠林山中的兵，分出南陽和南郡（漢南陽郡，治宛，今河南南陽縣。南郡，治江陵，今湖北江陵縣）。入南陽的謂之新市兵，入南郡的謂之下江兵。又有起於今隨縣的平林鄉的，謂之平林兵。漢朝的宗室劉玄，在平林兵中。劉縯、劉秀則起兵舂陵（今湖北棗陽縣）。和新市、平林兵合。劉玄初稱更始將軍，後遂被立爲帝，入據宛。明年，王莽派大兵四十萬去剿辦，多而不整，大敗於昆陽（今河南葉縣）。莽遂失其控制之力，各地方叛者並起。更始分兵兩支：一攻洛陽，一入武關。長安中叛者亦起，莽遂被殺。更始移居長安，然爲新市、平林諸將所制，不能有爲。此時海內大亂，而今河南、河北，山東一帶更甚，劉縯爲新市、平林諸將所殺。劉秀別爲一軍，出定河北，即帝位於鄗（改名高邑縣），是爲後漢光武皇帝。先打平了許多小股的流寇。其大股赤眉，因食盡西上，另立了一個漢朝的宗室劉盆子，攻入長安。更始兵敗出降，旋被殺。光武初以河內爲根據地（漢河內郡，治懷，在今河南武陟縣），派兵留守，和服從更始的洛陽對峙。至此遂取得了洛陽，定都其地。派兵去攻關中，未能遽定，而赤眉又因食盡東走，光武自勒大兵，降之宜陽（今河南宜陽縣）。此時東方還有漢朝的宗室劉永割據睢陽（今河南商丘縣），東方諸將，多與之合。又有秦豐、田戎等，割據今湖北沿江一帶，亦被他次第打平。只有隴西的隗囂、四川的公孫述，較有規模，到最後才平定。保據河西的竇融，則不煩兵力而自下。到公元三十六年，天下又算平定了。從公元十七年東方及荊州兵起，算到這一年，其時間實四倍於秦末之亂；其破壞的程度，怕還不只這一個比例。光武平定天下之後，自然只好暫顧目前，說不上什麼遠大的計畫了。而自王莽舉行這樣的大改革而失敗後，政治家的眼光，亦爲之一變。根本之計，再也沒有人敢提及。社會漸被視爲不可以人力控制之物，只能聽其遷流所至。「治天下不如安天下，安天下不如與天下安」，遂被視爲政治上的金科玉律了，所以說：這是中國歷史上的一個大轉變。

第三十一章　後漢的盛衰

後漢自公元二十五年光武帝即位起，至公元二二〇年爲魏所篡止，共計一百九十二年；若算到公元一八九年董卓行廢立，東方起兵討卓，實際分裂之時爲止，則共得一百七十五年；其運祚略與前漢相等，然其國力的充實，則遠不如前漢了。這是因爲後漢移都洛陽，對於西、北兩面的控制，不如前漢之便；又承大亂之後，海內凋敝已極，休養未幾，而羌亂即起，其富力亦不如前漢之盛之故。兩漢四百年，同稱中國的盛世，實際上，後漢已漸露中衰之機了。光武帝是一個實際的政治家，他知道大亂之後，急於要休養生息，所以一味的減官省事，退功臣，進文吏。位高望重的三公，亦只崇其禮貌，而自己以嚴切之法，行督責之術，雖然有時不免失之過嚴，然頗得專制政治「嚴以察吏，寬以馭民」的祕訣，所以其時的政治，頗爲清明。公元五十七年，光武帝崩，子明帝立，亦能守其遺法。公元七十五年，明帝崩，子章帝立，政治雖漸見寬弛，然尚能蒙業而安。章帝以公元八十八年崩，自公元三十六年公孫述平定至此，共計五十二年，爲東漢治平之世。匈奴呼韓邪單於約諸子以次繼立，六傳至呼都而尸單于，背約而殺其弟。前單于之子比，時領南邊，不服。公元四十八年，自立爲呼韓邪單于，來降。中國人處之於今綏遠境內，匈奴自此分爲南北，北匈奴日益衰亂。公元八十九年，南單于上書求併北庭。

時和帝新立，年幼，太后竇氏臨朝。後兄竇憲犯法，欲令其立功自贖，乃以憲爲大將軍，出兵擊破匈奴。後年，又大破之於金微山（大約係今蒙古西北的阿爾泰山）。北匈奴自此遠遁，不能爲中國之患了。西域的東北部，是易受匈奴控制的。其西南部，則自脫離漢朝都護的管轄後，強國如莎車、于闐等，出而攻擊諸國，意圖併吞。後漢初興，諸國多願遣子入侍，請派都護，光武不許。明帝時，才遣班超出使。班超智勇足備，帶了少數的人，留居西域，調發諸國的兵，征討不服，至公元九十一年而西域平定。漢朝復設都護，以超爲之。後漢之於域外，並沒有出力經營，其成功，倒亦和前漢相彷彿，只可謂之適值天幸而已。

後漢的亂源，共有好幾個，其中最重要的，就是外戚和宦官。從前的皇室，其前身，本來是一個強大的氏族。氏族自有氏族的繼承法，當族長逝世，合法繼承人年幼時，從族中推出一個人來，暫操治理之權，謂之攝政。如由前族長之妻，現族長之母代理，則即所謂母后臨朝。宗室分封於外，而中朝以外戚輔政，本來是前漢的一個政治習慣。雖然前漢係爲外戚所篡，然當一種制度未至崩潰時，即有弊竇，人們總認爲是人的不好，而不會歸咎於制度的。如此，後漢屢有沖幼之君，自然產生不出皇族攝政的制度來，而只會由母后臨朝；母后臨朝，自然要任用外戚。君主之始，本來是和一個鄉長或縣長差不多的，他和人民是很爲接近的。到後來，國家愈擴愈大，和原始的國家不知相差若干倍了，而君主的制度依然如故。他和人民，和比較低級的官吏，遂至因層次之多而自然隔絕。又因其地位之高，而自成養尊處優之勢，關係之重，而不得不深居簡出。遂至和當朝的大臣，都不接近，而只是和些宦官宮妾習狎。這是歷代的嬖倖近習易於得志的原因，而也是政治敗壞的一個原因。後漢外戚之禍，起於章帝時。章帝的皇后竇氏是沒有兒子的，宋貴人生子慶，立爲太子。梁貴人生子肇，竇后養爲己子。後誣殺宋貴人，廢慶爲清河王，而立肇爲太子。

章帝崩，肇立，是爲和帝。后兄竇憲專權，和帝既長，與宦者鄭衆謀誅之，是爲後漢皇帝和宦官合謀以誅外戚之始。一〇五年，和帝崩。據說和帝的皇子，屢次夭殤，所以生才百餘日的殤帝，是寄養於民間的，皇后鄧氏迎而立之。明年，復死，乃迎立清河王的兒子，是爲安帝。鄧太后臨朝，凡十五年。太后崩後，安帝親政，任用皇后的哥哥閻顯，又寵信宦官和乳母王聖，政治甚爲紊亂。閻皇后無子，後宮李氏生子保，立爲太子，后譖殺李氏而廢保。一二五年，安帝如宛，道崩。皇后祕喪馳歸，迎立章帝之孫北鄉侯懿，當年即死。宦者孫程等迎立廢太子保，是爲順帝，程等十九人皆封列侯。然未久即多遭譴斥。順帝任用皇后的父親梁商，商死後，子冀繼之，其驕淫縱恣，爲前此所未有。一四四年，順帝崩，子沖帝立，明年崩。梁冀迎立章帝的玄孫質帝，因年小聰明，爲冀所弒，又迎立章帝的曾孫桓帝，桓帝立十三年後，才和宦者單超等五人合謀把梁冀誅戮，自此宦官又得勢了。

因宦官的得勢，遂激成所謂黨錮之禍。宦官和閹人，本來是兩件事。宦字的初義，是在機關中學習，後來則變爲在貴人家中專事伺候人的意思，第十五章中，業經說過了。皇室的規模，自然較卿大夫更大，自亦有在宮中服事他的人，此即所謂宦官（據《漢書·本紀》，惠帝即位後，曾施恩於宦皇帝的人，此即是惠帝為太子時，在「太子家」中伺候他的人）。本不專用閹人，而且其初，宦官的等級遠較閹人爲高，怕是絕對不能用閹人的。但到後來，刑罰濫了，士大夫亦有受到宮刑的（如司馬遷受宮刑後為中書謁者令，即其好例）；又有生來天閹的人；又有貪慕權勢，自宮以進的，不都是俘虜或罪人。於是其人的能力和品格，都漸漸提高，而可以用爲宦官了。後漢鄧太后臨朝後，宮中有好幾種官，如中常侍等，都改用閹人，宦官遂成爲閹人所做的官的代名詞。雖然閹人的地位實已提高，然其初既是俘虜和罪人，社會上自然總還將他當作另一種人看待，士大夫更瞧他不起。

此時的士大夫和貴族，都是好名的，都是好交結的。這一者出於戰國之世貴族好養士、士人好奔走的習慣，一則出於此時選舉上的需要，在第七章中，業經說過了。當時的宦官，多有子弟親戚，或在外面做官暴虐，或則居鄉恃勢驕橫。用法律裁制，或者激動輿論反對他，正是立名的好機會，士大夫和宦官遂勢成水火。這一班好名譽好交結的士大夫，自然也不免互相標榜，互相結托。京城裡的太學，遊學者衆多，而且和政治接近，便自然成爲他們聚集的中心。結黨以營謀進身，牽引同類，淆亂是非，那是政治上的一個大忌。當時的士大夫，自不免有此嫌疑。而且用了這一個罪名，則一網可以打盡，這是多麼便利，多麼痛快的事！宦官遂指當時反對他們的名士爲黨人，勸桓帝加以禁錮，後因后父竇武進言，方才把他們赦免。一六七年，桓帝崩，無子，竇后和武定策禁中，迎立了章帝的玄孫靈帝，太后臨朝。竇武是和名士接近的，有恩於竇氏的陳蕃，做了太傅，則其本身就是名士中人。謀誅弄權的宦官，反爲所害，太后亦被遷抑鬱而死。靈帝年長，不徒不知整頓，反更崇信宦官，聽其把持朝政，濁亂四海，而又一味聚斂奢侈。此時亂源本已潛伏，再天天給它製造爆發的機會，遂成爲不可收拾之局了。

大傷後漢的元氣的是羌亂。中國和外夷，其間本來總有邊塞隔絕著的。論民族主義的眞諦，先進民族本來有誘掖後進民族的責任，不該以隔絕爲事。但是同化需行之以漸，在同化的進行未達相當程度時，彼此的界限是不能遽行撤廢的。因爲文化的不同就是生活的相異，不能使其生活從同，顧欲強使生活不同的人共同生活，自不免引起糾紛。這是五胡亂華的一個重要原因，而後漢時的羌亂，業已導其先路了。今青海省的東北境，在漢時本是羌人之地。王莽攝政時，諷羌人獻地，設立了一個西海郡。既無實力開拓，邊塞反因之撤廢，羌人就侵入中國。後漢初年，屢有反叛，給中國征服了，又都把他們遷徙到中國來，於是降羌散居今甘肅之地者日多。安帝時，遂釀成大規模的叛亂。這時候，政治腐敗，地方官無心守土，都把郡縣遷徙到中國。人民不樂遷徙，則加以強迫驅遣，流離死亡，不可勝數。派兵剿辦，將帥又腐敗，歷時十餘年，用費達二百四十億，才算勉強結束。順帝時又叛，兵費又至八十餘億，桓帝任用段熲，大加誅戮，才算鎮定下來。然而西北一方，凋敝已甚，將帥又漸形驕橫，隱伏著一個很大的亂源了。

遇事都訴之理性，這只是受過優良教育的人，在一定的範圍中能夠。其餘大多數人，和這一部分人出於一定範圍以外的行爲，還是受習慣和傳統思想的支配的。此種習慣和傳統的思想，是沒有理由可以解說的，若要仔細追究起來，往往和我們別一方面的知識衝突，所以人們都置諸不問，而無條件加以承認，此即所謂迷信，給迷信以一種力量的則爲宗教，宗教鼓動人的力量是頗大的。當部族林立之世，宗教的教義，亦只限於一部族，而不足以吸引別部族人。到統一之後就不然了，各種小宗教，漸漸混合而產生大宗教的運動，在第十八章中業經說過。在漢時，上下流社會，是個別進行的。在上流社會中，孔子漸被視爲一個神人，看當時內學家（東漢時稱緯為內學）。尊崇孔子的話，便可見得。但在上流社會中，到底是受過良好教育，理性較爲發達，不容此等迷信之論控制，所以不久就被反對迷信的玄學打倒。在下流社會，則各種迷信，逐漸結合，而形成後世的道教。在漢時是其初步，其中最主要的是張角的太平道和張脩的五斗米道。道教到北魏時的寇謙之，才全然和政府妥協，前此，則是很激烈的反對政府的。他們以符咒治病等，爲煽動和結合的工具。張脩造反，旋即平定。張魯後來雖割據漢中，只是設立鬼卒等，閉關自守，實行其神權政治而已，於大局亦無甚關係。張角卻聲勢浩大，以公元一八四年起事。他的徒黨，遍於青、徐、幽、冀、荊、揚、兗、豫八州，即今江蘇、安徽、浙江、江西、湖北、湖南、山東、河南、河北各省之地。但張角似是一個只會煽惑而並沒有什麼政治能力的人，所以不久即敗。然此時的小亂事，則已到處蔓延，不易遏止了，而黃巾的餘黨亦難於肅清。於是改刺史爲州牧，將兩級制變成了三級制，便宜了一部分的野心家，即仍稱刺史的人以及手中亦有兵權的郡守。分裂之勢漸次形成，靜待著一個機會爆發。

第三十二章　後漢的分裂和三國

公元一八九年，靈帝崩。靈帝皇后何氏，生子辯。美人王氏，生子協。靈帝屬意於協，未及定而崩，屬協於宦者蹇碩。這蹇碩，大約是有些武略的。當黃巾賊起時，漢朝在京城裡練兵，共設立八個校尉，蹇碩便是上軍校尉，所以靈帝把廢嫡立庶的事情付託他。然而這本是不合法的事，皇帝自己辦起來，還不免遭人反對，何況在其死後？這自然不能用法律手段解決。蹇碩乃想伏兵把何皇后的哥哥大將軍何進殺掉，然後舉事。事機不密，被何進知道了，就擁兵不朝。蹇碩無可如何，而辯乃得即位，是爲廢帝。何進把蹇碩殺掉，因想盡誅宦官，而何氏家本寒微，向來是尊敬宦官的。何太后的母親和何進的兄弟，又受了宦官的賄賂，替他在太后面前說好話，太后因此堅持不肯。何進無奈，乃召外兵進京，欲以脅迫太后。宦官見事急，誘進入宮，把他殺掉。何進的官屬，舉兵盡誅宦官。京城大亂，而涼州將董卓適至，擁兵入京，大權遂盡入其手。董卓只是個強盜的材料，他把廢帝廢掉，而立協爲皇帝，是爲獻帝。山東州郡起兵反對他，他乃移獻帝於長安，接近自己的老家，以便負隅抵抗。東方州郡實在是人各有心的，都各占地盤，無意於進兵追討。後來司徒王允，和董卓親信的將官呂布相結，把董卓殺掉。董卓的將校李傕、郭汜，又回兵替董卓報仇。呂布出奔，王允被殺。李傕、郭汜又互相攻擊，漢朝的中央政府就從此解紐，不再能號令全國了。

各地方割據的：幽州有公孫瓚，冀州有袁紹，兗州有曹操，徐州始而是陶謙，後來成爲劉備和呂布爭奪之場，揚州，今壽縣一帶，爲袁術所據，江東則入於孫策，荊州有劉表，益州有劉焉。這是較大而在中原之地的，其較小較偏僻的，則漢中有張魯，涼州有馬騰、韓遂，遼東有公孫度。當時政治的重心，是在山東的（古書所謂山東，係指華山以東，今之河南、山東，都包括在內）。袁紹擊滅了公孫瓚，又占據了并州，地盤最大，而曹操最有雄才大略。獻帝因不堪李傕、郭汜的壓迫，逃歸洛陽，貧弱不能自立，召曹操入衛，操移獻帝於許昌，遂成挾天子以令諸侯之勢。劉備爲呂布所破，逃歸曹操，曹操和他合力擊殺了呂布。袁術因荒淫無度，不能自立，想走歸袁紹，曹操又使劉備邀擊，術退走，旋死。劉備叛操，操又擊破之，河南略定。公元二〇〇年，袁紹舉大兵南下，與操相持於官渡（城名，在今河南中牟縣北）。爲操所敗，紹氣憤死。公元二〇五年，紹二子並爲操所滅，於是北方無與操抗者。二〇八年，操南征荊州。劉表適死，其幼子琮，以襄陽降（今湖北襄陽縣，當時荊州治此）。劉備時在荊州，走江陵，操追敗之。備奔劉表的長子琦於江夏（漢郡，後漢時，郡治在今湖北黃岡縣境），和孫權合力，敗操於赤壁（山名，在今湖北嘉魚縣）。於是劉備屯兵荊州，而孫權亦覬覦其地。後備乘劉焉的兒子劉璋闇弱，奪取益州。孫權想攻荊州，劉備同他講和，把荊州之地平分了。時馬騰的兒子馬超和韓遂反叛，曹操擊破之，又降伏了張魯。劉備北取漢中，曹操自爭之，不能克，只得退回，天下漸成三分之勢。劉備初見諸葛亮時，諸葛亮替他計畫，就是據有荊、益兩州，天下有變，命將將荊州之兵以向宛、洛，而自率益州之衆以出秦川的。這時的形勢，頗合乎這個條件。備乃命關羽自荊州北伐，取襄陽，北方頗爲震動，而孫權遣兵襲取江陵，羽還救，爲權所殺。劉備忿怒，自將大兵攻權，又大敗於猇亭（在今湖北宜都縣西）。於是荊州全入於吳。備旋以慚憤而死，此事在公元二二三年。先是二二〇年，曹操死，子丕篡漢自立，是為魏文帝；其明年，劉備稱帝於蜀，是為蜀漢昭烈帝；孫權是到二二九年才稱帝的，是為吳大帝，天下正式成為三分之局。蜀的地方最小，只有今四川一省，其雲南、貴州，全是未開發之地。吳雖自江陵而下，全據長江以南，然其時江南的開化，亦遠在北方之後。所以三國以魏為最強，吳、蜀二國，常合力以與之抗。

三國的分裂，可以說是兩種心理造成的。其一是封建的餘習，人心是不能驟變的。在封建時代，本有各忠其君的心理，秦、漢以後，雖然統一了，然此等見解，還未能全行破除。試看漢代的士大夫，仕於州郡的，都奉其長官為君，稱其機關為本朝，有事為之盡忠，死則為之持服，便可知道。又其一則為南方風氣的強悍，赤壁戰時，孫權實在沒有聯合劉備抵抗曹操的必要。所以當時文人持重而顧大局的，如張昭等，都主張迎降。只有周瑜和魯肅主張抵抗，和孫權的意見相合。《三國志》載周瑜的話，說曹操名為漢相，實係漢賊，這是劫持衆人的門面話，甚或竟是事後附會之談。東吳的君臣，自始至終，所作所為，何曾有一件事有漢朝在心目之中？說這話要想欺誰？在當時東吳朝廷的空氣中，這話何能發生效力？孫權一生最賞識的是周瑜，次之則是魯肅。孫權當稱帝時，說魯子敬早有此議，魯肅如此，周瑜可知。為什麼要擁戴孫權做皇帝？這個絕無理由，不過是一種倔強之氣，不甘為人下，孫權的自始便要想做皇帝，則更不過是一種不知分量的野心而已。赤壁之戰，是天下三分的關鍵，其事在公元二〇八年，至二八〇年晉滅吳，天下才見統一，因這一種蠻悍的心理，使戰禍延長了七十二年。

劉備的嗣子愚弱，所以托孤於諸葛亮。諸葛亮是有志於恢復中原的；而且蜀之國勢，非以攻為守，亦無以自立；所以自先主死後，諸葛亮即與吳棄釁言和，連年出兵伐魏。吳則除諸葛恪輔政之時外，多係疆場小戰。曹操自赤壁敗後，即改從今安徽方面經略東南。三國時，吳、魏用兵，亦都在這一帶，彼此均無大成功。魏文帝本來無甚才略，死後，兒子明帝繼立，荒淫奢侈，朝政更壞。其時司馬懿屢次帶兵在關中和諸葛亮相持，又平定了遼東。明帝死後，于齊王芳年幼，司馬懿和曹爽同受遺詔輔政。其初大權爲曹爽所專，司馬懿託病不出，而暗中運用詭謀，到底把曹爽推翻，大權遂盡入其手。司馬懿死後，他的兒子司馬師、司馬昭相繼把持朝局。揚州方面，三次起兵反對司馬氏，都無成。蜀自諸葛亮死後，蔣琬、費禕繼之，不復能出兵北伐。費禕死後，姜維繼之，頻年出兵北伐而無功，民力頗爲疲敝。後主又信任宦官，政局漸壞。司馬昭乘此機會，於二六三年發兵滅蜀。司馬昭死後，他的兒子司馬炎繼之，於二六五年篡魏，是爲晉武帝，至二八〇年而滅吳統一中國。

第三十三章　晉初的形勢

吳、蜀滅亡，天下復歸於統一了，然而亂源正潛伏著，這亂源是什麼呢？

自後漢以來，政治的綱紀久經廢弛，試看第三十一章所述可知。政治上的綱紀若要挽回，最緊要的是以嚴明之法行督責之術。魏武帝和諸葛亮都是以此而收暫時的效果的。然而一兩個嚴明的政治家，挽不回社會上江河日下的風氣，到魏、晉之世，綱紀又復頹敗了。試看清談之風，起於正始（魏齊王芳年號，自公元二四〇年至二四八年），至晉初而更甚，直綿延至南朝之末可知。所謂清談，所談的就是玄學，玄學的內容已見第十七章。談玄本不是壞事，以思想論，玄學要比漢代的儒學高明得多。不過學問是學問，事實是事實。因學問而忽視現實問題，在常人尚且不可，何況當時因談玄而蔑視現實的，有許多是國家的官吏，所拋棄的是政治上的職務。

漢朝人講道家之學的所崇奉的是黃、老，所講的是清靜不擾，使人民得以各安其生的法術。魏、晉以後的人所崇奉的是老、莊，其宗旨爲委心任運。狡黠的講求趨避之術，養成不負責任之風，懦弱的則逃避現實，以求解除痛苦。頹廢的則索性蔑視精神，專求物質上的快樂。到底人是現實主義的多，物質容易使人沉溺，於是奢侈之風大盛。當曹爽執政時，曾引用一班名士。雖因政爭失敗，未能有所作爲，然從零碎的材料看來，他們是有一種改革的計畫，而其計畫且頗爲遠大的（如夏侯玄有廢郡之議，他指出郡已經是供鎮壓之用，而不是治民事的，從來講官制的人，沒有這麼澈底注重民治的）。曹爽等的失敗，我們固然很難知其原因所在，然而奢侈無疑的總是其原因之一。代曹爽而起的是司馬氏，司馬氏是武人，武人是不知義理、亦不知有法度的，一奢侈就可以毫無軌範。何曾、石崇等人正是這一個時代的代表。

封建時代用人本來是看重等級的。東周以後，世變日亟，遊士漸起而奪貴族之席。秦國在七國中是最能任用遊士的，讀李斯《諫逐客書》可見。秦始皇滅六國後，仍保持這個政治習慣，所以李斯能做到宰相，得始皇的信任。漢高起自徒步，一時將相大臣，亦多刀筆吏或家貧無行者流，就更不必說了。漢武帝聽了董仲舒的話，改革選法，博士、博士弟子、郡國上計之吏和州郡所察舉的秀才、孝廉，都從廣大的地方和各種不同的階層中來。其他擢用上書言事的人，以及朝廷和各機關的徵辟，亦都是以人才爲主的。雖或不免採取虛譽，及引用善於奔走運動的人，究與一階級中人世據高位者不同。魏、晉以降，門閥制度漸次形成，影響及於選舉，高位多爲貴族所蟠踞，起自中下階層中較有活氣的人，參與政治的機會較少，政治自然不免腐敗。如上章所述，三國時代，南方士大夫的風氣，還是頗爲剽悍的。自東晉之初，追溯後漢之末，不過百餘年，周瑜、魯肅、呂蒙、陸遜等人物，未必無有（晉初的周處，即係南人，還很有武烈之風）。倘使元帝東渡以後，晉朝能多引用這一班人，則除爲國家戡亂以外，更加以民族的敵愾心，必有功效可見。然而大權始終爲自北南遷的貴族所把持，使宋武帝一類的人物，直到晉末，才得出現於政治舞臺之上，這也是一筆很大的損失。

兩漢時儒學盛行，儒學是封建時代的產物，頗篤於君臣之義的。兩漢時，此項運動，亦頗收到相當的效果。漢末政治腐敗，有兵權的將帥，始終不敢背叛朝廷（說本《後漢書・儒林傳論》）。以魏武帝的功蓋天下，亦始終只敢做周文王（參看《三國志・魏武帝紀》建安十五年注引是年十二月己亥令，這句句都是真話），就是爲此。司馬氏的成功是狡黠而不知義理的軍閥得勢（《晉書・宣帝紀》說：「明帝時，王導侍坐，帝問前世所以得天下，導乃陳帝創業之始，及文帝末高貴鄉公事。明帝以面覆床曰：『若如公言，晉祚復安得長遠？』」司馬氏之說可見），自此風氣急變。宋、齊、梁、陳之君亦多是如此。加以運祚短促，自不足以致人忠誠之心。門閥用人之習既成，貴遊子弟，出身便做好官，富貴吾所自有，朝代變換，這班人卻並不更動，遂至「忠君之念已亡，保家之念彌切」（說本《南史・褚淵傳論》）。中國人自視其國爲天下，國家觀念，本不甚發達；五胡亂華，雖然稍稍激起民族主義，尚未能發揚光大；政治上的綱紀，還要靠忠君之義維持，而其頹敗又如此，政治自更奄奄無生氣了。

秦、漢時雖有所謂都尉，調兵和統率之權，是屬於太守的。其時所行的是民兵之制，平時並無軍隊屯聚；一郡的地方太小，亦不足以背叛中央；所以柳宗元說「有叛國而無叛郡」（見其所著《封建論》）。自刺史變爲州牧，而地盤始大；即仍稱刺史的，其實權亦與州牧無異；郡守亦有執掌兵權的；遂成尾大不掉之勢。晉武帝深知其弊，平吳之後，就下令去刺史的兵權，回復其監察之職。然沿習既久，人心一時難於驟變。平吳之後，不久內亂即起，中央政府，顧不到各地方，仍藉各州郡自行鎮壓，外重之勢遂成，迄南朝不能盡革。

自秦、漢統一之後，國內的兵爭既息，用不到人人當兵。若說外征，則因路途窵遠，費時失業，人民在經濟上的損失太大，於是多用謫發及謫戍。至後漢光武時，省郡國都尉，而民兵之制遂廢。第九章中，業經說過了。國家的強弱，固不盡係乎兵，然若多數人民都受過相當軍事的訓練，到緩急之際，所表現出來的抵抗力，是不可輕侮的。後漢以來，此條件業經喪失，反因貪一時便利之故，多用降伏的異族爲兵，兵權倒持在異族手裡，遂成爲五胡擾亂的直接原因。

晉初五胡的形勢，是如此的：（一）匈奴。散布在并州（即今山西省境內）。（二）羯。史籍上說是匈奴的別種，以居於上黨武鄉的羯室而得名的（在今山西遼縣）。案古書上的種字，不是現在所謂種族之義。古書所謂種或種姓，其意義，與姓氏或氏族相當。羯人有火葬之俗，與氐、羌同，疑係氐、羌與匈奴的混種，其成分且以氐、羌爲多。羯室正以羯人居此得名，並非匈奴的一支，因居羯室之地而稱羯。（三）鮮卑。《後漢書》說東胡爲匈奴所破，餘衆分保烏丸、鮮卑兩山，因以爲名。事實上，怕亦是山以部族名的。此二山，當在今蒙古東部蘇克蘇魯，索岳爾濟一帶。烏桓在南，鮮卑在北。漢朝招致烏桓，居於上谷、漁陽、右北平、遼西、遼東塞上，以捍禦匈奴。後漢時，北匈奴敗亡，鮮卑徙居其地。其酋長檀石槐，曾一時控制今蒙古之地，東接夫餘（與高句麗同屬貉族，其都城，即今吉林的長春縣），西至西域。所以烏丸和中國，較爲接近，而鮮卑則據地較廣。曹操和袁紹相爭時，烏丸多附袁紹。袁氏既滅，曹操襲破之於柳城（漢縣，今熱河凌源縣）。烏桓自此式微，而鮮卑則東起遼東，西至今甘肅境內，部族歷歷散布，成爲五胡中人數最多、分布最廣的一族。（四）氐。氐人本來是居於武都的（即白馬氐之地，今甘肅成縣），魏武帝怕被蜀人所利用，把他遷徙到關中。（五）羌。即後漢時叛亂之餘，氐、羌都在涇、渭兩水流域。當時的五胡大部分是居於塞內的，間或有在塞外的，亦和邊塞很爲接近。其人亦多散處民間，從事耕織，然獷悍之氣未消，而其部族首領，又有野心勃勃，想乘時恢復故業的。一旦嘯聚起來，「掩不備之人，收散野之積」（江統《徙戎論》語），其情勢，自又非從塞外侵入之比。所以郭欽、江統等要想乘天下初定，用兵力將他們遷回故地。這雖不是民族問題根本解決之方，亦不失爲政治上一時措置之策，而晉武帝因循不能用。

第三十四章　五胡之亂（上）

五胡之亂，已經蓄勢等待著了，而又有一個八王之亂（八王，謂汝南王亮、楚王瑋、趙王倫、齊王冏、長沙王乂、成都王穎、河間王顒、東海王越），做它的導火線。封建親戚以爲屛藩之夢，此時尙未能醒。我們試看：魏武帝於建安十五年十二月己亥下令，說從前朝廷恩封我的幾個兒子，我辭而不受，現在想起來，卻又要受了，因爲執掌政權年久，怕要謀害我的人多，想藉此自全之故，就可見得這時候人的思想。魏雖亦有分封之制，但文帝當未做魏世子時，曾和他的兄弟爭立，所以猜忌宗室諸王特甚，名爲分藩，實同囚禁，絕不能牽掣晉朝的篡弒。晉人有鑑於此，所以得國之後，就大封同姓，體制頗爲崇隆，而且各國都有衛兵。晉武帝是文帝的兒子，景帝之後，自然不甘退讓。在武帝時，齊王攸頗有覬覦儲位之意，似乎也有黨附於他的人。然未能有成，惠帝卒立。惠帝是很昏愚的，其初太后父楊駿執政，皇后賈氏和楚王瑋合謀，把他殺掉，而用汝南王亮，又把他殺掉，後又殺楚王，旋弒楊太后。太子遹非后所生，後亦把他廢殺。趙王倫時總宿衛，因人心不服，弒后，遂廢惠帝而自立。時齊王冏鎭許昌，成都王穎鎭鄴（今河南臨漳縣）。河間王顒鎭關中，連兵攻殺倫，惠帝復位，齊王入洛專政，河間王和長沙王乂合謀攻殺之，又和成都王穎合謀，攻殺乂。東海王越合幽、并兩州的兵，把河間、成都兩王打敗。遂弒惠帝而立懷帝。此等擾亂之事，在公元二九一至三〇六的十六年間。

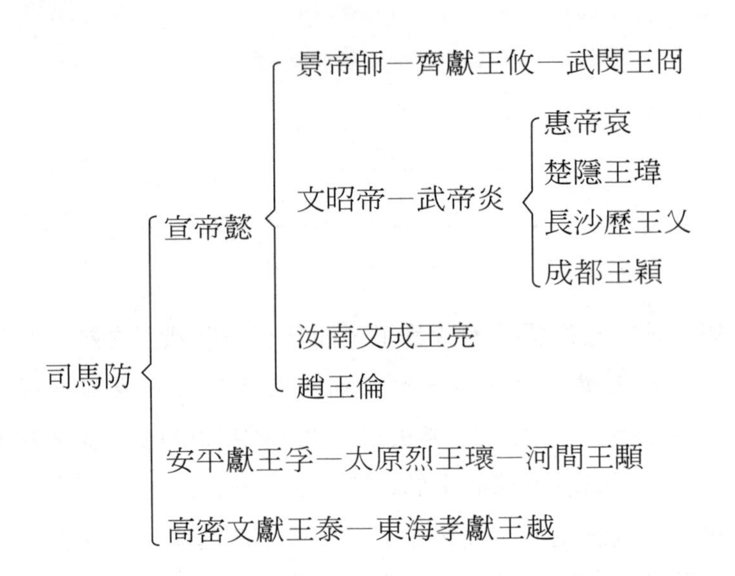

匈奴單于，自後漢之末失位，入居中國。單于死後，中國分其部衆爲五，各立酋帥。其中左部最強，中國將其酋帥羈留在鄴，以資駕馭，至晉初仍未釋放。東海王之兵既起，劉淵說成都王回去合五部之衆，來幫他的忙，成都王才釋放了他。劉淵至并州，遂自立，是爲十六國中的前趙。此時中原之地，盜賊蜂起，劉淵如能力征經營，很可以有所成就。然劉淵是個無甚才略的人，自立之後，遂安居不出。羯人石勒，才略卻比較優長。東方群盜，盡爲所併。名雖服從前趙，實則形同獨立。東海王既定京師，出兵征討，死於軍中，其兵爲石勒所追敗，晉朝遂成坐困之勢。三一〇年，劉淵的族子劉曜攻破洛陽，懷帝被虜，明年，被弒，湣帝立於長安。三一六年，又被虜，明年，被弒。元帝時督揚州，從下邳遷徙到建業（下邳，今江蘇邳縣。建業，今南京。東晉後避湣帝諱，改曰建康），自立，是爲東晉元帝。此時，在北方，只有幽州刺史王浚、并州刺史劉琨，崎嶇和戎狄相持。南方則豫州刺史祖逖，從淮北經略今之豫東，頗有成績。然王浚本是個狂妄的人，劉琨則窘困太甚，終於不能支持，爲石勒所破滅。祖逖因中央和荊州互相猜忌，知道功不能成，憤慨而死，就無能抗拒石勒的人。三二八年，勒滅前趙。除割據涼州的前涼，遼東、西的前燕外，北方幾盡入其手。

南方的情勢，是荊州強於揚州。元帝即位之後，要想統一上流的事權，乃派王敦去都督荊州。王敦頗有才能，能把荊州的實權收歸掌握，卻又和中央互相猜忌。三二二年，終於決裂，王敦的兵入據京城，元帝憂憤而死。子明帝立，頗有才略。乘王敦病死，把其餘黨討平。然明帝在位僅三年，明帝崩，子成帝立，年幼，太后庾氏臨朝，後兄庾亮執政，和歷陽內史蘇峻不協（今安徽和縣）。蘇峻舉兵造反。亮奔溫嶠於尋陽（今江西九江縣）。溫嶠是很公忠體國的，邀約荊州刺史陶侃，把蘇峻打平。陶侃時已年老，故無跋扈之心。侃死後，庾亮出鎮荊州。庾亮死後，其弟庾翼、庾冰繼之。此時內外的大權，都在庾氏手裡，所以成帝、康帝之世，相安無事。三四四年，康帝崩，子穆帝立。明年，庾翼死，表請以其子繼任，宰相何充不聽，而用了桓溫。於是上下流之間，又成對立之勢了。

石勒死於三三三年，明年，勒從子虎殺勒子而自立。石虎是個淫暴無人理的，然兵力尚強。庾翼於三四三年出兵北伐，未能有功。三四九年，石虎死，諸子爭立。漢人冉閔爲虎養子，性頗勇悍，把石虎諸子盡行誅滅。閔下令道：「與官同心者住，不同心者各任所之。」於是「趙人百里內悉入城」，而「胡、羯去者填門」。閔知胡之不爲己用，遂下令大誅胡、羯。單是一個鄴中，死者就有二十多萬，四方亦都承令執行。胡、羯經此打擊，就不能再振了。先是鮮卑慕容廆，興於遼西，兼併遼東。至其子皝，遷都龍城（今熱河朝陽縣）。慕容氏是遠較前、後趙爲文明的，地盤既廣，兵力亦強。石虎死的前一年，慕容皝死，子儁立。乘北方喪亂，侵入中原。冉閔與戰，爲其所殺。於是河北之地，盡入於慕容氏。羌酋姚弋仲、氐酋苻洪，其初爲後趙所壓服的，至此亦乘機自立。苻洪死，子苻健入關。姚弋仲死，其子姚襄降晉，想藉晉力以自圖發展。晉朝因和桓溫互相猜忌，引用了名士殷浩做宰相，想從下流去經略中原。殷浩亦不是沒有才能的人，但揚州勢成積弱，殷浩出而任事，又沒有一個相當的時間以資準備，自然只得就固有的力量加以利用。於是即用姚襄爲前鋒，反爲其所邀擊，大敗，軍資喪失甚衆，此事在三五四年。先是桓溫已滅前蜀，至此，遂迫脅朝廷，廢掉殷浩，他卻出兵北伐，擊破了姚襄，恢復洛陽，然亦未能再進。慕容儁死後，子慕容暐繼之，雖年幼無知，然有慕容恪輔政，慕容垂帶兵，仍有相當的力量。姚襄敗後入關，爲秦人所殺，弟萇以衆降秦。秦苻健死後，子生無道，爲苻堅所弒，自立。能任用王猛以修國政，其勢尤張。此時的北方，已較難圖，所以當後趙、冉閔紛紜爭奪之時，晉朝實在坐失了一個恢復中原的機會。此時燕人頻年出兵，以經略河南，洛陽又爲所陷。三六九年，桓溫出兵伐燕，大敗於枋頭（城名，今河南濬縣）。桓溫之意，本來要立些功業，再圖篡奪的。至此，自顧北伐已無成功之望，乃於三七一年入朝，行廢立之事（康帝崩，子穆帝立。崩，成帝子哀帝立。崩，弟海西公立。至是為桓溫所廢，而立元帝子簡文帝）。溫以禪讓之意，諷示朝臣。謝安、王坦之當國，持之以靜。三七三年，桓溫死，他的兄弟桓沖，是個沒有野心的人，把荊州讓出，政局乃獲暫安。

第三十五章　五胡之亂（下）

東晉時的五胡十六國，實在並不成其爲一個國家，所以其根基並不穩固。看似聲勢雄張，只是沒有遇見強敵，一戰而敗，遂可以至於覆亡。枋頭戰後，慕容垂因被猜忌出奔。前秦乘機舉兵，其明年，前燕竟爲所滅。前秦又滅掉前涼，又有統一北方之勢。然其根基亦並不是穩固的。此時北方的漢族，因爲沒有政府的領導，雖有強宗巨室和較有才力的人，能保據一隅，或者潛伏山澤，終產生不出一個強大的政權來，少數的五胡，遂得橫行無忌。然他們亦是人各有心，而且野蠻成習，頗難於統馭的。五胡中苟有英明的酋長出來，亦只得希望漢族擁戴他，和他一心，要聯合許多異族以制漢族，根本上是沒有這回事的。若要專恃本族，而把漢族以外的異族剷除；則（一）因限於實力；（二）則漢族此時，並不肯替此等異族出死力，而此等異族，性本蠻悍，加以志在掠奪，用之爲兵，似乎頗爲適宜，所以習慣上都是靠他們做主力的軍隊，盡數剪除，未免削弱兵力；所以其勢又辦不到。苻堅的政策，是把氐人散布四方，行駐防政策，而將其餘被征服的異族置之肘腋之下，以便監制。倘使他的威力，能夠始終維持，原亦未爲非計。然若一朝失足，則氐人散處四方，不能聚集，無復基本隊伍，就糟了。所以當時，苻堅要想伐晉以圖混一，他手下的穩健派，如王猛，如其兄弟苻融等，都是反對的。而苻堅志得意滿，違衆舉兵，遂以三八三年大敗於淝水。北方異族，乘機紛紛而起。而慕容垂據河北為後燕，姚萇據關中為後秦。苻堅於三八五年為姚萇所殺，子丕，族子登，相繼自立，至三九四年，卒為姚萇之子姚興所滅。此時侵入中原的五胡，已成強弩之末。因為頻年攻戰，死亡甚多，人口減少，而漢族的同化作用，仍在逐漸進行，戰鬥力也日益衰弱。其仍居塞外的，卻比較氣完力厚。此等情勢，自公元四世紀末，夏及拓跋魏之興，至六世紀前半爾朱氏、宇文氏等侵入中原，迄未曾變。自遭冉閔的大屠戮後，胡、羯之勢，業已不能復振。只有匈奴鐵弗氏，根據地在新興（今山西忻縣），還是一個比較完整的部落。拓跋氏自托於黃帝之後，說其初建國北荒，後來南遷大澤，因其地「昏冥沮洳」，乃再南遷至匈奴故地。自托於黃帝之後，自不足信，其起源發跡之地，該不是騙人的。他大約自西伯利亞遷徙到外蒙古，又逐漸遷徙到內蒙古的。晉初，其根據地在上谷之北，今灤河上源之西。劉琨藉其兵力以禦匈奴，畀以雁門關以北之地。拓跋氏就據有平城，東至今察哈爾的西部。這時候，自遼東至今熱河東部，都是慕容氏的勢力範圍。其西為宇文氏，再西就是拓跋氏。慕容氏盛時，宇文氏受其壓迫，未能自強，拓跋氏卻不然。拓跋氏和匈奴鐵弗氏是世仇，苻堅時，拓跋氏內亂，鐵弗的酋長劉衛辰引秦兵把他打破。苻堅即使劉衛辰和其族人劉庫仁分管其部落。劉庫仁是拓跋氏的女婿，反保護其遺裔拓跋珪。其時塞外，從陰山至賀蘭山，零星部落極多，拓跋珪年長後，逐漸加以征服，勢力復張，劉衛辰為其所滅，其子勃勃奔後秦。姚興使其守禦北邊，勃勃遂叛後秦自立。後秦屢為所敗，國勢益衰。三九五年，慕容垂之子寶伐後魏，大敗於參合陂（今山西陽高縣）。明年，慕容垂自將伐魏。魏人退出平城，以避其鋒。慕容垂入平城，而實無所得。還至參合陂，見前此戰敗時的屍骸，堆積如山，軍中哭聲振天，慚憤而死，慕容寶繼立。拓跋珪大舉來攻，勢如排山倒海。慕容寶棄其都城中山，逃到龍城，被弒。少子盛定亂自立，旋亦被弒。弟熙立，因淫虐，為其將馮跋所篡，是為北燕。其宗族慕容德南走廣固（今山東益都縣西）。自立，是爲南燕。拓跋珪服寒食散，散發不能治事，不復出兵。北方形勢，又暫告安靜。

南方當這時候，卻產生出一種新勢力來。晉朝從東渡以後，長江上流的形勢，迄較下流爲強，以致內外相持，坐視北方的喪亂而不能乘。當淝水戰前六年，謝玄鎭廣陵（今江蘇江都縣），才創立一支北府兵，精銳無匹，而劉牢之爲這一支軍隊的領袖。淝水之戰，就是倚以制勝的。下流的形勢，至此實已較上流爲強。東晉孝武帝是一個昏憒糊塗的人，始而信任琅邪王道子，後來又猜忌他，使王恭鎭京口（今江蘇鎮江），殷仲堪鎭江陵以防之。慕容垂死的一年，孝武帝也死了，子安帝立。三九八年，王恭、殷仲堪同時舉兵。道子嗜酒昏愚，而其世子元顯，年少有些才氣。使人勾結劉牢之倒戈，王恭被殺。而上流之兵已逼，牢之不肯再戰。殷仲堪並不會用兵，軍事都是委任南郡相楊佺期的（南郡，治江陵），而桓溫的小兒子桓玄在荊州，仍有勢力，此時亦在軍中。晉朝乃以楊佺期刺雍州，桓玄刺江州，各給了一個地盤，上流之兵才退。後來殷仲堪和楊佺期，都給桓玄所併。四〇二年，元顯乘荊州饑饉，舉兵伐玄，劉牢之又倒戈，桓玄入京城，元顯和道子都被殺。桓玄是個狂妄的人，得志之後，奪掉了劉牢之的兵權，牢之謀反抗，而手下的人不滿他的屢次倒戈，不肯服從，牢之自縊而死。桓玄以爲天下無事了，就廢安帝自立。然劉牢之雖死，北府兵中人物尚多。四〇四年，劉裕等起兵討玄，玄遂敗死，安帝復位。劉裕入居中央，掌握政權，一時的功臣，都分布州郡，南方的形勢一變。

四〇九年，劉裕出兵滅南燕。想要停鎭下邳，經營河、洛，而後方又有變故。先是三九九年，孫恩起兵會稽（今浙江紹興）；後爲劉牢之及劉裕所破，入海島而死。其黨盧循襲據廣州。桓玄不能討，用爲刺史。盧循又以其妹夫徐道覆爲始興相（今廣東曲江縣）。劉裕北伐時，盧循、徐道覆乘機北出，沿江而下，直逼京城。此時情勢確甚危急。劉裕速回兵，以疲敝之衆，守住京城。盧循、徐道覆不能克，退回上流，爲裕所襲敗。裕又遣兵從海道襲據廣州，把他們打平，劉裕於是剪除異己。至四一七年，復大舉以滅後秦。此時後魏正值中衰；涼州一隅，目前秦亡後，復四分五裂，然其中並無強大之國（氐酋呂光，為苻堅將，定西域。苻堅敗後，據姑臧自立，是為後涼。後匈奴酋沮渠蒙遜據張掖叛之，為北涼。漢族李暠據敦煌，為西涼。鮮卑禿髮烏孤據樂都為南涼，後涼之地遂分裂。又有鮮卑乞伏國仁，據隴右，為西秦。後涼為後秦所滅，西涼為北涼所滅，南涼為西秦所滅，西秦為夏所滅，北涼為後魏所滅。姑臧，今甘肅武威縣。張掖、敦煌，今縣皆同名。樂都，今碾伯縣。西秦初居勇士川，在今甘肅金縣後徙苑川，在今甘肅靖遠縣）；夏雖有剽悍之氣，究係偏隅小國；倘使劉裕能在關中駐紮幾年，擴清掃蕩之效，是可以預期的，則當南北朝分立之初，海內即可有統一之望，以後一百七十年的分裂之禍，可以免除了。然舊時的英雄，大抵未嘗學問。個人權勢意氣之爭，重於爲國爲民之念。以致同時並起，資望相等的人物，往往不能相容，而要互相翦滅，這個實在使人才受到一個很大的損失。劉裕亦是如此，到滅秦時，同起義兵諸人，都已被翦除盡了。手下雖有幾個勇將，資格都是相等的，誰亦不能統率誰。而劉裕後方的機要事務，全是交給一個心腹劉穆之的，這時候，劉穆之忽然死了，劉裕放心不下，只得棄關中而歸，留一個小兒子義眞，以鎭守長安。諸將心力不齊，長安遂爲夏所陷。劉裕登城北望，流涕而已。內部的矛盾，影響到對外，眞可謂深刻極了。四二〇年，劉裕篡晉，是爲宋武帝，三年而崩。子少帝立，爲宰相徐羨之等所廢，迎立其弟文帝。文帝亦是個中主，然無武略，而功臣宿將，亦垂垂向盡。自北府兵創立至此，不足五十年，南方新興的一種中心勢力，復見衰頹。北魏拓跋珪自立，是爲道武帝。道武帝末年，勢頗不振。子明元帝，亦僅謹守河北。明元帝死，子太武帝立，復強。公元四三一年，滅夏。四三六年，滅燕。涼州之地，亦皆爲其所吞併，天下遂分爲南北朝。

第三十六章　南北朝的始末

南北朝的對立，起於公元四二〇年宋之代晉，終於公元五八九年隋之滅陳，共一百七十年。其間南北的強弱，以宋文帝的北伐失敗及侯景的亂梁爲兩個重要關鍵。南朝的治世，只有宋文帝和梁武帝在位時，歷時較久。北方的文野，以孝文的南遷爲界限，其治亂則以爾朱氏的侵入爲關鍵。自爾朱氏、宇文氏等相繼失敗後，五胡之族，都力盡而衰，中國就復見盛運了。

宋文帝即位後，把參與廢立之謀的徐羨之、傅亮、謝晦等都誅滅。初與其謀而後來反正的檀道濟，後亦被殺。於是武帝手裡的謀臣勇將，幾於靡有孑遺了。歷代開國之主，能夠戡定大亂、抵禦外患的，大抵在政治上、軍事上，都有卓絕的天才，此即所謂文武兼資。而其所值的時局，難易各有不同。儻使大難能夠及身戡定，則繼世者但得守成之主，即可以蒙業而安。如其不然，則非更有文武兼資的人物不可。此等人固不易多得，然人之才力，相去不遠，亦不能謂並時必無其人；尤其做一番大事業的人，必有與之相輔之士。倘使政治上無家天下的習慣，開國之主，正可就其中擇賢而授，此即儒家禪讓的理想，國事實受其益了。無如在政治上，爲國爲民之義，未能澈底明瞭，而自封建時代相沿下來的自私其子孫，以及徒效忠於豢養自己的主人的觀念，未能打破，而君主時代所謂繼承之法，遂因之而立。而權利和意氣，都是人所不能不爭的，尤其以英雄爲甚。同幹一番事業的人，遂至不能互相輔助，反要互相殘殺，其成功的一個人，傳之於其子孫，則都是生長於富貴之中的，好者僅得中主，壞的並不免荒淫昏暴，或者懦弱無用。前人的功業，遂至付諸流水，而國與民亦受其弊，這亦不能不說是文化上的一個病態了。宋初雖失關中，然現在的河南、山東，還是中國之地。宋武帝死後，魏人乘喪南伐，取青、兗、司、豫四州（時青州治廣固，兗州治滑臺，司州治虎牢，豫州治睢陽。滑臺，今河南滑縣。虎牢，今河南汜水縣。睢陽，今河南商丘縣）。此時的魏人，還是遊牧民族性質，其文化殊不足觀，然其新興的剽悍之氣，卻亦未可輕視，而文帝失之於輕敵。四三〇年，遣將北伐，魏人斂兵河北以避之，宋朝得了虎牢、滑臺而不能繼續進取，兵力並不足堅守。至冬，魏人大舉南下，所得之地復失。文帝經營累年，至四五〇年，又大舉北伐。然兵皆白丁，將非材勇，甫進即退。魏太武帝反乘機南伐，至於瓜步（鎮名，今江蘇六合縣）。所過之處，赤地無餘，至於燕歸巢於林木，元嘉之世，本來稱爲南朝富庶的時代的，經此一役，就元氣大傷了，而北強南弱之勢，亦於是乎形成。

公元四五三年，宋文帝爲其子劭所弒。劭弟孝武帝，定亂自立。死後，子前廢帝無道，爲孝武弟明帝所廢。孝武帝和明帝都很猜忌，專以屠戮宗室爲務。明帝死後，大權遂爲蕭道成所竊。荊州的沈攸之和宰相袁粲，先後謀誅之，都不克。明帝子後廢帝及順帝，都爲其所廢。四七九年，道成遂篡宋自立，是爲齊高帝，在位四年。子武帝，在位十一年。高、武兩帝，都很節儉，政治較稱清明。武帝太子早卒，立大孫郁林王，爲武帝兄子明帝所廢。明帝大殺高、武兩帝子孫。明帝死後，子東昏侯立。時梁武帝蕭衍刺雍州，其兄蕭懿刺豫州，梁武帝兄弟本與齊明帝同黨。其時江州刺史陳顯達造反，東昏侯使宿將崔慧景討平之。慧景還兵攻帝，勢甚危急，蕭懿發兵入援，把他打平，東昏侯反把蕭懿殺掉，又想削掉蕭衍，東昏侯之弟寶融，時鎮荊州，東昏侯使就其長史蕭穎冑圖之。穎冑奉寶融舉兵，以梁武帝爲前鋒。兵至京城，東昏侯爲其下所弒。寶融立，是爲和帝，旋傳位於梁，此事在五〇二年。

梁武帝在位四十八年，其早年政治頗清明。自宋明帝時和北魏交兵，盡失淮北之地，齊明帝時又失沔北。東昏侯時，因豫州刺史裴叔業降魏，並失淮南（時豫州治壽陽，今安徽壽縣）。梁武帝時，大破魏兵於鍾離（在今安徽鳳陽縣），恢復了豫州之地。對外的形勢，也總算穩定。然梁武性好佛法，晚年刑政殊廢弛。又因太子統早卒，不立嫡孫而立次子簡文帝爲太子，心不自安，使統諸子出刺大郡，又使自己的兒子出刺諸郡，以與之相參。彼此乖離，已經醞釀著一個不安的形勢。而北方侯景之亂，又適於此時發作。

北魏太武帝，雖因割據諸國的不振，南朝的無力恢復，僥倖占據了北方，然其根本之地，實在平城，其視中國，不過一片可以榨取利益之地而已。他還不能自視爲和中國一體，所以也不再圖南侵。因爲其所有的，業已不易消化了。反之，平城附近，爲其立國根本之地，卻不可不嚴加維護。所以魏太武帝要出兵征伐柔然、高車，且於北邊設立六鎮（武川，今綏遠武川縣。撫冥，在武川東。懷朔，在今綏遠五原縣。懷荒，在今大同東北察哈爾境內。柔玄，在今察哈爾興和縣。禦夷，在今察哈爾沽源縣）。盛簡親賢，配以高門子弟，以厚其兵力。孝文帝是後魏一個傑出人物，他仰慕中國的文化，一意要改革舊俗。但在平城，終覺得環境不甚適宜。乃於公元四九三年，遷都洛陽。斷北語，改姓氏，禁胡服，獎勵鮮卑人和漢人通婚，自此以後，鮮卑人就漸和漢人同化了。然其根本上的毛病，即以征服民族自居，視榨取被征服民族以供享用爲當然之事，因而日入於驕奢淫佚，這是不能因文明程度的增進而改變的，而且因爲環境的不同，其流於驕奢淫佚更易。論者因見歷來的遊牧民族同化於漢族之後，即要流於驕奢淫佚，以致失其戰鬥之力，以爲這是中國的文明害了他，模仿了中國的文明，同時亦傳染了中國的文明病。其實他們驕奢淫佚的物質條件，是中國人供給他的，驕奢淫佚的意志，卻是他們所自有；而這種意志，又是與其侵略事業，同時並存的，因爲他們的侵略，就是他們的生產事業。如此，所以像金世宗等，要禁止他的本族人華化，根本是不可能的。因爲不華化，就是要一切生活都照舊，那等於只生產而不消費，經濟學上最後的目的安在呢？所以以驕奢淫佚而滅亡，殆爲野蠻的侵略民族必然的命運。後魏當日，便是如此。孝文帝傳子宣武帝至孝明帝，年幼，太后胡氏臨朝。荒淫縱恣，把野蠻民族的病態，悉數現出。中原之民，苦於橫征暴斂，群起叛亂。而六鎮將士，因南遷以後，待遇不如舊時，魏朝又怕兵力衰頹，禁其浮游在外，亦激而生變。有一個部落酋長喚做爾朱榮，起而加以鎮定。爾朱氏是不曾侵入中原的部族，還保持著獷悍之風。胡太后初爲其親信元義等所囚，後和明帝合謀，把他們誅滅。又和明帝不協，明帝召爾朱榮入清君側，已而又止之。胡太后懼，弒明帝。爾朱榮舉兵入洛，殺胡太后而立孝莊帝。其部衆既勁健，而其用兵亦頗有天才。中原的叛亂，都給他鎮定了。然其人起於塞外，缺乏政治手腕，以爲只要靠兵力屠殺，就可以把人壓服。當其入洛之日，就想做皇帝，乃縱兵士圍殺朝士二千餘人。居民驚懼，逃入山中，洛陽只剩得一座空城。爾朱榮無可如何，只得退居晉陽，遙執朝權。然其篡謀仍不息，孝莊帝無拳無勇，乃利用宣傳爲防禦的工具。當爾朱榮篡謀急時，孝莊帝就散布他要進京的消息，百姓就逃走一空，爾朱榮只得自止。到後來，看看終非此等手段所能有濟了。五三〇年，乃索性召他入朝。孝莊帝自藏兵器於衣內，把他刺死。其姪兒爾朱兆，舉兵弒帝，別立一君。此時爾朱氏的宗族，分居重鎮，其勢力如日中天。然爾朱兆是個魯莽之夫，其宗族中人，亦與之不協。五三二年，其將高歡起兵和爾朱氏相抗，兩軍相遇於韓陵（山名，在今河南安陽縣）。論兵力，爾朱氏是遠過於高歡，然因其暴虐過甚，高歡手下的人都齊心死戰，而爾朱氏卻心力不齊，遂至大敗。晉陽失陷，爾朱兆逃至秀容川（在今山西朔縣）。爲高歡所掩殺，其餘爾朱氏諸人亦都被撲滅。高歡入洛，廢爾朱氏所立，而別立孝武帝。高歡身居晉陽，繼承了爾朱榮的地位。孝武帝用賀拔岳爲關中大行臺，圖與高歡相抗。高歡使其黨秦州刺史侯莫陳悅殺岳（秦州，今甘肅天水縣）。夏州刺史宇文泰攻殺悅（夏州，今陝西橫山縣）。孝武帝即以泰繼岳之任。五三四年，孝武帝舉兵討歡，高歡亦自晉陽南下，夾河而軍，孝武帝不敢戰，奔關中，爲宇文泰所弒。於是高歡、宇文泰，各立一君，魏遂分爲東、西。至五五〇年，而東魏爲高歡子洋所篡，是爲北齊文宣帝。五五七年，西魏爲宇文泰之子覺所篡，是爲北周孝閔帝。

當東、西魏分裂後，高歡、宇文泰曾劇戰十餘年，彼此都不能逞志，而其患顧中於梁。這時候，北方承劇戰之後，兵力頗強，而南方武備久廢弛，欲謀恢復，實非其時，而梁武帝年老昏耄，卻想乘機僥倖，其禍就不可免了。高歡以五四七年死，其將侯景，是專管河南的。雖然野蠻粗魯，在是時北方諸將中，已經算是狡黠的了。高歡死後，其子高澄，嗣爲魏相。侯景不服，遂舉其所管之地來降，梁武帝使子淵明往援，爲魏所敗，淵明被擒。侯景逃入梁境，襲據壽陽，梁朝不能制。旋又中魏人反間之計，想犧牲侯景，與魏言和。侯景遂反，進陷臺城（南朝之宮城）。梁武帝憂憤而崩，時爲五四九年，子簡文帝立。五五一年，爲侯景所弒。武帝子湘東王繹即位於江陵，是爲元帝，時陳武帝陳霸先自嶺南起兵勤王。元帝使其與王僧辯分道東下，把侯景誅滅。先是元帝與諸王互相攻擊，郢州的邵陵王綸（郢州，今湖北武昌縣。綸，武帝子），湘州的河東王譽（譽，詧皆昭明太子統之子），皆爲所併。襄陽的岳陽王詧，則因求救於西魏而得免。至元帝即位後，武陵王紀亦稱帝於成都（紀，武帝子），舉兵東下，元帝亦求救於西魏，西魏襲陷成都。武陵王前後受敵，遂敗死，而元帝又與西魏失和。五五四年，西魏陷江陵，元帝被害。魏人徙岳陽王詧於江陵，使之稱帝，而對魏則稱臣，是為西梁。王僧辯、陳霸先立元帝之子方智於建康，是為敬帝。而北齊又送淵明回國，王僧辯戰敗，遂迎立之。陳霸先討殺僧辯，奉敬帝復位。五五七年，遂禪位於陳。這時候，梁朝骨肉相殘，各引異族為助，南朝幾至不國。幸得陳武帝智勇足備，卓然不屈，才得替漢族保存了江南之地。

陳武帝即位後三年而崩，無子，傳兄子文帝。文帝死後，弟宣帝，廢其子廢帝而代之。文、宣兩帝，亦可稱中主，但南方當喪亂之餘，內部又多反側，所以不能自振。北方則北齊文宣、武成兩帝，均極荒淫。武成帝之子緯，尤為奢縱。而北周武帝，頗能勵精圖治。至五七七年，齊遂為周所滅。明年，武帝死，子宣帝立，又荒淫，傳位於子靜帝，大權遂入后父楊堅之手。五八一年，堅廢靜帝自立，是為隋文帝。高齊雖自稱是漢族，然其性質實在是胡化了的。隋文帝則勤政恤民，儉於自奉，的確是代表了漢族的文化。自西晉覆亡以來，北方至此才復建立漢人統一的政權。此時南方的陳後主，亦極荒淫。五八九年，為隋所滅，西梁則前兩年已被滅，天下復見統一。

兩晉、南北朝之世，是向來被看作黑暗時代的，其實亦不盡然。這一時代，只政治上稍形黑暗，社會的文化，還是依然如故。而且正因時局的動盪，而文化乃得為更大的發展。其中關係最大的，便是黃河流域文明程度最高的地方的民族，分向各方面遷移。《漢書．地理志》敘述楚地的生活情形，還說江南之俗，火耕水耨，果蓏蜯蛤，飲食還足，是故呰窳媮生而無積聚，而《宋書．孔季恭傳》敘述荊、揚兩州的富力，卻是「膏腴上地，畝直一金，鄠、杜之間不能比」（鄠，今陝西鄠縣，杜，在今陝西長安縣南，漢時農業盛地價高之處）；又說：「魚、鹽、杞、梓之利，充仞八方，絲棉，布帛之饒，覆衣天下。」成為全國富力的中心了。三國之世，南方的風氣，還是很剽悍的，讀第三十二章所述可見。而自東晉以來，此種風氣，亦潛移默化。談玄學佛，成爲全國文化的重心，這是最彰明較著的。其他東北至遼東，西南至交阯，莫不有中原民族的足跡，其有裨於增進當地的文化，亦絕非淺鮮，不過不如長江流域的顯著罷了。還有一層，陶潛的〈桃花源詩〉，大家當他是預言，其實這怕是實事。自東漢之末，至於南北朝之世，北方有所謂山胡，南方有所謂山越。聽了胡、越之名，似乎是異族蟄居山地的，其實不然。試看他們一旦出山，便可和齊民雜居，服兵役，輸賦稅，絕無隔閡，便可知其實非異族，而係漢族避亂入山的。此等避亂入山的異族，爲數既衆，歷時又久，山地爲所開闢，異族爲所同化的，不知凡幾，眞是拓殖史上的無名英雄了。以五胡論：固然有荒淫暴虐如石虎、齊文宣、武成之流的，實亦以能服從漢族文化的居其多數。石勒在兵戈之際，已頗能引用士人，改良政治；苻堅更不必說。慕容氏興於邊徼，亦是能慕效中國的文明的。至北魏孝文帝，則已舉其族而自化於漢族。北周用盧辯、蘇綽，創立法制，且有爲隋、唐所沿襲的。這時候的異族，除血統之外，幾乎已經說不出其和漢族的異點了。一到隋、唐時代，而所謂五胡，便已泯然無跡，良非偶然。

第三十七章　南北朝隋唐間塞外的形勢

蔥嶺以東，西伯利亞以南，後印度半島以東北，在歷史上實自成其爲一個區域。這一個區域中，以中國的產業和文化最爲發達，自然成爲史事的重心。自秦、漢至南北朝，我們可以把它看做一個段落，隋、唐以後，卻又是一個新段落了。這一個新段落中，初期的形勢，乃是從五胡侵入中原以後逐漸醞釀而成的，在隋、唐興起以前，實有加以一番檢討的必要。

漠南北之地，對於中國是一個最大的威脅，繼匈奴而居其地的爲鮮卑。自五胡亂華以來，鮮卑紛紛侵入中國。依舊保持完整的只有一個拓跋氏，然亦不過在平城附近。自此以東，則有宇文氏的遺落奚、契丹，此時部落尚小，其餘的地方都空虛了。鐵勒乃乘機入據，鐵勒，異譯亦作敕勒，即漢時的丁令。其根據地，東起貝加爾湖，西沿西域之北，直抵裡海。鮮卑侵入中原後，鐵勒踵之而入漠北。後魏道武帝之興，自陰山以西，漠南零星的部落，幾於盡被吞併。只有一個柔然不服，爲魏太武帝所破，逃至漠北，臣服鐵勒，藉其衆以抗魏，魏太武帝又出兵把它打破，將降伏的鐵勒遷徙到漠南。這一支，歷史上特稱爲高車，其餘則仍稱鐵勒。南北朝末年，柔然又強了。東、西魏和周、齊都竭力敷衍它。後來阿爾泰山附近的突厥強盛，公元五五二年，柔然爲其所破。突厥遂征服漠南北，繼承了柔然的地位，依舊受著周齊的敷衍。

西域對中國，是無甚政治關係的，因爲它不能侵略中國，而中國當喪亂之時，亦無暇經營域外之故。兩晉、南北朝之世，只有苻堅，曾遣呂光去征伐過一次西域，其餘都在平和的狀態中，但彼此交通仍不絕。河西一帶，商業亦盛，這只要看這一帶兼用西域的金銀錢可知。西域在這時期，脫離了中國和匈奴的干涉，所以所謂三十六國者，得以互相吞併。到隋、唐時，只剩得高昌、焉耆、龜茲、于闐等幾個大國。

東北的文明，大略以遼東、西和漢平朝鮮後所設立的四郡爲界線。自此以南，爲飽受中國文明的貉族；自此以北，則爲未開化的滿族，漢時稱爲挹婁，南北朝、隋、唐時稱爲勿吉，亦作靺鞨。貉族的勢力，在前漢時，曾發展到今吉林省的長春附近，建立一個扶餘國。後漢時，屢通朝貢。晉初，爲鮮卑慕容氏所破。自此漸歸澌滅，而遼東、西以北，乃全入鮮卑和靺鞨之手。貉族則專向朝鮮半島發展，其中一個部落，喚做高句麗的，自中國對東北實力漸衰，遂形成一個獨立國。慕容氏侵入中原後，高句麗盡並遼東之地，侵略且及於遼西，其支族又於其南建立一個百濟國。半島南部的三韓，自秦時即有漢人雜居，謂之秦韓。後亦自立爲國，謂之新羅，高句麗最強大，其初新羅、百濟，嘗聯合以禦之。後百濟轉附高句麗，新羅勢孤，乃不得不乞援於中國，爲隋、唐時中國和高句麗、百濟構釁的一個原因。

南方海路的交通，益形發達。前後印度及南洋群島，入貢於中國的很多。中國是時方熱心於佛學，高僧往印度求法，和彼土高僧來中國的亦不少。高句麗、百濟亦自海道通南朝。日本當後漢時，其大酋始自通於中國。至東晉以後，亦時向南朝通貢，傳受了許多文明。侯景亂後，百濟貢使到建康來，見城闕荒毀，至於號慟涕泣，可見東北諸國，對我感情的深厚了。據阿剌伯人所著的古旅行記，說公元一世紀後半，西亞的海船，才達到交阯。公元一世紀後半，爲後漢光武帝至和帝之時。其後桓帝延熹九年，當公元一六六年，而大秦王安敦（Marcus Aurelius Antoninus，生於公元一二一年，即後漢安帝建光六年，歿於一八〇年，即後漢靈帝光和二年）。遣使自日南徼外通中國，可見這記載的不誣。他又說：公元三世紀中葉，中國商船開始西向，從廣州到檳榔嶼，四世紀至錫蘭，五世紀至亞丁，終至在波斯及美索不達米亞獨占商權。到七世紀之末，阿剌伯人才與之代興。三世紀中葉，當三國之末，七世紀之末，則當唐武后時。這四百五十年之中，可以說是中國人握有東西洋航權的時代了。至於偶爾的交通所及，則還不止此。據《梁書．諸夷傳》：倭東北七千餘里有文身國，文身國東五千餘里有大漢國，大漢國東二萬餘里有扶桑國。這扶桑國或說它是現在的庫頁島，或說它是美洲的墨西哥，以道里方向核之，似乎後說為近。據《梁書》所載：公元四九九年，其國有沙門慧深來至荊州，又晉時法顯著《佛國記》，載其到印度求法之後，自錫蘭東歸，行三日而遇大風，十三日到一島，又九十餘日而到耶婆提，自耶婆提東北行，一月餘，遇黑風暴雨，凡七十餘日，折西北行，十二日而抵長廣郡（今山東即墨縣）。章炳麟作〈法顯發現西半球說〉，說他九十餘日的東行，實陷入太平洋中，耶婆提當在南美。自此向東，又被黑風吹入大西洋中，超過了中國海岸，折向西北，才得歸來。衡以里程及時日，說亦可信。法顯的東歸，在公元四一六年，比哥倫布的發現美洲要早一千零七十七年了。此等偶然的飄播，和史事是沒有多大關係的，除非將來再有發現，知道美洲的開化，中國文化確占其中重要的成分。此時代的關係：在精神方面，自以印度的佛教為最大。在物質方面，則西南洋一帶，香藥、寶貨和棉布等，輸入中國的亦頗多。

第三十八章　隋朝和唐朝的盛世

北朝的君主，有荒淫暴虐的，也有能勵精圖治的，前一種代表了胡風，後一種代表了漢化。隋文帝是十足的後一種的典型，他勤於政事，又能躬行節儉。在位時，把北朝的苛捐雜稅都除掉，而府庫充實，倉儲到處豐盈，國計的寬餘，實爲歷代所未有。突厥狃於南北朝末年的積習，求索無厭。中國不能滿其欲，則擁護高齊的遺族和中國爲難。文帝決然定計征伐，大破其兵。又離間其西方的達頭可汗和其大可汗沙鉢略構釁，突厥由是分爲東、西。文帝又以宗女妻其東方的突利可汗，其大可汗都藍怒，攻突利。突利逃奔中國，中國處之夏、勝二州之間（夏州，在今陝西橫山縣北。勝州，在今綏遠鄂爾多斯左翼後旗黃河西岸），賜號爲啓民可汗。都藍死，啓民因隋援，盡有其衆，臣服於隋。從南北朝末期以來畏服北狄的心理，至此一變。

隋文帝時代，中國政局，確是好轉了的。但是文化不能一時急轉，所以還不能沒有一些曲折。隋文帝的太子勇，是具有胡化的性質的。其次子煬帝，卻又具有南朝君主荒淫猜忌的性質，太子因失歡於文帝后獨孤氏被廢。煬帝立，以洛陽爲東都。開通濟渠，使其連接邗溝及江南河。帝乘龍舟，往來於洛陽、江都之間。又使裴矩招致西域諸胡，所過之地，都要大營供帳。又誘西突厥獻地，設立西海、河源、鄯善、且末四郡（西海郡，當係青海附近之地。河源郡該在其西南。鄯善、且末，皆漢時西域國名，郡當設於其故地。鄯善國在今羅布泊之南；且末國在車爾成河上），謫罪人以實之。又於六一一、六一三、六一四年，三次發兵伐高句麗，天下騷動，亂者四起。煬帝見中原已亂，無心北歸，滯留江都，六一八年，為其下所弒。其時北方的群雄，以河北的竇建德、河南的李密為最大。而唐高祖李淵，以太原留守，於六一七年起兵，西據關中，又平定河西、隴右，形勢最為完固。煬帝死後，其將王世充擁眾北歸，據洛陽。李密為其所敗，降唐。又出關謀叛，為唐將所擊斬。唐兵圍洛陽，竇建德來救，唐兵大敗擒之，世充亦降。南方割據的，以江陵的蕭銑為最大，亦為唐所滅。江、淮之間，有陳稜、李子通、沈法興、杜伏威等，紛紛而起，後皆併於杜伏威，伏威降唐。北邊群雄依附突厥的，亦次第破滅。隋亡後約十年，而天下復定。

唐朝自稱為西涼李暠之後，近人亦有疑其為胡族的，信否可不必論，民族的特徵，乃文化而非血統。唐朝除太宗太子承乾具有胡化的性質，因和此時的文化不相容而被廢外，其餘指不出一些胡化的性質來，其當認為漢民族無疑了。唐朝開國之君雖為高祖，然其事業，實在大部分是太宗做的。天下既定之後，其哥哥太子建成和兄弟齊王元吉，要想謀害他，為太宗所殺。高祖傳位於太宗，遂開出公元六二七至六四九的二十三年間的「貞觀之治」。歷史上記載他的治績，至於行千里者不齎糧，斷死刑歲僅三十九人，這固然是粉飾之談，然其時天下有豐樂之實，則必不誣的了。隋、唐時的制度，如官制、選舉、賦稅、兵、刑等，亦都能將前代的制度加以整理，參看第六至第十章可明。

對外的情勢，此時亦開一新紀元。突厥因隋末之亂，復強盛，控弦之士至百萬。北邊崛起的群雄，都尊奉他，唐高祖初起時亦然，突厥益驕。天下既定，贈遺不能滿其欲，就連年入寇，甚至一年三四入，北邊幾千里，無處不被其患。太宗因其饑饉和屬部的離叛，於六三〇年，發兵襲擊，擒其頡利可汗。突厥的強盛，本來是靠鐵勒歸附的。此時鐵勒諸部，以薛延陀、回紇爲最強。突厥既亡，薛延陀繼居其地。六四四年，太宗又乘其內亂加以翦滅。回紇徙居其地，事中國頗謹。在西域，則太宗曾用兵於高昌及焉耆、龜茲，以龜茲、于闐、焉耆、疏勒之地爲四鎮。在西南，則綏服了今青海地方的吐谷渾。西藏之地，隋時始有女國和中國往來。唐時有一個部落，其先該是從印度遷徙到雅魯藏布江流域的，是爲吐蕃。其英主棄宗弄贊，太宗時始和中國交通，尚宗女文成公主，開西藏佛化的先聲。太宗又通使於印度，適值其內亂，使者王玄策調吐蕃和泥婆羅的兵，把它打敗。而南方海路交通，所至亦甚廣。只有高句麗，太宗自將大兵去伐它，仍未能有功。此乃因自晉以來，東北過於空虛，勞師遠攻不易之故。直至六六三、六六八兩年，高宗才乘其內亂，把百濟和高句麗先後滅掉。突厥西方的疆域，本來是很廣的。其最西的可薩部，已和東羅馬相接了。高宗亦因其內亂，把它戡定，分置兩個都督府，其所轄的羈縻府、州，西至波斯。唐朝對外的聲威，至此可謂達於最高峰了。因國威之遐暢，而我國的文化，和別國的文化，就起了交流互織的作用。東北一隅，自高句麗、百濟平後，新羅即大注意於增進文化。日本亦屢遣通唐使，帶了許多僧侶和留學生來。朝鮮半島南部和日本的舉國華文化，實在此時，其餘波且及於滿族。公元七世紀末年，遂有渤海國的建立，一切制度，都以中國爲模範。南方雖是佛化盛行之地，然安南在此時，仍爲中國的郡縣，替中國在南方留了一個文化的據點。西方則大食帝國勃興於此時，其疆域東至蔥嶺。大食在文化上實在是繼承希臘，而爲歐洲近世的再興導其先路的。中國和大食，政治上無甚接觸，而在文化上則彼此頗有關係。回教的經典和曆數等知識，都早經輸入中國。就是末尼教和基督教，也是受了回教的壓迫，才傳播到東方來的。而稱爲歐洲近世文明之源的印刷術、羅盤針、火藥，亦都經中國人直接傳入回教國，再經回教國人之手，傳入歐洲。

第三十九章　唐朝的中衰

唐朝對外的威力，以高宗時爲極盛，然其衰機亦肇於是時。高宗的性質是失之於柔懦的，他即位之初，還能遵守太宗的成規，所以永徽之政，史稱其比美貞觀。公元六五五年，高宗惑於才人武氏，廢皇后王氏而立之。武后本有政治上的才能，高宗又因風眩之故，委任於她，政權遂漸入其手。高句麗、百濟及西突厥雖於此時平定，而吐蕃漸強。吐谷渾爲其所破，西域四鎭亦被其攻陷，唐朝的外患，於是開始。六八三年，高宗崩，子中宗立。明年，即爲武后所廢，徙之房州（今湖北竹山縣）。立其弟豫王旦（即後來的睿宗）。六九〇年，又廢之，改國號爲周，自稱則天皇帝。後以宰相狄仁傑之言，召回中宗，立爲太子。七〇五年，宰相張柬之等乘武后臥病，結宿衛將，奉中宗復位。自武后廢中宗執掌政權至此，凡二十二年，若併其爲皇后時計之，則達五十五年之久。武后雖有才能，可是宅心不正，她是一種只計維持自己的權勢地位，而不顧大局的政治家。當其握有政權之時，濫用祿位，以收買人心；又任用酷吏，嚴刑峻法，以威嚇異己的人，而防其反動；驕奢淫佚的事情，更不知凡幾；以致政治大亂。突厥餘衆復強，其默啜可汗公然雄據漠南北，和中國對抗。甚至大舉入河北，殘數十州縣。契丹酋長李盡忠亦一度入犯河北，中國不能討，幸其爲默啜所襲殺，亂乃定。因契丹的反叛，居於營州的靺鞨（營州，為熱河朝陽縣，為唐時管理東北異族的機關），就逃到東北，建立了一個渤海國。此爲滿族開化之始，中國對東北的聲威，卻因此失墜了。設在今朝鮮平壤地方的安東都護府，後亦因此不能維持，而移於遼東。高句麗、百濟舊地，遂全入新羅之手。西南方面，西域四鎮，雖經恢復，青海方面對吐蕃的戰事，卻屢次失利。中宗是個昏庸之主，他在房州，雖備嘗艱苦，復位之後，卻毫無覺悟，並不能剷除武后時的惡勢力。皇后韋氏專權，和武后的姪兒子武三思私通，武氏因此復盛，張柬之等反遭貶謫而死。韋后的女兒安樂公主，中宗的婕妤上官婉兒，亦都干亂政治。政界情形的混濁，更甚於武后之時。七一〇年，中宗爲韋后所弒。相王旦之子臨淄王隆基定亂而立相王，是爲睿宗，立隆基爲太子。武后的女兒太平公主仍干政，憚太子英明，要想搖動他。幸而未能有成，太平公主被譴，睿宗亦傳位於太子，是爲玄宗。玄宗用姚崇爲相，廓清從武后以來的積弊，又用宋璟及張九齡，亦都稱爲能持正。自七一三至七四一年，史家稱爲開元之治。末年，突厥復衰亂，七四四年，乘機滅之；連年和吐蕃苦戰，把中宗時所失的河西九曲之地亦收復；國威似乎復振。然自武后已來，荒淫奢侈之習，漸染已深。玄宗初年，雖能在政治上略加整頓，實亦墮入其中而不能自拔。中歲以後，遂漸即怠荒，寵愛楊貴妃，把政事都交給一個奸佞的李林甫。李林甫死後，又用一個善於夤緣的楊國忠。天寶之亂，就無可遏止了。一個團體，積弊深的，往往無可挽回，這大約是歷時已久的皇室必要被推翻的一個原因罷。

唐朝的盛衰，以安史之亂爲關鍵。安史之亂，皇室的腐敗只是一個誘因，其根源是別有所在的。（一）唐朝的武功從表面看，雖和漢朝相等，其聲威所至，或且超過漢朝，但此乃世運進步使然，以經營域外的實力論，唐朝實非漢朝之比。漢武帝時，攻擊匈奴，前後凡數十次；以致征伐大宛，救護烏孫，都是仗自己的實力去摧破強敵。唐朝的征服突厥、薛延陀等則多因利乘便，且對外多用蕃兵。玄宗時，府兵制度業已廢壞，而吐蕃、突厥都強，契丹勢亦漸盛。欲圖控制、守禦，都不得不加重邊兵，所謂藩鎭，遂興起於此時，天下勢成偏重。（二）胡字本是匈奴的專稱，後漸移於一切北族。再後，又因文化的異同易泯，種族的外觀難改，遂移爲西域白種人的專稱（詳見拙著《胡考》，在《燕石劄記》中，商務印書館本）。西域人的文明程度，遠較北族爲高。他們和中國，沒有直接的政治關係，所以不受注意。然雖無直接的政治關係，間接的政治關係卻是有的，而且其作用頗大。從來北族的盛衰，往往和西胡有關涉。冉閔大誅胡、羯時，史稱高鼻多鬚，頗有濫死，可見此時之胡，已非盡匈奴人。拓跋魏占據北方後，有一個蓋吳，起而與之相抗，一時聲勢很盛，蓋吳實在是個胡人（事在公元四四六年，即宋文帝元嘉二十三年，魏太武帝太平真君七年。見《魏書·本紀》和《宋書·索虜傳》）。唐玄宗時，北邊有康待賓、康願子相繼造反，牽動頗廣（事在公元七二一、七二二年，即玄宗開元九年、十年），康亦是西域姓。突厥頡利的衰亡，史稱其信任諸胡，疏遠宗族，後來回紇的滅亡亦然，可見他們的沉溺於物質的享受，以致漸失其武健之風，還不盡由於中國的漸染。從反面看，就知道他們的進於盛強，如物質文明的進步，政治、軍事組織的改良等，亦必有受教於西胡的了。唐朝對待被征服的異族，亦和漢朝不同。漢朝多使之入居塞內，唐朝則仍留之於塞外，而設立都護府或都督府去管理他。所以唐朝所征服的異族雖多，未曾引起像五胡亂華一般的雜居中國的異族之患。然環伺塞外的異族既多，當其種類昌熾，而中國政治力量減退時，就不免有被其侵入的危險了。唐末的沙陀，五代時的契丹，其侵入中國，實在都是這一種性質，而安史之亂，就是一個先期的警告。安祿山，《唐書》說他是營州柳城胡。他本姓康，隨母嫁虜將安延偃，因冒姓安，安、康都是西域姓。史思明，《唐書》雖說他是突厥種，然其狀貌，「鳶肩傴背，廞目側鼻」，怕亦是一個混血兒。安祿山和史思明都能通六蕃譯，爲互市郎，可見其兼具西胡和北族兩種性質。任用蕃將，本是唐朝的習慣，安祿山遂以一身而兼做了范陽、平盧兩鎮的節度使（平盧軍，治營州。范陽軍，治幽州，今北平）。此時安祿山的主要任務，爲鎮壓奚、契丹，他就收用其壯士，名之曰曳落河。其軍隊在當時藩鎮之中，大約最爲剽悍。目睹玄宗晚年政治腐敗，中國守備空虛，遂起覬覦之念，並又求爲河東節度使。七五五年，自范陽舉兵反。不一月而河北失陷，河南繼之，潼關亦不守，玄宗逃向成都。於路留太子討賊，太子西北走向靈武（靈州，治今寧夏靈州）。即位，是爲肅宗。安祿山雖有強兵，卻無政治方略，諸將亦都有勇無謀，既得長安之後，不能再行進取。朔方節度使郭子儀（朔方軍，治靈州），乃得先平河東，就藉回紇的兵力，收復兩京（長安，洛陽）。安祿山爲其子慶緒所殺，九節度之師圍慶緒於鄴。因號令不一，久而無功。史思明既降復叛，自范陽來救，九節度之師大潰。思明殺慶緒，復陷東京，李光弼與之相持，思明又爲其子朝義所殺。唐朝乃得再藉回紇之力，將其打平，此事在七六二年。其時肅宗已死，是代宗的元年了。安史之亂首尾不過八年，然對外的威力自此大衰，內治亦陷於紊亂，唐朝就日入於衰運了。

第四十章　唐朝的衰亡和沙陀的侵入

自從公元七五五年安史之亂起，直到公元九〇七年朱全忠篡位爲止，唐朝一共還有了一百五十二年的天下。在這一個時期中，表面上還維持著統一，對外的威風亦未至於全然失墜，然而自大體言之，則終於日入於衰亂而不能夠復振了。

因安史之亂而直接引起的，是藩鎮的跋扈。唐朝此時兵力不足，平定安史，頗藉回紇的助力。鐵勒僕骨部人僕固懷恩，於引用回紇頗有功勞，亦有相當的戰功。軍事是要威克厥愛的，一個戰將，沒有人能夠使之畏服，便不免要流於驕橫，何況他還是一個蕃將呢！他要養寇自重，於是昭義、成德、天雄、盧龍諸鎮（昭義軍，治相州，今河南安陽縣。成德軍，治恆州，今河北正定縣。天雄軍，治魏州，今河北大名縣。盧龍軍，即范陽軍），均爲安史遺孽所據，名義上雖投降朝廷，實則不奉朝廷的命令。唐朝自己所設的節度使，也有想學他們的樣子，而且有和他們互相結托的。次之則爲外患的復興，自玄宗再滅突厥後，回紇占據其地。因有助平安史之功，驕橫不堪。而吐蕃亦乘中國守備空虛，盡陷河西、隴右，患遂中於京畿。又雲南的南詔（詔為蠻語王之稱，當時，今雲南、西康境有六詔：曰蒙巂詔，在今西康西昌縣。曰越析詔，亦稱磨些詔，在今雲南麗江縣。曰浪穹詔，在今雲南洱源縣。曰邆睒詔，在今雲南鄧川縣。曰施浪詔，在洱源縣之東。曰蒙舍詔，在今雲南蒙化縣。地居最南，亦稱南詔。餘五詔皆為所併），天寶時，楊國忠與之構兵，南詔遂投降吐蕃，共爲邊患，患又中於西川。

公元七七九年，代宗崩，子德宗立，頗思振作。此時昭義已爲天雄所併，盧龍亦因易帥恭順朝廷，德宗遂因成德的不肯受代，發兵攻討。成德和天雄、平盧連兵拒命。山南東道（治襄州，今湖北襄陽縣），亦叛與相應，德宗命淮西軍討平之（淮西軍，治蔡州，今河南汝南縣）。攻三鎮未克，而淮西、盧龍復叛，再發涇原兵東討（涇原軍，治涇州，今甘肅涇川縣）。過京師，因賞賜菲薄作亂，德宗出奔奉天（唐縣，今山西武功縣）。亂軍奉朱泚爲主，大舉進攻。幸得渾瑊力戰，河中李懷光入援（河中軍，治蒲州，今山西永濟縣），奉天才未被攻破，而李懷光因和宰相盧杞不合，又反，德宗再逃到梁州（今陝西南鄭縣）。聽了陸贄的話，赦諸鎮的罪，專討朱泚，才得將京城收復，旋又打平了河中。然其餘的事，就只好置諸不問了。德宗因屢遭叛變，不敢相信臣下。回京之後，使宦官帶領神策軍。這時候，神策軍餉糈優厚，諸將多自願隸屬，兵數驟增至十五萬，宦官就從此握權。八〇五年，德宗崩，子順宗立。順宗在東宮時，即深知宦官之弊，即位後，用東宮舊臣王叔文等，想要除去宦官。然順宗在位僅八個月，即傳位於子憲宗，王叔文等都遭斥逐，其係爲宦官所逼，不言而喻了。憲宗任用裴度，削平了淮西，河北三鎮亦懼而聽命，實爲中央挽回威信的一個良機。然憲宗死後，穆宗即位，宰相以爲河北已無問題，對善後事宜，失於措置，河北三鎮，遂至復叛，終唐之世，不能削平了。穆宗崩，敬宗立，爲宦官劉克明所弒，宦官王守澄討賊而立文宗。文宗初用宋申錫爲宰相，與之謀誅宦官，不克。後又不次擢用李訓、鄭注，把王守澄毒死。鄭注出鎮鳳翔（鳳翔軍，治鳳翔府，今陝西鳳翔縣），想選精兵進京送王守澄葬，因此把宦官盡數殺掉。不知何故，李訓在京城裡，又詐稱某處有甘露降，想派宦官往看，因而殺掉他們。事機不密，反爲宦官所殺。鄭注在鳳翔，亦被監軍殺掉。文宗自此受制於宦官，幾同傀儡。相傳這時候，有一個翰林學士，喚做崔愼由，曾夤夜被召入宮。有一班宦官，以仇士良爲首，詐傳皇太后的意旨，要他擬廢掉文宗的詔書，崔愼由誓死不肯，宦官默然良久，乃開了後門，把崔愼由引到一個小殿裡。文宗正在殿上，宦官就當面數說他，文宗低頭不敢開口，宦官道：「不是爲了學士，你就不能再坐這寶位了。」於是放崔愼由出宮，叮囑他不許洩露，洩露了是要禍及宗族的。崔愼由雖然不敢洩露，卻把這件事情密記下來，臨死時交給他的兒子，他的兒子便是唐末的宰相崔胤。文宗死後，弟武宗靠著仇士良之力，殺太子而自立。武宗能任用李德裕，政治尚稱清明。宣宗立，尤能勤於政事，人稱之爲小太宗。然於宦官，亦都無可如何。宣宗死後，子懿宗立。八八六年，徐、泗卒戍桂州者作亂（徐州，今江蘇銅山縣。泗州，今安徽泗縣。桂州，今廣西桂林縣），用沙陀兵討平之，沙陀入據中原之禍，遂於是乎開始。

唐朝中葉後的外患，最嚴重的是回紇、吐蕃，次之則南詔。南詔的歸服吐蕃，本出於不得已，吐蕃待之亦甚酷。九世紀初，韋皋爲西川節度使，乃與之言和，共擊吐蕃，西南的邊患，才算解除（西川軍，治成都，今四川成都縣。後來南詔仍有犯西川之事，並曾侵犯安南，但其性質，不如和吐蕃結合時嚴重）。八四〇年，回紇爲黠戛斯所破，遽爾崩潰。吐蕃旋亦內亂。八四九年，中國遂克復河、湟，河西之地亦來歸。三垂的外患，都算靠天幸解除了。然自身的綱紀不振，沙陀突厥遂至能以一個殘破的部落而橫行中國。

沙陀是西突厥的別部，名爲處月（朱邪，即處月之異譯）。西突厥亡後，依北庭都護府以居（今新疆迪化縣）。其地有大磧名沙陀，故稱爲沙陀突厥。河西、隴右既陷，安西、北庭（安西都護府，治龜茲）。朝貢路絕，假道回紇，才得通到長安，回紇因此需索無厭，沙陀苦之，密引吐蕃陷北庭。久之，吐蕃又疑其暗通回紇，想把它遷到河外。沙陀乃又投奔中國。吐蕃追之，且戰且走。三萬部落之衆，只剩得兩千到靈州。節度使范希朝以聞，詔處其衆於鹽州（今寧夏鹽池縣北）。後來范希朝移鎮河東（治太原府，今山西太原縣），沙陀又隨往，居於現在山陰縣北的黃瓜堆。希朝簡其精銳的爲沙陀軍，沙陀雖號稱突厥，其形狀，據史籍所載，亦是屬於白種人的。既定徐、泗之亂，其酋長朱邪赤心，賜姓名爲李國昌，鎮守大同（治雲州，今山西大同縣），就有了一個地盤了。八七三年，懿宗崩，子僖宗立。年幼，信任宦官田令孜，時山東連年荒歉。八七五年，王仙芝起兵作亂，黃巢聚衆應之。後來仙芝被殺，而黃巢到處流竄。從現在的河南打到湖北，沿江東下，經浙東入福建，到廣東。再從湖南、江西、安徽打回河南，攻破潼關，田令孜挾僖宗走西川，黃巢遂入長安，時爲八八〇年。當黃巢橫行時，藩鎮都坐視不肯出兵剿討。京城失陷之後，各路的援兵又不肯進攻。不得已，就只好再借重沙陀。先是李國昌移鎮振武（治單於都護府。今綏遠和林格爾縣），其子李克用叛據大同，爲幽州兵所敗，父子都逃入韃靼（居陰山）。這時候，國昌已死，朝廷乃赦李克用的罪，召他回來。打敗黃巢，收復長安。李克用鎮守河東，沙陀的根據地更深入腹地了。

黃巢既敗，東走攻蔡州，蔡州節度使秦宗權降之。後來黃巢被李克用追擊，爲其下所殺，而宗權轉橫，其殘虐較黃巢爲更甚。河南、山東被其剽掠之處，幾於無復人煙。朝廷之上，宦官依然專橫。關內一道，亦均爲軍人所蟠踞。其中華州的韓建，邠州的王行瑜（鎮國軍，治華州，今陝西華縣。邠寧軍，治邠州，今陝西邠縣），鳳翔的李茂貞尤爲跋扈，動輒違抗命令，脅迫朝廷，遂更授沙陀以干涉的機會。

在此情勢之下，漢民族有一個英雄，能夠和沙陀抵抗的，那便是朱全忠。全忠本名溫，是黃巢的將，巢敗後降唐，爲宣武節度使（治汴州，今河南開封縣）。初年兵力甚弱，而全忠智勇足備，先撲滅了秦宗權，漸併今河南、山東之地，又南取徐州，北服河北三鎮。西併河中，取義武（義武軍，治定州，今河北定縣）。又取澤、潞（澤州，今山西晉城縣。潞州，今山西長子縣），及邢、洺、磁諸州（邢州，今河北邢臺縣。洺州，今河北永年縣。磁州，今河北磁縣）。河東的形勢，就處於其包圍之中了。僖宗死於八八八年，弟昭宗立，頗爲英武。然其時的事勢，業已不能有爲。此時朝廷爲關內諸鎮所逼，大都靠河東解圍。然李克用是個無謀略的人，想不到挾天子以令諸侯。雖然擊殺了一個王行瑜，關內的問題還是不能解決。朱全忠其初是不問中央的事務，一味擴充自己的實力的。到十世紀初年，全忠的勢力已經遠超出乎李克用之上了。唐朝的宰相崔胤，乃結合了他，以謀宦官。宦官見事急，挾昭宗走鳳翔。全忠圍鳳翔經年，李茂貞不能抗，只得把皇帝送出，同朱全忠講和。昭宗回到京城，就把宦官悉行誅滅。唐朝中葉後的痼疾，不是藩鎮，實在是宦官。因爲唐朝的藩鎮，並沒有敢公然背叛，或者互相攻擊，不過據土自專，更代之際，不聽命令而已。而且始終如此的，還不過河北三鎮。倘使朝廷能夠振作，實在未嘗不可削平。而唐朝中葉後的君主，如順宗、文宗、武宗、宣宗、昭宗等，又都未嘗不可與有爲。其始終不能有爲，則全是因被宦官把持之故。事勢至此，已非用兵力剷除，不能有別的路走了。一個階級，當其惡貫滿盈，走向滅亡之路時，在它自己，亦是無法拔出泥淖的。

宦官既亡，唐朝亦與之同盡。公元九〇三年，朱全忠遷帝於洛陽，弒之而立其子昭宣帝。至九〇七年，遂廢之而自立，是爲梁太祖。此時海內割據的：淮南有楊行密，是爲吳；兩浙有錢鏐，是爲吳越；湖南有馬殷，是爲楚；福建有王審知，是爲閩；嶺南有劉岩，是爲南漢。劍南有王建，是爲前蜀，遂入於五代十國之世。

第四十一章

五代十國的興亡和契丹的侵入

凡內爭，是無有不引起外患的，沙陀的侵入，就是一個例。但沙陀是整個部族侵入中國的，正和五胡一樣。過了幾代之後，和漢族同化了，它的命運也就完了。若在中國境外，立有一國，以國家的資格侵入，侵入之後，其本國依然存在的，則其情形自又不同。自公元八四〇年頃回紇崩潰後，漠南北遂無強部，約歷七十年而契丹興。契丹，大約是宇文氏的遺落，其居中國塞外，實已甚久。但當六世紀初，曾遭到北齊的一次襲擊，休養生息，到隋時元氣才漸復。七世紀末，又因李盡忠的反叛而大遭破壞。其後又和安祿山相鬥爭，雖然契丹也曾打過一兩次勝仗，然其不得安息，總是實在的。唐朝管理東北方最重要的機關是營州都督府，中葉後業已不能維持其威力，但契丹仍時時受到幽州的干涉，所以它要到唐末才能夠興起。契丹之衆，是分為八部的，每部有一個大人，八個大人之中，公推一人司旗鼓。到年久了，或者國有疾疫而畜牧衰，則另推一個大人替代。它亦有一個共主，始而是大賀氏，後來是遙輦氏，似乎僅有一個虛名。它各部落間的連結，大概是很薄弱的，要遇到戰鬥的事情，才能互相結合，這或者也是它興起較晚的一個原因。內亂是招引外族侵入中國的，又是驅逐本國人流移到外國去的。這種事情，在歷史上已經不知有過若干次。大抵（一）外國的文明程度低而人數少，而我們移殖的人數相當多時，可以把他們完全同化。（二）在人數上我們比較很少，而文明程度相去懸絕時，移殖的人民，就可在他們的部落中做蠻夷大長。（三）若他們亦有相當的程度，智識技術上，雖然要請教於我，政治和社會的組織，卻絕不容以客族侵入而握有權柄的，則我們移殖的人民，只能供他們之用，甚至造成了他們的強盛，而我們傳授給他的智識技術，適成爲其反噬之用。時間是進步的良友，一樣的正史四裔傳中的部族，名稱未變，或者名稱雖異而統系可尋，在後一代，總要比前一代進步些。所以在前代，中國人的移殖屬於前兩型的居多，到近世，就多屬於後一種了，這是不可以不懍然的，而契丹就是一個適例。契丹太祖耶律阿保機，據《五代史》說，亦是八部大人之一。當公元十世紀之初，幽州劉守光暴虐，中國人逃出塞的很多。契丹太祖都把他招致了去，好好的撫慰他們，因而跟他們學得了許多知識，經濟上和政治組織上，都有進步了。就以計誘殺八部大人，不再受代。公元九一六年，並廢遙輦氏而自立。這時候，漠南北絕無強部，他遂得縱橫如意。東北滅渤海，服室韋；西南服党項、吐谷渾，直至河西回鶻。《遼史》中所列，他的屬國，有四五十部之多。

梁太祖的私德，是有些缺點的，所以從前的史家，對他的批評，多不大好。然而私德只是私德，社會的情形複雜了，論人的標準，自亦隨之而複雜，政治和道德、倫理，豈能併爲一談？就篡弒，也是歷代英雄的公罪，豈能偏責一人？老實說：當大局阽危之際，只要能保護國家、抗禦外族、拯救人民的，就是有功的政治家。當一個政治家要盡他爲國爲民的責任，而前代的皇室成爲其障礙物時，豈能守小信而忘大義？在唐、五代之際，梁太祖確是能定亂和恤民的，而歷來論者，多視爲罪大惡極，甚有反偏袒後唐的，那就未免不知民族的大義了。惜乎天不假年，梁太祖篡位後僅六年而遇弒。末帝定亂自立，柔懦無能，而李克用死後，其子存勖襲位，頗有英銳之氣。梁、晉戰爭，梁多不利。河北三鎭及義武，復入於晉。九二三年，兩軍相持於鄆州（今山東東平縣），晉人乘梁重兵都在河外，以奇兵徑襲大梁，末帝自殺，梁亡。存勖是時已改國號爲唐，於是定都洛陽，是爲後唐莊宗。中原之地，遂爲沙陀所占據。後唐莊宗，本來是個野蠻人，滅梁之後，自然志得意滿，於是縱情聲色，寵愛伶人，聽信宦官，政治大亂。九二五年，使宰相郭崇韜傅其子魏王繼岌伐前蜀，把前蜀滅掉。而劉皇后聽了宦官的話，疑心郭崇韜要不利於魏王，自己下命令給魏王，叫他把郭崇韜殺掉。於是人心惶駭，謠言四起，天雄軍據鄴都作亂。莊宗派李克用的養子李嗣源去征伐，李嗣源的軍隊也反了，脅迫李嗣源進了鄴城。嗣源用計，得以脫身而出。旋又聽了女婿石敬瑭的話，舉兵造反。莊宗爲伶人所弒，嗣源立，是爲明宗。明宗年事較長，經驗亦較多，所以較爲安靜。九三三年，明宗死，養子從厚立，是爲閔帝。時石敬瑭鎭河東，明宗養子從珂鎭鳳翔，閔帝要把他們調動，從珂舉兵反。閔帝派出去的兵，都倒戈投降。閔帝出奔被殺，從珂立，是爲廢帝。又要調動石敬瑭，敬瑭又反。廢帝鑑於閔帝的失敗，是預備了一個不倒戈的張敬達，然後發動的，就把石敬瑭圍困起來。敬瑭乃派人到契丹去求救，許割燕、雲十六州之地（幽州、雲州已見前。薊州，今河北薊縣。瀛州，今河北河間縣。莫州，今河北肅寧縣。涿州，今河北涿縣。檀州，今河北密雲縣。順州，今河北順義縣。新州，今察哈爾涿鹿縣。媯州，今察哈爾懷來縣。儒州，今察哈爾延慶縣。武州，今察哈爾宣化縣。應州，今山西應縣。寰州，今山西馬邑縣。朔州，今山西朔縣。蔚州，今察哈爾蔚縣）。他手下的劉知遠勸他：只要賂以金帛，就可如願，不可許割土地，以遺後患。敬瑭不聽。此時契丹太祖已死，次子太宗在位，舉兵南下，反把張敬達圍困起來，廢帝不能救。契丹太宗和石敬瑭南下，廢帝自焚死。敬瑭定都於大梁，是爲晉高祖，稱臣割地於契丹。九四二年，晉高祖死，兄子重貴立，是爲出帝。聽了侍衛景延廣的話，對契丹不復稱臣，交涉亦改強硬態度，此時契丹已改國號爲遼。遼兵南下，戰事亦互有勝負。但石晉國力疲敝，而勾通外敵，覬覦大位之例已開，即不能禁人的不效尤。於是晉將杜重威降遼，遼人入大梁，執出帝而去，時在九四六年。遼太宗是個粗人，不懂得政治的。既入大梁，便派人到各地方搜括財帛。又多派他的親信到各地方去做刺史，漢奸附之以虐民。遼人的行軍，本來是不帶糧餉的，大軍中另有一支軍隊，隨處剽掠以自給，謂之打草穀軍，入中國後還是如此。於是反抗者四起，遼太宗無如之何，只得棄汴梁而去，未出中國境而死。太宗本太祖次子，因皇后述律氏的偏愛而立。其兄突欲（漢名倍），定渤海後封於其地，謂之東丹王。東丹王奔後唐，遼太宗入中國時，爲晉人所殺，述律后第三子李胡，較太宗更爲粗暴，遼人怕述律后要立他，就軍中擁戴了東丹王的兒子，是爲世宗。李胡興兵拒戰，敗績。世宗在位僅四年，太宗之子穆宗繼立，沉緬於酒，政治大亂，北邊的風雲，遂暫告寧靜。此時侵入中國的，幸而是遼太宗，倘使是遼太祖，怕就沒有這麼容易退出去了。

契丹雖然退出，中原的政權，卻仍落沙陀人之手。劉知遠入大梁稱帝，是爲後漢高祖。未幾而死，子隱帝立。九五〇年，爲郭威所篡，是爲後周太祖。中原的政權，始復歸於漢人。後漢高祖之弟旻，自立於太原，稱姪於遼，是爲北漢，亦稱東漢。後周太祖立四年而死，養子世宗立。北漢乘喪來伐，世宗大敗之於高平（今山西高平縣）。先是吳楊行密之後，爲其臣李昪所篡，改國號爲唐，是爲南唐。併有江西之地，疆域頗廣。而後唐莊宗死後，西川節度使孟知祥攻並東川而自立，是爲後蜀。李昪之子璟，乘閩、楚之衰，將其吞併，意頗自負；孟知祥之子昶，則是一個昏愚狂妄之人；都想交結契丹，以圖中原，世宗要想恢復燕、雲，就不得不先膺懲這兩國。唐代藩鎮之弊，總括起來，是「地善於將，將善於兵」八個字。一地方的兵甲、財賦，固爲節度使所專，中央不能過問。節度使更代之際，也至少無全權過問，或竟全不能過問。然節度使對於其境內之事，亦未必能全權措置，至少是要顧到其將校的意見，或遵循其軍中的習慣的。尤其當更代之際，無論是親子弟，或是資格相當的人，也必須要得到軍中的擁戴，否則就有被殺或被逐的危險。節度使如失衆心，亦會爲其下所殺。又有野心的人，煽動軍隊，餌以重賞，推翻節度使而代之的。此等軍隊，眞乃所謂驕兵，凡兵驕，則對外必不能作戰，而內部則被其把持，一事不可爲，甚且綱紀全無，變亂時作。唐中葉以後的藩鎭，所以坐視寇盜的縱橫而不能出擊；明知強鄰的見逼，也只得束手坐待其吞併；一遇強敵，其軍隊即土崩瓦解；其最大的原因，實在於此。這是非加以澈底的整頓，不足以有爲的。周世宗本就深知其弊，到高平之戰，軍隊又有兵刃未接，而望風解甲的，乃益知其情勢的危險。於是將禁軍大加裁汰，又令諸州募兵，將精強的送至京師，其軍隊乃煥然改觀，而其政治的清明，亦足以與之相配合，於是國勢驟張。先伐敗後蜀，又伐南唐，盡取江北之地。九五九年，遂舉兵伐遼。恢復了瀛、莫、易三州，直逼幽州。此時正値契丹中衰之際，倘使周世宗不死，燕、雲十六州，是很有恢復的希望的，以後的歷史，就全然改觀了。惜乎世宗在途中遇疾，只得還軍，未幾就死了。嗣子幼弱，明年，遂爲宋太祖所篡。

宋太祖的才略，亦和周世宗不相上下，或者還要穩健些。他大約知道契丹是大敵，燕、雲一時不易取，即使取到了，也非有很重的兵力不能守的，而這時候割據諸國，非弱即亂，取之頗易，所以要先平定了國內，然後厚集其力以對外。從梁亡後，其將高季興據荊、歸、峽三州自立（荊州，今湖北江陵縣。歸州，今湖北秭歸縣。峽州，今湖北西陵縣），是爲南平。而楚雖爲唐所滅，朗州亦旋即獨立（朗州，今湖南常德縣）。九六二年宋太祖因朗州和衡州相攻擊（衡州，今湖南衡山縣），遣人來求救，遣兵假道南平前往，把南平和朗州都破掉（衡州先已為朗州所破）。九六五年，遣兵滅後蜀。九七一年，遣兵滅南漢。九七五年，遣兵滅南唐。是年，太祖崩，弟太宗立。九七六年，吳越納土歸降。明年，太宗遂大舉滅北漢，於是中國復見統一。自九〇七年朱梁篡唐至此，共計七十二年。若從八八〇年僖宗奔蜀，唐朝的中央政權實際崩潰算起，則適得一百年。

第四十二章　唐宋時代中國文化的轉變

兩個民族的競爭，不單是政治上的事。雖然前代的競爭，不像現代要動員全國的人力和物力，然一國政治上的趨向，無形中總是受整個社會文化的指導的。所以某一民族，在某一時代中，適宜於競爭與否，就要看這一個民族，在這一個時代中文化的趨向。

在歷史上，最威脅中國的是北族。他們和中國人的接觸，始於公元前四世紀秦、趙、燕諸國與北方的騎寇相遇，至四世紀之末五胡全被中國同化而告終結，歷時約一千年。其第二批和中國的交涉，起於四世紀後半鐵勒侵入漠南北，至十世紀前半沙陀失卻在中國的政權爲止，歷時約六百年。從此以後，塞外開發的氣運，暫向東北，遼、金、元、清相繼而興。其事起於十世紀初契丹的盛強，終於一九一一年中國的革命。將來的史家，亦許要把它算到現在的東北問題實際解決時爲止，然爲期亦必不遠了。這一期總算起來，爲時亦歷千餘年。這三大批北族，其逐漸移入中國，而爲中國人所同化，前後相同。唯第一、二期，是以被征服的形式移入的，至第三期，則係以征服的形式侵入。

經過五胡和沙陀之亂，中國也可謂受到相當的創痛了。但是以中國之大，安能就把這個看做很大的問題。在當時中國人的眼光裡，北族的侵入，還只是治化的缺陷，只要從根本上把中國整頓好了，所謂夷狄，自然不成問題。這時代先知先覺者的眼光，還是全副注重於內部，民族的利害衝突，雖不能說沒有感覺，民族主義卻未能因此而發皇。

雖然如此，在唐、宋之間，中國的文化，也確是有一個轉變的。這個轉變是怎樣呢？

中國的文化，截至近世受西洋文化的影響以前，可以分做三個時期：第一期爲先秦、兩漢時代的諸子之學；第二期爲魏、晉、南北朝、隋、唐時代的玄學和佛學；第三期爲宋、元、明時代的理學。這三期，恰是一個正、反、合。

怎樣說這三期的文化，是一個辯證法的進化呢？原來先秦時代的學術，是注重於矯正社會的病態的，所謂「撥亂世，反之正」，實不僅儒家，而爲各家通有的思想。參看第五、第十七兩章自明。王莽變法失敗以後，大家認爲此路不通，而此等議論，漸趨消沉。魏、晉以後，文化乃漸轉向，不向社會而向個人方面求解決。他們所討論的，不是社會的組織如何，使人生於其間，能夠獲得樂利，可以做個好人，而是人性究竟如何，是好的？是壞的？用何法，把壞人改做好人，使許多好人聚集，而好的社會得以實現？這種動機，確和佛教相契。在這一千年中，傳統的儒家，僅僅從事於箋疏，較有思想的人，都走入玄學和佛學一路，就是其明證。但其結果卻是怎樣呢？顯然的，從個人方面著想，所能改良的，只有極小一部分，合全體而觀之，依然無濟於事。而其改善個人之法，推求到深刻之處，就不能不偏重於內心。工夫用在內心上的多，用在外務上的，自然少了。他們既把社會看做各個分子所構成；社會的好壞，原因在於個人的好壞，而個人的好壞，則源於其內心的好壞；如此，社會上一切問題，自然都不是根本。而他們的所謂好，則實和此世界上的生活不相容，所以他們最澈底的思想，是要消滅這一個世界。明知此路不通，則又一轉變而認爲現在的世界就是佛國；只要心上覺悟，一切行爲雖和俗人一樣，也就是聖人。這麼一來，社會已經是好的了，根本用不著改良。這兩種見解，都是和常識不相容的，都是和生活不相合的。凡是和生活不相合的，憑你說得如何天花亂墜，總只是他們所謂「戲論」，總要給大多數在常識中生活的人所反對的，而事情一到和大多數人的生活相矛盾，就是他的致命傷。物極必反，到唐朝佛學極盛時，此項矛盾，業經開始發展了，於是有韓愈的闢佛。他的議論很粗淺，不過在常識範圍中批評佛說而已，到宋儒，才在哲學上取得一個立足點。這話在第十七章中，亦經說過。宋學從第十一世紀的中葉起，到第十七世紀的中葉止，支配中國的思想界，約六百年。他們仍把社會看做是各分子所構成的；仍以改良個人為改良社會之本；要改良個人，還是注重在內心上；這些和佛學並無以異。所不同的，則佛家認世界的現狀，根本是壞的，若其所謂好的世界而獲實現，則現社會的組織，必澈底被破壞，宋學則認現社會的組織，根本是合理的，只因為人不能在此組織中，各處於其所當處的地位，各盡其所應盡的責任，以致不好。而其所認為合理的組織，則是一套封建社會和農業社會中的道德、倫理和政治制度。在商業興起，廣大的分工合作日日在擴充，每一個地方自給自足的規模，業已破壞淨盡，含有自給自足性質的大家族，亦不復存在之時，早已不復適宜了。宋儒還要根據這一個時代的道德、倫理和政治制度，略加修改，制成一種方案，而強人以實行，豈非削足適履？豈非等人性於杞柳，而欲以為杯棬？所以宋儒治心的方法，是有很大的價值的，而其治世的方法，則根本不可用。不過在當時，中國的思想界，只能在先秦諸子和玄學、佛學兩種思想中抉擇去取，融化改造，是只能有這個結果的，而文化進化的趨向，亦就不得不受其指導。在君主專制政體下，政治上的綱紀所恃以維持的，就是所謂君臣之義。這種綱紀，是要秩序安定，人心也隨著安定，才能夠維持的。到兵荒馬亂，人人習慣於裂冠毀裳之日，就不免要動搖了。南北朝之世因其君不足以為君，而有「殉國之感無因，保家之念宜切」的貴族，第三十三章中，業經說過。到晚唐、五代之世，此種風氣，又盛行了。於是既有歷事五朝，而自稱長樂老以鳴其得意的馮道，又有許多想借重異族，以自便私圖的杜重威。由今之道，無變今之俗，如何可以一朝居？所以宋儒要竭力提倡氣節，經宋儒提倡之後，士大夫的氣節，確實是遠勝於前代。但宋儒（一）因其修養的工夫，偏於內心，而處事多疏。（二）其持躬過於嚴整，而即欲以是律人，因此，其取人過於嚴格，而有才能之士，皆爲其所排斥。（三）又其持論過高，往往不切於實際。（四）意氣過甚，則易陷於黨爭。黨爭最易使人動於感情，失卻理性，就使宅心公正，也不免有流弊，何況黨爭既啓，那有個個人都宅心公正之理？自然有一班好名好利、多方掩飾的僞君子，不恤決裂的眞小人混進去。到爭端擴大而無可收拾，是非淆亂而無從辨別時，就眞有宅心公正、顧全大局的人，也苦於無從措手了，所以宋儒根本是不適宜於做政治事業的。若說在社會上做些自治事業，宋儒似乎很爲相宜。宋儒有一個優點，他們是知道社會上要百廢俱舉，盡其相生相養之道，才能夠養生送死無憾，使人人各得其所的。他們否認「治天下不如安天下，安天下不如與天下安」的苟簡心理，這一點，的確是他們的長處。但他們所以能如此，乃是讀了經書而然。而經書所述的，乃是古代自給自足，有互助而無矛盾的社會所留詒，到封建勢力逐漸發展時，此等組織，就逐漸破壞了。宋儒不知其所主張的道德、倫理、政治制度，正和這一種規制相反，卻要藉其所主張的道德、倫理和政治制度之力，以達到這一個目的。其極端的，遂至要恢復井田封建。平易一些的，亦視智愚賢不肖爲自然不可泯的，一切繁密的社會制度，還是要以士大夫去指導著實行，而其所謂組織，亦仍脫不了階級的對立。所以其結果，還是打不倒土豪劣紳，而宋學家，特如其中關學一派，所草擬的極詳密的計畫，以極大的熱心去推行，終於實現的寥若晨星，而且還是曇花一現。這時候，外有強敵的壓迫，最主要的事務，就是富國強兵，而宋儒卻不能以全力貫注於此。最需要的，是嚴肅的官僚政治，而宋學家好作誅心之論，而忽略形跡；又因黨爭而淆亂是非，則適與之相反。宋學是不適宜於競爭的，而從第十一世紀以來，中國的文化，卻受其指導，那無怪其要迭招外侮了。

第四十三章　北宋的積弱

五代末年，偏方割據諸國，多微弱不振。契丹則是新興之國，氣完力厚的，頗不容易對付，所以宋太祖要厚集其力以對付他。契丹的立國，是合部族、州縣、屬國三部分而成的。屬國僅有事時量借兵糧，州縣亦僅有益於財賦（遼朝的漢兵，名為五京鄉丁，只守衛地方，不出戍），只有部族，是契丹立國的根本，這才可以眞正算是契丹的國民。他們都在指定的地方，從事於畜牧。舉族皆兵，一聞令下，立刻聚集，而且一切戰具，都係自備。馬既多，而其行軍又不帶糧餉，到處剽掠自資（此即所謂「打草穀」），所以其兵多而行動極速。周世宗時，正是契丹中衰之會，此時卻又興盛了（遼唯穆宗最昏亂。九六九年，被 ，景宗立，即復安。九八三年，景宗死，聖宗立。年幼，太后蕭氏同聽政。聖宗至一〇三〇年乃死，子興宗立，一〇五四年死。聖宗時為遼全盛之世，興宗時尚可蒙業而安，興宗死，子道宗立，乃衰）。宋朝若要以力服契丹，非有幾十萬大兵，能夠連年出征，攻下了城能夠守，對於契丹地方，還要能加以破壞擾亂不可。這不是容易的事，所以宋太祖不肯輕舉。而太宗失之輕敵，滅北漢後，不顧兵力的疲敝，立刻進攻，於是有高梁河之敗（在北平西）。至公元九八五年，太宗又命將分道北伐，亦不利。而契丹反頻歲南侵，自燕、雲割棄後，山西方面，還有雁門關可守，河北方面，徒恃塘濼以限戎馬，是可以禦小敵，而不足以禦大軍的。契丹大舉深入，便可直達汴梁對岸的大名，宋朝受威脅殊甚。一〇〇四年，遼聖宗奉其母入寇，至澶州（今河北濮陽縣）。眞宗聽了宰相寇準的話，御駕親征，才算把契丹嚇退。然畢竟以歲幣成和（銀十萬兩，絹二十萬匹），宋朝開國未幾，國勢業已陷於不振了。

假使言和之後，宋朝能夠秣馬厲兵，以伺其隙，契丹是個淺演之國，它的強盛必不能持久，亦未必無隙可乘。宋朝卻怕契丹啓釁，僞造天書，要想愚弄敵人（宋朝偽造天書之真意在此，見《宋史・真宗本紀論》）。敵人未必被愚弄，工於獻媚和趁風打劫、經手侵漁的官僚，卻因此活躍了。齋醮、宮觀，因此大興，財政反陷於竭蹶，而西夏之亂又起。唐朝的政策，雖和漢朝不同，不肯招致異族，入居塞內，然被征服的民族多了，乘機侵入，總是不免的。尤其西北一帶，自一度淪陷後，尤爲控制之力所不及。党項酋長拓跋氏（拓跋是鮮卑的民族，党項卻係羌族，大約是鮮卑人入於羌部族而為其酋長的），於唐太宗時歸化。其後裔拓跋思敬以平黃巢有功，賜姓李氏。做了定難節度使，據有夏、銀、綏、宥、靜五州（夏州，今陝西懷遠縣。銀州，今陝西米脂縣。綏州，今陝西綏德縣。宥州，今鄂爾多斯右翼後旗。靜州，在米脂縣西）。傳八世至繼捧，於宋太宗的時候來降，而其弟繼遷叛去。襲據銀州和靈州，降於遼，宋朝未能平定。繼遷傳子德明，三十年未曾窺邊，卻征服了河西，拓地愈廣。一〇二二年，眞宗崩，仁宗立。一〇三四年，德明之子元昊反，兵鋒頗銳。宋朝屯大兵數十萬於陝西，還不能戢其侵寇。到一〇四四年，才以歲賜成和。（銀、絹、茶、彩，共二十五萬五千）。此時遼聖宗已死，興宗在位，年少氣盛，先兩年，遣使來求關南之地（瓦橋關，在雄縣。周世宗復瀛、莫後，與遼以此為界），宋朝亦增加了歲幣（增銀十萬兩，絹十萬匹），然後和議得以維持。給付歲幣的名義，《宋史》說是納字，《遼史》卻說是貢字，未知誰眞誰假。然即使用納字，亦已經不甚光榮了。仁宗在位歲久，政頗寬仁，然亦極因循腐敗。兵多而不能戰，財用竭蹶而不易支持，已成不能振作之勢。一〇六三年，仁宗崩，英宗立，在位僅四年。神宗繼之，乃有用王安石變法之事。

王安石的變法，舊史痛加詆毀，近來的史家，又有曲爲辯護的，其實都未免有偏。王安石所行的政事，都是不錯的。但行政有一要義，即所行之事，必須要達到目的，因此所引起的弊竇，必須減至極少。若弊竇在所不免，而目的仍不能達，就不免徒滋紛擾了。安石所行的政事，不能說他全無功效，然因此而引起的弊端極大，則亦不容爲諱。他所行的政事，免役最是利餘於弊的，青苗就未必能然。方田均稅，在他手裡推行得有限，後人踵而行之，則全是徒有其名。學校、貢舉則並未能收作育人才之效。參看第五、第七、第八三章自明。宋朝當日，相須最急的是富國強兵。王安石改革的規模頗大，舊日史家的議論，則說他是專注意於富強的（尤其說王安石偏於理財，此因關於改革社會的行政，不為從前的政治家所了解之故）。他改革的規模，固不止此，於此確亦有相當的注意。其結果：裁汰冗兵，確是收到很大的效果的，所置的將兵，則未必精強，保甲尤有名無實，而且所引起的騷擾極大，參看第九章自明。安石爲相僅七年，然終神宗之世，守其法未變。一〇八五年，神宗崩，子哲宗立，神宗之母高氏臨朝，起用舊臣，盡廢新法。其死後，哲宗親政，復行新法，謂之「紹述」。一一〇〇年，哲宗崩，徽宗立，太后向氏權同聽政。想調和新舊之見，特改元爲建中靖國。徽宗親政後，仍傾向於新法。而其所用的蔡京，則是反覆於新舊兩黨間的巧宦。徽宗性極奢侈，蔡京則搜括了各方面的錢，去供給他浪用，政治情形一落千丈。恢復燕、雲和西北，可說是神宗和王安石一個很大的抱負。但因事勢的不容許，只得先從事於其易。王安石爲相時，曾用王韶征服自唐中葉以後雜居於今甘、青境內的蕃族，開其地爲熙河路，這可說是進取西夏的一個預備，然神宗用兵於西夏卻不利。哲宗時，繼續築寨，進占其地。夏人力不能支，請遼人居間講和。宋因對遼有所顧忌，只得許之。徽宗時，宦者童貫，繼續用兵西北，則徒招勞費而已。總之：宋朝此時的情勢，業已岌岌難支，幸遼、夏亦已就衰，暫得無事，而塞外有一個新興民族崛起，就要大禍臨頭了。

金朝的先世，便是古代的所謂肅愼，南北朝隋、唐時的靺鞨，宋以後則稱爲女眞（女真兩字，似即肅慎的異譯。清人自稱為滿洲，據明人的書，實作滿住，乃大酋之稱，非部族之名。愚案靺鞨酋長之稱為大莫弗瞞咄，瞞咄似即滿住，而靺鞨兩字，似亦仍係瞞咄的異譯。至漢時又稱為挹婁，據舊說：係今葉魯兩字的轉音。而現在的索倫兩字，又係女真的異譯，此推測而確，則女真民族之名，自古迄今，實未曾變）。其主要的部落，在今松花江流域。在江南的繫遼籍，稱爲熟女眞，江北的不繫籍，謂之生女眞。女眞的文明程度，是很低的，到渤海時代，才一度開化。金朝的始祖名喚函普，是從高句麗舊地入居生女眞的完顏部，而爲其酋長的。部衆受其教導，漸次開化。其子孫又以漸征服諸部族，勢力漸強。而遼自興宗後，子道宗立，政治漸亂。道宗死，子天祚帝立，荒於遊畋，竟把國事全然置諸不顧。女眞本厭遼人的羈軛，天祚帝遣使到女眞部族中去求名鷹，騷擾尤甚，遂致激起女眞的叛變，金太祖完顏阿骨打於一一一四年起兵與遼相抗，契丹控制女眞的要地黃龍府、咸州、寧江州（黃龍府，今吉林農安縣。咸州，今遼寧鐵嶺縣。寧江州，在吉林省城北），次第失陷。天祚帝自將大兵東征，因有內亂西歸。旋和金人講和，又遷延不定。東京先陷，上京及中、西兩京繼之（上京臨潢府，在今熱河開魯縣南。中京大定府，在今熱河建昌縣。東京遼陽府，今遼寧遼陽縣。南京析津府，即幽州。西京大同府，即雲州）。南京別立一君，意圖自保，而宋人約金攻遼之事又起。先是童貫當權，聞金人攻遼屢勝，意圖僥倖。遣使於金，求其破遼之後，將石晉所割之地，還給中國。金人約以彼此夾攻，得即有之。而童貫進兵屢敗，乃又求助於金。金太祖自居庸關入，把南京攻下。太祖旋死，弟太宗立。天祚帝輾轉漠南，至一一二五年爲金人所獲，遼亡。

宋朝本約金夾攻的，此時南京之下，仍藉金人之力，自無坐享其成之理，乃輸燕京代稅錢一百萬緡，並許給歲幣，金人遂以石晉所割之地來歸。女眞本係小部族，此時吞併全遼，已覺消化不下，焉有餘力經營中國的土地？這是其肯將石晉所割之地還給中國的理由。但女眞此時，雖不以地狹爲憂，卻不免以土滿爲患。文明國民，生產能力高強的，自然尤爲其所歡迎。於是軍行所至，頗以擄掠人口爲務。而漢奸亦已有獻媚異族，進不可割地之議的。於是燕京的歸還，僅係一個空城，盡擄其人民以去。而營、平、灤三州（平州，今河北盧龍縣。灤州，今河北灤縣），本非石晉所割讓，宋朝向金要求時，又漏未提及，則不肯歸還，且將平州建爲南京，命遼降將張覺守之。燕京被擄的人民，流離道路，不勝其苦，過平州時，求張覺做主，張覺就據地來降，這是一件很重大的交涉。宋朝當時，應該撫恤其人民，而對於金朝，則另提出某種條件，以足其欲而平其憤。金朝此時，雖已有漢奸相輔，究未脫野蠻之習，且値草創之際，其交涉是並不十分難辦的。如其處置得宜，不但無啓釁之憂，營、平、灤三州，也未嘗不可乘機收復。而宋朝貿然受之，一無措置。到金人來詰責，則又手忙腳亂，把張覺殺掉，函首以畀之。無益於金朝的責言，而反使降將解體，其手段眞可謂拙劣極了。

遼朝滅亡之年，金朝便舉兵南下。宗翰自雲州至太原，爲張孝純所阻，而宗望自平州直抵汴京，時徽宗已傳位於欽宗。初任李綱守禦，然救兵來的都不能解圍。不得已，許割太原、中山、河間三鎭（中山，今河北定縣。河間，今河北河間縣）；宋主稱金主爲伯父；並輸金五百萬兩，銀五千兩，牛、馬萬頭，表緞百萬匹講和，宗望的兵才退去。金朝此時，是不知什麼國際的禮法的，宗翰聽聞宗望得了賂，也使人來求賂。宋人不許，宗翰怒，攻破威勝軍和隆德府（威勝軍，今山西沁縣。隆德府，今山西長治縣）。宋人認爲背盟，下詔三鎮堅守。契丹遺臣蕭仲恭來使，又給以蠟書，使招降契丹降將耶律餘睹。於是宗翰、宗望再分道南下，兩路都抵汴京。徽、欽兩宗，遂於一一二七年北狩。金朝這時候，是斷沒有力量，再占據中國的土地的，所希望的，只是有一個傀儡，供其驅使而已。乃立宋臣張邦昌爲楚帝，退兵而去。張邦昌自然是要靠金朝的兵力保護，然後能安其位的。金兵既去，只得自行退位。而宋朝是時，太子、后妃、宗室多已被擄，只得請哲宗的廢后孟氏出來垂簾。「雖舉族有北轅之釁，而敷天同左祖之心」，孟后立高宗詔語。這時候的民族主義，自然還要聯繫在忠君思想上，於是孟后下詔，命高宗在歸德正位（今河南商丘縣）。

第四十四章　南宋恢復的無成

語云：「敗軍之氣，累世而不復」，這話亦不盡然。「困獸猶鬥」，反敗爲勝的事情，絕不是沒有的，只看奮鬥的精神如何罷了。宋朝當南渡時，並沒有什麼完整的軍隊，而且群盜如毛，境內的治安，且岌岌不可保，似乎一時間絕談不到恢復之計。然以中國的廣大，金朝人能有多大的兵力去占據？爲宋朝計，是時理宜退守一個可守的據點，練兵籌餉，撫恤人民。被敵兵蹂躪之區，則獎勵、指導其人民，使之團結自守，而用相當的正式軍隊，爲之聲援。如此相持，歷時稍久，金人的氣焰必漸折，恢復之謀，就可從此開展了。苦於當時並沒有這種眼光遠大的戰略家，而且當此情勢，做首領的，必須是一個文武兼資之才，既有作戰的策略，又能統馭諸將，使其不敢驕橫，遇敵不敢退縮，對內不敢干政，才能夠悉力對外，而這時候，又沒有這樣一個長於統率的人物。金兵既退，宗澤招降群盜，以守汴京。高宗既不能聽他的話還蹕，又不能駐守關中或南陽，而南走揚州。公元一一二九年，金宗翰、宗望會師濮州（今山東濮縣），分遣婁室入陝西。其正兵南下，前鋒直打到揚州。高宗奔杭州（今浙江杭縣），明年，金宗弼渡江，自獨松關入（今安徽廣德縣東）。高宗奔明州（今浙江鄞縣），金兵再進迫，高宗逃入海。金兵亦入海追之，不及乃還。自此以後，金人亦以「士馬疲敝，糧儲未豐」（宗弼語），不能再行進取了。其西北一路，則宋朝任張浚爲宣撫使，以拒婁室，而宗弼自江南還，亦往助婁室。浚戰敗於富平（今陝西興平縣），陝西遂陷。但浚能任趙開以理財，用劉子羽、吳玠、吳璘等爲將，卒能保守全蜀。

利用傀儡，以圖緩衝，使自己得少休息，這種希冀，金人在此時，還沒有變。其時宗澤已死，汴京失陷，金人乃立宋降臣劉豫於汴，畀以河南、陝西之地。劉豫卻想靠著異族的力量反噬，幾次發兵入寇，卻又都敗北。在金人中，宗弼是公忠體國的，撻懶卻驕恣腐敗（金朝並無一定之繼承法，故宗室中多有覬覦之心。其時握兵權者，宗望、宗弼皆太祖子，宗翰為太祖從子，撻懶則太祖從弟。宗翰即有不臣之心，撻懶最老壽，在熙宗時為尊屬，故其覬覦尤甚。熙宗、海陵庶人、世宗，皆太祖孫）。秦檜是當金人立張邦昌時，率領朝官，力爭立趙氏之後，被金人捉去的，後來以賜撻懶，秦檜從海路逃歸。秦檜的意思，是偏重於對內的。因爲當時，宋朝的將帥頗爲驕橫。「廩稍唯其所賦，功勛唯其所奏。」「朝廷以轉運使主餽餉，隨意誅求，無復顧惜。」「使其浸成痼贅，則非特北方未易取，而南方亦未易定。」（葉適《論四大屯兵》語，詳見《文獻通考・兵考》）。所以要對外言和，得一個整理內部的機會。當其南還之時，就說要「南人歸南，北人歸北」。高宗既無進取的雄才，自然意見與之相合。於是用爲宰相。一一三七年，劉豫爲宗弼所廢。秦檜乘機，使人向撻懶要求，把河南、陝西之地，還給宋朝。撻懶允許了，明年，遂以其地來歸。而金朝突起政變，一一三九年，宗弼回上京（今吉林阿城縣）。撻懶南走。至燕京，爲金人所追及，被殺，和議遂廢。宗弼再向河南，婁室再向陝西。宋朝此時，兵力已較南渡之初稍強。宗弼前鋒至順昌（今安徽阜陽縣），爲劉錡所敗。岳飛從湖北進兵，亦有郾城之捷（今河南偃城縣），吳璘亦出兵收復了陝西若干州郡。倘使內部沒有矛盾，自可和金兵相持。而高宗、秦檜執意言和，把諸將召還，和金人成立和約：東以淮水，西以大散關為界（在陝西寶雞縣南），歲奉銀、絹各二十五萬兩、匹；宋高宗稱臣於金，可謂屈辱極了。於是罷三宣撫司，改其兵為某州駐紮御前諸軍，而設總領以司其財賦，已見第九章。

金太宗死後，太祖之孫熙宗立，以嗜酒昏亂，為其從弟海陵庶人所弒，此事在一一四九年。海陵更為狂妄，遷都於燕，後又遷都於汴。一一六〇年，遂大舉南侵。以其暴虐過甚，兵甫動，就有人到遼陽去擁立世宗。海陵聞之，欲盡驅其衆渡江，然後北還。至採石磯，為宋虞允文所敗。改趨揚州，為其下所弒，金兵遂北還。一一六二年，高宗傳位於孝宗。孝宗頗有志於恢復，任張浚以圖進取。浚使李顯忠進兵，至符離（集名，在今安徽宿縣），大敗，進取遂成畫餅。一一六五年，以歲幣各減五萬，宋主稱金主為伯父的條件成和。金世宗算是金朝的令主，他的民族成見，是最深的。他曾對其種人，屢稱上京風俗之美，教他們保存舊風，不要漢化。臣下有說女眞、漢人，已為一家的，他就板起臉說：「女眞、漢人，其實是二。」這種尖銳的語調，絕非前此的北族，所肯出之於口的，其存之於心的，自亦不至如世宗之甚了。然世宗的見解雖如此，而既不能放棄中原之地，就只得定都燕京。並因是時叛者蜂起，不得不將猛安、謀克戶移入中原，以資鎮壓。奪民地以給之，替漢人和女眞之間，留下了深刻的仇恨。而諸猛安、謀克人，則唯酒是務，竟有一家百口，壟無一苗的，征服者的氣質，喪失淨盡了。自太祖崛起至此，不過六十年。

公元一一九四年，孝宗傳位於光宗。此時金世宗亦死，子章宗立，北邊頗有叛亂，河南、山東，亦有荒歉之處，金朝的國勢漸衰。宋光宗多病，皇后李氏又和太上皇不睦。一一九四年，孝宗崩，光宗不能出而持喪，人心頗為疑惑。宰相趙汝愚，因閤門使韓侂冑，請於高宗后吳氏，扶嘉王擴內禪，是為寧宗。韓侂冑排去趙汝愚，代為宰相，頗為士流所攻擊，想立恢復之功，以間執衆口。一二〇六年遂貿然北伐。誰想金兵雖弱，宋兵亦不強。兵交之後，襄陽和淮東西州郡，次第失陷。韓侂冑又想謀和，而金人復書，要斬侂冑之首，和議復絕。皇后楊氏本和韓侂冑有隙，使其兄次山，勾結侍郎史彌遠，把韓侂冑殺掉，函首以畀金。一二〇八年，以增加歲幣爲三十萬兩、匹的條件成和。韓侂冑固然是妄人，宋朝此舉，也太不成話了。和議成後兩年，金章宗死，世宗子衛紹王立。其明年，蒙古侵金，金人就一敗塗地。可見金朝是時，業已勢成弩末，宋朝並沒有急於講和的必要了。

蒙古本室韋部落，但其後來和韃靼混合，所以蒙人亦自稱爲韃靼。其居地初在望建河，即今黑龍江上游之南，而後徙於不而罕山，即今外蒙古車臣、土謝圖兩部界上的布林罕哈勒那都嶺。自回紇滅亡以後，漠北久無強部，算到一一六七年成吉思汗做蒙古的酋長的時候，已經三百六十多年了，淘汰，醞釀，自然該有一個強部出來。成吉思汗少時，漠南北諸部錯列，蒙古並不見得怎樣強大。且其內部分裂，成吉思汗備受同族的齮齕。但他有雄才大略，收合部衆，又與諸部落合縱連橫，至一二〇六年，而漠南北諸部，悉爲所征服。這一年，諸部大會於斡難河源（今譯作鄂諾，又作敖嫩），上他以成吉思汗的尊號。成吉思汗在此時，已非蒙古的汗，而爲許多部族的大汗了。一二一〇年，成吉思汗伐夏，夏人降。其明年，遂伐金。金人對於北方，所採取的是一種防守政策。從河套斜向東北，直達女眞舊地，築有一道長城。汪古部居今歸綏縣之北，守其衝要之點。此時汪古通於蒙古，故蒙古得以安行而入長城。會河堡一戰（會河堡，在察哈爾萬全縣西），金兵大敗，蒙古遂入居庸關。留兵圍燕京，分兵蹂躪山東、山西，東至遼西。金人弒衛紹王，立宣宗，與蒙古言和，而遷都於汴。蒙古又以爲口實，發兵攻陷燕京。金人此時，盡遷河北的猛安、謀克戶於河南，又奪漢人之地以給之。其民既不能耕，又不能戰，勢已旦夕待亡。幸一二一八年，成吉思汗用兵於西域，金人乃得少寬。這時候，宋朝亦罷金歲幣。避強陵弱，國際上總是在所不免的；而此時金人，財政困難，對於歲幣，亦不肯放棄，或者還希冀戰勝了可以向宋人多脅取些；於是兩國開了兵釁。又因疆埸細故，與夏人失和，兵力益分而弱。一二二四年，宣宗死，哀宗立，才和夏人以兄弟之國成和（前此夏人稱臣），而宋朝卒不許其和。時成吉思汗亦已東歸，蒙古人的兵鋒，又轉向中原了。一二二七年，成吉思汗圍夏，未克而死。遺命祕不發喪，把夏人滅掉。一二二九年，太宗立。明年，復伐金。時金人已放棄河北，以精兵三十萬，守邳縣到潼關的一線。太宗使其弟拖雷假道於宋，宋人不許，拖雷就強行通過。自漢中、襄、鄖而北，大敗金人於三峰山（在河南禹縣）。太宗亦自白坡渡河（在河南孟津縣），使速不臺圍汴。十六晝夜不能克，乃退兵議和。旋金兵殺蒙古使者，和議復絕，金哀宗逃到蔡州。宋、元復聯合以攻金，宋使孟珙、江海帥師會蒙古兵圍蔡，一二三四年，金亡。

約金攻遼，還爲金滅，這是北宋的覆轍，宋人此時，似乎又不知鑑而蹈之了。所以讀史的人，多以宋約元攻金爲失策，這亦未必盡然。宋朝和金朝是不共戴天之仇，不能不報的。若說保存金朝以爲障蔽，則金人此時，豈能終禦蒙古？不急進而與蒙古聯合，恢復一些失地，坐視金人爲蒙古所滅，豈不更糟？要知約金攻遼，亦並不算失策，其失策乃在滅遼之後，不能發憤自強，而又輕率啓釁。約元滅金之後，弊亦仍在於此。金亡之前十年，宋寧宗崩，無子。史彌遠援立理宗，仍專政。金亡前一年，史彌遠死，賈似道繼之。賈似道是表面上似有才氣，而不能切實辦事的人，如何當得這艱難的局面？金亡之後，宋朝人倡議收復三京（宋東京即大梁，南京即宋州，西京為洛陽，北京為大名）。入汴、洛而不能守。蒙古反因此南侵，江、淮之地多陷。一二四一年，蒙古太宗死。一二四六年，定宗立，三年而死。一二五一年，憲宗方立。蒙古當此時，所致力的還是西域，而國內又有汗位繼承之爭，所以未能專力攻宋。至一二五八年，各方粗定，憲宗乃大舉入蜀。忽必烈已平吐蕃、大理，亦東北上至鄂州（今湖北武昌縣）。宋將王堅守合州（今四川合川縣），憲宗受傷，死於城下。賈似道督大軍援鄂，不敢戰，使人求和，許稱臣，畫江爲界。忽必烈亦急圖自立，乃許之而北歸。賈似道掩其事，以大捷聞於朝。自此蒙古使者來皆拘之，而藉和議以圖自強，而待敵人之弊的機會遂絕。忽必烈北還後，自立，是爲元世祖。世祖在憲宗時，本來是分治漠南的，他手下又多西域人和中國人，於是以一二六四年定都燕京，蒙古的根據地，就移到中國來了。明年，理宗崩，子度宗立。宋將劉整叛降元，勸元人攻襄陽。自一二六八年至一二七三年被圍凡五年，宋人不能救，襄陽遂陷。明年，度宗崩，子恭帝立，伯顏自兩湖長驅南下。一二七六年，臨安不守，謝太后和恭帝都北狩，故相陳宜中立其弟益王於福州（今福建閩侯縣）。後來轉徙，崩於硇州（在今廣東吳川縣海中）。其弟濬王昺立，遷於崖山（在今廣東新會縣海中）。一二七九年，漢奸張弘范來攻，宰相陸秀夫負帝赴海殉國。張世傑收兵圖再舉，到海陵山（在今廣東海陽縣海中），舟覆而死，宋亡，中國遂整個爲北族所征服。

宋朝的滅亡，可以說是我國民族的文化，一時未能急劇轉變，以適應於競爭之故。原來遊牧民族以掠奪爲生產，而其生活又極適宜於戰鬥，所以其勢甚強，文明民族，往往爲其所乘，羅馬的見軛於蠻族，和中國的見軛於五胡和遼、金、元、清，正是一個道理。兩國國力的強弱，不是以其所有的人力物力的多少而定，而是看其能利用於競爭的共有多少而定。舊時的政治組織，是不適宜於動員全民衆的。其所恃以和異族抵抗的一部分，或者正是腐化分子的一個集團。試看宋朝南渡以後，軍政的腐敗，人民的困苦，而一部分士大夫反溺於晏安鴆毒，歌舞湖山可知。雖其一部分分子的腐化，招致了異族的壓迫，卻又因異族的壓迫，而引起了全民族的覺醒，替民族主義，建立了一個深厚的根基，這也是禍福倚伏的道理。北宋時代可以說是中國民族主義的萌蘗時期。南宋一代，則是其逐漸成長的時期。試讀當時的主戰派，如胡銓等一輩人的議論，至今猶覺其凜凜有生氣可知（見《宋史》卷三七四。）固然，只論是非，不論利害，是無濟於事的。然而事有一時的成功，有將來的成功。主張正義的議論，一時雖看似迂闊，隔若干年代後，往往收到很大的效果。民族主義的形成，即其一例。論是非是宗旨，論利害是手段。手段固不能不擇，卻不該因此犧牲了宗旨。歷來外敵壓迫時，總有一班唱高調的人，議論似屬正大，居心實不可問，然不能因此而並沒其眞。所以自宋至明，一班好發議論的士大夫，也是要分別觀之的。固不該盲從附和，也不該一筆抹殺。其要，在能分別眞僞，看誰是有誠意的，誰是唱高調的，這就是大多數國民，在危急存亡之時，所當拭目辨別清楚的了。民族主義，不但在上流社會中，植下了根基，在下流社會中，亦立下了一個組織，看後文所述便知。

第四十五章　蒙古大帝國的盛衰

蒙古是野蠻的侵略民族所建立的最大的帝國，他是適值幸運而成功的。

蒙古所征服之地，幾於包括整個亞洲，而且還跨有歐洲的一部分。其中最重要的，自然還是西域。蔥嶺以西，亞歷山大東征後，安息、大夏，對立爲兩個大國。其後則變爲波斯和月氏的對立。南北朝時，嚈噠興，月氏爲其所破，分爲許多小國，波斯亦被其懾服。突厥興，嚈噠又爲所破。月氏舊地，大抵服屬於西突厥，時大食亦已勃興。公元六四一年，破波斯，蔥嶺以西之地，次第爲其所吞併。是時中國亦滅西突厥，波斯以東之地，盡置羈縻府、州，兩國的政治勢力，遂相接觸。然蔥嶺以西之地，中國本視屬羈縻，故未至引起實際的衝突（公元七五〇年，即唐玄宗天寶九年，唐將高仙芝伐今塔什干的石國，石國求救於大食。明年，大食來援，唐兵敗於怛邏斯。未久安史之亂起，唐朝就不再經營西域了）。安史亂後，中國對於西域，就不再過問了。遼朝滅亡後，其宗室耶律大石，會十八部王衆於西州（唐西州，今新疆吐魯番縣），簡其精銳西行。此時大食的紀綱，久已頹廢，東方諸酋，據土自專，形同獨立。大石兵至，滅掉雄據呼羅珊的塞而杜克（Seljuks），並壓服了花剌子模（Khorazme，《唐書》作貨利習爾），使之納貢，而立國於吹河之濱，是爲西遼。成吉思汗平漠南北時，今蒙古西部乃蠻部的酋長古出魯克奔西遼，運用陰謀，和花剌子模裡應外合而取其國。又有在鄂爾坤、色楞格兩河間的蔑兒乞，其酋長忽禿亦西奔，和古出魯克都有捲土重來之意。成吉思汗怕根本之地動搖，乃於一二一三年北歸，遣哲別、速不臺把這兩人擊滅。先是天山南路的畏吾兒（即回紇異譯）。及其西之哈剌魯（唐時西突厥屬部葛邏祿），歸順蒙古，蒙古入西域之路已開。既滅古出魯克，蒙古的疆域，就和花剌子模相接。興於蒙古高原的北族，照例總是先向中國地方侵掠的；況且是時，蒙古與金，業已兵連禍結；所以蒙古對於西域，本來是無意於用兵的。但野蠻人所好的是奢侈享受，西域是文明發達之地，通商往來，自爲其所歡迎；而商人好利，自亦無孔不入。成吉思汗乃因商人以修好於花剌子模，花剌子模王亦已允許。然花剌子模的軍隊多數係康里人，王母亦康里人，因之作威作福，花剌子模王不能制。錫爾河濱的訛打剌城爲東西交通孔道，城主爲王母之弟，蒙古人隨商人西行的，一行共有四百多人，都被他認爲奸細，捉起來殺掉，只有一個人脫逃歸報。成吉思汗大怒，遂以一二一九年西征。破花剌子模，其王輾轉入里海小島而死。王子奔哥疾寧，成吉思汗追破之，略印度北境而還。哲別、速不臺別將繞里海，越高加索山，破西北諸部。欽察酋長奔阿羅思（Kiptchac）（亦譯奇卜察克，阿羅思即俄羅斯），又追敗之，平康里而還。成吉思汗的攻西域，本來是復仇之師，但因西域高度的物質文明，及其抵抗力的薄弱，遂引起蒙古人繼續侵掠的欲望。太宗立，命諸王西征。再破欽察，入阿羅思，進規孛烈兒（即波蘭）及馬札剌（匈牙利），西抵威尼斯，是爲蒙古西征最深入的一次，因太宗凶問至，乃班師。憲宗立，復遣弟旭烈兀西征。破木剌夷及報達（木剌夷（Mulahids），為天方教中之一派，在里海南岸），西域至此略定。東北一帶，自高句麗、百濟滅亡後，新羅亦漸衰。唐末，復分爲高麗、後百濟及新羅三國，石晉初，盡併於高麗王氏。北宋之世，高麗曾和契丹構兵，頗受其侵略，然尙無大關係。自高句麗滅亡後，朝鮮半島的北部，新羅控制之力，不甚完全；高麗亦未能盡力經營；女眞逐漸侵入其地，是爲近世滿族發達的一個原因，金朝即以此興起。完顏部本曾朝貢於高麗，至後來，則高麗反爲所脅服，稱臣奉貢。金末，契丹遺族和女眞人在今遼、吉境內擾亂，蒙古兵追擊，始和高麗相遇，因此引起衝突，至太宗時乃成和。此後高麗內政，遂時受蒙古人的干涉。有時甚至廢其國號，而於其地立征東行省。元世祖時，中國既定，又要介高麗以招致日本，日本不聽。世祖遂於一二七四、一二八一兩年遣兵渡海東征。前一次損失還小，後一次因颶風將作，其將擇堅艦先走，餘衆二十餘萬，盡爲日本所虜，殺蒙古人、高麗人、漢人，而以南人爲奴隸，其敗績可謂殘酷了。世祖欲圖再舉，因有事於安南，遂不果。蒙古西南的侵略，是開始於憲宗時的。世祖自今青海之地入西藏，遂入雲南，滅大理（即南詔）。自將北還，而留兵續向南方侵略。此時後印度半島之地，安南已獨立爲國。其南，今柬埔寨之地爲占城，蒲甘河附近則有緬國。元兵侵入安南和占城，其人都不服，一二八四、一二八五、一二八七三年，三次發兵南征，因天時地利的不宜，始終不甚得利。其在南洋，則曾一度用兵於爪哇。此外被招致來朝的共有十國，都是今南洋群島和印度沿岸之地（《元史》云：當時海外諸國，以俱藍、馬八兒為綱維，這兩國，該是諸國中最大的。馬八兒，即今印度的馬拉巴爾。俱藍為其後障，當在馬拉巴爾附近）。自成吉思汗崛起至世祖滅宋，共歷一百一十二年，而蒙古的武功，臻於極盛。其人的勇於戰鬥；征服各地方後，亦頗長於統治（如不干涉各國的信教自由，即其一端）；自有足稱。但其大部分成功的原因，則仍在此時別些大國，都適値衰頽，而乏抵抗的能力，其中尤其主要的，就是中國和大食帝國；又有一部分人，反爲其所用，如蒙古西征時附從的諸部族便是；所以我說它是適値天幸。

中國和亞、歐、非三洲之交的地中海沿岸，是世界上兩個重要的文明起源之地。這兩個區域的文明，被亞洲中部和南部的山嶺，和北方的荒涼阻隔住了。歐洲文明的東漸，大約以希臘人的東遷爲最早。漢通西域時所接觸的西方文化，就都是希臘人所傳播、所留遺。其後羅馬興，東邊的境界仍爲東西文化接觸之地，至羅馬之北境爲蠻族所據而中衰。大食興，在地理上，擁有超過羅馬的大版圖，在文化上亦能繼承希臘的遺緒。西方的文化，因此而東漸，東方的文化，因此而西行者不少。但主要的是由於海路，至蒙古興，而歐西和東方的陸路才開通。其時西方的商人，有經中央亞細亞、天山南路到蒙古來的，亦有從西伯利亞南部經天山北路而來的，基督教國亦派有使節東來。而義大利人馬可波羅（Marco Polo），居中國凡三十年，歸而以其所見，著成遊記，給予西方人以東方地理上較確實的知識，且引起其好奇心，亦爲近世西力東侵的一個張本。

如此廣大的疆域，自非一個大汗所能直接統治；況且野蠻人的征服，其意義原是掠奪；封建制度自然要隨之而興。蒙古的制度，宗室、外戚、功臣是各有分地的，而以成吉思汗的四個兒子爲最大。當時的分封，大約他的長子朮赤，所得的是花剌子模和康里、欽察之地；次子太宗所得的是乃蠻之地；三子察合臺所得的是西遼之地，而和林舊業，則依蒙古人幼子守灶之習，歸於其季子拖雷（此據日本那珂通世說，見其所注《成吉思汗實錄》，此書即《元祕史》的日譯本）。其後西北一帶，朮赤之子拔都爲其共主，而西南的平定，則功出於拖雷之子旭烈兀，其後裔世君其地，此即所謂阿闊臺、察合臺、欽察、伊兒四個汗國（阿闊臺之後稱Km. of Ogotai，亦稱Naiman（乃蠻）。察合臺之後稱Km. of Tchagatai。拔都之後稱Km. of Kiptchac，亦稱Golden Horde。旭烈兀之後稱Km. of Iran）。而分裂即起於其間。蒙古的汗本來是由諸部族公推的，到後來還是如此。每當大汗逝世之後，即由宗王、駙馬和管兵的官，開一個大會（蒙古語為「忽力而臺」），議定應繼承汗位的人。太祖之妻孛兒帖曾給蔑兒乞人擄去，後太祖聯合與部，把她搶回，就生了朮赤。他的兄弟，心疑他是蔑兒乞種，有些歧視他，所以他西征之後，一去不歸，實可稱爲蒙古的泰伯。太祖死時，曾有命太宗承繼之說，所以大會未有異議。太宗死後，其後人和拖雷的後人，就有爭奪之意。定宗幸獲繼立而身弱多病，未久即死，拖雷之子憲宗被推戴。太宗後人，另謀擁戴失烈門，爲憲宗所殺，並奪去太宗後王的兵柄。蒙古的內爭，於是開始。憲宗死後，爭奪復起於拖雷後人之間。憲宗時，曾命阿里不哥統治漠北，世祖統治漠南。憲宗死後，世祖不待大會的推戴而自立，阿里不哥亦自立於漠北，爲世祖所敗，而太宗之子海都自立於西北，察合臺、欽察兩汗國都附和他。伊兒汗國雖附世祖，卻在地勢上被隔絕了，終世祖之世不能定。直到一三一〇年，海都之子才來歸降。然自海都之叛，蒙古大汗的號令，就不能行於全帝國，此時亦不能恢復了。所以蒙古可說是至世祖時而臻於極盛，亦可說自世祖時而開始衰頹。

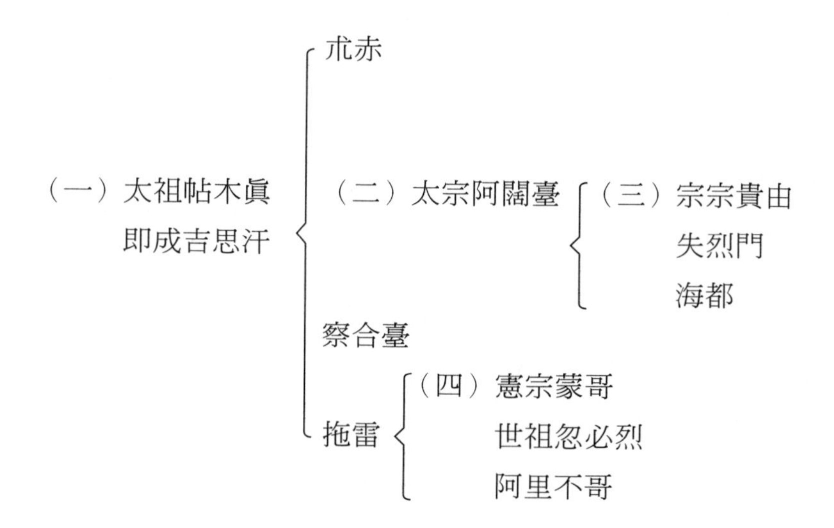

第四十六章　漢族的光復事業

遼、金、元三朝，立國的情形，各有不同。契丹雖然占據了中國的一部分，然其立國之本，始終寄於部族，和漢人並未發生深切的關係。金朝所侵占的重要之地，唯有中國。它的故土和他固有的部族，文化尚未發展，雖可藉其貧瘠而好掠奪的欲望，及因其進化之淺，社會組織簡單，內部矛盾較少，因而以誠樸之氣、勇敢之風而崛起於一時，然究不能據女眞之地，用女眞之人，以建立一個大國。所以從海陵遷都以後，其國家的生命，已經寄託在它所侵占的中國的土地上了。所以它壓迫漢人較甚，而其了解漢人卻亦較深。至蒙古，則所征服之地極廣，中國不過是其一部分。雖然從元世祖以後，大帝國業已瓦解，所謂元朝者，其生命亦已寄託於中國，然自以爲是一個極大的帝國，看了中國，不過是其所占據的地方的一部分的觀念，始終未能改變。所以對於中國，並不能十分了解，試看元朝諸帝，多不通漢文及漢語可知。元朝諸帝，唯世祖較爲聰明，所用的漢人和西域人較多，亦頗能釐定治法。此後則唯仁宗在位較久，政治亦較清明。其餘諸帝，大抵荒淫愚昧。這個和其繼嗣之爭，亦頗有關係。因爲元朝在世祖之時，北邊尙頗緊急。成宗和武宗都是統兵在北邊防禦，因而得立的。武宗即位之前，曾由仁宗攝位，所以即位之後，不得不立仁宗爲太子，因此引起英宗之後泰定、天順兩帝間的爭亂。文宗死後，又引起燕帖木兒的專權（時海都之亂未定，成宗和武宗都是統兵以防北邊的。世祖之死，伯顏以宿將重臣，歸附成宗，所以未有爭議。成宗之死，皇后伯岳吾氏想立安西王。右丞相哈剌哈孫使迎仁宗監國，以待武宗之至。武宗至， 伯岳吾后，殺安西王而自立，以仁宗為太子。仁宗既立，立英宗為太子，而出明宗於雲南，其臣奉之奔阿爾泰山。英宗傳子泰定帝，死於上都。子天順帝，即在上都即位。簽書樞密院事燕帖木兒為武宗舊臣，脅大都百官，迎立武宗之子。因明宗在遠，先迎文宗監國。發兵陷上都，天順帝不知所終。明宗至漠南，即位。文宗入見，明宗暴死。文宗後來心上覺得不安，遺令必立明宗之子，而燕帖木兒不肯。文宗皇后翁吉剌氏，堅持文宗的遺命。於是迎立寧宗，數月而死，再迎順帝。順帝的年紀卻比寧宗大些了，燕帖木兒又堅持，順帝雖至，不得即位。會燕帖木兒死，問題乃得解決。順帝既立，追治明宗死事，翁吉剌后和其子燕帖古思都被流放到高麗，死在路上。元入中國後的繼嗣之爭，大略如此）。中央的變亂頻仍，自然說不到求治，而最後又得一個荒淫的順帝，胡無百年之運，客星據坐，自然不能持久了。元世祖所創立的治法，是專以防制漢人爲務的。試看其設立行省及行御史臺；將邊徼襟喉之地，分封諸王；遣蒙古軍及探馬赤軍分守河、洛山東；分派世襲的萬戶府，屯駐各處；及因重用蒙古、色目人而輕視漢人可知，這是從立法方面說；從行政方面說：則厚斂人民，以奉宗王、妃、主。縱容諸將，使其掠人爲奴婢。選法混亂，貪黷公行。而且迷信喇嘛教，佛事所費，既已不貲，還要聽其在民間騷擾，可謂無一善政（參看第三、第四、第六、第七、第九各章）。所以仍能占據中國數十年，則因中國社會，自有其深根寧極之理，並非政治現象，所能澈底擾亂，所以他以異族入據中原，雖爲人心所不服，亦不得不隱忍以待時。到順帝時，政治既亂，而又時有水旱偏災，草澤的英雄，就要乘機而起了。

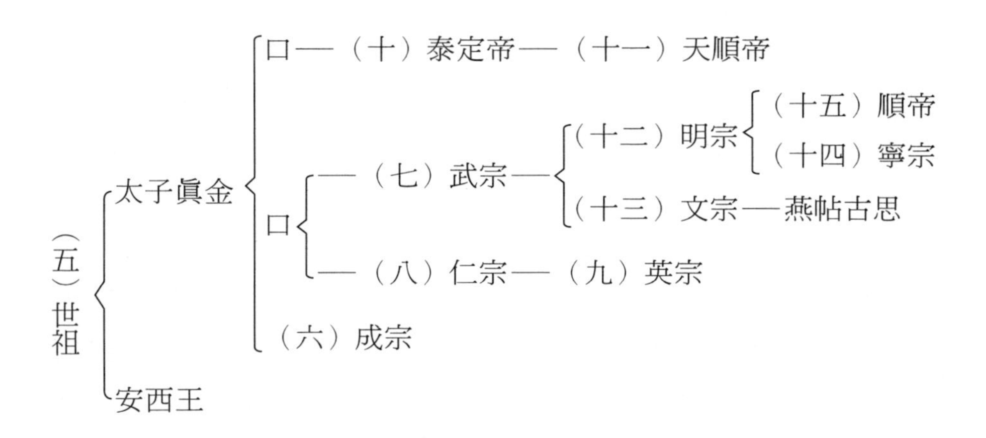

「舉世無人識，終年獨自行。海中擎日出，天外喚風生。」（鄭所南先生詩語。所南先生名思肖，工畫蘭。宋亡後，畫蘭皆不畫土，人或問之，則曰：「土為番人奪去，汝不知耶？」著有《心史》，藏之鐵函，明季乃於吳中承天寺井中得之。其書語語沉痛，為民族主義放出萬丈的光焰。清朝的士大夫讀之，不知自愧，反誣為偽造，真可謂全無心肝了）。表面上的平靜是靠不住的，爆發的種子，正潛伏在不見不聞之處。這不見不聞之處是哪裡呢？這便在各人的心上。昔人說：「雪大恥，復大仇，皆以心之力。」（龔自珍文中語）。文官投降了，武官解甲了，大多數的人民，雖然不服，苦於不問政治久了，一時團結不起來。時乎時乎？七年之病，求三年之艾，乃將一顆革命的種子，廣播潛藏於人民的唯一組織，即所謂江湖豪俠的社會之中，這是近世史上的一件大事。明亡以後之事，爲衆所周知，然其事實不始於明亡以後，不過年深月久，事蹟已陳，這種社會中，又沒有記載，其事遂在若存若亡之間罷了。元朝到順帝之世，反抗政府的，就紛紛而起。其中較大的是：臺州的方國珍（今浙江臨海縣），徐州的李二，湖北的徐壽輝，濠州的郭子興（今安徽鳳陽縣），高郵的張士誠（後遷平江，今江蘇吳縣）。而劉福通以白蓮教徒，起於安豐（今安徽壽縣），奉其教主之子韓林兒爲主。白蓮教是被近代的人看作邪教的，然其起始絕非邪教，試看其在當時，首舉北伐的義旗可知。元朝當日，政治紊亂。宰相脫脫之弟也先帖木兒，當征討之任，連年無功，後來反大潰於沙河（今河南遂平、確山、泌陽境上的沙河店）。軍資喪失殆盡。脫脫覺得不好，自將大軍出征，打破了李二，圍張士誠，未克，而爲異黨排擠以去。南方群雄爭持，元朝就不能過問。一三五八年，劉福通分兵三道：一軍入山、陝，一軍入山東，自奉韓林兒復開封。此時元朝方面，亦有兩個人出來替它掙扎，那便是察罕帖木兒和李思齊，他們是在河南起兵幫助元朝的。此時因陝西行省的求援，先入陝解圍。又移兵山東，把劉福通所派的兵，圍困起來。劉福通的將遣人把察罕刺死。其子庫庫帖木兒代總其兵，才把劉福通軍打敗，劉福通和韓林兒，走回安豐，後爲張士誠所滅。然其打山西的一支兵，還從上都直打到遼東（今多倫縣，元世祖自立於此，建為上都，而稱今北平為大都），然後被消滅。軍行數千里，如入無人之境，亦可謂雖敗猶榮了。

首事的雖終於無成，然繼起的則業已養成氣力。明太祖初起時，本來是附隨郭子興的。後來別爲一軍，渡江取集慶（今南京，元集慶路）。時徐壽輝爲其將陳友諒所殺，陳友諒據江西、湖北，勢頗強盛（壽輝將明玉珍據四川自立，傳子昇，為明太祖所滅），後爲太祖所滅。太祖又降方國珍、破張士誠，幾乎全據了長江流域。而元朝是時，復起內亂。其時庫庫帖木兒據冀寧（元冀寧路，治今山西曲陽縣），孛羅帖木兒據大同，孛羅想兼據晉冀，以裕軍食，兩人因此相爭。順帝次后奇氏，高麗人。生子愛猷識理達臘，立爲太子。太子和奇后，陰謀內禪。是時高麗人自宮到元朝來充當內監的很多，奇后宮中，自更不乏，而朴不花最得信任，宰相搠思監就是走朴不花的門路得位的。他和御史大夫老的沙不協，因太子言於順帝，免其職。老的沙逃奔大同，托庇於孛羅，搠思監誣孛羅謀反。孛羅就眞個反叛，舉兵犯闕，把搠思監和朴不花都殺掉。太子投奔庫庫，庫庫興兵送太子還京，孛羅已被順帝遣人刺死。太子欲使庫庫以兵力脅迫順帝內禪，庫庫不肯。時順帝封庫庫爲河南王，使其總統諸軍，平定南方。李思齊因與察罕同起兵，不願受庫庫節制，陝西參政張良弼，亦和庫庫不協，兩人連兵攻庫庫。太子乘機叫順帝下詔，削掉庫庫的官爵，使太子統兵討之，北方大亂。「天道好還，中國有必伸之理，人心效順，匹夫無不報之仇。」（太祖時討胡檄中語）。一三六八年，明太祖命徐達、常遇春兩道北伐。徐達平河南，常遇春下山東，會師德州（今山東德縣），北扼直沽。順帝走上都，太祖使徐達下太原，乘勝定秦、隴，庫庫帖木兒奔和林（和林城，太宗所建，今之額爾德尼招，是其遺址）。常遇春攻上都，順帝再奔應昌（城名，在達里泊傍，為元外戚翁吉剌氏之地）。一三七〇年，順帝死，明兵再出，愛猷識理達臘亦奔和林。不久便死，子脫古思帖木兒嗣。一三八七年，太祖使藍玉平遼東，乘勝襲破脫古思帖木兒於捕魚海（今達里泊），脫古思帖木兒北走，爲其下所殺。其後五傳皆被弒，蒙古大汗的統系遂絕。元宗室分封在中國的亦多降，唯梁王把匝剌瓦爾密據雲南不服。一三八一年，亦爲太祖所滅。中原之地，就無元人的遺孽了。自一二七九年元朝滅宋，至一三六八年順帝北走，凡八十九年。

第四十七章　明朝的盛衰

明太祖起於草澤，而能剷除胡元，戡定群雄，其才不可謂不雄。他雖然起於草澤，亦頗能了解政治，所定的學校、科舉、賦役之法，皆爲清代所沿襲，行之凡六百年。衛所之制，後來雖不能無弊，然推原其立法之始，亦確是一種很完整的制度，能不煩民力而造成多而且強的軍隊。所以明朝開國的規模，並不能算不弘遠。只可惜他私心太重，廢宰相，使朝無重臣，至後世，權遂入於閹宦之手。重任公侯伯的子孫，開軍政腐敗之端。他用刑本來嚴酷，又立錦衣衛，使司偵緝事務，至後世，東廠、西廠、內廠遂紛紛而起，（東廠為成祖所設，西廠設於憲宗時，內廠設於武宗時，皆以內監領其事）。這都不能不歸咎於詒謀之不臧。其封建諸子於各地，則直接引起了靖難之變。

明初的邊防，規模亦是頗爲弘遠的。俯瞰蒙古的開平衛，即設於元之上都。其後大寧路來降，又就其地設泰寧、朵顏、福余三衛。泰寧在今熱河東部，朵顏在吉林之北，福余則在農安附近。所以明初對東北，威棱遠瞻。其極盛時的奴兒干都司設於黑龍江口，現在的庫頁島，亦受管轄（《明會典》卷一〇九：永樂七年，設奴兒干都司於黑龍江口。清曹廷傑《西伯利亞東偏紀要》說廟爾以上二百五十餘里，混同江東岸特林地方，有兩座碑：一刻〈敕建永寧寺記〉，一刻〈宣德六年重建永寧寺記〉，均係太監亦失哈述征服奴兒干和海中苦夷之事。苦夷即庫頁。宣德為宣宗年號，宣德六年為公元一四三一年）。但太祖建都南京，對於北邊的控制，是不甚便利的。成祖既篡建文帝，即移都北京。對於北方的控制，本可更形便利。確實，他亦曾屢次出征，打破韃靼和瓦剌。但當他初起兵時，怕節制三衛的寧王權要襲其後，把他誘執，而將大寧都司，自今平泉縣境遷徙到保定。於是三衛之地，入於兀良哈，開平衛勢孤。成祖死後，子仁宗立，僅一年而死，子宣宗繼之。遂徙開平衛於獨石口。從此以後，宣、大就成爲極邊了。距離明初的攻克開平，逐去元順帝，不過六十年。明初的經略，還不僅對於北方。安南從五代時離中國獨立，成祖於一四〇六年，因其內亂，將其征服，於其地設立交趾布政使司，同於中國。他又遣中官鄭和下南洋，前後凡七次。其事在一四〇五至一四三三年之間，早於歐人的東航有好幾十年。據近人的考究：鄭和當日的航路，實自南海入印度洋，達波斯灣及紅海，且拂非洲的東北岸，其所至亦可謂遠了。史家或說：成祖此舉，是疑心建文帝亡匿海外，所以派人去尋求的，這話臆度而不中情實。建文帝即使亡匿海外，在當日的情勢下，又何能爲？試讀《明史》的外國傳，則見當太祖時，對於西域，使節所至即頗遠。可見明初的外交，是有意沿襲元代的規模的。但是明朝立國的規模，和元朝不同。所以元亡明興，西域人來者即漸少。又好勤遠略，是和從前政治上的情勢不相容的，所以雖有好大喜功之主，其事亦不能持久。從仁宗以後，就沒有這種舉動了。南方距中國遠，該地方的貨物，到中原即成爲異物，價値很貴；又距離既遠，爲政府管束所不及，所以宦其地者率多貪汙，這是歷代如此的。明朝取安南後，還是如此。其時中官奉使的多，橫暴太甚，安南屢次背叛，宣宗立，即棄之，此事在一四二七年。安南重隸中國的版圖，不過二十二年而已。自鄭和下南洋之後，中國對於南方的航行，更爲熟悉，華人移殖海外的漸多。近代的南洋，華人實成爲其地的主要民族，其發端實在此時。然此亦是社會自然的發展，得政治的助力很小。

明代政治的敗壞，實始於成祖時。其（一）爲用刑的殘酷，其（二）爲宦官的專權，而兩事亦互相依倚。太祖定制，內侍本不許讀書。成祖反叛時，得內監爲內應，始選官入內教習。又使在京營爲監軍，隨諸將出鎮。又設立東廠，使司偵緝之事，宦官之勢驟盛。宣宗崩，英宗立，年幼，寵太監王振。其時瓦剌強，殺韃靼酋長，又脅服兀良哈。一四四九年，其酋長也先入寇。王振貿然慫恿英宗親征，至大同，知兵勢不敵，還師。爲敵軍追及於土木堡，英宗北狩，朝臣徐有貞等主張遷都，于謙力主守禦。奉英宗之弟景帝監國，旋即位。也先入寇，謙任總兵石亨等力戰禦之。也先攻京城，不能克，後屢寇邊，又不得利，乃奉英宗歸。大凡敵兵入寇，京城危急之時，遷都與否，要看情勢而定，敵兵強，非堅守所能捍禦，而中央政府，爲一國政治的中心，失陷了，則全國的政治，一時要陷於混亂，則宜退守一可據的據點，徐圖整頓。在這情勢之下，誤執古代國君死社稷之義，不肯遷都，是要誤事的，崇禎的已事，是其殷鑑。若敵兵實不甚強，則堅守京城，可以振人心而作士氣。一移動，一部分的國土，就要受敵兵蹂躪，損失多而事勢亦擴大了。瓦剌在當日形勢實不甚強，所以于謙的主守，不能不謂之得計。然徐有貞因此內慚，石亨又以賞薄怨望，遂結內監曹吉祥等，乘景帝臥病，闖入宮中，迎英宗復辟，是爲「奪門」之變。于謙被殺，英宗復辟後，亦無善政。傳子憲宗，寵太監汪直。憲宗傳孝宗，政治較稱清明。孝宗傳武宗，又寵太監劉瑾，這不能不說是成祖惡政的流毒了。明自中葉以後，又出了三個昏君。其（一）是武宗的荒淫，其（二）是世宗的昏憒，其（三）是神宗的怠荒，明事遂陷於不可收拾之局。武宗初寵劉瑾，後瑾伏誅，又寵大同遊擊江彬，導之出遊北邊。封於南昌的甯王宸濠，乘機作亂，爲南贛巡撫王守仁所討平，武宗又藉以爲名，出遊江南而還。其時山東、畿南群盜大起，後來幸獲敉平，只可算得僥倖。武宗無子，世宗以外藩入繼。馭宦官頗嚴，內監的不敢恣肆，是無過於世宗時的。但其性質嚴而不明，中年又好神仙，日事齋醮，不問政事。嚴嵩因之，故激其怒，以入人罪，而竊握大權，政事遂至大壞。其時倭寇大起，沿海七省，無一不被其患，甚至沿江深入，直抵南京。北邊自也先死後，瓦剌復衰，韃靼部落入據河套，謂之「套寇」，明朝迄無善策。至世宗時，成吉思汗後裔達延汗復興，擊敗套寇，統一蒙古。達延汗四子，長子早死。達延汗自與其嫡孫卜赤徙牧近長城，稱爲插漢兒部，就是現在的察哈爾部，次子爲套寇所殺，三子係征服套寇的，有兩子：一爲今鄂爾多斯部之祖，亦早死。一爲阿勒坦汗，《明史》稱爲俺答，爲土默特部之祖。第四子留居漠北，則爲喀爾喀三部之祖（車臣，上謝圖，札薩克圖。其三音諾顏係清時增設）。自達延汗以後，蒙古遂成今日的形勢了，所以達延汗亦可稱爲中興蒙古的偉人。俺答爲邊患是最深的，世宗時，曾三次入犯京畿。有一次，京城外火光燭天，嚴嵩竟騙世宗，說是民家失火，其蒙蔽，亦可謂駭人聽聞了。世宗崩，穆宗立，未久而死。神宗立，年幼，張居正爲相，此爲明朝中興的一個好機會。當穆宗時，俺答因其孫爲中國所得，來降，受封爲順義王，不復爲邊患。插漢兒部強盛時，高拱爲相，任李成梁守遼東，戚繼光守薊鎮以敵之。成梁善戰，繼光善守，張居正相神宗，益推心任用此二人，東北邊亦獲安靜。明朝政治，久苦因循，張居正則能行嚴肅的官僚政治。下一紙書，萬里之外，無敢不奉行唯謹者，所以吏治大有起色。百孔千瘡的財政，整理後亦見充實。惜乎居正爲相不過十年，死後神宗親政，又復昏亂。他不視朝至於二十餘年，群臣都結黨相攻。其時無錫顧憲成，居東林書院講學，喜歡議論時政，於是朝廷上的私黨，和民間的清議，漸至糾結而不可分。神宗信任中官，使其到各省去開礦，名爲開礦，實則藉此索詐。又在窮鄉僻壤，設立稅使，騷擾無所不至。日本豐臣秀吉犯朝鮮，明朝發大兵數十萬以援之，相持凡七年，並不能卻敵，到秀吉死，日本兵才自退。神宗死後，熹宗繼之。信任宦官魏忠賢，其專橫又爲前此所未有。統計明朝之事，自武宗以後，即已大壞，而其中世宗、神宗，均在位甚久。武宗即位，在一五〇六年，熹宗之死，在一六二七年，此一百二十二年之中，內憂外患，迭起交乘，明事已成不可收拾之局。思宗立，雖有志於振作，而已無能爲力了。

第四十八章　明清的興亡

文化是有傳播的性質的，而其傳播的路線，往往甚爲紆曲。遼東、西自公元前四世紀，即成爲中國的郡縣，因其距中原較遠，長駕遠馭之力，有所不及，所以中國的政治勢力，未能充分向北展拓，自吉林以東北，歷代皆僅等諸羈縻。其地地質雖極肥沃，而稍苦寒；又北方擾攘時多，自河北經熱河東北出之道，又往往爲遊牧民族所阻隔；所以中國民族，亦未能盛向東北拓殖。在這一個區域中，以松花江流域爲最肥沃，其地距朝鮮甚近，中國的文化，乃從朝鮮繞了一個圈兒，以間接開化其地的女真民族。渤海、金、清的勃興，都是如此。

清朝的祖先，據他們自己說，是什麼天女所生的，這一望而知其爲有意造作的神話。據近人所考證，明時女真之地，凡分三衛：曰海西衛，自今遼寧的西北境，延及吉林的西部。曰野人衛，地在吉、黑的東偏。曰建州衛，則在長白山附近。海西衛爲清人所謂扈倫部，野人衛清人謂之東海部，建州衛則包括滿洲長白山西部。清朝眞正的祖先，所謂肇祖都督孟特穆，就是一四一二年受職爲建州衛指揮使的猛哥帖木兒（明人所授指揮使，清人則稱為都督。孟特穆為猛哥帖木兒異譯）。其初曾入貢受職於朝鮮的李朝的，後爲七姓野人所殺。其時的建州衛，還在朝鮮會寧府河谷。弟凡察立，遷居佟家江。後猛哥帖木兒之子董山，出而與凡察爭襲。明朝乃分建州爲左右兩衛，以董山爲左衛指揮使，凡察爲右衛指揮使。董山漸跋扈，明朝檄致廣寧誅之。部下擁其子脫羅擾邊（《清實錄》作妥羅，為肇祖之孫。其弟曰錫寶齋篇古，錫寶齋篇古之子曰興祖都督福滿，即景祖之父），聲稱報仇，但未久即寂然。自此左衛衰而右衛盛，右衛酋長王杲，居寬甸附近，爲李成梁所破，奔扈倫部的哈達（葉赫在吉林西南，明人稱為北關。哈達在開原北，明人稱為南關）。哈達執送成梁，成梁殺之。其子阿臺，助葉赫攻哈達。滿洲蘇克蘇滸部長尼堪外蘭，爲李成梁做嚮導，攻殺阿臺。滿洲酋長叫場，即清朝所謂景祖覺昌安，其子他失，則清朝所謂顯祖塔克世，塔克世的兒子努爾哈赤，就是清朝的太祖了。阿臺係景祖孫婿，阿臺敗時，清景、顯兩祖亦死。清太祖仍受封於明，後來起兵攻破尼堪外蘭，尼堪外蘭逃奔明邊。明朝非但不能保護，反把他執付清太祖。且開撫順、清河、寬甸、靉陽四關，和它互市。自此滿洲人得以沐浴中國的文化，且藉互市以潤澤其經濟，其勢漸強。先服滿洲諸部，扈倫、長白山諸部聯合蒙古的科爾沁部來攻，清太祖敗之，威聲且達蒙古東部，又合葉赫滅哈達。至一六一六年，遂叛明。

時值明神宗之世。以楊鎬爲經略，發大兵二十萬，分四路東征，三路皆敗。滿洲遂陷鐵嶺，滅葉赫。明以熊廷弼爲經略，廷弼頗有才能，明顧旋罷之，代以袁應泰。應泰有吏才，無將略，遼、瀋遂陷。清太祖初自今之長白縣（清之興京，其地本名赫圖阿拉）。遷居遼陽，後又遷居瀋陽。明朝再起熊廷弼，又爲廣寧巡撫王化貞所掣肘。化貞兵敗，遼西地多陷。明朝逮兩人俱論死，旋得袁崇煥力守寧遠。一六二六年，清太祖攻之，受傷而死。子太宗立，因朝鮮歸心於明，屢犄滿洲之後，太宗乃先把朝鮮征服了，還兵攻寧遠、錦州，又大敗。清人是時，正值方興之勢，自非一日可以削平，然其力亦並不能進取遼西。倘使明朝能任用如袁崇煥等人物，與之持久，遼東必可徐圖恢復的，遼西更不必說了，若說要打進山海關，那簡直是夢想。

所謂流寇，是無一定的根據地，流竄到哪裡，裹脅到哪裡的。中國疆域廣大，一部分的天災人禍，影響不到全國，局部的動亂，勢亦不能牽動全國，只有當社會極度不安時，才會釀成如火燎原之勢，而明季便是其時了。明末的流寇，是以一六二八年起於陝西的，正值思宗的元年。旋流入山西，又流入河北，蔓衍於四川、湖廣之境。以李自成和張獻忠爲兩個最大的首領，獻忠係粗才，一味好殺，自成則頗有大略。清太宗既不得志於遼西，乃自喜峰口入長城，犯畿甸。袁崇煥聞之，亦兼程入援。兩軍相持，未分勝負。明思宗之爲人，嚴而不明，果於誅殺。先是袁崇煥因皮島守將毛文龍跋扈，將其誅戮（皮島，今圖作海洋島）。思宗疑之而未發。及是，遂信清人反間之計，把崇煥下獄殺掉，於是長城自壞，此事在一六二九年。至一六四〇年，清人大舉攻錦州。薊遼總督洪承疇往援，戰敗，入松山固守。明年，松山陷，承疇降清。先是毛文龍死後，其將孔有德、耿仲明降清，引清兵攻陷廣鹿島（今圖或作光祿島）。守將尚可喜亦降。清當太祖時，尚無意於入據中原，專發揮其仇視漢人的觀念，得儒士輒殺，得平民則給滿洲人爲奴。太宗始變計撫用漢人，尤其優待一班降將。洪承疇等遂不恤背棄祖國，爲之效力。於是政治軍事的形勢，又漸變了。但明兵堅守了山海關，清兵還無力攻陷。雖然屢次繞道長城各口，蹂躪畿甸，南及山東，畢竟不敢久留，不過明朝剿流寇的兵，時被其牽制而已。一六四三年，李自成陷西安。明年，在其地稱帝。東陷太原，分兵出真定（今河北正定縣），自陷大同、宣府，入居庸關。北京不守，思宗殉國於煤山。山海關守將吳三桂入援，至豐潤，京城已陷。自成招三桂降，三桂業經允許了。旋聞愛妾陳沅被掠，大怒，遂走關外降清。「痛哭六軍皆縞素，衝冠一怒爲紅顏」，民族戰爭時唯一重要的據點，竟因此兵不血刃而失陷，武人不知禮義的危險，眞令人言之而色變了。

時清太宗已死，子世祖繼立，年幼，叔父睿親王多爾袞攝政，正在關外略地，聞三桂來降，大喜，疾趨受之。李自成戰敗，奔回陝西，清人遂移都北京。明人立神宗之孫福王由崧於南京，是爲弘光帝。清人這時候，原只望占據北京，並不敢想全吞中國，所以五月三日入京，四日下令強迫人民剃髮，到二十四日，即又將此令取消。而其傳檄南方，亦說「明朝嫡胤無遺，用移大清，宅此北土，其不忘明室，輔立賢藩，戮力同心，共保江左，理亦宜然，予所不禁」。但弘光帝之立，是靠著鳳陽總督馬士英的兵力做背景的。士英遂引閹黨阮大鋮入閣，排去史可法，弘光帝又荒淫無度。清朝乃先定河南、山東，又分兵兩道入關，李自成走死湖北，清人即移兵以攻江南。明朝諸將，心力不齊，史可法殉國於揚州，南京不守，弘光帝遂北狩，時在一六四五年。清朝既定江南，乃下令強迫人民剃髮。當時有「留頭不留髮，留髮不留頭」之諺，其執行的嚴厲可想。此舉是所以摧挫中國的民氣的，其用意極爲深刻酷毒。緣中國地大而人衆，政治向主放任，人民和當地的政府，關係已淺，和中央政府，則幾於毫無直接關係，所以朝代的移易，往往刺激不動人民的感情。至於衣服裝飾，雖然看似無關緊要，然而習俗相沿，就是一種文化的表徵，用兵力侵略的異族，強使故有的民族，棄其舊有的服飾而仿效自己，就不啻摧毀其文化，而且強替它加上一種屈服的標識。這無怪當日的人民，要奮起而反抗了。但是人民無組織已久了，臨時的集合，如何能敵得久經征戰的軍隊？所以當日的江南民兵，大都不久即敗。南部亡後，明之遺臣，或奉魯王以海監國紹興，或奉唐王聿鍵正位福州，是爲隆武帝。清人遣吳三桂陷四川，張獻忠敗死。別一軍下江南，魯王敗走舟山。清兵遂入福建，隆武帝亦殉國，時爲一六四七年。

西南之地，向來和大局是關係較淺的，龍拏虎攫，總在黃河、長江兩流域，到明季，情形卻又不同了。長江以南，以湘江流域開闢爲最早。漢時雜居諸異族，即已大略同化。其資、沅、澧三水流域，則是隋、唐、北宋之世，逐漸開闢的。一四一三年，當明成祖之世，貴州之地，始列為布政司。其後水西的安氏，水東的宋氏，播州的楊氏（水西、水東，係分轄貴陽附近新土司的。播州，今遵義縣），亦屢煩兵力，然後戡定。而廣西桂林的古田、平樂的府江、潯州的大藤峽、梧州的岑溪，明朝亦費掉很大的兵力。雲南地方，自唐時，大理獨立為國，到元朝才把它滅掉。其時雲南的學校，還不知崇祀孔子，而崇祀晉朝的王羲之，貨幣則所用的是海貽。全省大都用土官，就正印是流官的，亦必以土官為之副。但自元朝創立土司制度以來，而我族所以管理西南諸族的，又進一步。其制：異族酋長歸順的，我都授以某某司的名目，如宣慰司、招討司之類，此之謂土司。有反叛、虐民、或自相攻擊的，則用政治手腕或兵力戡定，改派中國人治理其地，此之謂改土歸流。明朝一朝，西南諸省，逐漸改流的不少，政治勢力和人民的拓殖，都大有進步。所以到明末，已可用為抗敵的根據地。隆武帝亡後，明人立其弟聿鐭於廣州，旋為叛將李成棟所破。神宗之孫桂王由榔即位肇慶，是為永曆帝，亦為成棟所迫，退至桂林。清又使降將孔有德、尚可喜、耿仲明下湖南，金聲桓下江西。聲桓、成棟旋反正。明兵乘機復湖南，川南、川東亦來歸附。桂王一時曾有兩廣、雲、貴、江西、湖南、四川七省之地，然聲桓、成棟都係反覆之徒，並無能力，不久即敗，湖南亦復失，清兵且進陷桂林。永曆帝逃到南寧，遣使封張獻忠的餘黨孫可望為秦王。可望雖不過流寇，然其軍隊久經戰陣，戰鬥力畢竟要強些。可望乃使其黨劉文秀攻四川，吳三桂敗走漢中。李定國攻桂林，孔有德伏誅。清朝乃派洪承疇守長沙，尚可喜守廣東，又派兵駐紮保寧，以守川北，無意於進取了。而永曆帝因可望跋扈，密召李定國，可望攻定國，大敗，復降清，洪承疇因之請大舉。一六五八年，清兵分三道入滇。定國扼北盤江力戰，不能敵，乃奉永曆帝走騰越，而伏精兵，大敗清之追兵於高黎貢山，清兵乃還，定國旋奉永曆帝入緬甸。一六六一年，吳三桂發大兵十萬出邊，緬甸人乃奉永曆帝入三桂軍。明年，被弒，明亡。當永曆帝入緬時，劉文秀已前卒。定國和其黨白文選崎嶇緬甸，欲圖恢復，卒皆齎志以終。定國等雖初為寇盜，而其晚節能效忠於國家、民族如此，眞可使洪承疇、吳三桂等一班人愧死了。

漢族在大陸上雖已無根據地，然天南片土，還有保存著上國的衣冠的，是為鄭成功。鄭成功為鄭芝龍的兒子，芝龍本係海盜，受明招安的。清兵入閩時，芝龍陰行通款，以致隆武帝敗亡。成功卻不肯叛國，退據廈門，練兵造船為興復之計。魯王被清兵所襲，失去舟山，也是到廈門去依靠他的。清兵入滇時。成功曾大舉入江，直迫江寧。後從荷蘭人之手，奪取臺灣，務農、訓兵、定法律、設學校，儼然獨立國的規模。清朝平定西南，本來全靠降將之力，所以事定之後，清朝並不能直接統治。乃封尚可喜於廣東，耿仲明之子繼茂於福建，吳三桂於雲南，是為三藩。三藩中，吳三桂功最高，兵亦最強。一六七三年，尚可喜因年老，將兵事交給其兒子之信，反為所制，請求撤藩，清人許之。三桂和耿繼茂的兒子耿精忠不自安，亦請撤藩，以覘朝意。時清世祖已死，子聖祖在位，年少氣盛，獨斷許之，三桂遂叛清，耿、尚兩藩亦相繼舉兵，清朝在西南，本無實力，三桂一舉兵，而貴州、湖南、四川、廣西俱下。但三桂暮氣不振，既不能棄滇北上；想自出應援陝西回應的兵，又不及；徒據湖南，和清兵相持；耿、尚兩藩，本來是反覆無常的，此時苦三桂征餉，又叛降清；三桂兵勢遂日蹙。一六七八年，三桂稱帝於衡州。旋死，諸將乖離，其孫世璠，遂於一六八一年為清人所滅。清平定西南，已經出於意外了，如何再有餘力，覬覦東南海外之地？所以清朝是時，已有和鄭氏言和，聽其不剃髮，不易衣冠之意。但又有降將作祟，先是鄭成功以一六六二年卒，子經襲，初和耿氏相攻，曾略得漳、泉之地。後並失廈門，退歸臺灣。其將施琅降清，清人用為提督。一六八一年，鄭經卒，內部乖離。一六八三年，施琅渡海入臺灣，鄭氏亡。

第四十九章　清代的盛衰

清朝的猾夏，是遠較遼、金、元爲甚的。這是因爲女眞民族，在渤海和金朝時，業已經過兩度的開化，所以清朝初興時，較諸遼、金、元，其程度已覺稍高了。當太宗時，已能任用漢人，且能譯讀《金世宗本紀》，戒諭臣下，勿得沾染華風。入關之後，圈占民地，給旗人住居，這也和金朝將猛安謀克戶遷入中原，是一樣的政策。他又命旗兵駐防各省，但多和漢人分城而居，一以免其倚勢欺凌，挑起漢人的惡感，一亦防其與漢人同化。其尤較金人爲刻毒的，則爲把關東三省都封鎖起來，禁止漢人移殖。他又和蒙古人結婚姻，而且表面上裝作信奉喇嘛教，以聯絡蒙古的感情，而把蒙古也封鎖起來，不許漢人移殖，這可稱之爲「聯蒙制漢」政策。他的對待漢人，爲前代異族所不敢行的，則爲明目張膽，摧折漢人的民族性。從來開國的君主，對於前代的叛臣投降自己的，雖明知其爲不忠不義之徒，然大抵把這一層抹殺不提，甚且還用些能知天命，志在救民等好看的話頭，替他掩飾，這個可說是替降順自己的人留些面子。清朝則不然，對於投順他的人，特立貳臣的名目，把他的假面具都剝光了。康、雍、乾三朝，大興文字之獄，以摧挫士氣。乾隆時開四庫館，編輯四庫全書，卻藉此大燒其書。從公元一七六三到一七八二，二十年之中，共燒書二十四次，被燒掉的書有五百三十八種，一萬三千八百六十二部之多。不但關涉清朝的，即和遼、金、元等有關涉的，亦莫不加以毀滅。其不能毀滅的，則加以改竄。他豈不知一手不能掩盡天下目？他所造作的東西，並不能使人相信，此等行爲，更不能使人心服，不過肆其狠毒之氣，一意孤行罷了。他又開博學鴻詞科，設明史館，以冀網羅明季的遺民。然被其招致的，全是二等以下的人物，眞正有志節的，並沒有入他彀中的啊！

從前的人民，對於政權，實在疏隔得太利害了。所以當異族侵入的時候，民心雖然不服，也只得隱忍以待時，清初又是這時候了。從一六八三年臺灣鄭氏滅亡起，到一七九三年白蓮教徒起兵和清朝反抗爲止，凡一百一十年，海內可說無大兵革。清聖祖的爲人，頗爲聰明，也頗能勤於政治，就世宗也還精明。他們是一個新興的野蠻民族，其驕奢淫佚，比之歷年已久的皇室，自然要好些。一切弊政，以明末爲鑑，自然也有相當的改良。所以康、雍之世，政治還算清明，財政亦頗有餘蓄。到乾隆時，雖然政治業已腐敗，社會的元氣，亦已暗中凋耗了，然表面上卻還維持著一個盛況。

武功是時會之適然。中國的國情，是不適宜於向外侵略的。所以自統一以後，除秦、漢兩朝，襲戰國之餘風，君主有好大喜功的性質，社會上亦有一部分人，喜歡立功絕域外，其餘都是守禦之師。不過因爲國力的充裕，所以只要（一）在我的政治相當清明，（二）在外又無方張的強敵，即足以因利乘便，威行萬里。歷代的武功，多是此種性質，而清朝亦又逢著這種幸運了。蒙古和西藏的民族，其先都是喜歡侵略的。自唐中葉後，喇嘛教輸入吐蕃，而西藏人的性質遂漸變。明末，俺答的兩個兒子侵入青海。其結果，轉爲青海地方的喇嘛教所感化，喇嘛教因此推行於蒙古，連蒙古人的性質，也漸趨向平和，這可說是近數百年來塞外情形的一個大轉變。在清代，塞外的侵略民族，只剩得一個衛拉特了。而其部落較小，侵略的力量不足，卒爲清人所摧破。這是清朝人的武功，所以能夠煊赫一時的大原因。衛拉特即明代的瓦剌，當土木之變時，其根據地本在東方。自蒙古復強，它即漸徙而西北。到清時，共分爲四部：曰和碩特，居烏魯木齊。曰準噶爾，居伊犁。曰杜爾伯特，居額爾齊斯河。曰土爾扈特，居塔爾巴哈臺。西藏黃教的僧侶，是不許娶妻的。所以其高僧，世世以「呼畢勒罕」主持教務。因西藏人信之甚篤，教權在名義上遂出於政權之上。然所謂迷信，其實不過是這麼一句話。從古以來，所謂神權政府，都是建立在大多數被麻醉的人信仰之上的，然教中的首領，其實並不迷信，試看其爭權奪利，一切都和非神權的政府無異可知。達賴喇嘛是黃教之主宗喀巴的第一個大弟子，他在喇嘛教裡，位置算是最高，然並不能親理政務，政務都在一個稱爲「第巴」的官的手裡。清聖祖時，第巴桑結，招和碩特的固始汗入藏，擊殺了紅教的護法藏巴汗，而奉宗喀巴的第二大弟子班禪入居札什倫布，是爲達賴、班禪分主前後藏之始。和碩特自此徙牧青海，干涉西藏政權，桑結又惡之，招致準噶爾噶爾丹入藏，擊殺了固始汗的兒子達顏汗。準噶爾先已攝服杜爾伯特，逐去土爾扈特，至此其勢大張。一六八八年，越阿爾泰山攻擊喀爾喀，三汗部衆數十萬，同時潰走漠南。清聖祖爲之出兵擊破噶爾丹，噶爾丹因伊犁舊地，爲其兄子策妄阿布坦所據無所歸，自殺，阿爾泰山以東平。固始汗的曾孫拉藏汗殺掉桑結，策妄阿布坦派兵入藏，襲殺拉藏汗，聖祖又派兵將其擊破。一七二二年，聖祖死，世宗立。固始汗之孫羅卜藏丹津煽動青海的喇嘛反叛，亦爲清兵所破。此時衛拉特的亂勢，可謂蔓延甚廣，幸皆未獲逞志，然清朝亦未能犁庭掃穴。直至一七五四年，策妄阿布坦之子噶爾丹策凌死，其部落內亂，清高宗才於一七五七年將其蕩平。至於天山南路，則本係元朝察哈爾後王之地，爲回教區域。元衰後，回教教主的後裔有入居喀什噶爾的，後遂握有南路政教之權。准部既平，教主的後裔大小和卓木（大和卓木名布羅尼特，小和卓木名霍集占）。和清朝反抗，亦於一七五九年爲清所破滅。清朝的武功，以此時爲極盛。天山南北路既定，蔥嶺以西之國，敖罕、哈薩克、布魯特、乾竺特、博羅爾、巴達克山、布哈爾、阿富汗等，都朝貢於清，彷彿唐朝盛時的規模。一七九二年，清朝又用兵於廓爾喀，將其征服，則其兵力又為唐時所未至。對於西南一隅，則清朝的武功，是掩耳盜鈴的。當明初，中國西南的疆域，實還包括今伊洛瓦底江流域和薩爾溫、眉公兩江上游（看《明史・西南土司傳》可知）。但中國對於西南，實力並不充足，所以安南暫合而復離，而緬甸亦卒獨立為國。中國實力所及，西不過騰衝，南不越普洱，遂成為今日的境界了。一七六七年，清高宗因緬甸犯邊，發兵征之敗沒。一七六九年，又派大兵再舉，亦僅因其請和，許之而還。這時候，暹羅為緬甸所滅。後其遺臣中國人鄭昭，起兵復國，傳其養子鄭華，以一七八六年受封於中國，緬甸怕中國和暹羅夾攻它，對中國才漸恭順。安南之王黎氏，明中葉後為其臣莫氏所篡，清初復國，頗得其臣阮氏之力，而其臣鄭氏，以國戚執政，阮氏與之不協，乃南據順化，形同獨立。後為西貢豪族阮氏所滅，是為新阮，而順化之阮氏，則稱舊阮。新阮既滅舊阮，又入東京滅鄭氏，並廢黎氏，黎氏遺臣告難中國，高宗於一七八八年為之出兵，擊破新阮，復立黎氏。然旋為新阮所襲敗，乃因新阮的請降，封之為王。總而言之，中國用兵於後印度，天時地利，是不甚相宜的，所以歷代都無大功，到清朝還是如此。清朝用兵域外，雖不得利，然其在湘西、雲、貴、四川各省，則頗能竟前代所未竟之功。在今湖南、貴州間，則開闢永順、乾州、鳳皇、永綏、松桃各府、廳，在雲南，則將烏蒙、烏撒、東川、鎮雄各土官改流（烏蒙，今雲南昭通縣。烏撒，今貴州威寧縣）。在貴州，則平定以古州為中心的大苗疆（古州，今榕江縣）。這都是明朝未竟的餘緒。四川西北的大小金川（大金川，今理番縣的綏靖屯。小金川，今懋功縣），用兵凡五年，糜餉至七千萬，可謂勞費已甚，然綜合全域看起來，則於西南的開拓，仍有裨益。

清朝的衰機，可說是起於乾隆之世的。高宗性本奢侈，在位時六次南巡，耗費無藝。中歲後又任用和珅，貪瀆爲古今所無。官吏都不得不剝民以奉之，上司誅求於下屬，下屬虐取於人民，於是吏治大壞。清朝歷代的皇帝，都是頗能自握魁柄，不肯授權於臣下的。它以異族入主中原，漢族眞有大志的人，本來未必幫它的忙，加以他們予智自雄，折辱大臣，摧挫言路，抑壓士氣，自然愈形孤立了，所以到乾、嘉之間，而局面遂一變。

第五十章　中西初期的交涉

世界是無一息不變的，人，因其感覺遲鈍，或雖有感覺而行爲濡滯之故，非到外界變動，積微成著，使其感覺困難時，不肯加以理會，設法應付，正和我們住的屋子，非到除夕不肯加以掃除，以致塵埃堆積，掃除時不得不大費其力一樣。這話，在第一章中，業已說過了，中國自有信史以來，環境可說未曾大變。北方的遊牧民族，憑恃武力，侵入我國的疆域之內是有的，但因其文化較低，並不能改變我們的生活方式，而且他還不得不棄其生活方式而從我，所以經過若干年之後，即爲我們所同化。當其未同化之時，因其人數甚少，其暴橫和掠奪，也是有一個限度的，而且爲時不能甚久。所以我們未曾認爲是極大的問題，而根本改變我們的生活方式以應之。至於外國的文明，輸入中國的，亦非無有。其中最親切的，自然是印度的宗教。次之則是希臘文明，播布於東方的，從中國陸路和西域交通、海路和西南洋交通以後，即有輸入。其後大食的文明，輸入中國的亦不少。但宗教究竟是上層建築，生活的基礎不變，說一種宗教，對於全社會眞會有什麼大影響，是不確定的。所以佛教輸入中國之後，並未能使中國人的生活印度化，反而佛教的本身，倒起了變化，以適應我們的生活了，讀第十八章所述可見。其餘的文明，無論其爲物質的、精神的，對社會上所生的影響，更其「其細已甚」，所以中國雖然不斷和外界接觸，而其所受的外來的影響甚微。至近代歐西的文明，乃能改變生活的基礎，而使我們的生活方式，不得不澈底起一個變化，我們應付的困難，就從此開始了，但前途放大光明、得大幸福的希望，亦即寄託在這個大變化上。

西人的東來，有海、陸兩路，而海路又分兩路：（一）自大西洋向東行，於公元一五一六年繞過好望角，自此而至南洋、印度及中國。（二）自大西洋向西行，於一四九二年發現美洲，一五一九年環繞地球，其事都在明武宗之世。初期在海上占勢力的是西、葡，後來英、荷繼起，勢力反駕乎其上。但其在中國，因葡萄牙人獨占了澳門之故，勢力仍能凌駕各國，這是明末的情形。清初，因與荷蘭人有夾攻臺灣鄭氏之約，許其商船八年一到廣東，然其勢力，亦遠非葡萄牙之敵。我們試將較舊的書翻閱，說及當時所謂洋務時，總是把「通商傳教」四字並舉的。的確，我們初期和西洋人的接觸，不外乎這兩件事。通商本兩利之道，但這時候的輸出入品，還帶有奢侈性質，並非全國人所必需，而近世西人的東來，我們卻自始對他存著畏忌的心理。這是爲什麼呢？其（一）中國在軍事上，是畏惡海盜的。因爲從前的航海之術不精，對海盜不易傾覆其根據地，甚而至於不能發現其根據地。（二）中國雖發明火藥，卻未能製成近世的槍炮。近世的槍炮，實在是西人製成的，而其船舶亦較我們的船舶爲高大，軍事上有不敵之勢。（三）西人東來的，自然都是些冒險家，不免有暴橫的行爲。而因傳教，更增加了中國畏忌的心理。近代基督教的傳布於東方，是由耶穌會（Jesuit）開始的。其教徒利瑪竇（Matteo Ricci）以一五八一年始至澳門，時爲明神宗萬曆五年。後入北京朝獻，神宗許其建立天主堂。當時基督教士的傳教，是以科學爲先驅；而且順從中國的風俗，不禁華人祭天、祭祖、崇拜孔子的。於是在中國的反應，發生兩派：其（一）如徐光啓、李之藻等，服膺其科學，因而亦信仰其宗教。其（二）則如清初的楊光先等，正因其人學藝之精，傳教的熱烈，而格外引起其猜忌之心。在當時，科學的價值，不易爲一般人所認識，後一派的見解，自然容易得勢。但是輸入外國的文明，在中國亦由來已久了。在當時，即以曆法疏舛，舊有的回回曆法，不如西洋曆法之精，已足使中國人引用教士，何況和滿洲人戰爭甚烈，需要教士製造槍炮呢？所以一六一六年，基督教一度被禁止傳播後，到一六二一年，即因命教士製造槍炮而復解禁，後更引用其人於曆局。清初，湯若望（Joannes Adams Schallvon Bell）亦因曆法而被任用。聖祖初年，爲楊光先所攻擊，一時失勢。其後卒因舊法的疏舛，而南懷仁（Ferdinandus Verbiest）復見任用。聖祖是頗有科學上的興趣的，在位時引用教士頗多。然他對於西洋人，根本上仍存著一種畏惡的心理。所以在他御制的文集裡，曾說「西洋各國，千百年後，中國必受其累」。這在當時的情勢下，亦是無怪其然的。在中國一方面，本有這種心理潛伏著，而在西方，適又有別一派教士，攻擊利瑪竇一派於教皇，說他們賣教求榮，容許中國的教徒崇拜偶像。於是教皇派多羅（Tourmon）到中國來禁止。這在當時的中國，如何能說得明白？於是聖祖大怒，將多羅押還澳門，令葡萄牙人看管，而令教士不守利瑪竇遺法的都退出（教皇仍不變其主張，且處不從令的教士以破門之罰。教士傳教中國者，遂不復能順從中國人的習慣，此亦為中西隔閡之一因）。至一七一七年，碣石鎮總兵陳昂說：「天主教在各省開堂聚衆，廣州城內外尤多，恐滋事端，請嚴舊例嚴禁」，許之。一七二三年，閩浙總督滿保請除送京效力人員外，概行安置澳門；各省天主堂，一律改爲公廨，亦許之，基督教自此遂被禁止傳布。然其徒之祕密傳布如故。中國社會上，本有一種所謂邪教，其內容僅得之於傳說，是十分離奇的（以此觀之，知歷來所謂邪教者的傳說，亦必多誣衊之辭），至此，遂將其都附會到基督教身上去；再加以後來戰敗的恥辱，因戰敗而准許傳教，有以兵力強迫傳布的嫌疑；遂伏下了幾十年教案之根。至於通商，在當時從政治上看起來，並沒有維持的必要。既有畏惡外人的心理，就禁絕了，也未爲不可的。但這是從推理上立說，事實上，一件事情的措置，總是受有實力的人的意見支配的。當時的通商，雖於國計民生無大關係，而在官和商，則都是大利之所在，如何肯禁止？既以其爲私利所在而保存之，自然對於外人，不肯不剝削，就伏下了後來五口通商的禍根。海路的交通，在初期，不過是通商傳教的關係，至陸路則自始即有政治關係。北方的侵略者，乃蒙古高原的民族，而非西伯利亞的民族，這是幾千年以來，歷史上持續不變的形勢。但到近代歐洲的勢力向外發展時，其情形也就變了。十五世紀末葉，俄人脫離蒙古的羈絆而自立。其時可薩克族又附俄（Kazak，即哥薩克），爲之東略。於是西伯利亞的廣土，次第被占。至明末，遂達鄂霍次克海，騷擾且及於黑龍江。清初因國內未平，無暇顧及外攘。至三藩既平，聖祖乃對外用兵。其結果，乃有一六八八年的《尼布楚條約》。訂定西以額爾古訥河，東自格爾必齊河以東，以外興安嶺爲界，俄商得三年一至京師。此約中國得地極廣，然俄人認爲係用兵力迫脅而成，心懷不服，而中國對邊陲，又不能實力經營，遂伏下咸豐時戊午、庚申兩約的禍根。當《尼布楚條約》簽訂時，中、俄的邊界問題，還只限於東北方面。其後外蒙古歸降中國（前此外蒙古對清，雖曾通商，實僅羈縻而已），於是俄、蒙的界務，亦成爲中、俄的界務，乃有一七二七年的《恰克圖條約》，規定額爾古訥河以西的邊界，至沙賓達巴哈爲止，自此以西，仍屬未定之界。至一七五五、一七五九兩年，中國次第平定準部、回部，西北和俄國接界處尤多，其界線問題，亦延至咸豐時方才解決。

近代歐人的到廣東來求通商，事在一五一六年，下距五口通商時，業經三百餘年了。但在五口通商以前，中國訖未覺得其處於另一個不同的世界中，還是一守其閉關獨立之舊。清開海禁，事在一六八五年，於澳門、漳州、寧波、雲臺山設關四處。其後寧波的通商，移於定海，而貿易最盛於廣東。當時在中國方面，貿易之權，操於公行之手，剝削外人頗深。外人心抱不平，乃捨粵西趨浙。一七五八年，清高宗又命把浙海關封閉，驅歸廣東，於是外人之不平更甚。英國曾於一七九二、一八一〇年兩次派遣使臣到中國，要求改良通商辦法，均未獲結果。其時中國官吏並不能管理外人，把其事都交給公行。官吏和外人的交涉，一切都係間接。自一七八一年以後，英國在中國的貿易，爲東印度公司所專。其代理人，中國謂之大班，一切交涉，都是和他辦的。一八三四年，公司的專利權被廢止。中國說散商不便制馭，傳令其再派大班。英人先後派商務監督和領事前來中國都仍認爲是大班，官廳不肯和他平等交涉。適會鴉片輸入太甚，因輸出入不相抵，銀之輸出甚多。銀在清朝是用爲貨幣的，銀荒既甚，財政首受其影響，遂有一八三九年林則徐的燒菸，中、英因此釀成戰釁。其結果，於一八四二年在南京訂立條約，中國割香港，開廣州、廈門、福州、寧波、上海五口通商，廢除行商，中、英兩國官員，規定了交際禮節。於是前此以天朝自居，英國人在陸上無根據地，及貿易上的制限都除去了。英約定後，法、美、瑞典，遂亦相繼和中國立約，唯俄人仍不許在海口通商。中西積久的隔閡，自非用兵力迫脅，可以解除於一時，於是又有一八五七年的衝突。廣州失陷，延及京、津，清文宗爲之出奔熱河。其結果，乃有一八五八年和一八六〇年《天津》、《北京》兩條約。此即所謂咸豐戊午、庚申之役。此兩次的英、法條約，係將五口通商以後外人所得的權利，作一個總結束的。領事裁判，關稅協定，中國通商及遊歷、傳教，外國派遣使臣，都在此兩約中規定。美國的《天津條約》，雖在平和中交換，然因各約都有最惠國條款，所以英、法所享的權利，美國亦不煩一兵而得享之。至於俄國，則自十九世紀以還，漸以實力經營東方。至一八五〇年頃，黑龍江北之地，實際殆已盡爲所據。至一八五八年，遂迫脅黑龍江將軍奕山，訂立《瑷琿條約》，盡割黑龍江以北，而將烏蘇里江以東之地，作爲兩國共管。一八六〇年，又藉口調停英、法戰事，再立《北京條約》，並割烏蘇里江以東。而西北邊界，應當如何分劃，亦在此約中規定了一個大概。先是伊犁和塔爾巴哈臺方面，已許俄國通商，至是再開喀什噶爾，而海口通商及傳教之權，亦與各國一律。而且規定俄人得由恰克圖經庫倫、張家口進京，京城和恰克圖間的公文，得由臺站行走。於是蒙古、新疆的門戶，亦洞開了。總而言之，自一八三八年林則徐被派到廣東查辦海口事件起，至一八六〇年各國訂立《北京條約》爲止，中國初期與外國交涉的問題，告一結束。其所涉及的，爲：（一）西人得在海口通商，（二）赴中國通商、遊歷、傳教，（三）稅則，（四）審判，（五）沿海航行，（六）中、俄陸路通商，及（七）邊界等問題。

第五十一章　漢族的光復運動

一個民族，進步到達於某一程度之後，就絕不會自忘其爲一個獨立的民族了。雖然進化的路徑，是曲線的，有時不免暫爲他族所壓服。公元一七二九年，即清世宗的雍正七年，曾有過這樣一道上諭。他說：「從前康熙年間各處奸徒竊發，輒以朱三太子爲名，如一念和尚、朱一貴者，指不勝屈。近日尚有山東人張玉，假稱朱姓，托於明之後裔，遇星士推算有帝王之命，以此希冀蠱惑愚民，現被步軍統領拿獲究問。從來異姓先後繼統，前朝之宗姓，臣服於後代者甚多，否則隱匿姓名，伏處草野，從未有如本朝奸民，假稱朱姓，搖惑人心若此之衆者。似此蔓延不息，則中國人君之子孫，遇繼統之君，必至於無噍類而後已，豈非奸民迫之使然乎？」這一道上諭，是因曾靜之事而發的。曾靜是湖南人，讀浙江呂留良之書，受著感動，使其徒張熙往說岳鐘琪叛清，鐘琪將其事舉發。呂留良其時已死，因此遭到了剖棺戮屍之禍。曾靜、張熙暫時免死拘禁，後亦被殺。這件事，向來被列爲清朝的文字獄之一，其實乃是漢族圖謀光復的實際行動，非徒文字獄而已。一七二九年，爲亡清入關後之八十六年，表面上業已太平，而據清世宗上諭所說，則革命行動的連續不絕如此，可見一部分懷抱民族主義的人，始終未曾屈服了。懷抱民族主義的人，是中下流社會中都有的。中流社會中人的長處，在其知識較高，行動較有方策，且能把正確的歷史知識，留傳到後代，但直接行動的力量較弱。下流社會中人，直接行動的力量較強，但其人智識缺乏，行動起來，往往沒有適當的方策，所以有時易陷於失敗，甚至連正確的歷史，都弄得繆悠了。清朝最大的會黨，在北爲哥老會，在南爲天地會，其傳說大致相同。天地會亦稱三合會，有人說就是三點會，南方的清水、匕首、雙刀等會，皆其支派。據他們的傳說：福建莆田縣九連山中，有一個少林寺，僧徒都有武藝，曾爲清征服西魯國，後爲奸臣所讒，清主派兵去把他們剿滅。四面密布火種，緣夜舉火，想把他們盡行燒死。有一位神道，喚做達尊，使其使者朱開、朱光，把十八個和尚引導出來。這十八個和尚，且戰且走，十三個戰死了，剩下來的五個，就是所謂前五祖。又得五勇士和後五祖爲輔，矢志反洕復汨。洕就是清字，汨就是明字，乃會中所用的祕密符號。他們自稱爲洪家，把洪字拆開來則是三八二十一，他們亦即用爲符號。洪字大約是用的明太祖開國的年號洪武；或者洪與紅同音，紅與朱同色，寓的明朝國姓的意思，亦未可知。據他們的傳說：他們會的成立，在一六七四年。曾奉明思宗之裔舉兵而無成，乃散而廣結徒黨，以圖後舉。此事見於日本平山周所著的《中國祕密社會史》（平山周為中山先生的革命同志，曾身入祕密社會，加以調查）。據他說：「後來三合會黨的舉事，連續不絕。其最著者，如一七八七，即清高宗乾隆五十二年臺灣林爽文之變便是。一八三二，即宣宗道光十二年，兩廣、湖南的瑤亂，亦有三合會黨在內。鴉片戰爭既起，三合會黨尚有和海峽殖民地的政府接洽，圖謀顛覆清朝的。」其反清復明之志，可謂終始不渝了。而北方的白蓮教徒的反清，起於一七九三年，即乾隆五十八年，蔓延四川、湖北、河南、陝西四省，至一八〇四年，即仁宗嘉慶九年而後平定，此即向來的史家稱爲川楚教匪，爲清朝最大的內亂之始的，其所奉的王發生，亦詐稱明朝後裔，可見北方的會黨，反清復明之志，亦未嘗變。後來到一八一三年，即嘉慶十八年，又有天理教首林清，圖謀在京城中舉事，至於內監亦爲其內應，可見其勢力之大。天理教亦白蓮教的支派餘裔，又可見反清復明之志，各黨各派，殊途同歸了。而其明目張膽，首傳討胡之檄的則爲太平天國。

太平天國天王洪秀全，係廣東花縣人。生於一八一二年，恰在民國紀元之前百年。結合下流社會，有時是不能不利用宗教做工具的。廣東和外人交通早，所以天王所創的宗教，亦含有西教的意味。他稱耶和華爲天父，基督爲天兄，而己爲其弟。乘廣西年饑盜起，地方上有身家的人所辦的團練和貧苦的客民衝突，以一八五〇年，起事於桂平的金田村。明年，下永安，始建國號。又明年，自湖南出湖北，沿江東下。一八五三年，遂破江寧，建都其地，稱爲天京。當天國在永安時，有人勸其北出漢中，以圖關中；及抵武、漢時，又有人勸其全軍北上；天王都未能用。既據江寧，耽於聲色貨利，不免漸流於腐敗。天王之爲人，似只長於布教，而短於政治和軍事。委政於東王楊秀清，尤驕恣非大器。始起諸王，遂至互相殘殺。其北上之軍，既因孤行無援，而爲清人所消滅。溯江西上之兵，雖再據武、漢，然較有才能的石達開，亦因天京的政治混亂，而和中央脫離了關係。清朝卻得曾國藩，訓練湘軍，以爲新興武力的中堅。後又得李鴻章，招募淮軍，以爲之輔。天國徒恃一後起之秀的李秀成，隻身支柱其間，而其餘的政治軍事，一切都不能和他配合。雖然兵鋒所至達十七省（中國十八省中，唯甘肅未到），前後共歷十五年，也不得不陷於滅亡的悲運了。太平天國的失敗，其責實不在於軍事而在於政治。他的兵力，是夠剽悍的，其紮實壘、打死仗的精神，似較之湘、淮軍少遜，此乃政治不能與之配合之故，而不能悉歸咎於軍事。若再推究得深些，則其失敗，亦可以說是在文化上。（一）社會革命和政治革命，很不容易同時並行，而社會革命，尤其對社會組織，前因後果，要有深切的認識，斷非簡單，手段滅裂的均貧富主義所能有濟。中國的下流社會中人，是向來有均貧富的思想的，其宗旨雖然不錯，其方策則絕不能行。今觀太平天國所定的把天下田畝，按口均分；二十五家立一國庫，婚喪等費用，都取給國庫，私用有餘，亦需繳入國庫等；全是極簡單的思想，極滅裂的手段。知識淺陋如此，安能應付一切復雜的問題？其政治的不免於紊亂，自是勢所必然了。（二）滿洲人入據中原，固然是中國人所反對，而是時西人對中國，開始用兵力壓迫，亦為中國人所深惡的，尤其是傳教一端，太平天國初起時，即發布討胡之檄。「忍令上國衣冠，淪於夷狄？相率中原豪傑，還我河山」，讀之亦使人氣足神王。倘使他們有知識，知道外力的壓迫，由於滿清的失政，鄭重提出這一點，固能得大多數人的贊成；即使專提討胡，亦必能得一部分人的擁護。而他們後來對此也模糊了，反而到處傳播其不中不西的上帝教，使反對西教的士大夫，認它為文化上的大敵，反而走集於清朝的旗幟之下。這是太平天國替清朝做了掩蔽，而反以革命的對象自居，其不能成事，實無怪其然了。湘、淮軍諸將，亦是一時人傑。並無一定要效忠於滿清的理由，他們的甘為異族作倀，實在是太平天國的舉動，不能招致豪傑，而反為淵毆魚。所以我說它政治上的失敗，還是文化上的落後。

和太平天國同時的，北方又有捻黨，本蔓延於蘇、皖、魯、豫四省之間。一八六四年，天國亡，餘眾多合於捻，而其聲勢乃大盛。分為東西兩股。清朝任左宗棠、李鴻章以攻之，至一八六七、一八六八兩年，然後先後平定。天國兵鋒，側重南方，到捻黨起，則黃河流域各省，亦無不大被兵災了，而回亂又起於西南，而延及西北。雲南的回亂，起於一八五五年，至一八七二年而始平，前後共歷十八年。西北回亂，則起於一八六二年，自陝西延及甘肅，並延及新疆。浩罕人借兵給和卓木的後裔，入據喀什喀爾。後浩罕之將阿古柏帕夏殺和卓木後裔而自立，意圖在英、俄之間，建立一個獨立國。英、俄都和它訂結通商條約，且曾通使土耳其。英使且力為之請，欲清人以天山南北路之地封之。清人亦有以用兵勞費，持是議者，幸左宗棠力持不可。西捻既平之後，即出兵以攻叛回。自一八七五至一八七八，前後共歷四年，而南北兩路都平定，阿古柏帕夏自殺。當回亂時，俄人雖乘機占據伊犁，然事定之後，亦獲返還。雖然畫界時受損不少，西北疆域，大體總算得以保全。

清朝的衰機，是潛伏於高宗，暴露於仁宗，而大潰於宣宗、文宗之世的。當是時，外有五口通商和咸豐戊午、庚申之役，內則有太平天國和捻、回的反抗，幾於不可收拾了。其所以能奠定海宇，號稱中興，全是一班漢人，即所謂中興諸將，替他效力的。清朝從道光以前，總督用漢人的很少，兵權全在滿族手裡。至太平天國兵起，則當重任的全是漢人。文宗避英、法聯軍，逃奔熱河，一八六一年，遂死於其地。其時清宗室中，載垣、端華、肅順三人握權。載垣、端華亦是妄庸之徒，肅順則頗有才具，力贊文宗任用漢人，當時內亂的得以削平，其根基實定於此。文宗死，子穆宗立。載垣、端華、肅順等均受遺詔，爲贊襄政務大臣。文宗之弟恭親王奕訢，時留守京師，至熱河，肅順等隔絕之，不許其和文宗的皇后鈕鈷祿氏和穆宗的生母葉赫那拉氏相見。後來不知如何，奕訢終得和他們相見了，密定回鑾之計。到京，就把載垣、端華、肅順都殺掉。於是鈕鈷祿氏和葉赫那拉氏同時垂簾聽政（鈕鈷祿氏稱母后皇太后，諡孝貞。葉赫那拉氏稱聖母皇太后，死諡孝欽。世稱孝貞為東宮太后，孝欽為西宮太后）。鈕鈷祿氏是不懂得什麼的，大權都在葉赫那拉氏手裡。葉赫那拉氏和肅順雖係政敵，對於任用漢人一點，卻亦守其政策不變，所以終能削平大難。然自此以後，清朝的中央政府即無能爲，一切內政、外交的大任，多是湘、淮軍中人物，以疆臣的資格決策或身當其衝。軍機及內閣中，漢人的勢力亦漸擴張。所以在這個時候，滿洲的政權，在實際上已經覆亡了，只因漢人一方面，一時未有便利把它推倒，所以名義又維持了好幾十年。

第五十二章　清朝的衰亂

太平天國既亡，捻、回之亂復定，清朝一時號稱中興。的確，遭遇如此大難，而一個皇室，還能維持其政權於不敝的，在歷史上亦很少見。然清室的氣運，並不能自此好轉，仍陵夷衰微以至於覆亡，這又是何故呢？這是世變為之。從西力東侵以後，中國人所遭遇到的，是一個曠古未有的局面，絕非任何舊方法所能對付。孝欽皇后自亦有其相當的才具，然她的思想是很陳舊的。試看她晚年的言論，還時時流露出道、咸時代人的思想來可知。大約她自入宮以後，就和外邊隔絕了，時局的眞相如何，她是不得而知的。她的思想，比較所謂中興名臣，還要落後許多。當時應付太平天國，應付捻、回，所用的都是舊手段，她是足以應付的。內亂既定之後，要進而發憤自強，以禦外患，就非她所能及了。不但如此，即當時所謂中興名臣，要應付這時候的時局，也遠覺不夠。他們不過任事久了，經驗豐富些，知道當時的一種迂闊之論不足用，他們亦覺得中國所遭遇的，非復歷史上所有的舊局面，但他們所感覺到的，只是軍事。因軍事而牽及於製造，因製造而牽及於學術，如此而已。後來的人所說的「西人自有其立國之本，非僅在械器之末」，斷非這時候的人所能見得到的，這亦無怪其然。不但如此，在當時中興諸將中，如其有一個首領，像晉末的宋武帝一般。入據中央，大權在握，而清朝的皇帝，僅保存一個名義，這一個中央政府，又要有生氣些。而無如中興諸將，地醜德齊，沒有這樣的一個人物。而且他們多數是讀書人，既有些顧慮君臣的名義，又有些顧慮到身家、名譽，不敢不急流勇退。清朝對於漢人，自然也不敢任之過重。所以當時主持中樞的，都是些智識不足、軟弱無力，甚至毫無所知之人。士大夫的風氣，在清時本是近於闒茸而好利的。湘軍的中堅人物，一時曾以堅貞任事的精神爲倡。然少數人的提倡，挽回不過積重的風氣來，所以大亂平定未久，而此種精神，即已迅速墮落。官方士習，敗壞如故。在同、光之世，曾產生一批所謂清流。喜唱高調，而於事實茫無所知，幾於又蹈宋、明人的覆轍。幸而當時的情勢，不容這一種人物發榮滋長，法、越之役，其人有身當其衝而失敗的，遂亦銷聲匿跡了。而士大夫仍成爲一奄奄無氣的社會。政府和士大夫階級，其不振既如此，而宮廷之間，又發生了變故。清穆宗雖係孝欽后所生，顧與孝欽不協。立后之時，孝貞、孝欽，各有所主，穆宗順從了孝貞的意思，孝欽大怒，禁其與后同居。穆宗鬱鬱，遂爲微行，致疾而死。醇親王奕譞之妻，爲孝欽后之妹，孝欽因違衆議立其子載湉，是爲德宗。年方四歲，兩宮再臨朝。後孝貞後忽無故而死，孝欽后益無忌憚。寵任宦官，驕淫奢侈，賣官鬻爵，無所不爲。德宗親政之後，頗有意於振作，而爲孝欽所扼，母子之間，嫌隙日深，就伏下戊戌政變的根源了。

內政的陵夷如此，外交的情勢顧日急。中國歷代所謂藩屬，本來不過是一個空名，實際上得不到什麼利益的。所以論政之家，多以疲民力、勤遠略爲戒。但到西力東侵以來，情形卻不同了。所謂藩屬，都是屏蔽於國境之外的，倘使能夠保存，敵國的疆域，即不和我國直接，自然無所肆其侵略。所以歷來僅有空名的藩屬，到這時候，倒確有藩衛的作用了。但以中國外交上的習慣和國家的實力，這時候，如何說得上保存藩屬？於是到十九世紀，而朝貢於中國之國，遂悉爲列強所吞噬。我們現在先從西面說起：哈薩克和布魯特，都於公元一八四〇年頃，降伏於俄；布哈爾、基華，以一八七三年，淪爲俄國的保護國；浩罕以一八七六年爲俄所滅；巴達克山以一八七七年受英保護，乾竺特名爲兩屬，實際上我亦無權過問，於是自葱嶺以西朝貢之國盡了，其西南，則哲孟雄，當英、法聯軍入北京之年，英人即在其境內獲得鐵路敷設權。緬甸更早在一八二六和一八五一年和英人啓釁戰敗，先後割讓阿薩密、阿剌干、地那悉林及白古，沿海精華之地都盡。安南舊阮失國後，曾介教士乞援於法。後來乘新阮之衰，藉暹羅之助復國，仍受封於中國，改號爲越南。當越南復國時，法國其實並沒給與多大的助力。然法人的勢力，卻自此而侵入，交涉屢有葛藤。至一八七四年，法人遂和越南立約，認其爲自主之國。我國雖不承認，法國亦置諸不理。甚至新興的日本，亦於一八七九年將自明、清以來受冊封於中國的琉球滅掉。重大的交涉，在西北，則有一八八一年的《伊犁條約》。當回亂時，伊犁爲俄國所據，中國向其交涉，俄人說：不過代中國保守，事定即行交還的。及是，中國派了一個昏聵糊塗的崇厚去，只收回了一個伊犁城，土地割棄既多，別種權利，喪失尤巨。中國將崇厚治罪，改派了曾紀澤，才算把地界多收回了些，別種條件，亦略有改正。然新疆全境，都准無稅通商；肅州、吐魯番，亦准設立領事；西北的門戶，自此洞開了。在西南，則英國屢求派員自印度經雲南入西藏探測，中國不能拒，許之。一八五七年，英人自印度實行派員入滇，其公使又遣其參贊，自上海至雲南迎接。至騰越，爲野人所殺，其從印度來的人員，亦被人持械擊阻。這件事，雲貴總督岑毓英，實有指使的嫌疑，幾至釀成重大的交涉。次年，乃在芝罘訂立條約：允許滇、緬通商，並開宜昌、蕪湖、溫州、北海爲商埠。許英國派員駐紮重慶，察看商務情形，俟輪船能開抵時，再議開埠事宜，此爲西人勢力侵入西南之始。至一八八二年，而法、越的戰事起。我兵初自雲南、廣西入越的都不利，海軍亦敗於福州。然後來馮子材有鎮南關之捷，乘勢恢復諒山。

法人是時的情形，亦未能以全力作戰，實爲我國在外交上可以堅持的一個機會，但亦未能充分利用。其結果，於一八八五年，訂立條約，承認法國併越，並許在邊界上開放兩處通商（後訂開龍州、蒙自、蠻耗。一八九五年之約，又訂以河口代蠻耗，增開思茅）。英人乘機，於一八八五年滅緬甸，中國亦只得於其明年立約承認。先是《芝罘條約》中，仍有許英人派員入藏的條款，至是，中國乘機於《緬約》中將此款取消。然及一八八八年，英、藏又在哲孟雄境內衝突，至一八九〇年，中國和英人訂立《藏印條約》，遂承認哲孟雄歸英保護。一八九三年，續議條約，復訂開亞東關爲商埠，而藏人不肯履行，又伏下將來的禍根。

對外交涉的歷次失敗，至一八九四年中、日之戰而達於極點。中、日兩國，同立國於東方，在歷史上的關係，極爲深切，當西力東侵之際，本有合作禦侮的可能。但這時候，中國人對外情太覺隔閡，一切都不免以猜疑的態度出之，而日方則褊狹性成，專務侵略，自始即不希望和中國合作。中、日的訂立條約，事在一八七一年。領判權彼此皆有，進口貨物，按照海關稅則完納，稅則未定的，則值百抽五，亦彼此所同。中國通商，則明定禁止。在中國當日，未始不想藉此爲基本，樹立一改良條約之基，然未能將此意開誠布公，和日本說明。日本則本不想和中國合作，而自始即打侵略的主意，於是心懷不忿。至一八七四年，因臺灣生番殺害日本漂流的人民，逕自派兵前往攻擊。一八七九年，又滅琉球。交涉屢有葛藤，而其時朝鮮適衰微不振，遂爲日本踏上大陸的第一步，成爲中、日兩國權利衝突的焦點。一八九四年，日人預備充足，蓄意挑釁，卒至以兵戎相見。我國戰敗之後，於其明年，訂立《馬關條約》。除承認朝鮮自主外，又割臺灣和遼東半島，賠款至二萬萬兩。改訂通商條約，悉以中國和泰西各國所定的約章爲准，而開闢沙市、重慶、蘇州、杭州爲商埠，日人得在通商口岸從事於製造，則又是泰西各國所求之歷年，而中國不肯允許的。此約既定之後，俄國聯合德、法，加以干涉，日人乃加索賠款三千萬兩，而將遼東還我。因此而引起一八九六年的《中俄密約》，中國許俄國將西伯利亞鐵路經過黑、吉兩省而達到海參崴。當時傳聞，俄國還有租借膠州灣的密約，於是引起德國的強占膠州灣而迫我立九十九年租借之約，並獲得建造膠濟鐵路之權。俄人因此而租借旅、大，並許其將東省鐵路展築一支線。英人則租借威海衛，法人又租借廣州灣。我國沿海業經經營的軍港，就都被占據了。其在西南：則法國因干涉還遼之事，向我要索報酬。於一八九五年訂立《續議界務商務專條》，雲南、兩廣開礦時，許先和法人商辦。越南已成或擬設的鐵路，得接至中國境內。並將前此允許英國不割讓他國的孟連、江洪的土地，割去一部分。於是英國再向我國要求，於一八九七年，訂立《中緬條約附款》。雲南鐵路允與緬甸連接，而開放三水、梧州和江根墟。外人的勢力，侵入西南益深了。又自俄、德兩國，在我國獲得鐵路敷設權以來，各國亦遂互相爭奪。俄人初借比國人出面，獲得蘆漢鐵路的敷設權。英人因此要求津鎮、河南到山東、九廣、浦信、蘇杭甬諸路。俄國則要求山海關以北鐵路，由其承造。英國又捷足先得，和中國訂定了承造牛莊至北京鐵路的合同。英、俄旋自相協議，英認長城以北的鐵路歸俄承造，俄人則承認長江流域的鐵路歸英承造。英、德又自行商議，英認山西及自山西展築一路至江域外，黃河流域的鐵路歸德，德認長江流域的鐵路歸英。凡鐵路所至之處，開礦之權利亦隨之。各國遂沿用分割非洲時的手段，指我國之某處，爲屬於某國的勢力範圍，而要求我以條約或宣言承認其地不得割讓給別國，於是瓜分之論，盛極一時，而我國人亦於其時警醒了。

第五十三章　清朝的覆亡

自西力東侵，而中國人遭遇到曠古未有的變局。值曠古未有的變局，自必有非常的手段，然後足以應付之，此等手段，自非本來執掌政權的階級所有，然則新機從何處發生呢？其（一）起自中等階級，以舊有的文化爲根柢的，是爲戊戌維新。其（二）以流傳於下級社會中國有的革命思想爲淵源，採取西洋文化，而建立成一種方案的，則爲辛亥革命。戊戌變法，康有爲是其原動力。康有爲的學問，是承襲清代經學家今文之學的餘緒，而又融合佛學及宋、明理學而成的。（一）因爲他能承受今文之學的「非常異義」，所以能和西洋的民主主義接近。（二）因爲他能承受宋學家澈底改革的精神，所以他的論治，主於澈底改革，主張設治詳密，反對向來「治天下不如安天下，安天下不如與天下安」的苟簡放任政策。（三）主張以中堅階級爲政治的重心，則士大夫本該有以天下爲己任的大志，有互相團結的精神，宋、明人的講學頗有此種風概。入清以來，內鑑於講學的流弊，外慴於異族的淫威，此等風氣，久成過去了。康有爲生當清代威力已衰，政令不復有力之時，到處都以講學爲事。他的門下，亦確有一班英多磊落之才。所以康有爲的學問及行爲，可以說是中國舊文化的復活。他當甲午戰前，即已上書言事。到乙未之歲，中、日議和的時候，他又聯合入京會試的舉人，上書主張遷都續戰，因陳變法自強之計。書未得達，和議成後，他立強學會於北京，想聯合士大夫，共謀救國。會被封禁，其弟子梁啓超走上海，主持《時務報》旬刊，暢論變法自強之義。此報一出，風行海內，而變法維新，遂成爲一時的輿論。康有爲又上書兩次，德占膠州灣時，又入京陳救急之計。於是康有爲共上書五次，只一次得達。德宗閱之，頗以爲然。歲戊戌，即一八九八年，遂擢用有爲等以謀變法。康有爲的宗旨，在於大變和速變。大變所以謀全盤的改革，速變則所以應事機而振精神。他以爲變法的阻力，都是由於有權力的大臣，欲固其祿位之私，於是功德宗勿去舊衙門，但設新差使，他以爲如此即可減少阻力。但阻礙變法的，固非盡出於保存祿位之私；即以保存祿位論，權已去，利亦終不可保，此固不足以安其心。何況德宗和孝欽后素有嫌隙，德宗又向來無權，於是有戊戌的政變。政變以後，德宗被幽，有爲走海外，立保皇黨，以推翻孝欽后，扶德宗親政相號召。然無拳無勇，復何能爲？而孝欽后以欲捕康、梁不得；欲廢德宗，又爲公使所反對；遷怒及於外人。其時孝欽后立端郡王載漪之子溥儁爲大阿哥，載漪因急欲其子正位。宗戚中亦有附和其事，冀立擁戴之功的。而極陳舊的，「只要中國人齊心，即可將外國人盡行逐去，回復到閉關時代之舊」的思想，尙未盡去。加以下層社會中人，身受教案切膚之痛，益以洋人之強唯在槍炮，而神力可以禦槍炮之說，遂至釀成一九〇〇年間義和團之亂。親貴及頑固大臣，因欲加以利用，乃有縱容其在京、津間殺教士、焚教堂、拆鐵路、倒電桿、見新物則毀、見用洋貨的人則殺的怪劇。並僞造外人的要求條件，以恐嚇孝欽后，而迫其與各國同時宣戰。意欲於亂中取利，廢德宗而立溥儁。其結果，八國聯軍入京城，德宗及孝欽后走西安。一九〇一年的和約，賠款至四百五十兆。京城通至海口路上的炮臺，盡行拆去，且許各國於其通路上駐兵，又劃定使館區域，許其自行治理、防守。權利之喪失既多，體面亦可謂喪失淨盡了。是時東南諸督撫，和上海各領事訂立互保之約，不奉北京的僞令。雖得將戰禍範圍縮小，然中央的命令，自此更不行於地方了。而黑龍江將軍又貿然與俄人啓釁，致東三省盡爲俄人所占。各國與中國議和時，俄人說東三省係特別事件，不肯併入和約之中討論，幸保完整的土地，仍有不免於破碎之勢。庚子一役闖出的大禍如此。而孝欽后自回鑾以後，排外變而爲媚外；前此之力阻變革者，至此則變爲貌行新政，以敷衍國民。宮廷之中，驕奢淫佚，朝廷之上，昏庸泄沓如故。滿清政府至此，遂無可維持，而中國國民，乃不得不自起而謀政治的解決。

十九世紀之末，瓜分之論，盛極一時，已見上章。一八九九年，美國國務卿海約翰氏（John Hay）乃通牒英、俄、法、德、義、日六國，提出門戶開放主義。其內容爲：（一）各國對於中國所獲得的利益範圍或租借地域，或他項既得權利，彼此不相干涉。（二）各國範圍內各港，對他國入港商品，都遵守中國現行海關稅率，課稅由中國徵收。（三）各國範圍內各港，對他國船舶所課入口稅，不得較其本國船舶爲高，鐵路運費亦然。這無非要保全其在條約上既得的權利。既要保全條約上的權利，自然要連帶而及於領土保全，因爲領土設或變更，既成的條約，在該被變更的領土上，自然無效了，六國都覆牒承認。然在此時，俄國實爲侵略者，逮東三省被占而均勢之局寖破。此時英國方有事於南非，無暇顧及東方，乃和德國訂約，申明門戶開放、領土保全之旨。各國都無異議。唯俄人主張其適用限於英、德的勢力範圍，英國力持反對，德國和東方關係究竟較淺，就承認俄國人的主張了。於是英國覺得在東方要和俄國相抗，非有更強力的外援不可，乃有一九〇二年的英、日同盟。俄國亦聯合法國，發表宣言，說如因第三國的侵略或中國的擾亂，兩國利益受到侵害時，應當協力防衛。這時候，日本對於我國東北的利害，自然最爲關切，然尚未敢貿然與俄國開戰，乃有滿、韓交換之論。大體上，日本承認俄國在東三省的權利，而俄人承認日本在韓國的權利。而俄人此時甚驕，並此尙不肯承認，其結果，乃有一九〇四年的日、俄戰爭。俄國戰敗，在美國的朴資茅斯，訂立和約。俄人放棄在韓國的權利，割庫頁島北緯五十度以南之地與日。除租借地外，兩國在東三省的軍隊都撤退，將其地交還中國。在中國承認的條件之下，將旅順、大連灣轉租與日，並將東省鐵路支線，自長春以下，讓給日本。清廷如何能不承認？乃和日本訂立《會議東三省事宜協約》，除承認《朴資茅斯條約》中有關中國的款項外，並在三省開放商埠多處。軍用的安奉鐵路，許日人改爲商用鐵路。且許合資開採鴨綠江左岸材木。於是東北交涉的葛藤，紛紛繼起，侵略者的資格，在此而不在彼了。當日、俄戰爭時，英國乘機派兵入藏，達賴出奔。英人和班禪立約，開江孜、噶大克爲商埠。非經英國許可，西藏的土地不得租、賣給外國人，鐵路、道路、電線、礦產不得許給外國或外國人，一切入款、銀錢、貨物，不得抵押給外國或外國人，一切事情，都不受外國干涉，亦不許外國派官駐紮和駐兵。中國得報大驚，然與英人交涉無效，不得已，乃於一九〇六年，訂立《英藏續約》，承認《英藏條約》爲附約，但聲明所謂外國或外國人者，不包括中國或中國人在內而止。在東北方面，中國擬借英款敷設新法鐵路，日人指爲南滿鐵路的平行線（東省鐵路支線，俄人讓給日本的，日人改其名為南滿路）。中國不得已作罷，但要求建造錦齊鐵路時，日不反對。中國因欲借英、美的款項，將錦齊鐵路延長至瑷琿，日人又嗾使俄人出而反抗。於是美國人有滿洲鐵路中立的提議，其辦法：係由各國共同借款給中國，由中國將東三省鐵路贖回。在借款未還清前，由各國共同管理，禁止政治上、軍事上的使用。議既出，日、俄兩國均提出抗議。這時候，因英、美兩國欲伸張勢力於東北而無所成，其結果反促成日、俄的聯合。兩國因此訂立協約，聲明維持滿洲現狀，現狀被迫時，彼此互相商議。據說此約別有密約，俄國承認日本併韓，而日本承認俄國在蒙、新方面的行動，此約立於一九一〇年。果然，日本於其年即併韓，而俄人對蒙、新方面，亦於其明年提出強硬的要求，且用袁的美敦書迫脅中國承認了。

外力的馮陵，實爲清季國民最關心的事項。清朝對於疆土的侵削，權利的喪失，既皆熟視而無可如何，且有許多自作孽的事情，以引進外力的深入。國民對於清政府，遂更無希望，且覺難於容忍。在庚子以前，還希冀清朝變法圖強的，至庚子以後，則更無此念，激烈的主張革命，平和的也主張立憲，所要改革的，不是政務而是政體了。革命的領導者孫中山先生，是生於中國的南部，能承襲明季以來的民族革命思想，且能接受西方的民治主義的。他當一八八五年，即已決定顛覆清朝，創建民國。一八九二年在澳門立興中會，其後漫遊歐、美，復決定兼採民生主義，而三民主義，於是完成。自一八九二年以來，孫中山屢舉革命之幟。其時所利用的武力，主要的爲會黨，次之則想運動防軍。然防軍思想多腐敗，會黨的思想和組織力亦嫌其不足用，是以屢舉而無成。自戊戌政變以後，新機大啓，中國人士赴外國留學者漸多，以地近費省之故，到日本去的尤夥。以對朝政的失望，革命、立憲之論，盛極一時。一九〇五年，中山先生乃赴日本，將興中會改組爲同盟會。革命團體至此，始有中流以上的人士參加。中山先生說：「我至此，才希望革命之事，可以及身見其有成。」中流以上的人士，直接行動的能力，雖似不如下層社會，然因其素居領導的地位，在宣傳方面的力量，卻和下層社會中人，相去不可以道里計，革命的思潮，不久就瀰漫全國了。素主保皇的康有爲，在此時，則仍主張君主立憲。其弟子梁啓超，是歷年辦報，在言論界最有權威的。初主革命，後亦改從其師的主張，在所辦的《新民叢報》內，發揮其意見，和同盟會所出的《民報》，互相辯論，於是立憲、革命成爲政治上的兩大潮流。因對於清朝的失望，即內外臣工中，亦有主張立憲的。日、俄戰爭而後，利用日以立憲而勝，俄以專制而敗爲口實，其議論一時尤盛。清朝這時候，自己是並無主張的。於是於一九〇六年下詔預備立憲。俟數年後，察看情形，以定實行的期限，人民仍不滿足。一九〇八年，下詔定實行立憲之期爲九年。這一年冬天，德宗和孝欽后相繼而死，德宗弟醇親王載灃之子溥儀立，年幼，載灃攝政，性甚昏庸，其弟載洵、載濤則恣意妄爲。居政府首席的慶親王奕劻，則老耄而好賄，政局更形黑暗。人民屢請即行立憲，不許。一九一〇年，號稱爲國會預備的資政院，亦以爲請，乃勉許縮短期限，於三年後設立國會。然以當時的政局，眼見得即使召集國會，亦無改善的希望，人民仍覺得灰心短氣。而又因鐵路國有問題，和人民大起衝突。此時的新軍，其知識已非舊時軍隊之比；其紀律和戰鬥力自亦遠較會黨爲強。因革命黨人的熱心運動，多有贊成革命的。一九一一年十月十日，即舊曆辛亥八月十九日，革命軍起事於武昌。清朝本無與立，在無事時，親貴雖欲專權，至危急時，仍不得不起用袁世凱。袁世凱亦非有誠意扶持清朝的，清人力盡勢窮，遂不得不於其明年即中華民國元年二月十二日退位。淪陷了二百六十八年的中華，至此光復；且將數千年來的君主專制政體，一舉而加以顛覆。自五口通商，我國民感覺時局的嚴重，奮起而圖改革，至此不過七十年，而有如此的大成就，其成功，亦不可謂之不速了。

第五十四章　革命途中的中國

語云：「大器晚成」，一人尚然，而況一國？中華民國的建立，雖已三十年，然至今仍在革命的途中，亦無怪其然了。策勵將來，端在檢討已往，我現在，且把這三十年來的經過，述其大略如下：

民國的成立，雖說是由於人心的效順，然以數千年來專制的積重，說真能一朝滌除淨盡，自然是無此理的。大約當時最易為大衆所了解的，是民族革命，所以清朝立見顛覆。而袁世凱則仍有運用陰謀，圖遂其個人野心的餘地。民黨當日亦知道袁世凱之不足信，但為避免戰禍，且急圖推翻清朝起見，遂亦暫時加以利用。孫中山先生辭臨時大總統之職，推薦袁世凱於參議院，於是袁世凱被舉為臨時大總統。民黨因南方的空氣較為清新，要其到南京來就職。袁世凱自然不肯來，乃嗾使京、津保定的兵嘩變，民黨乃只得聽其在北京就職。此時同盟會已改組為國民黨，自祕密的革命團體變成公開的政黨。孫中山先生知道政局暫難措手，主張國民黨退居在野的地位，而自己則專辦實業。然是時的國民黨員不能服從黨紀，不聽。二年四月八日，國會既開，國民黨議員乃欲藉國會和內閣的權力，從法律上來限制袁氏。這如何會有效？醞釀復醞釀，到底有二年七月間的二次革命。二次革命失敗後，孫中山先生在海外組織中華革命黨。鑑於前此以紀律不嚴而敗，所以此次以服從黨魁為重要的條件，然一時亦未能為有效的活動。而袁氏在國內，則從解散國民黨，進而停止國會議員的職務，又解散省議會，停辦地方自治，召開約法會議，擅將憲法未成以前的根本大法《臨時約法》修改爲《中華民國約法》，世稱爲《新約法》，而稱《臨時約法》爲《舊約法》。又立參議院，令其代行立法權。共和政體，不絕如縷。至四年底，卒有僞造民意帝制自爲之舉，於是護國軍起於雲南，貴州、兩廣、浙江、四川、湖南，先後回應，山東、陝西境內，亦有反對帝制的軍隊。袁氏派兵攻擊，因人心不順，無效，而外交方面又不順利，乃於五年三月間下令將帝制取消，商請南方停戰。南方要求袁氏退位，奉副總統黎元洪爲大總統，事勢陷於僵持。未久，袁氏逝世，黎氏代行職權，恢復《臨時約法》和國會，問題乃得自然解決。然爲大局之梗者，實並非袁氏一人。袁氏雖非忠貞，然當其未至潰敗決裂時，北洋係軍人，究尚有一個首領。到袁氏身敗名裂之後，野心軍人就更想乘機弄權。當南方要求袁氏退位而袁氏不肯時，江蘇將軍就主張聯合未獨立各省，公議辦法。通電說：「四省若違衆論，固當視同公敵；政府若有異議，亦當一致爭持」；這已經不成話了。後來他們又組織了一個各省區聯合會，更形成了一種非法的勢力。六年二月，因德國宣布無限制潛艇戰爭，我國與德絕交，國務總理段祺瑞進而謀對德參戰，議案被國會閣置。各省、區督軍、都統遂分呈總統和國務總理，藉口反對憲法草案，要求解散國會，黎總統旋免段祺瑞之職。安徽遂首先宣告和中央脫離關係，直隸、山東、山西、河南、陝西、奉天、黑龍江、浙江、福建等省繼之。在天津設立軍務總參謀處，通電說：「出兵各省，意在另訂根本大法，設立臨時政府和臨時議會」，這更顯然是謀叛了。黎總統無可如何，召安徽督軍張勳進京共商國是。張勳至天津，迫脅黎總統解散國會而後入。七月一日，竟挾廢帝溥儀在京復辟。黎總統走使館，令副總統馮國璋代行職權，以段祺瑞爲國務總理。祺瑞誓師馬廠，十二日，克復京城，張勳所扶翼的清朝亡。流了無量數有名無名的先烈的血，然後造成的中華民國，因軍人、政客私意的交爭，而幾至於傾覆，論理，同爲中華民國的人民，應該可以悔過了。然而社會現象，那有如此簡單？北方的軍人、政客，仍不能和南方合作。乃藉口於復辟之時，中華民國業經中斷，可仿民國元年之例，重行召集參議院，不知當復辟的十一天中，所謂溥儀者，號令只行於一城；我們即使退一百步，承認當時督軍團中的督軍，可以受令於溥儀，而西南諸省固自在，中華民國，何嘗一日中斷來？然而這句話何從向當時的政客說起？於是雲南、兩廣，當國會解散時，宣布徑行稟承元首，不受非法內閣干涉的，仍不能和北方合作。國會開非常會議於廣州，議決《軍政府組織大綱》，在《臨時約法》未恢復前，以大元帥任行政權，對外代表中華民國，舉孫中山爲大元帥。後又改爲總裁制，以政務總裁七人，組織政務會議，由各部長所組織之政務院贊襄之，以行使軍政府之行政權。北方則召集參政院，修改選舉法，另行召集新國會，舉徐世昌爲總統，於七年十月十日就職。中華民國遂成南北分裂之局，而南北的內部，尚不免於戰爭。九年七月，北方的吳佩孚自衡陽撤防回直隸，和段祺瑞所統率的定國軍作戰。定國軍敗，段氏退職，是爲皖、直之戰。南方亦因心力不齊，總裁中如孫中山等均離粵。是年十月，以粵軍而駐紮於福建漳州的陳炯明回粵，政務總裁岑春煊等宣布取消自主。徐世昌據之，下令接收，孫中山等通電否認，回粵再開政務會議。十年四月，國會再開非常會議，選舉孫中山爲大總統，於五月五日就職，陳炯明遂進兵平定廣西。

是時北方：曹錕爲直、魯、豫巡閱使，吳佩孚爲副。王占元爲兩湖巡閱使，張作霖爲東三省巡閱使，兼蒙疆經略使。湖南軍隊進攻湖北，王占元敗走。旋爲吳佩孚所敗，進陷岳州，川軍東下，亦爲佩孚所敗。十一年四五月間，奉軍在近畿和直軍衝突，奉軍敗退出關。孫中山本在廣西籌備北伐，是年四月間，將大本營移至韶關，陳炯明走惠州。五月，北伐軍入江西。六月，徐世昌辭職，曹錕等電黎元洪請復位。元洪覆電，要求各巡閱使、督軍先釋兵柄，旋復許先行入都。撤銷六年六月解散國會之令，國會再開。孫中山宣言：直系諸將，應將所部半數，先行改爲工兵，餘則留待與全國軍隊同時以次改編，方能飭所部罷兵。未幾，廣西粵軍回粵，圍攻總統府，孫中山走上海。歲杪，滇、桂軍在粵的及粵軍的一部分討陳，陳炯明再走惠州。十二年二月，孫中山乃再回廣州，以大元帥的名義主持政務。然滇、桂軍並不肯進取東江，在廣東方面的軍事，遂成相持之局。此時北方各督軍中，唯浙江盧永祥通電說，馮國璋代理的期限既滿，就是黎元洪法定的任期告終，不肯承認黎元洪之復職爲合法。東三省則自奉、直戰後，即由三省省議會公舉張作霖爲聯省自治保安總司令，而以吉、黑兩省督軍爲之副，不奉北京的命令，其餘則悉集於直系旗幟之下。南方如陳炯明及四川省內的軍人，亦多與之相結的。直系的勢力，可謂如日中天，而禍患即起於其本身。十二年六月間，北京軍、警圍總統府索餉，黎元洪走天津，旋走南方。至十月，曹錕遂以賄選爲大總統，於十月就職，同時公布憲法。浙江宣布與北京斷絕關係，雲南及東三省皆通電討曹，然亦未能出兵。十三年九月，江、浙戰起，奉、直之戰繼之，直系孫傳芳自福建入浙，盧永祥敗走。北方則馮玉祥自古北口回軍，自稱國民第一軍。胡景翼、孫岳應之，稱國民第二、第三軍。吳佩孚方與張作霖相持於山海關，因後路被截，浮海溯江，南走湖北。奉軍入關，張作霖與馮玉祥相會，共推段祺瑞爲臨時執政，段祺瑞邀孫中山入京，共商國是。孫中山主開國民會議，解決國是，段祺瑞不能用。段祺瑞亦主開善後會議，先解決時局糾紛，再開國民代表會議，解決根本問題。孫中山以其所謂會議者，人民團體無一得與，誡國民黨員勿得加入，於是會商仍無結果。是年三月十二日，孫中山先生卒於北京。

是時北方張作霖爲東北邊防督辦，馮玉祥爲西北邊防督辦。胡景翼督辦河南軍務善後事宜，孫岳爲省長。後胡景翼卒，孫岳改爲督辦陝西軍務事宜。盧永祥爲蘇、皖、贛宣撫使，以奉軍南下，齊燮元走海外。直隸李景林、山東張宗昌、江蘇楊宇霆、安徽姜登選，均屬奉系人物。直系殘餘勢力，唯蕭耀南仍踞湖北，孫傳芳仍據浙江，吳佩孚亦仍居雞公山。十四年十月，孫傳芳入江蘇。楊宇霆、姜登選皆退走。孫軍北上至徐州。十一月，吳佩孚亦起於漢口。奉軍駐紮關內的郭松齡出關攻張作霖，以爲日本人所阻，敗死。馮玉祥攻李景林，李景林走濟南，與張宗昌合。吳佩孚初稱討奉，後又與張作霖合攻馮玉祥，馮軍撤退西北，段祺瑞出走，北方遂無復首領。大局的奠定，不得不有望於南方的北伐。

先是孫中山以八年十月，改中華革命黨爲中國國民黨。十二年十一月，又加改組。十三年一月十二日，始開全國代表大會於廣州，將大元帥府改組爲國民政府。十四年四月，國民政府平東江，還軍平定滇、桂軍之叛，廣西亦來附，改組政府爲委員制。十五年一月，開全國代表第二次大會。六月，中央執行委員會召集臨時會，通過迅速北伐案。七月，克長沙。九月，下漢陽、漢口，圍武昌，至十月而下。十一月，平江西。馮玉祥之國民軍，亦以是月入陝，十二月，達潼關。東江之國民軍，先以十月入福建。明年，國民軍之在湖南者北入河南，與馮玉祥之軍合。在福建者入浙江，在江西者分江左、江右兩軍，沿江而下，合浙江之兵克南京。旋因清黨事起，寧、漢分裂，至七月間乃復合作。明年，一月，再北伐。至五月入濟南，而五三慘案作。國民軍繞道德州北伐，張作霖於六月三日出關，四日，至皇姑屯，遇炸死，其子張學良繼任。至十二月九日，通電服從國民政府，而統一之業告成。

中國革命前途重要的問題，畢竟不在對內而在對外。軍閥的跋扈，看似擾亂了中國好幾十年，然這一班並無大略，至少是思想落伍，不識現代潮流的人，在今日的情勢之下，復何能爲？他們的難於措置，至少是有些外交上的因素牽涉在內的。而在今日，國內既無問題之後，對外的難關，仍成爲我們生死存亡的大問題。所以中國既處於今日之世界，非努力打退侵略的惡勢力，絕無可以自存之理。外交上最大的壓力，來自東北方。當前清末年，曾向英、美、德、法四國借款，以改革幣制及振興東三省的實業，以新課鹽稅和東三省的菸酒、生產、消費稅爲抵。因革命軍起，事未有成。至民國時代，四國銀行團加入日、俄，變爲六國，旋美國又退出，變爲五國，所借的款項，則變爲善後大借款，這是最可痛心的事。至歐戰起，乃有日本和英國合兵攻下膠州灣之舉。日本因此而提出五號二十一條的要求，其後復因膠濟沿路的撤兵，和青島及濰縣、濟南日人所施民政的撤廢，而有《濟順高徐借款預備契約》及膠濟鐵路日方歸中、日合辦的照會，由於復文有「欣然同意」字樣，致伏巴黎和會失敗之根。其後雖有華盛頓會議的《九國公約》，列舉四原則，其第一條，即爲尊重中國的主權獨立和領土及行政的完整，然迄今未獲實現。自歐戰以後，德、奧、俄所訂的條約，均爲平等。國民政府成立以來，努力於外交的改進，廢除不平等條約，已定有辦法，關稅業已自主，取消領事裁判權，亦已有實行之期，租借地威海衛已交還。租界亦有交還的。然在今日情勢之下，此等又都成爲微末的問題。我們當前的大問題，若能得有解決，則這些都不成問題；在大問題還沒解決之前，這些又都無從說起了。在經濟上，我們非解除外力的壓迫，更無生息的餘地，資源雖富，怕我們更無餘瀝可沾。在文化上，我們非解除外力的壓迫，亦斷無自由發展的餘地，甚至當前的意見，亦非此無以調和。總之，我們今日一切問題，都在於對外而不在於對內。

我們現在，所處的境界，誠極沉悶，卻不可無一百二十分的自信心。豈有數萬萬的大族，數千年的大國、古國，而沒有前途之理？悲觀主義者流：「君歌且休聽我歌，我歌今與君殊科。」我請誦近代大史學家梁任公先生所譯英國大文豪拜倫的詩，以結吾書。

希臘啊！你本是平和時代的愛嬌，你本是戰爭時代的天驕。撒芷波，歌聲高，女詩人，熱情好。更有那德羅士、菲波士榮光常照。此地是藝文舊壘，技術中潮。祇今在否？算除卻太陽光線，萬般沒了。

馬拉頓前啊！山容縹渺。馬拉頓後啊！海門環繞。如此好河山，也應有自由回照。我向那波斯軍墓門憑眺。難道我為奴為隸，今生便了？不信我為奴為隸，今生便了。

卅・九・一八於孤島

國家圖書館出版品預行編目資料

呂著中國通史／呂思勉著. ——初版. ——臺北市：五南，2019.08
面； 公分
ISBN 978-957-763-436-8（平裝）

1.中國史

610 108007675

1WOK

呂著中國通史

作　　者— 呂思勉
發 行 人— 楊榮川
總 經 理— 楊士清
總 編 輯— 楊秀麗
主　　編— 蘇美嬌
校　　對— 郎秀慧
封面設計— 姚孝慈
出 版 者— 五南圖書出版股份有限公司
地　　址：106台北市大安區和平東路二段339號4樓
電　　話：(02)2705-5066　　傳　　真：(02)2706-6100
網　　址：http://www.wunan.com.tw
電子郵件：wunan@wunan.com.tw
劃撥帳號：01068953
戶　　名：五南圖書出版股份有限公司

法律顧問　林勝安律師事務所　林勝安律師

出版日期　2019年8月初版一刷
定　　價　新臺幣650元

經典永恆・名著常在

五十週年的獻禮——經典名著文庫

五南，五十年了，半個世紀，人生旅程的一大半，走過來了。
思索著，邁向百年的未來歷程，能為知識界、文化學術界作些什麼？
在速食文化的生態下，有什麼值得讓人雋永品味的？

歷代經典・當今名著，經過時間的洗禮，千錘百鍊，流傳至今，光芒耀人；
不僅使我們能領悟前人的智慧，同時也增深加廣我們思考的深度與視野。
我們決心投入巨資，有計畫的系統梳選，成立「經典名著文庫」，
希望收入古今中外思想性的、充滿睿智與獨見的經典、名著。
這是一項理想性的、永續性的巨大出版工程。
不在意讀者的眾寡，只考慮它的學術價值，力求完整展現先哲思想的軌跡；
為知識界開啟一片智慧之窗，營造一座百花綻放的世界文明公園，
任君遨遊、取菁吸蜜、嘉惠學子！